경제학 입문서

# 알기쉬운 경제학 ②

## -거시경제-

이 종 호 저

도서출판 상 학 당

欲爲大者 當爲人役

크고자 하거든 남을 섬기라

# 머리말

오늘날 우리 삶의 환경은 치열한 경쟁구도로 변모한 지 오래다. 이미 1997년 말 외환위기를 경험한 이후 경제적 위기 상황이 삶의 방식 전체를 바꿔 놓았던 경험을 갖고 있는 우리로서는 그때의 상황이 생활 속에서 경제의 중요성을 깨닫게 하기에 충분하고도 남음이 있었다.

세계화와 정보화의 흐름 속에서 경제의 중요성, 아니 경제현상에 대한 이해와 안목이 이제는 더 이상 전문가나 관련 분야 종사자만의 몫이 아님을 우리는 잘 알고 있다. 쉽게 접하는 대중 언론매체에서도 경제뉴스와 경제정보의 비중이 높아지고 있으며, 신문과 방송에서 비중 있게 다루는 경제관련 뉴스는 이제 톱뉴스로서 굳건히 자리 잡게 되었다. 일례로 2007년과 2012년 말에 치러진 대선에서도 최대 이슈는 경제문제였으며, 경제문제의 해결이 국민의 최대 관심사였음을 우리는 기억하고 있다. 이렇듯 경제문제는 국가정책의 우선순위일 뿐만 아니라 국민의 최대 관심분야가 돼 버렸다.

위기에 처했을 때 그것의 중요성을 깨닫게 마련인 것처럼 우리도 외환위기 이후 경제의 중요성을 이미 인식한 바 있다. 이제 2008년 9월 우리에게 닥쳐온 글로벌 금융위기는 또 다시 경제, 특히 금융의 중요성을 뼈저리게 인식시켜 주었다.

이러한 시대적 환경 속에서 연일 대중 언론매체에서는 경제정보와 뉴스를 쏟아내고 있으며 일반인을 대상으로 알기 쉽게 경제현상을 설명해 주는 코너가 대폭 확대되었다. 또한 일반인을 대상으로 한 경제서적도 시중에 많이 출판되고 있다.

이미 필자는 2009년도 말에 총 3권의 기초경제학 시리즈를 집필한 바 있다. 제1권에서는 미시경제 부문을, 제2권에서는 거시경제 부문을, 제3권에서는 국제경제 및 산업정책 부문을 다루었는바 각각 해당 분야 가운데 핵심적 내용들을 기초수준에서 논의하였다.

이제 5년의 시간이 흘렀고, 새로운 경제상황 및 이슈의 출현 등 많은 부분에서 내용을 수정 · 보완해야 할 필요성을 느껴 이번에 새롭게 집필하게 되었다.

이 책 역시 일반인 및 처음 경제학을 접하는 독자들을 위한 입문서로서 《알기쉬운 경제학》이란 타이틀로 총 3권으로 구성 · 집필하였다. 우선 기존에 출판된 경제입문서 혹은 생활경제서의 장점을 동시에 제공해 주기 위해 핵심 기초이론과 주요 시사경제부문을 각 장별로 본문과 필요시 부록을 통해 제시하였다. 두 번째 특징은 이 책을 읽는 독자들로 하여금 스스로 찾아서 필요한 부분을 보충할 수 있도록 유도한 강의용 교재라는 점이다. 핵심 기초이론에 제시된 내용 가운데 설명이 부족한 부분 내지 생략된 부분은 관련 교재 혹은 인터넷을 활용하여 필요한 내용을 보충해서 확인해 보길 바란다. 세 번째 특징은 세계화의 진전에 따라 국제경제 부문을 한층 강화하였다는 점이다. 대외경제 상황의 변화가 국내경제에 미치는 영향이 과거에 비해 강력해졌다는 점을 고려하여 기존의 국제경제 및 산업정책 부문을 국제경제 부문과 산업·통상정책 부문으로 나누어 재구성하였다.

이 책의 집필을 위해 저자는 지금까지 강의해 온 강의내용, 기존의 경제입문서, 그리고 한국개발연구원·한국은행·민간경제연구소 등 경제관련 기관들의 자료를 활용하였다. 이밖에도 현실경제의 흐름을 따라잡기 위한 의도에서 신문기사 및 칼럼 등 정기간행물의 내용이 다수 인용된 점은 불가피한 선택이었음을 밝힌다.

또한 경제입문서에 반드시 포함돼 있는 그래프 혹은 수식 표현을 최소화한 가운데 책을 집필하였다. 논의과정에서 포함될 수밖에 없는 사항임에도 과감하게 최소화함으로써 독자들 입장에서 이해하기 불편할 수도 있지만, 다른 시각에서 보면 입문과정에서 반드시 짚고 넘어가지 않아도 현실경제의 흐름을 이해하는 데 큰 어려움이 없다고 판단하여 이 부분을 최소화하였음을 밝혀둔다. 사실 우리가 현실경제 내지 기초경제이론을 일반인을 상대로 설명할 경우, 그래프나 수식을 이용하기보다는 서술적 표현을 통해 설명하는 것이 보다 현실적임을 고려할 때 필자의 이런 의도가 오히려 독자들의 공감을 얻을 수 있는 측면도 있다고 생각한다.

일반인 혹은 경제학을 처음 접하는 독자들에게 경제현상에 대한 이해와 관심, 더 나아가 기초경제이론의 개괄적 내용을 습득하게 하는 것이 이 책의 목표인 만큼 저자로서는 이것만 달성된다면 더 이상 바랄 것이 없다.

아무쪼록 이 책이 경제학을 처음 접하는 모든 독자들에게 경제에 대한 흥미와 관심을 촉발케 하여 경제학을 본격적으로 공부하는 계기로 작용했으면 하는 바람을 가져본다. 앞으로 관심 있는 많은 분들의 훌륭한 평을 겸허히 받아들여 좀 더 나은 책을 쓰려고 한다. 아낌없는 성원과 많은 지도편달을 부탁드리는 바이다.

끝으로 이 책의 출판을 흔쾌하게 허락해 주신 도서출판 상학당의 남승우 사장님 이하 출판사 관계자분들에게 깊은 감사를 드린다.

2015년 1월
저자 올림

# 차 례

## ●제 6 장● 금융의 작동 원리 / 181

## 제 7 장 정부와 재정 / 273

CHAPTER 01

# 국가경제의 평가

얼마 전 스위스 국제경영개발연구원(IMD)이 발표한 '2014년 국가경쟁력 평가'에서 한국은 26위를 기록하며 주목을 받았다. 2013년 22위에서 4계단 떨어진 사실에 신문들은 1~2개 면을 할애해 관련 내용을 비중 있게 보도했다. 특히 한국의 경쟁력을 떨어뜨린 원인 가운데서는 정부효율성과 기업효율성의 악화가 꼽혔으며, 상당수의 언론사들은 '2014년도 우리나라의 경쟁력이 하락한 주요 원인은 4대 분야(경제성과 · 인프라 · 정부효율성 · 기업효율성) 중에서 정부효율성과 기업효율성이 2013년에 비해서 크게 하락했기 때문'이라고 집중 보도했다. 해마다 되풀이되는 국가경쟁력 발표에, 전문가들은 국가경쟁력 강화를 위해 부족한 부분을 개선하는 분석보도가 필요하다는 지적을 여러 차례 해왔다. 기획재정부 경제정책국 정책기획과 이성한 사무관은 "세부 지표별로 살펴보며 평가 · 보완 등을 통해 국가 경쟁력 강화방법을 찾는 것이 중요하다"고 말했다. 국가경쟁력 발표 결과로 나온 수치 자체에만 집중할 게 아니라 국가경쟁력 강화를 위해 부족한 부분을 개선하는 게 더 시급하다는 것을 지적한 셈이다. 기획재정부에 따르면 2014년 5월 발표한 스위스 국제경영개발연구원(IMD)의 '2014년 국가경쟁력 평가'에서 한국은 60개국 가운데 26위를 차지했다. 이는 총 60개국을 대상으로 경제성과 · 인프라 · 정부 효율성 · 기업 효율성 등의 분야 순위를 산출한 것이다. 국가경쟁력 세계 1위는 미국으로, 스위스와 싱가포르가 각각 2위와 3위에 올랐다. 중국은 2013년보다 2계단 하락한 21위를, 일본은 3계단 상승한 24위를 기록하며 한국보다 앞자리에 섰다. 지난 1999년 41위까지 떨어졌던 한국은 그동안 꾸준히 순위가 올라 2011년부터 3년 동안 22위를 기록했다. 하지만 정부 효율성(20위 → 26위), 기업 효율성(34위 → 39위)이 내려가면서 종합 4단계 낮은 평가를 받았다. IMD는 "한국 정부 효율성 분야의 경우 정부보조금(2위)과 재정수지(5위), 외환보유고(7위) 등은 강점"이지만 "관세장벽(58위)과 조세회피가 경제를 위협하는 정도(57위), 고령화 위험(46위) 등이 약점으로 작용했다"고 지적했다. 특히 사이버 보안(58위)은 꼴찌 수준으로, IT강국을 무색케 하는 허술한 사이버 보안이 대한민국의 경쟁력을 떨어뜨리고 있다는 분석도 제기됐다. (중략) 최근 기술수준의 고도화, 기술보호주의 심화로 R&D의 역할이 더욱 강조되고 있는 가운데 한국의 연구개발 현황 및 시사점을 제시하는 평도 이어졌다. 한국의 경우, 고용 · 연구개발 문제점으로 일자리 창출에 유리하지 않은 경직된 환경과 정부규제 및 반기업 정서가 강하다는 것이다. 김종석 홍익대학교 경제학과 교수는 "기업은 신기술 투자를 하기보다 낡은 기술로 사업을 이어가며 해외진출 · 공장 이전을 하는 등 해외유출 현상이 심화되고 있다"면서 "해결 방안으로는 성장잠재력을 높이기 위해 R&D 시스템의 전면적 개선이 필요하고, 투자를 활성화하는 것이 중요하다"고 말했다. 덧붙여 "특히 여성의 고용안정 및 처우개선에 적극 나서고 노동시장을 개혁하면 투자와 일자리가 늘어날 것"이라 강조했다. 한편 IMD는 2014년 한국의 정책과제로 투자 · 국내소비 촉진 등을 통한 잠재성장률 유지, 양질의 일자리 창출을 통한 소득불균형 심화 축소, 남북관계 관리, 창조경제를 위한 우호적 여건 강화, 동아시아의 다양한 지역무역협정 대처 등을 제시했다.

– 배태랑 기자 –

출처 : 배태랑(2014), "투자환경 바꿔 국가경쟁력 높여야", 《뉴데일리》, 2014. 06. 25.

# 1 GNP와 GDP

## 1.1 경제성장과 경기변동

- 경제성장
  - 국내총생산의 장기적 추세

- 경기변동(경기순환)
  - 국내총생산의 단기적 동향으로 실제의 국내총생산이 장기 추세치 주위에서 더 높아지기도 하고 더 낮아지기도 하는 일이 반복되는 현상을 말함.

## 1.2 GNP와 GDP

- 의미
  - GNP : 일정기간 동안에 국민에 의해 생산된 모든 최종생산물의 시장가치
  - GDP : 일정기간 동안에 한 나라 안에서 생산된 모든 최종생산물의 시장가치
  - GNP와 GDP의 관계 : GDP + 대외순수취 요소소득[1)]=GNP

- GDP의 유용성
  - 1995년부터 경제성장의 중심지표를 GNP에서 GDP로 변경
  - GNP보다는 GDP가 실업률, 물가, 이자율 등의 각종 거시 경제지표와 더 밀접하게 움직이기 때문

- 소득지표로서 (실질)GDI 및 (실질)GNI 등장
  - (실질)GDI : GDP에 교역조건 변화에 따른 실질 무역손익을 더함으로써 구함.

    ⇒ 국내총소득(Gross Domestic Income) = 국내총생산 + 교역조건[2)] 변화에 따른 실질 무역손익[3)]

---

1) 대외순수취 요소소득 = 대외수취 요소소득 - 대외지불 요소소득

2) 수출품과 수입품 가격 사이의 상대적 비율을 말함. 즉 TOT $= \frac{P_x(\text{수출품가격})}{P_m(\text{수입품가격})}$

3) 어떤 나라의 수출품 가격이 떨어지면 실질 무역손실이 발생하기 때문에 국내총소득은 국내총생산보다 더 작아짐.

- (실질)GNI : 일국의 국민이 일정기간 생산활동에 참여해 벌어들인 소득의 합계로서, 특히 이 소득으로 구매할 수 있는 상품의 양, 즉 소득의 실질구매력을 나타냄.[4]

  ⇒ 국민총소득(Gross National Income) = 국내총소득 + 대외순수취 요소소득

- GDP의 계산방법
  - 최종재접근법(최종지출접근법) : 최종재 중심으로 계산하는 방식으로 이는 최종지출 총액과 일치함. ⇒ 지출국민소득(최종재에 대한 지출을 모두 합친 것)
  - 부가가치접근법(생산접근법) : 모든 기업의 부가가치를 합해서 구함. ⇒ 생산국민소득(생산의 측면에 기초해 국내총생산을 정의)
  - 분배접근법 : 각 생산단계에서의 부가가치의 합은 결국 임금, 지대, 이윤 등 여러 가지 소득의 형태로 국민에게 분배된다고 볼 수 있기 때문에 분배받은 소득의 합과 일치함. ⇒ 분배국민소득(일정기간 동안 전 국민이 얻은 소득의 합)
  - 국민소득 삼면등가의 법칙 : 생산, 지출, 분배국민소득이 언제나 서로 같은 값을 갖는 항등관계를 말함.

- 소득의 순환
  - 소득의 '생산 ⇒ 분배 ⇒ 지출 ⇒ 생산'이 되풀이되는 것을 말함.

- 명목GDP와 실질GDP
  - 경상GDP(명목GDP) : GDP를 구하는 해의 상품 생산량에 그 해의 가격을 곱해 각 상품의 시장가치를 구한 다음 이를 모두 더한 것
  - 불변GDP(실질GDP) : GDP를 구하는 해의 상품 생산량에 기준이 되는 해의 가격을 곱해 각 상품의 시장가치를 구한 다음 이를 모두 더한 것으로, 이렇게 구한 GDP 수치는 물가변동의 효과를 제거하고 생산활동의 추이만을 반영하게 됨.

- 경제성장률
  - 실질GDP(혹은 GNP)의 연간 또는 연도 간 증가율로 나타냄.
  - 실질액의 증가율을 나타내고 있으므로 실질성장률이라고도 함.

$$r(\%) = \frac{G_1 - G_0}{G_0} \times 100$$

---

4) 교역조건(TOT : Terms of Trade)의 악화 또는 원화가치의 하락(이는 곧 달러로 수입할 수 있는 구매력의 감소를 의미)은 GNI의 감소로 이어짐. 원화가치 하락의 경우는 일례로 환율이 달러당 1,000원에서 2,000원이 되는 경우가 해당되는데, 이는 곧 2,000원의 소득으로 구매할 수 있는 양이 종전의 2$ 어치에서 1$ 어치로 되어 구매력이 감소하게 됨.

단, $G_1$ : 어느 해의 실질GDP(혹은 GNP)

$G_0$ : 전년의 실질GDP(혹은 GNP)

$r(\%)$ : 어느 해의 경제성장률

- GDP의 관련 개념
  - NNP(국민순생산) = GNP − 고정자본소모(감가상각)
  - NI(국민소득) = NNP − 간접세 + 정부의 對기업보조금
  - PI(개인소득) = NI − 법인세 − 사내유보이윤 + (정부 및 기업의) 이전지출
  - DI(가처분소득) = PI − 개인소득세
- GDP의 문제점
  - GDP에는 시장에서 거래되어서 시장가격이 있는 생산물만 포함됨.
  - 지하경제는 GDP에 포함되지 않음.
  - 여가시간을 감안하지 않음.
  - 환경파괴나 오염물질은 GDP에 포함되지 않음.
  - 교역조건의 변화에 따른 국민 복지나 소득의 손익을 잘 나타내지 못함. ⇒ GNI 등장

# 2 물 가

## 2.1 인플레이션과 디플레이션

- 인플레이션과 디플레이션
  - 인플레이션 : 많은 상품가격의 일반적(또는 평균가격) 상승
  - 디플레이션 : 많은 상품가격의 일반적(또는 평균가격) 하락
- 가격과 물가
  - 가격 : 특정 상품이나 서비스 하나의 가격
  - 물가 : 많은 상품이나 서비스 가격의 평균가격
- 인플레이션의 경제적 효과
  - 부와 소득의 재분배 : 채권자에서 채무자로 부가 재분배, 임금소득자에서 이윤소

득자로 소득이 재분배되는 결과 초래(실질 개념)[5)]

- 고소득층보다는 저소득층에게 큰 충격 : 결과적으로 인플레이션은 화폐에 대해 부과하는 조세라고 볼 수 있음. ⇒ 인플레이션 조세(Inflation Tax)[6)]
- 금융자산의 실질가치 하락 ⇒ 부의 하락 ⇒ 실물자산 보유의 증가(투기 우려)
- 인플레이션 시기에는 기업들의 차입자본에 대한 의존도가 커짐(은행차입 등).
- 국제수지적자 초래
- 상품 값만 오르는 것이 아니라 노동 및 자본서비스 등 생산요소가격도 올라 소득 증가 초래 ⇒ 소득이 물가보다 더 많이 증가하면 생활수준이 향상될 수도 있음.

- 평균가격과 상대가격
  - 평균가격 : 수많은 재화와 서비스의 가격을 평균한 것
  - 상대가격 : 특정 재화 사이의 가격비율
  - 상대가격의 상승과 평균가격의 상승(인플레이션)은 다른 개념

## 2.2 | 물가지수

- 물가지수
  - 물가지수 : 수많은 상품들의 가격을 특수한 방식으로 평균[7)]하여 작성한 지표로서 기준시점의 물가를 100으로 잡고 다른 시점(혹은 비교시점)의 물가를 이의 백분비로 표시한 지수임.
  - 소비자물가지수(CPI) : 도시가계가 소비하는 상품들의 가격변동을 측정하기 위해 작성되는 물가지수임. ⇒ ㉠ 일례로 2011년 말 현재 전국 37개 주요 도시지역에

---

5) 구매력 재분배와 관련하여 국제무역의 규모가 증가되고 있는 현실에서 유가 상승으로 인한 인플레이션은 일국의 구매력을 총체적으로 감소시킴. 미국의 경우 실질임금이 1975년 8.76달러에서 1980년 8.24달러로 약 6% 감소했음. 이 기간 동안 미국의 임금 노동자들은 물론, 중소기업 소유자, 법인 주주들 모두 실질임금의 감소를 경험했음. 가장 중요한 이유는 1970년대의 석유파동으로 인한 유가 폭등이었음. 1973년에 배럴당 3달러였던 석유가격은 1981년 34달러로 1,000% 넘게 상승했음. 유가 상승은 석유수입국에서 산유국으로 구매력을 이전시킨 것임. 이성표(2013.08) 참조.

6) 예를 들어 정부가 재정지출을 늘리기 위해서 어떻게 재원을 조달할 것인가를 생각해 보자. 정부가 세금을 통해 재원을 조달할 수 있으나 조세저항이 있거나 조세로 인한 자원배분의 왜곡이 우려될 수 있음. 이때 정부가 통화량을 증가시켜 사용한다면 물가가 상승하게 되고 이는 실질적으로 민간이 보유한 화폐의 실질가치를 떨어뜨리는 것이 됨. 민간이 보유한 화폐의 실질가치가 하락한 만큼 정부가 실질적인 세금을 거두어 사용한 것과 같다고 할 수 있음. 그런 의미에서 인플레이션을 통해 정부가 조달하는 수입을 인플레이션 조세(inflation tax)라고 함. 이와 관련하여 이종화·신관호(2009) 참조.

7) 이때 평균은 단순한 산술평균이 아니라 이들 재화와 서비스가 총지출에서 차지하는 상대적 비중에 따라 가중치를 부여한 가중평균임.

서 거래되는 일반 소비재 481개의 소매가격(소비자구입가격)을 시장거래액 비중에 따라 가중치를 달리하여 평균함.[8] ㉡ 기준연도는 5년마다 개편되며 통계청이 매월 작성 · 발표[9]

- 생산자물가지수(PPI) : 국내생산자가 판매하는(혹은 기업 사이에서 거래되는) 상품의 평균적인 가격변동을 측정하기 위해 작성되는 물가지수임. ⇒ ㉠ 일례로 2011년 말 현재 생산자물가지수는 국내거래 비중이 큰 884개(재화 801개, 서비스 83개) 품목을 조사하여 산출 ㉡ 기준연도는 5년마다 개편되며 한국은행에서 매월 작성 · 발표
- GDP디플레이터(GDP deflator) : 국민소득추계 결과 사후적으로 계산되는 종합적인 물가지수로서 GDP에 포함되는 모든 최종생산물의 가격을 고려대상으로 삼아 산출

  ⇒ ㉠ 명목GDP를 실질GDP로 나누어 백분비로 표시한 것임.

  ㉡ 산출 공식 : $\text{GDP디플레이터} = \dfrac{\text{명목GDP}}{\text{실질GDP}} \times 100$
- 물가상승률 : 일정한 기간 동안 물가지수가 증가한 비율

  ⇒ $\text{물가상승률(\%)} = \dfrac{(\text{비교연도 물가지수} - \text{기준년도 물가지수})}{\text{기준년도 물가지수}} \times 100$

# 3 고용과 실업

## 3.1 경제활동인구와 실업률

- 총인구 = 취업가능인구(15세 이상 인구) + 취업불가능인구(15세 미만 인구)
  - 취업가능인구(=생산가능연령인구 또는 노동가능인구) : 일할 능력을 갖추었다고

8) 가중치 적용의 문제점으로 5년마다 기준연도가 갱신되므로 현재의 소비 비중이 5년 전의 소비 비중과 다를 경우(일례로 5년 전과 현재의 스마트폰과 핸드폰의 소비 비중) 현재의 물가수준이 제대로 반영되지 못함.

9) 현장조사, 전화조사, 통계자료 등을 통해 조사한 후 발표하고 있음. 참고로 개별품목의 경우, 일정한 기준(일례로 상표, 크기, 생산지, 모양, 무게 등)을 설정해서 조사하고 있음. 도시소비자의 체감물가를 더 잘 반영하기 위하여 1995년 기준지수부터 소비자물가지수의 보조지수로서 생활물가지수가 작성되고 있음. 생활물가지수는 소비자물가 조사대상 품목 중에서 일반소비자들이 자주 구입하는 기본 생활필수품 152개를 선정하여 이들의 평균적인 가격변동을 나타낸 지수임.

볼 수 있는 사람들을 말하는데, 한국에서는 15세 이상의 사람들을 이 범주에 넣고 있음.

- 취업불가능인구(=생산불가능연령인구 또는 노동불가능인구) : 나이가 너무 어려 일할 능력이 없는 사람으로 한국에서는 15세 미만의 사람들을 이 범주에 넣고 있음.

- 취업가능인구 = 경제활동인구 + 비경제활동인구
  - 경제활동인구 : 생산가능연령인구 중 일하려는 의사가 있는 사람들
  - 비경제활동인구 : 생산가능연령인구 중 일하려는 의사가 없는 사람들(연로자, 학생, 전업주부, 심신장애자 등)

- 경제활동인구 = 취업자 + 실업자
  - 취업자 : 매월 15일이 포함된 1주일 동안에 수입을 목적으로 1시간 이상 일한 사람과 본인 또는 가족이 소유하고 경영하는 농장이나 사업체에서 주당 18시간 이상 일한 무급 가족종사자를 가리킴. 그 밖에 일정한 직장이나 사업장은 가지고 있으나 일시적인 질병, 일기불순, 휴가, 노동쟁의 등의 사유로 조사기간 중에 일을 하지 않은 사람도 해당됨.
  - 실업자 : 일하려는 의사가 있는데도 일자리를 찾지 못한 사람을 뜻하므로 어떤 사람이 단지 일을 하지 않고 있다 해서 그가 실업자로 분류되는 것은 아님. ⇒ '나이가 15세를 넘고 분명히 일하려는 의사가 있는데도 일자리를 얻지 못한 사람'만이 실업자로 분류되는 것임.

- 실업률
  - 정의 : $\text{실업률} = \dfrac{\text{실업자수}}{\text{경제활동인구}}$

  ⇒ 여기서 한 가지 주목해야 할 점은 이 식의 분모가 생산가능연령인구가 아니고 취업할 의사가 있는 경제활동인구라는 사실이기 때문에 일하려는 의사가 없는 학생이나 주부는 실업률을 계산하는 과정에서 원천적으로 빠져 버리는 결과가 나타나는 것임.[10)]

---

10) 우리나라의 실업률은 통계청이 전국의 3만 표본가구의 만 15세 이상의 인구를 대상으로 매월 15일을 포함하는 한 주 동안 주당 평균 1시간 이상 일한 사람을 취업자로 분류해 작성함. 그러므로 실업자로 판정을 받으려면 그저 직업이 없다는 것만으로는 안 되고 만 15세 이상이며 조사시점으로부터 과거 1주 동안 적극적인 구직활동을 한 증거가 있어야 하고 조사기간 동안 수입이 전혀 없어야 함. 이러한 실업률의 정의는 ILO(국제노동기구) 기준에 따른 것인데, 한국의 현실적인 노동시장을 반영하기에는 거리감이 있음. 따라서 파트타임 근로자나 임시직 등 불안정 취업자를 실업자 통계에 포함시키면 한국의 실업률 수치는 상당히 높게 나타날 것임. 우리나라도 1999년 6월부터 OECD 권고로 조사시점으로부터 1주일 대신 4주 동안 구직활동을 한 기록이 있으면 실업자로 인정하는 통계조사를 병행하고 있으며, 2005년 6월부터는 공식실업률을 OECD 기준으로 발표하고 있음.

- 실망실업자 : 아무리 노력해도 일자리를 찾을 수 없어 실망한 나머지 일자리 찾기를 포기한 사람들로서 이들은 비경제활동인구로 분류되어 실업자 통계에서 빠짐. 우리나라에서 가사에 전념하는 여성 중 상당히 많은 사람들이 이 실망실업자의 범주에 속한다고 볼 수 있음. 이런 사람들까지 실업자로 분류해 실업률을 구해 보면 공식통계에 나타난 실업률보다 훨씬 더 높을 것임.[11)]

- 잠재GDP
  - 일국에 존재하는 모든 생산요소를 정상적으로 고용할 경우 생산 가능한 모든 최종생산물의 시장가치
  - 인플레이션을 가속화시키지 않고 실현시킬 수 있는 최대 GDP

- 자연실업률
  - GDP가 잠재GDP 수준에 있을 때의 실업률로서 실업자 수가 안정적인 수준에 도달했을 때 나타나는 실업률이라고 할 수 있음.[12)]

---

11) [사례] 취업자가 늘었음에도 불구하고 실업률이 올라간 이유 ⇒ 2013년에 새로 취업한 사람은 월평균 38만5600명이었음. 하지만 2014년 1분기에는 월평균 72만9000명씩 새로 취업하고 있음. 일자리를 찾은 사람이 작년의 2배가 된 것임. 정부는 경기가 호전됐기 때문이라고 설명하고 있음. 고용이 호조를 보이면 실업자가 줄어야 자연스럽지만, 실제로는 2014년 들어 실업자가 대폭 늘어나고 그에 따라 실업률도 오르는 현상이 벌어지고 있음. 2013년에는 실업자가 100만 명이 넘는 달이 한 번도 없었지만, 2014년 2월에는 실업자가 117만8000명에 달했음. 2014년 3월에도 102만4000명에 달했음. 실업자가 늘면서 2013년 하반기 2.7~3% 수준이던 실업률이 2014년 들어 3.5%(1월) → 4.5%(2월) → 3.9%(3월)로 크게 올랐음. 왜 이런 현상이 벌어질까. 실업률을 계산하는 방식이 고용시장을 정확하게 반영하지 못하기 때문임. 실업률은 일할 의사와 능력이 있는 경제활동인구 중에서 일자리를 갖지 못하는 사람의 비율을 말함. 적극적으로 구직활동을 하는 사람만 실업률 계산에 포함시키고, 가정주부나 공부만 하고 있는 취업 준비생 등은 비(非)경제활동인구로 분류해 아예 제외시킴. 따라서 주부나 취업준비생들이 적극적으로 취업 원서를 내면서 구직활동을 시작하면 순식간에 경제활동인구로 분류되고, 직장을 잡기 전까지는 실업자로 분류됨. 따라서 2014년 2월 국가직 9급 공무원 시험에 19만4000명이 지원한 것이 실업률 상승에 상당한 영향을 미친 것으로 분석되고 있음. 응시자의 대부분이 시험공부를 하면서 비경제활동인구로 분류돼 실업률 계산에서 제외됐다가 원서를 내는 행위를 하면서 실업자로 분류됐다는 것임. 2014년 2월 실업자 117만8000명 중 20대가 37%인 44만 명에 달한 이유가 여기에 있음. 4월에도 삼성 직무적성검사(SSAT) 응시자가 10만 명이었기 때문에 20대 실업자가 적지 않을 것으로 예상됨. 여기에 은퇴한 베이비붐 세대들이 다시 구직시장에 뛰어드는 것도 실업률이 상승하는 또 다른 원인으로 꼽히고 있음. 이와 관련하여 조선경제(2014.04.15) 참조.

12) 좀 더 구체적으로 말하면 잠재성장률이란 물가상승을 유발하지 않으면서 한 나라가 가지고 있는 노동, 자본 등을 이용하여 달성할 수 있는 최대성장률임. ⇒ 경제가 물가상승 없이 잠재성장률 수준으로 성장하면 노동시장도 수요와 공급이 균형을 이루게 되는데 이 상태를 완전고용 상태라고 함. 하지만 이 경우에도 실업은 존재할 수 있는바, 다시 말해 완전고용실업률이라 하더라도 실업률은 0이 아님. 그 이유는 산업구조 변화에 따라 발생하는 구조적 실업이 있을 수 있고 개인이 원하는 일자리를 찾기 위해 스스로 실업 상태가 되는 자발적 실업이 있을 수 있기 때문임. 이 두 가지 요인에 의한 실업만이 존재하는 상태의 실업률을 자연실업률이라고 하는데, 경제가 물가상승 없이 잠재성장률 수준으로 성장할 때의 실업률을 말함.

- GDP갭(불완전고용에 따른 사회적 손실의 크기) = 잠재GDP(장기 추세치) − 실제 GDP
  - 국내총생산의 실제 움직임과 장기추세 사이의 차이를 뜻함.
  - 생산활동 저조 : GDP갭은 증가
  - 경제활동 활발 : GDP갭은 감소
  - 경제가 과도한 호황 : GDP갭은 음(−)의 값

- 실업의 종류
  - 마찰적 실업 : 이사를 가야 한다거나 더 좋은 직장을 찾아 나서는 과정에서 일시적으로 발생하는 실업
  - 구조적 실업 : 자동화라든지 산업구조 개편 등 경제구조의 변화 때문에 발생하는 실업
  - 경기적 실업 : 불황이 원인이 되어 발생하는 실업
  - 계절적 실업 : 건설업, 농업, 관광업 등과 같이 계절에 따라 노동수요가 결정되는 산업에서 발생하는 실업

## 3.2 실업의 영향

- 오쿤의 법칙(Okun's Law)
  - 미국의 경우 실업률이 1% 증가하면 국내총생산은 약 2% 정도 감소한다는 내용을 갖는 경험법칙을 말하는 것으로 실업률과 실질GDP 간의 역관계를 밝혔음.[13)]
- 실업의 증가는 막대한 경제적 손실을 의미할 뿐만 아니라 사회적 영향도 큼.

---

13) 오쿤이 추정한 회귀방정식의 결과는 다음과 같음. 실업증가율 = −0.4×(실질GDP성장률−3%) 여기서 우변의 계수(−0.4)를 오쿤의 계수라고 부름. 오쿤의 계수가 마이너스 부호를 갖는 것은 실업증가율이 실질GDP성장률과 역의 상관관계를 갖는다는 것을 의미. 그리고 0.4라는 계수의 의미는 실질성장률이 정상수준(즉 3%)보다 1% 증가하면 실업률이 0.4% 감소한다는 것, 즉 고용량이 0.4% 증가한다는 것을 의미함. 여기서 정상실질GDP성장률이란 실업률의 변화가 없는 상태에서의 실질GDP성장률을 의미. 오쿤은 1960년대 이후 미국의 정상실질GDP성장률을 3%로 추정하였음. 따라서 오쿤의 계수는 산출량, 즉 실질GDP성장률이 정상수준에서 벗어날 경우 고용량 조정이 얼마나 민감하게 반응하는가를 나타냄. 오쿤계수의 절댓값의 크기는 고용과 해고에 대한 기업 내부의 유연성과 사회적·법적 규제에 의해 결정되므로 국가마다 다르게 나타남. 오쿤계수가 높을수록 기업은 불황 시 쉽게 노동자를 해고할 수 있고, 경기가 좋아지면 또한 쉽게 고용을 증가시킬 수 있음을 의미하기 때문에 노동시장의 유연성이 높다고 할 수 있음. 오쿤계수가 높은 것이 좋은가, 낮은 것이 좋은가는 가치관에 따라 다르게 판단됨. 노동자를 보호한다는 측면에서는 낮은 것이 바람직하다고 볼 수 있으나, 장기적 효율성의 측면에서는 노동시장이 유연하게 작동하는 것이 바람직함. 따라서 일본이나 우리나라와 같이 전통적으로 형평성을 중시여기는 아시아 국가들도 노동시장의 유연성을 높이는 정책을 확대하고 있음.

## 참고자료

(1) 김승욱 외(2008), 《알짬 시장경제》, 박영사.
(2) 송병락(2006), 《글로벌시대의 경제학》, 박영사.
(3) 이준구 · 이창용(2012), 《경제학 들어가기》, 법문사.
(4) 이종화 · 신관호(2009), 《거시경제학》, 박영사.
(5) 조순 · 정운찬 · 전성인 · 김영식(2013), 《경제학원론》, 율곡출판사.
(6) 2014. 04. 15., 《조선경제》
(7) 이성표(2013), "인플레이션의 비용", 《"click" 경제교육》, KDI경제정보센터, 2013. 08.

## 부록 [1-1] 경제통계의 기초

### 1. 퍼센트(%)와 퍼센트포인트(%p), 포인트(p)와 베이시스포인트(bp)

#### 1.1 퍼센트(%)란

- 비교기준이 되는 양을 100으로 보았을 때 비교하는 양이 얼마인지를 나타낼 때 사용되는 말이 백분율 또는 퍼센트임.
  - 기호로는 %로 나타냄.

- 은행의 예금이나 대출의 금리, 성장률이나 증가율 또는 실업률 등 다양한 경우의 경제현상을 퍼센트로 나타내면 매우 쉽게 이해할 수 있음.

#### 1.2 퍼센트포인트(%p)란

- 퍼센트의 변화를 단순히 더하거나 빼서 나타낼 경우는 퍼센트포인트를 사용
  - 예를 들어 자신의 금융자산 중에서 예금의 비중이 50%에서 48%로 변했다면 2%p(=48%−50%) 떨어졌다고 할 수 있음.
  - 퍼센트로 나타내면 4%(=[48%−50%]/50%) 줄었다고 할 수 있지만 2%p 줄었다고 하면 훨씬 알기 쉬움.
  - 한국은행이 금융통화위원회에서 콜금리 목표 수준을 4.50%에서 4.75%로 올리기로 결정하였다면 콜금리 목표 수준을 0.25%P(=4.75%−4.50%) 상향조정한 셈

#### 1.3 포인트(p)란

- 퍼센트와 포인트를 구분해서 사용해야 하는 경우도 있음.

- 종합주가지수가 1800에서 1818로 상승할 경우, 우선 종합주가지수가 1% 상승했다고 할 수 있음.

- 그러나 종합주가지수의 상승 폭에다 포인트라는 말을 붙여 18포인트 상승했다고 표현하기도 함.
  - 종합주가지수의 단위가 %가 아니고 단위가 없기 때문에 그냥 변동 폭에다 포인트를 붙여 표현하는 것임.

### 1.4 베이시스포인트(bp)란

- 거액의 자금이 움직이는 국제금융시장에서는 금리 변동을 %p보다 더 세밀하게 표현하기 위해 베이시스포인트(bp)라는 표현을 쓰기도 함.

- 여기서 100bp는 1%p를 의미
  - 예를 들어 국제적으로 많이 이용되는 리보(LIBOR) 금리가 5.25%에서 5.30%로 올랐다면 5bp 올랐다고 할 수 있음.

## 2. 변동률 : 전월(전년 동월, 전년) 대비 증감률, 연율

### 2.1 변동률이란

- 우리가 평상시 접하게 되는 경제지표는 보통 지표 자체의 수준보다는 지난해에 비해 몇 퍼센트 증가했느냐 또는 증가율이 전보다 더 커졌느냐 작아졌느냐 등의 변동 정도에 더 관심을 쏟는 경우가 많음.

- 이러한 변화의 정도를 통계적으로 나타낸 것을 변동률이라 하며, 어느 통계의 기준시점에 대한 비교시점에서의 증감률을 말함.

### 2.2 변동률의 구분 및 실례

- 변동률은 기준시점이 언제냐에 따라 전월대비, 전년 동월대비, 전년대비 증감률 등으로 나눌 수 있음.
  - 물론 전분기 대비나 전반기 대비도 쓸 수 있는데, 연간 통계의 경우는 전년대비 증감률이 이용됨.

- 그런데 동일한 증가율이라도 기준시점이 지난달(전월)인지 또는 1년 전 같은 달(전년 동월)인지에 따라 그 의미가 크게 달라지므로 통계 이용 시 유의할 필요가 있음.

- 또한 전월 또는 전기 대비 통계자료는 기후나 설, 추석과 같은 사회·제도적인 요인으로 인해 영업일수 등이 차이가 날 수 있는데 이를 계절변동요인이라고 함.
  - 그런데 이러한 계절변동요인을 통계적 기법으로 적절히 제거해야만 더 정확한 지표 동 향을 파악할 수 있는데 이런 통계를 계절변동조정 통계라 함.
  - 대표적으로 월별 실업률이나 분기별 국민소득 통계는 계절변동조정 통계를 주로 이용

- 한국은행은 분기 및 연간 경제성장률을 발표하고 있는데 2005년까지는 분기별 경제성장률 발표 시 비교시점을 전년 동기로 해 왔으나, 2006년 1/4분기부터는 전분기로 변경하였음.

- 이유는 최근 들어 경제의 불확실성이 커지고 경기순환 주기가 빨라지면서 경기변동의 방향과 속도를 파악하는 데 전분기 대비 증가율 지표가 더 유용한 것으로 판단하였기 때문
- 물론 전년 동기 대비 증가율도 보조지표로 발표하므로 양 지표를 함께 활용하면 경기 상황을 보다 종합적으로 판단할 수 있을 것임.

- 한편 통화나 국민소득 등과 같은 경제지표는 전월(또는 전분기) 대비 증감률을 연간기준으로 환산하여 사용하기도 하는데 이를 연율이라고 함.[14)]
  - 물론 현재의 추세가 1년 동안 지속된다고 가정하는 것인데, 예를 들어 2007년 1/4분기의 전분기 대비 경제성장률이 0.9%라면 연율(=[1.009−1]×4)은 0.036, 즉 3.6%라 할 수 있음.

## 3. 기여율과 기여도

### 3.1 의미

- 여러 가지 경제 뉴스를 접하다 보면 수출이 우리나라 경제성장에 기여하는 정도가 크다거나 제조업의 기여율이 낮아졌다는 등의 기여율과 기여도에 관한 이야기를 많이 들을 수 있음.

- 기여도와 기여율은 국내총생산(GDP)과 같이 구성항목이 여러 개인 경우에 특정 항목이 전체의 변동에 어느 정도나 영향을 미쳤는지를 파악할 때 사용하는 개념

### 3.2 구체적 사례

- 예를 들면 고등학생인 은효의 학기말 시험점수가 아래 표와 같다면 은효의 성적은 지난학기보다 10% 증가

- 그런데 시험과목별로 기여율을 보면 수학이 56%로 가장 높고 다음으로 국어(32%), 사회(12%)순임을 알 수 있음.

---

14) 시계열 데이터의 증가율을 나타낼 때 흔히 연율 개념을 사용함. 연율이란 연간 데이터가 아닌 변수를 연간 데이터로 환산해서 표시할 때의 값을 말함. 구체적으로 데이터가 월, 분기 등 1년 미만 기간에 대해서 변화율로 표시되어 있을 경우 당해 변수가 1년간 지속됐을 때의 연간 변화율을 연율이라고 함. 일반적으로 어느 변수의 증가율이 전기비로 $100r(\%)$로 표시되었을 때(가령 본문의 경우처럼 전분기 대비 증가율이 0.9%라면 $r=0.009$이고 증가율이 −0.9%라면 $r=-0.009$임) 이를 연율로 환산하는 방법은 다음과 같음. 여기서 $n$은 당해 변수의 기간(개월)을 나타냄(가령 본문의 경우처럼 분기 대비라면 $n=3$임).

$$100\{(1+r)^{12/n}-1\}(\%)$$

흔히 근사치로서 $100r\times\frac{12}{n}$를 연율로 사용하기도 함. 이와 관련하여 매일경제(2009.02.28) 참조.

- 은효의 성적향상에 대한 기여율은 과목별 증가점수(수학 14점, 국어 8점, 사회 3점)를 총 증가점수인 25점(=275−250)으로 나누어 구할 수 있음.
- 또한 기여도는 총 점수 증가율 10%에 과목별 기여율을 곱하여 산출한 것인데, 각 과목의 기여율을 합하면 1(100%)이므로 기여도의 합은 시험점수 증가율과 일치함을 알 수 있음.
- 이를 식으로 나타내면 다음과 같음.

$$X_i \text{의 기여율} = \frac{X_i\text{의 증감액}}{Y\text{의 증감액}} \times 100$$

$$X_i \text{의 기여도} = Y\text{의 증감률} \times X_i \text{의 기여율}$$

〈표 부1-1〉 은효의 과목별 시험점수와 기여율 및 기여도

| | 지난 학기 점수 | 이번 학기 점수 | 증가율(%) | 기여율(%) | 기여도(%) |
|---|---|---|---|---|---|
| 국어 ($X_1$) | 80 | 88 | 10.0 | 32.0 | 3.2 |
| 수학 ($X_2$) | 78 | 92 | 17.9 | 56.0 | 5.6 |
| 사회 ($X_3$) | 92 | 95 | 3.3 | 12.0 | 1.2 |
| 합계($Y$) | 250 | 275 | 10.0 | 100.0 | 10.0 |

### 3.3 유용성

- 기여율과 기여도의 개념을 잘 알고 있다면 여러 구성항목으로 이루어진 통계의 증감을 분석하는 데 유용하게 이용할 수 있음.
  - 예를 들어 국민소득 통계자료를 이용하더라도 제조업, 건설업, 서비스업 등 산업별로 어떤 산업이 성장에 가장 큰 기여를 하였는지 확인할 수 있음.
- 또한 민간소비나 설비투자 또는 수출 등 어떤 항목이 성장에 가장 큰 영향을 미쳤는지도 파악할 수 있음.

**참고자료**

(1) 안형순(2007), "통계의 기초지식 - %와 %포인트, 변동률, 기여율과 기여도", 한국은행 경제교육(풀어 쓴 생활경제), 2007. 08. 02.
(2) 2009. 02. 28., 《매일경제》

## 부록 [1-2] 잠재성장률의 이해

### 1. 최근 한국경제 현황

- 극심한 내수 부진과 저물가 현상에 따른 경제 활력 저하로 인해 한국경제가 장기저성장 체제로 고착되는 것 아니냐는 우려가 커지고 있음. ⇒ 지난 2008년 글로벌 금융위기 이후 2010년을 제외하고 잠재성장률에도 미치지 못하는 4% 미만 성장이 지속되고 있기 때문임.
  - 이에 따라 우리 경제가 저성장과 저물가에 따른 장기불황에 시달려온 일본을 닮아가고 있는 것 아니냐는 지적도 꾸준히 나오고 있음.

- 2014년 7월 24일 한국은행과 기획재정부 등에 따르면 우리 경제는 내수 부진의 골이 깊어지면서 사상 초유의 '저성장 - 저물가 - 경상수지 과다 흑자'라는 거시경제왜곡 현상이 심화하고 있음.

- 실제로 금융위기 이후 나타난 이 같은 경제 활력 약화로 성장률은 지속적으로 하락세를 보이고 있음. ⇒ 저출산 · 고령화에 따른 노동력의 양적 투입 둔화, 투자의 부진 등으로 잠재 및 실질 성장률 둔화
  - 실질 국내총생산(GDP) 성장률은 2008년 2.8%에서 2009년 0.7%로 급락한 뒤 2010년 기저효과[15] 등으로 6.5% 증가하면서 반등했으나 2011년 3.7%, 2012년 2.3%, 2013년 3.0% 등을 기록하며 2010년을 제외하고 4%대 이하 성장에 그치고 있음.
  - 2014년에도 당초 한은의 성장률 전망치는 4.0%였으나 여객선 진도 침몰 참사 이후 위축된 소비 심리로 경기하강 리스크가 커지면서 3.8% 성장에 그칠 것으로 전망되고 있음.

- 장기 시계열로 보면 경제성장률 하락세가 보다 뚜렷함.
  - 우리나라의 성장률은 1970년대 평균 10.3%로 10%대 성장을 구가했으나 1980년대 8.6%, 1990년대 6.7%, 2000년대 4.4%로 점차 하락하는 추세를 보이고 있음.
  - 이에 2008년 위기 이후로는 잠재성장률이 3%대 중후반까지 떨어졌음.

---

15) 기저효과(base effect)란 어떠한 결과값을 산출하는 과정에서 기준이 되는 시점과 비교대상시점의 상대적인 위치에 따라서 그 결과값이 실제보다 왜곡되어 나타나게 되는 현상을 말함. 예를 들어 호황기를 기준으로 현재의 경제상황과 비교하면 경제지표는 실제보다 위축되게 나타나고, 불황기의 경제상황을 기준시점으로 비교하면 경제지표가 실제보다 부풀려져 나타나게 됨. 일명 반사효과라고도 함.

• 경제협력개발기구(OECD)에 따르면 2018~2030년 한국의 잠재성장률은 3%대 초반, 2030년 이후에는 0.6%로 1%대에도 미치지 못할 것으로 추정됐음.

## 2. 잠재성장률이란

- 잠재성장률은 노동과 자본 등 한 나라의 경제가 보유하고 있는 모든 생산요소를 통해 달성할 수 있는 최대의 경제성장률을 의미

- 최근에는 물가상승을 유발하지 않고 경제가 상승할 수 있는 능력으로 정의되기도 함.[16)]

- 따라서 잠재성장률 하락은 한국경제의 성장여력이 점차 떨어지고 있고, 이로 인해 예측 가능한 미래에 국민들이 누릴 수 있는 후생이 감소할 수 있음을 의미함.

## 3. 잠재성장률의 결정요인

- 한 나라의 잠재성장률은 각 생산요소, 즉 노동, 자본, 생산성, 인적자본 등이 얼마나 제 능력을 발휘하느냐에 따라 결정됨.
  • 그러나 한 나라의 경제가 일정수준 이상에 도달하면 노동과 자본 등 생산요소 중심의 성장은 한계에 이르게 되고, 특히 한국처럼 경제규모가 세계 10위권에 이르면 이러한 현상은 더욱 심해짐.
  • 또한 저출산·고령화의 가속화는 경제활동 참여 가능 인구를 감소시켜 노동투입에 의한 성장을 더욱 더 가로막을 뿐 아니라 연금과 의료비 부담을 가중시켜 자본축적도 힘들게 함.
  • 그동안 우리 경제는 생산성 제고를 위해 다양한 제도 개혁과 R&D 투자 확충에 힘써 왔으나 높은 수출 실적에도 불구하고 국내소비 및 투자 부진이 지속되는 것을 보면 그간의 노력이 경제 전반의 생산성 제고로 이어지지는 못하고 있는 듯함.

- 노동, 자본, 생산성 등이 지금과 같은 추세를 지속한다면 4%대의 잠재성장률도 미래에는 장담할 수 없으며, 국민소득 3만 달러 달성은 더욱 요원해질 것임.[17)]

---

16) 결국 잠재성장률이란 바로 한 나라 경제가 꾸준히 커 나갈 수 있는 적정한 성장 속도를 의미함. 경제학적인 측면에서 잠재성장률은 한 나라 경제가 물가를 안정시키면서 달성할 수 있는 최대 성장률이며 생산요소의 양과 총요소생산성에 의해 결정됨. 이와 관련하여 김재일(2009) 참조.

17) 아쉽게도 잠재성장률을 직접적으로 알 수 있는 방법은 없음. 우리가 알 수 있는 것은 경제성장률임. 그래서 정부나 중앙은행, 경제연구소 등에서는 경제학적인 이론과 모형을 통해 잠재성장률을 추정하고 있음. 경제연구기관들이 추정해 놓은 결과를 살펴보면, 2009년 현재 우리나라 잠재성장률 수준은 4% 중반으로 보임. 그러나 앞으로 우리나라 잠재성장률은 하강곡선을 그릴 전망임. 2010년대에 4% 초·중반, 2020년대에는 2~3% 수준까지 하락할 것으로 예상됨.

- 이런 점에서 한국경제가 진정 우려해야 할 사항은 잠재성장률 하락이 아니라 잠재성장률을 끌어올릴 요인을 찾기 힘들다는 현실일 것임.

## 4. 잠재성장률의 하락요인

- 우리나라 잠재성장률이 앞으로 하락할 것으로 예상되는 이유를 알기 위해서는 노동, 자본, 총요소생산성을 살펴볼 필요가 있음.

- 노동 측면
  - 우리나라의 생산가능인구(15~64세)는 출산율 저하와 고령화 등으로 2020년을 지나면서 급격히 감소할 전망임.
  - 우리나라 합계출산율은 2008년 현재 1.19명으로 경제협력개발기구(OECD) 국가 중 최하위권임.
  - 일손이 부족하면 공장의 기계를 놀릴 수밖에 없고 따라서 생산량은 감소함.
  - 결국 경제활동에 참가할 사람이 부족해짐에 따라 잠재성장률이 점차 낮아짐.

- 자본 측면
  - 자본의 양은 투자를 통해 결정됨.
  - 낡은 기계와 건물을 교체하고 생산을 확대하기 위해서는 새로운 투자가 끊임없이 이루어져야 함.
  - 우리나라는 1970~1980년대에 투자가 연평균 10% 내외로 늘어났고, 이는 고속 성장에 크게 기여했음.
  - 하지만 1990년대에는 투자 증가율이 연 5.8%로 낮아졌고, 2000년대에는 3.7%로 급락했음.
  - 특히 최근에는 경제위기 영향으로 투자활동이 더욱 부진해졌음. ⇒ 2008년에는 투자가 전년 대비 1.7% 감소했고, 이러한 추세는 당분간 지속될 것으로 예상됨.
  - 기계가 부족한 공장과 비좁은 사무실에 일하는 사람을 늘린다 해도 생산량 증가를 기대하기는 어렵기 때문에, 결국 투자가 부진해지면서 생산에 이용되는 자본의 양이 불충분해지고 잠재성장률이 낮아짐.

- 총요소생산성 측면
  - 한국생산성본부가 연구한 결과에 따르면 우리나라의 2000년대 총요소생산성은 1981~2000년 평균에 비해 절반 이하로 떨어졌고, 미국 · 일본 · 프랑스 · 독일 등 선진국에 비해 낮은 수준임.
  - 동일한 노동과 자본을 가지고 있어도 과거보다, 그리고 선진국보다 생산량이 적을 수밖에 없음.

• 이렇게 노동과 자본이 부족해지고 총요소생산성이 낮아지면 잠재성장률이 떨어지는 것은 당연함.

- 한편 최근 잠재성장률의 하락을 부추기는 핵심요인으로는 장기화된 내수 부진에 따른 저물가 현상을 꼽을 수 있음. ⇒ 2012년 11월 이후 2014년 6월까지 20개월 연속 이어진 1%대의 낮은 물가상승률은 성장률 저하로 이어지고, 이는 기업의 수익성 하락과 고용 · 임금 · 가처분소득 둔화 등을 통해 민생경제 회복을 제약하고 있음.

## 5. 잠재성장률의 제고 방안

- 앞서 설명한 생산요소, 즉 노동과 자본을 증가시키고 총요소생산성을 향상시켜야 할 것임. ⇒ 아이디어, 과학기술, ICT[18] 융합에 기반한 투자활성화 및 총요소생산성 제고 필요[19]

〈표 부1-2〉 잠재성장률과 기여도 추이

단위 : %

| | 1971~1980 | 1981~1990 | 1991~2000 | 2001~2010 |
|---|---|---|---|---|
| 실제성장률 | 9.0 | 9.7 | 6.5 | 4.2 |
| 잠재성장률 | 9.9<br>(100.0) | 8.5<br>(100.0) | 6.6<br>(100.0) | 4.7<br>(100.0) |
| 노동투입 | 3.1<br>(31.6) | 2.4<br>(28.4) | 1.7<br>(25.8) | 0.5<br>(10.4) |
| 자본투입 | 2.2<br>(22.4) | 3.3<br>(38.8) | 1.9<br>(29.0) | 1.6<br>(34.0) |
| 총요소생산성 | 4.6<br>(45.9) | 2.8<br>(32.8) | 3.0<br>(45.3) | 2.6<br>(55.7) |

자료 : 산업연구원

- 노동의 증가
  • 노동을 증가시킨다는 것은 일할 사람을 늘리는 것임.
  • 출산율을 높여 인구 감소를 방지하고 여성 경제활동 참여를 확대함으로써 일할 수 있는 사람을 늘릴 수 있음.
  • 이를 위해서는 적극적인 사회보장정책 등 정부 지원이 필요하며, 또한 정년 연장을 통한 노동 공급 증가도 고려할 만함.

18) ICT는 정보 · 통신 · 기술(Information & Communication Technology), 더 단순하게 정보기술(IT : Information Technology)로 쓸 때가 많음.
19) 김도훈(2013.10) 참조.

- 자본의 증가
  - 자본을 증가시키려면 꾸준한 투자가 필요함.
  - 투자 주체는 크게 기업과 정부로 나누어 볼 수 있음.
  - 기업이 이윤 창출을 위해 사업 기회를 적극적으로 포착하고 투자를 진행해야 자본이 증가할 수 있음.
  - 정부는 이를 위해 시장질서 확립, 세제 지원, 법적·제도적 절차 합리화 등으로 투자 환경을 개선해야 함.
  - 또한 정부가 직접 나서서 기업이 감당하기 어려운 대규모 사회간접시설(SOC) 사업 등을 수행할 수도 있음.
- 총요소생산성의 향상
  - 노동과 자본을 단기간에 증가시키기는 어려운데, 인구 증가에는 시간이 필요하고, 기업투자를 강제할 수도 없음. ⇒ 따라서 현 상황에서는 총요소생산성을 향상시키는 것이 중요함.
  - 기술개발, 생산과정 합리화, 노동 숙련도 향상, 노동·자본의 합리적 배치, 효율적 투자 등을 통해 같은 양의 노동과 자본으로 더 많은 생산을 할 수 있음.
- 경제전문가들은 인적자원이 향후 지속성장의 핵심이 될 것이라고 예측
  - 인적자본은 교육투자와 훈련을 통해 지식 및 숙련도를 높인 인간을 말하는데, 실제로 인적자본은 경제성장의 가장 큰 원천의 하나임.
  - 또한 자본이나 물질적 자원은 주어진 양과 질에 따라 확장과 개발이 한정되어 있는데 반해, 인적자원은 능동적이고 자율적인 성격을 띠고 있어 장기적인 응용과 개발이 용이함.
  - 하지만 자본이나 물적 자원처럼 비축할 수 없고, 인적자원을 제대로 활용하지 못할 경우 자연적으로 소진될 수 있다는 단점도 있음.
- 따라서 학령기뿐만 아니라 인적자원이 노동시장에 유입된 후에도 지속적으로 교육과 투자가 이뤄질 때 인적자원을 통한 성장률 제고가 가능해짐.
- 한 나라의 경제적 미래는 인구구조 측면 및 생활수준 측면에서 그려볼 수 있는 바, 미래에 잘살 수 있다는 기대감도 중요하지만, 밝은 미래를 맞이하기 위해서는 현재 우리가 무엇을 준비해야 하는가도 잊어서는 안 됨.

## 6. 마무리

- 2014년 시점에서 출구가 보이지 않는 글로벌 경제위기를 헤쳐 나아가려면 우리 경제의 잠재성장률을 끌어올려야 함.

- 김종석 홍익대 경영대학장은 "중국의 경제성장이 둔화하고 미국경제는 무기력해졌으며 유로존은 해체 가능성이 제기되고 있다"면서 "일본경제의 장기침체와 신흥국의 성장둔화 등 여러 악재로 인해 세계경제는 출구가 보이지 않는다"고 진단했음.
- 그는 이런 상황이 지속되면 세계경제가 동시다발적 위기에 빠져 대공항이 초래될 수 있는 '퍼펙트 스톰'[20]을 맞을 수도 있다고 경고했음.

- 김종석 학장은 우리 경제가 살아남기 위해서는 ▲ 수출 경쟁력 유지 ▲ 내수 활성화 및 성장잠재력 제고[21] ▲ 정부의 재정건전성 유지 등을 통해 '경제방파제'를 높이 쌓아야 한다고 주장했음. ⇒ 특히 그는 "우리 경제가 재도약할 수 있는 발판을 만들기 위해서는 침체돼 있는 잠재성장률을 끌어올리는 것이 선결 과제"라며 "물적 자본과 우수한 인적 자본을 확충하고 기술개발과 혁신을 촉진하는 기업환경 조성 등을 통해 이를 해결해 나갈 수 있다"고 설명했음.

### 참고자료


(1) 정원식(2007), "잠재성장률 저하의 해법, 인적자원 고도화에서 찾아라!", 《"click" 경제교육》, KDI경제정보센터, 2007. 09.
(2) 2009. 07. 18., 《매일경제》
(3) 김종석(2014), "세계경제 불확실… 잠재성장률 끌어올려야 생존", 《문화일보》, 2014. 07. 15.
(4) 2014. 07. 24., 《문화일보》
(5) 김도훈(2013), "한국 산업구조의 변화와 창조경제", 산업연구원, 2013. 10.


---

20) 퍼펙트 스톰(Perfect Storm) : 개별적으로 보면 위력이 크지 않은 태풍 등이 다른 자연현상과 동시에 발생하면 엄청난 파괴력을 내는 현상으로, 보통 경제계에서는 심각한 세계경제의 위기를 일컬음. 기상용어인 퍼펙트 스톰은 2008년 미국 글로벌 금융위기로 달러가치 하락과 유가 및 국제 곡물가격 급등에 물가상승 등이 겹쳐지면서 경제용어로 진화했음. 이 용어는 프리랜서 기자이자 작가인 세바스찬 융거가 1991년 미국 동부 해안에서 벌어진 실화를 바탕으로 쓴 베스트셀러 《퍼펙트 스톰》에서 출발했음. 융거는 당시 허리케인 그레이스와 다른 두 개의 기상전선이 충돌해 유례없는 대형 폭풍이 만들어진 걸 보고 '완전한 폭풍'이라 이름 지었음.

21) 이와 관련하여 조동근 명지대 교수는 "한국경제의 장기 저성장 체제에 대한 우려가 현실화되고 있는 것 같다"며 "서비스업 등에 대한 획기적인 규제 완화와 부동산시장 활성화로 경제 활력을 제고하는 것에서부터 해결책을 찾아야 한다"고 말했음. 이와 관련하여 문화일보(2014.07.24) 참조.

# 부록 [1-3] 한국의 지하경제

## 1. 의미

- 지하경제(underground economy)는 재화와 서비스를 생산하는 통상의 합법, 불법적인 경제활동 가운데 국내총생산(GDP)을 산출하는 국민계정 상에 나타나지 않는 부분을 통틀어 지칭
  - 경제개발시대 제도금융시장과 나란히 기업과 소상공인의 자금줄 역할을 수행한 사채금융을 우리나라의 대표적인 지하경제로 꼽을 수 있으며, 기업이나 자영업자의 탈세, 관료와 정치인들이 연루된 비자금과 뇌물 등도 우리사회에서 지하경제를 구성하는 중요한 부분들이었음.
- 한 나라의 경제에서 지하경제가 차지하는 비중이 높다는 것은 대개 그 나라 경제가 건강하지 못하다는 의미로 해석
  - 따라서 그 규모와 폐해를 줄이는 것은 장기적으로 경제의 체질을 개선한다는 맥락에서 중요한 정책과제로 요청됨.
- 우리나라의 GDP 대비 지하경제 규모는 1980년대 이래로 줄곧 줄어드는 추세이지만, 아직도 선진국들에 비해 높은 수준이며, 최근 우리나라도 지하경제에 대한 관심이 다시금 높아지는 듯함.
  - 다만 과거처럼 어떤 대형비리사건이 계기가 되어 일순간 국민적 관심사로 부각되는 것이 아니라, 경제성장률 둔화와 세수부족에 대한 우려라는 지극히 현실적인 차원에서 보다 차분하게 검토되는 양상임.
  - 지하경제를 공식경제의 장으로 이끌어냄으로써 성장률을 제고하고 동시에 세수의 기반도 넓힐 수 있다는 점에서, 생각하기에 따라서는 지하경제를 하나의 '숨겨진 성장잠재력'으로도 볼 수 있을 것임.

## 2. 지하경제의 규모 비교

### 2.1 다양한 추정방법

- 지하경제는 기본적으로 은닉된 경제활동이기 때문에 그 실체나 규모를 정확하게 파악하기가 어렵기 때문에 다양한 추정방법들이 시도돼 왔으며, 연구에 따라 추정치의 편차도 상당히 큰 편임.

## 2.2 슈나이더의 연구

- 이 분야의 주요한 연구자 가운데 한 사람인 슈나이더(F. Schneider)의 최근 연구 결과에 따르면 현금수요함수 접근법으로 구한 우리나라의 지하경제 규모는 2002~2003년 기준으로 GDP의 28.8% 정도로 다소 높은 수준으로 추정되었음.

- 또한 이후 계속된 그의 연구 결과를 종합해 보면, 우리나라의 지하경제 규모가 선진국에 비해서는 크고 저개발국에 비해서는 작음을 알 수 있음.[22)]
  - 우리나라의 지하경제 규모는 OECD 국가들 가운데서는 이탈리아, 스페인, 그리스와 더불어 가장 높음.
  - GDP 대비 지하경제의 규모가 가장 작은 것으로 알려진 미국, 스위스 등에 비하면 거의 3배에 달하는 수준임.
  - 물론 다른 개발도상국들과 비교하면 상대적으로 작은 편인데, 특히 1인당 국민소득 3천 달러 미만의 저개발국들은 대부분 지하경제의 규모가 GDP의 30~40%를 훨씬 상회함.
  - 볼리비아나 나이지리아, 아이티, 콩고 같은 나라들의 사례는 이들의 경제적 빈곤이 단지 경제문제에 국한되는 것이 아니라 정치적 불안이나 부정부패에도 상당부분 기인하고 있음을 잘 보여줌.

- 지하경제 규모와 소득수준이 밀접한 음의 상관관계에 있다는 사실은 어렵지 않게 확인할 수 있는데(상관계수 −0.718), 구매력기준 1인당 국민소득이 낮은 나라들 대부분이 지하경제의 비중이 높은 반면, 흔히 선진국이라 불리는 OECD 국가들은 지하경제의 비중이 상당히 낮음.
  - 다시 말해 소득수준을 향상시키고 경제발전을 이룩하기 위해서는 지하경제의 비중을 낮추려는 노력이 동반되어야 한다는 것임.
  - 그동안 경제의 고도성장을 달성해 온 우리나라가 지나온 궤적 역시 이러한 원칙에서 크게 벗어나지는 않는 듯함.

---

22) 국회 예산정책처가 오스트리아 빈츠대 프리드리히 슈나이더 교수의 연구자료를 인용해 민주당 강창일 의원에게 제출한 '지하경제 개념, 현황, 축소 방안' 보고서에 따르면, 2004~2005년 우리나라의 지하경제 비중은 국내총생산(GDP) 대비 27.6%로, 비교대상 28개 국가 중 4번째로 컸음. 지하경제 비중이 가장 큰 국가는 터키로 GDP의 33.2% 수준이었으며, 다음으로 멕시코(31.7%), 포르투갈(28.2%)이었음. 반면, 미국은 7.9%로 지하경제 비중이 가장 작은 국가로 기록됐으며 스위스(8.5%), 일본(8.8%), 오스트리아(9.3%), 영국(10.3%), 뉴질랜드(10.9%) 등이 낮은 국가군에 속했음. 슈나이더 교수가 전 세계 145개 국가를 대상으로 한 조사에서도 한국의 지하경제 비중은 100번째로 커 중하위권에 속했음. 지하경제 비중이 가장 큰 국가는 볼리비아로 GDP의 67.2%에 달했고, 그루지야(66.4%), 짐바브웨(64.6%), 파나마(62.2%) 등 지하경제 비중이 GDP의 50%를 넘는 국가가 16개국에 달했음. 이와 관련하여 헤럴드경제(2009) 참조.

• 다만 1인당 국민소득 2만 달러 부근의 몇몇 나라들(이스라엘, 그리스, 체코, 슬로베니아) 가운데서 지하경제의 비중이 가장 높다는 점은 여전히 우리에게 경각심을 불러일으킴.

## 3. 지하경제 규모의 감소추세

- 지금까지 나온 다양한 연구 결과들을 종합해 볼 때, 현재 우리나라의 지하경제 규모는 대략 GDP의 10~30% 사이인 것으로 나타났음.

• 현금수요함수 접근법으로 추정한 우리나라의 지하경제 규모는 2005년 기준으로 GDP의 20%에 조금 못 미치는 수준(160조 원 내외)임. ⇒ 우리나라의 GDP 대비 지하경제 규모는 1980년대 평균 37%, 1990년대에는 24%, 2000년 이후는 20% 등으로 지속적으로 하락하는 모습을 보였음.[23)]

- 장기적으로 우리나라의 지하경제 규모는 1970년대 말을 정점으로 이후 계속 줄어드는 추세를 보여 왔는데, 특히 외환위기가 계기가 되어 촉발된 구조조정과 그에 뒤따른 투명성을 증대시키고자 행해졌던 일련의 노력들과 규제완화는 GDP 대비 지하경제의 규모를 줄이는 데 크게 기여한 것으로 평가됨.

• 외환위기를 극복하는 과정에서 대외신인도 회복을 위해서는 기업과 금융기관을 중심으로 한 우리 사회 전반의 투명성을 제고하는 것이 중요한 과제로 부각되었음.[24)]

---

23) 지하경제 규모에 대해서는 정부나 학계가 두루 인정하는 공식통계가 없음. 조사기관이나 방법에 따라 결과가 천차만별이기 때문임. 프레드릭 슈나이더 교수(오스트리아)는 1999~2010년 주요국의 지하경제 규모 추산을 통해 한국의 국내총생산(GDP) 대비 지하경제의 비중을 평균 26.3%로 분석하였음. 이는 슈나이더가 분석한 39개국 중 10번째에 해당되는 것임. 그리스(27.0%)보다 소폭 낮은 수준이고, 이탈리아(26.9%)와 비슷함. 이 두 국가 모두 '유럽 최고의 탈세국'으로 지적되는 나라임. 슈나이더의 분석 중 흥미로운 부분은 한국의 지하경제를 만드는 가장 큰 요인으로 자영업자를 꼽은 점인데, 그는 자영업이 한국 지하경제의 44.3%를 설명한다고 보았음. 이는 39개 비교 대상국 중에서 가장 큰 비중으로 경제협력개발기구(OECD) 평균(22.2%)의 2배 수준으로 그리스(37.6%), 이탈리아(31.0%) 등도 훌쩍 뛰어넘는 수치임. 이와 관련하여 연합뉴스(2013.8.15) 참조. 한편 김민정(2013)은 보고서에서 한국의 지하경제 규모가 2012년 기준으로 약 290조 원 정도로 추정되며, 명목GDP 대비 지하경제 비중은 약 23% 정도라고 밝혔음. OECD 선진국의 지하경제 규모가 2007년 기준으로 13%, 개도국은 26.2%를 나타내고 있음을 비춰볼 때, 우리나라는 선진국 대비 매우 높은 수준이어서 지하경제 양성화 대책이 지속적으로 추진될 필요가 있다고 보았음. 현대경제연구원 역시 우리나라 지하경제 규모가 큰 이유로 소득 파악이 힘든 자영업자 비율이 선진국보다 높은 점, 경기침체로 합법적인 일자리를 구하지 못한 근로자들이 비제도권 노동시장으로 흘러들어 간 점 등을 꼽았음.

24) 30대 기업집단에 대해 결합재무제표 작성을 의무화했고 전자공시시스템을 구축하는 등 공시제도도 강화하였음. 따라서 내부거래를 통한 손익조절이나 기업자금을 변칙적으로 유출하는 것을 막는 제도적인 장치가 마련되었으며, 소액주주의 권한 찾기가 활성화되었음. 사외이사제도가 도입되었으며 외부감사제도도 강화되었음.

- 한편 1993년 실시된 금융실명제 역시 지하경제의 폐해를 줄이는 데 크게 기여했으나 일시적으로는 각종 가·차명계좌를 통해 공식경제부문에 참여하고 있던 지하자금을 지하경제의 영역으로 은닉하게 만드는 부작용도 겪은 바 있음.

- 지하경제의 규모가 줄어드는 것은 일반적으로 한 나라의 경제가 발전하면서 나타나는 자연스러운 현상으로 풀이됨.
  • 경제가 성장하면서 금융시장이 발달하고 또 정부는 세수의 기반을 넓히기 위해 노력하기 마련
  • 이 과정에서 종전에는 지하경제의 영역에 속해 있던 부분이 공식경제의 테두리 안으로 편입됨.

- 최근에는 신용카드의 사용이나 전자상거래 등이 빠르게 확산되면서, 자영업자의 소득이 상당부분 세원으로 포착되고 있으며, 지하경제를 척결하고자 하는 정부의 의지와 대응도 주목할 만함.
  • 외환위기를 거치면서 재정건전성이 급속도로 악화되자 국세청을 중심으로 세원확보 노력과 탈세에 대한 감찰활동이 대폭 강화되었음.
  • 과거 부동산가격 상승과정에서 발생한 탈루세액의 적발 및 추징의 강력한 시행, 외국계 사모펀드들에 대한 세무조사 및 2,000억 원대의 세금 추징 역시 비슷한 맥락으로 이해될 수 있음.

## 4. 도전요인

- 한편 앞으로 지하경제가 더욱 늘어날 가능성과 그로 인해 우리경제가 받을 도전도 만만치 않을 것으로 예상되기도 함.

### 4.1 조세부담의 증가

- 정부의 과세로부터 회피하려는 노력은 지하경제의 가장 본질적인 측면 가운데 하나임.
  • 따라서 국민들이 조세부담이 불공평하거나 그것이 과도하게 늘어난다고 생각하면 자연히 납세의식이 떨어지게 되고, 스스로를 지하경제부문에 편입시키려고 할 가능성이 높아짐.
  • 특히 연 10%가 넘는 1인당 조세부담액의 증가율은 상당히 부담스러울 수밖에 없음.

- 사실 지하경제와의 관계에 있어 이러한 세수 측면은 동전의 양면과도 같음.
  • 지하경제를 공식경제의 테두리 안으로 편입시키는 것이 세수를 증대시키려는 노력의 일환으로 행해지는 것이지만, 동시에 납세자인 국민의 입장에서는 그러한 납세부담의 증가로 인해 지하경제에 편입하는 유인이 커지게 되기 때문임.

### 4.2 행정규제 건수의 증가

- 외환위기 이후 큰 폭으로 줄어들었던 행정규제 건수가 다시 증가하고 있는 사실에도 유의해야 할 것임. ⇒ 규제개혁위원회의 자료에 따르면 외환위기 후 큰 폭으로 줄어들었던 중앙부처의 규제가 지난 2000년을 지나면서 소폭이긴 하지만 매년 꾸준히 증가하고 있음.

- 정부규제의 이러한 증가 또한 지하경제를 유발하는 중요한 요인으로 꼽힘.
  - 물론 규제 자체는 시장질서의 미비 또는 훼손을 바로잡고, 더 나아가 지하경제를 공식 경제의 범위 안으로 포함시키고자 하는 목적에서 비롯되는 경우가 많지만 규제는 그 속성상 규제대상의 반작용을 야기하면서 처음에 목적했던 규제목적을 충분히 달성하지 못한 채 또 다른 규제를 낳게 되는 경우가 많음.

### 4.3 자영업자의 비율이 높은 것도 도전요인

- OECD 자료에 따르면 우리나라의 전체 고용에서 자영업자가 차지하는 비율은 34.95%로 터키와 멕시코 다음으로 높음.
  - OECD 평균인 13.76%의 두 배가 넘는 수치

- 농업부문을 포함한 자영업자의 비중 자체는 감소 추세를 보이고 있지만, 자연적으로 감소하고 있는 자영농을 제외하면 우리나라의 자영업자 비율은 꾸준히 30% 내외 수준을 유지하고 있음.

- 하지만 서비스업이 충분히 경쟁력을 지니지 못한 상태에서 고용에서 자영업자가 차지하는 비중이 높다는 것은 전혀 반가워할 만한 소식이 아님.
  - 2005년 9월까지의 도시가구 가계수지 동향을 보면 비슷한 소비수준을 누리고 있는 임금근로자와 자영업자 사이에 소비 대비 납세액의 비율은 두 배가 넘는 차이가 남.
  - 내수경기 부진으로 자영업 전반이 어려움을 겪고 있는 상황을 감안하더라도 세금은 임금근로자의 절반 수준으로 내고 있는 것임.
  - 임금근로자와 대비한 조세의 형평성까지 중요한 사회갈등으로 부각될 조짐임.

## 5. 실천과제

- 지하경제 문제는 단기적으로 해결하기가 쉽지 않음.
  - 성장률 하락, 세수기반 약화로 인한 재정건전성 악화, 자영업자-서비스업의 경쟁력 저하, 조세의 형평성 문제 등의 문제를 제치고 경제정책의 가장 다급한 1순위가 될 필요도 없어 보임.

- 지하경제 문제는 열거된 경제과제들을 해결해 나가는 과정에서 보다 세심한 해결 방안을 모색할 필요가 있음.
  - 엄정한 세정집행만큼이나 납세자들의 순응, 조세형평성에 대한 공감도 중요

- 다른 나라들과 비교했을 때 우리 경제가 보다 높은 단계로 도약하기 위해 그만큼의 투명성도 함께 제고되어야 한다는 점만큼은 의문의 여지가 없어 보임.

- 또 중장기적인 안목과 지금까지 해왔던 것보다 한층 세심하게 기획된 정책이 요구됨.[25]
  - 정부가 신용카드의 사용을 장려하면서 거래과정을 투명하게 만들고 세수기반을 확대함으로써 지하경제의 규모를 줄인 공로가 있지만, 나중에는 그것이 도가 지나쳐 카드사 부실로 인한 신용경색을 초래했고, 그 결과 사채금융이 다시금 기승을 부린 경험을 되새겨 볼 필요가 있음.

**참고자료**

(1) 배민근(2005), "우리나라 지하경제 비중 줄고 있다", 《주간경제》, LG경제연구원, 2005. 12. 28.
(2) 2009. 09. 08., 《헤럴드경제》
(3) 2013. 08. 15., 《연합뉴스》
(4) 김민정(2013), "지하경제 해소 방안", 《경제주평》, 현대경제연구원, 2013. 02. 28.

25) 국회 예산정책처는 "지하경제는 탈세를 부추겨 재정 적자를 일으키고 공식 경제부문으로의 자원배분을 왜곡한다"며 "향후 전자식별 기술 활용 등 조세행정의 정보화를 가속화하고 납세자의 금융정보를 적극 활용, 과표를 확대하는 것이 지하경제 규모를 줄이는 한 방법"이라고 제안했음. 이와 관련하여 헤럴드경제(2009) 참조.

## 부록 [1-4] GDP 산정기준

### 1. GDP 통계기준의 변경

- GDP는 한 나라의 경제규모를 숫자로 파악하는 수단임.
  - 일정한 기준에 따라 GDP를 산정한다면 과거와 비교해서 한 나라 경제가 얼마나 커졌는지, 다른 나라와 비교해 한 나라 경제의 크기는 얼마나 되는지 등을 손쉽게 비교할 수 있음.
  - 또한 1인당 GDP를 가지고 국민의 소득 수준도 비교가 가능함.

- 이에 국제연합(UN)은 1953년 처음으로 국민소득통계 지침을 만들었고, 이때부터 세계 각국은 그 지침에 따라 GDP를 산정하고 있음. ⇒ UN은 이후 1968년, 1993년, 2008년 세 차례 통계 지침을 개정했고, 각국은 자국의 사정에 맞춰 기준을 선택해 GDP 통계를 내고 있음.

- 한국은행에 따르면 2012년 기준으로 193개 UN 회원국 중 81%인 157개국이 1993년 UN 지침에 따라 통계를 내고 있었는데, 최근 미국(2013년) · 호주(2009년) · 캐나다 등이 발표하는 GDP는 2008년 UN이 수정한 국민소득 통계 작성기준에 따라 GDP를 다시 산정한 것임.
  - UN의 기준은 갈수록 무형(無形)자산의 값어치를 GDP에 포함하자는 흐름인데, 이미 1993년 기준에서 소프트웨어, 광물탐사, 오락 · 문학작품 등의 취득 등을 GDP에 포함시켰음.
  - 여기에 2008년 기준에서는 창조적인 활동인 R&D 등을 GDP에 포함시키기로 했으며,[26] 책 · 영화 · 음반 등 엔터테인먼트에 사용한 비용과 군사 무기를 구입하는 데 쓴 비용도 투자로 인정하여 GDP에 포함시키기로 하였음.[27]

---

26) 예컨대 이제까지는 애플이 생산한 아이패드는 GDP 통계에 잡히지만, 아이패드를 개발하기 위해 들어간 연구개발비는 GDP에 산정되지 못했음. 아이패드를 만들기 위해 공장을 짓고 기계 설비를 설치해야만 '투자'로 여겨 GDP 통계에 넣었던 것임. 이는 R&D에 사용한 돈이 일반적으로 말하는 '투자'이지만, 이제까지 GDP를 산정할 때엔 '비용'으로 처리했기 때문임. 과거기준에서는 GDP를 산정할 때 '투자'는 공장을 짓고 기계를 설치하고 도로 · 철도 · 항만 · 공항 등 기반시설을 만드는 것을 가리켰음. 하지만 앞으로는 R&D도 정당한 '투자'로 인정받게 되는 것임.

27) 엔터테인먼트에 대한 지출을 지식재산권에 대한 투자로 해석하는 것임. 영화가 한 편 제작되면 단순히 한 해의 극장 매출로 끝나는 게 아니라, 제작이나 판권에 대한 투자로 여러 해 동안 부가가치가 GDP에 반영된다고 파악한다는 것임. 무기 구입은 국방 서비스에 대한 투자로 본다는 것임.

- 이렇게 GDP 통계기준을 바꾸는 것을 단순히 '숫자 놀음'이라 볼 수도 있지만, 실제론 정책 방향이 바뀔 수도 있음.
  - 성장을 중시하는 정부의 경우 과거와 달리 R&D가 성장 통계에 직접 영향을 주게 되므로, R&D 지원 정책을 강화할 유인이 생기는 것임.

## 2. 한국의 경우

- 우리나라도 UN이 2008년 개정한 기준에 따라 GDP 통계 개편 작업을 한국은행에서 진행하여 2014년 3월 이후부터 새로운 기준에 따른 GDP 통계가 발표되고 있음.
  - 아시아에서 가장 먼저 창조적인 활동을 GDP 통계에 편입시키게 되었음.
  - 2012년 9월에 한은이 개최한 국제 세미나에서 발표된 자료에 따르면, GDP 통계기준을 바꿀 경우 우리나라의 총 GDP 규모는 기존보다 약 4%가 늘어날 가능성이 있는 것으로 조사되었음.
  - 이는 우리나라의 R&D 비중과 거의 일치함. ⇒ 한국과학기술기획평가원에 따르면 2011년 기준으로 우리나라의 총 연구개발비는 49조8904억 원으로 GDP 대비 4.0%를 차지하고 있음.
  - GDP 산정기준 변경으로 GDP가 약 50조 원 늘어난다고 하면 우리나라에선 대구(약37조 원)와 제주(약 11조 원)를 합한 정도의 경제규모가 늘어나게 되는 것임.
- 실제 2014년 3월 26일 한국은행이 발표한 지난해 경제성장률(3.0%)이 종전 속보치(2.8%)보다 높아진 것은 국내총생산(GDP) 측정 때 새로운 국제기준을 적용했기 때문임.
  - 한은은 경제상황을 측정하는 국민계정체계(SNA) 기준을 기존 '1993 SNA'에서 '2008 SNA'로 변경하고 기준 연도를 2005년에서 2010년으로 바꿨음.
  - 연구개발(R&D) 증대, 다국적기업 확대 등 달라진 경제환경을 반영하기 위해서임.
  - 미국 · 호주 · 캐나다 등 주요 국가는 앞서 언급한 바와 같이 2008년 SNA 개편 후 이미 적용을 마쳤음.
- 한국은 새 국제기준에 따라 2000년 이후 주요 경제지표가 줄줄이 상향조정되었음.
  - 2000~2012년 연평균 경제성장률은 4.2%로 종전보다 연평균 0.3%포인트 증가했고, 같은 기간 1인당 국민소득은 연평균 1138달러 늘었음.
  - 기존에는 기업과 정부의 R&D 지출, 오락 · 문학 작품과 예술품 원본 등 지식재산 생산물 제작비를 '비용'으로 인식했지만, 바뀐 기준에 따라 '자산(투자)'으로 처리하게 되면서 명목 GDP가 증가했음.
  - 정부의 소비 지출로 인식되던 일부 무기시스템(전투기 · 군함 · 탱크 등)도 자산에 편입되었음.
  - 특히 한국은 GDP 대비 R&D 지출 비중(2010년 기준)이 세계에서 세 번째로 높기 때

문에 새 국제기준 이행에 따른 GDP 증가 효과가 상대적으로 컸음.

• 또한 가공무역과 중계무역 등 글로벌 생산활동의 거래 발생시점이 '국경 통과'에서 '소유권 이전'으로 바뀌어서 국내 기업의 외국 법인에서 발생한 이익도 국내 GDP에 추가되었음.

## 3. GDP 통계의 허점

- UN이 정한 GDP 통계기준은 다양한 재화와 서비스를 일관된 기준으로 평가하기 때문에 선뜻 이해하기 어려운 대목이 있음.

- 재화의 경우엔 시장에서 거래되는 물건뿐만 아니라 생산자가 자신이 쓰기 위해 만든 물건이나 판매를 목적으로 하지 않고 만든 물건도 GDP 통계에 포함시킴.

- 서비스의 경우에는 소비자에게 제공되는 모든 서비스를 생산의 범위에 포함시키긴 하지만 식사, 음주, 수면, 운동 등 자신이 스스로 하는 기본적인 활동은 서비스 생산에 포함되지 않고 대신 음식 준비, 아이 돌보기, 환자 간호 등 다른 사람이 제공한 서비스는 생산의 범위에 포함시킴.

- 이런 기준에서 전업주부의 가사 노동은 GDP 통계의 생산범위에서 제외하고 있음.
  • 한국은행은 전업주부의 가사 노동이 다른 경제부문에 거의 영향을 주지 않는 독립적인 활동이고, 가치 평가에 필요한 적절한 가격이 존재하지 않으며, 전업주부의 가사 노동까지 생산으로 간주할 경우 거의 모든 성인 인구가 취업자로 분류돼 고용통계상 왜곡이 초래되기 때문에 GDP에 포함시키지 않는다고 밝히고 있음.
  • 우리나라 이외에도 전업주부의 가사 노동을 GDP 통계에 반영하는 나라는 없음.

- 한편 통계에서는 합법적인 활동인지, 불법적인 활동인지를 구분하지 않고 있음.
  • 이에 UN은 밀수, 매춘 등 불법적인 경제활동도 생산활동이므로 GDP 통계에 포함시키도록 권고하고 있으며, 조세 회피 등을 위해 고의로 숨기는 지하경제도 GDP에 포함시켜야 한다는 입장을 취하고 있음.

- 그러나 불법적인 경제활동에 관한 통계는 파악이 어렵기 때문에 우리나라뿐만 아니라 거의 모든 나라가 GDP에 반영하지 않고 있음.

**참고자료**

(1) 2013. 09. 04., 《조선경제》
(2) 2014. 03. 27., 《매일경제》

## 부록 [1-5] 노동시장의 유연성[28]

### 1. 〈비정규직 보호법안〉의 목적

- 이해집단 간 입장 차이가 큰 비정규직 보호법안은 전체적으로 노동시장의 유연성을 높이되 취약층의 안전성을 높이는 쪽으로 양극화를 완화하고, 노동시장의 선진화를 앞당긴다는 목적을 갖고 있음.
- 주요 국제기관에서도 우리나라의 노동시장 유연성 제고를 주문하고 있음.
  - 2005년 7월 우리나라의 국가신용등급을 한 단계 올렸던 스탠더드앤드푸어스(S&P)는 추가적인 등급 상향조정의 전제조건으로 북한문제의 진전 등과 함께 노동시장의 경직성 완화를 제시했음.
  - 2005년 7월말 IMF에서도 우리나라가 동아시아의 허브로 도약하기 위해서는 노동시장의 유연성을 제고하는 것이 핵심과제가 될 것이라고 밝히기도 했음.

### 2. 노동시장 유연화 필요성의 경제적 의미[29]

- 산업혁명 이후의 제도, 관행, 노사관계, 정보부족, 규제 등으로 인해 경직되어 온 노동시장도 이제는 경쟁원리를 바탕으로 운용되어야 함.
- 거의 모든 나라에서 일반화되어 있는 높고 지속적인 실업을 해소하기 위해서는 여러 가지 방안들이 모색되어야 하지만, 일차적으로 노동시장이 균형을 유지해야 함.
- 기술변화에 대처하기 위해 기업은 투자를 과감하게 증가시키면서 근로자를 훈련시키거나 새로운 기술을 갖춘 근로자를 필요에 따라 채용하고, 근로자는 교육과 훈련을 통해 새로운 기술을 습득하여 적합한 일자리를 자유롭게 선택할 수 있어야 함.
- 오늘날 기술발전, 국제화 및 세계화, 경쟁 심화, 수요변화 등으로 세계시장은 안정을 유지하기 어렵게 되었음. ⇒ 따라서 기업은 시장이 불안할 때 이에 대처하기 위해 고용조정을 바탕으로 생산조정을 해야 함.
- 자본비용이 높고, 자본소모가 빠른 환경에서는 자본의 효율적인 사용과 비용절감이 기업활동의 주요 목표임.
- 경제발전의 결과, 소득이 증가하여 근로자들은 여가를 선호하는 추세임. ⇒ ㉠ 이러한

28) 이하 내용의 골격은 송태정(2005)을 중심으로 전개되었음.
29) 이와 관련하여 박동운(2014) 참조.

환경에서는 근로형태가 정규근로 이외의 다른 형태로 다양하게 발전되어야 함. ㉡ 근로자로 하여금 다양한 형태의 생활을 선택할 수 있게 하기 위해서는 근로형태도 다양화되어야 함.[30]

- 기술발전의 결과, 지식·기술·정보 관련 서비스업에서는 빠른 속도로 새로운 일자리가 창출되고 있지만, 저기술·노동집약적 제조업에서는 많은 일자리가 소멸되고 있음. ⇒ 이런 환경에서는 노동력 수급이 적절하게 조정되어야 함.

## 3. 노동시장의 유연성이 중시되는 이유

- 노동시장의 유연성이 높은 국가들이 그렇지 못한 국가에 비해 경제성장이나 고용 측면에서 더 좋은 성과를 거두고 있다는 연구 결과에 근거[31]
- ILO가 미국, 일본 등 25개국을 대상으로 연구한 결과에 따르면, 노동시장의 유연성 제고는 고용불안 등 부정적 효과를 초래하는 면이 있지만 노동생산성을 향상시키고, 노동비용을 감소시키는 방향으로 작용해 경제 전체적으로는 고용창출 등 긍정적 효과가 더 큰 것으로 나타났음.
  - 노동시장의 유연성이 높아지면 먼저 일자리에 대한 경쟁이 치열해지고, 임금이 생산성 수준을 상회하기 어렵게 되어 임금이 생산성 증가범위 내에서 합리적으로 결정될 수 있음.
  - 또한 일자리 경쟁의 심화는 근로자의 지식 및 기술 연마를 촉진하여 생산성을 향상시키고, 생산성이 높아지면 성장이 촉진되고 단위노동비용이 감소하여 고용확대도 이루어진다는 것임.
- 하지만 슈나이더 OECD-TUAC(OECD 노동조합자문위원회) 선임정책자문위원의 언급, 즉 정부의 노동시장 유연화와 규제완화 정책이 오히려 경제위기와 고용문제를 더욱 악화시키고 있다는 문제제기도 주목할 필요가 있음.[32]
  - 그는 "노동시장의 유연성이 높은 국가가 경제위기를 더 심하게 겪는다"라며 "경제가

---

30) 그 결과 우리 사회에 정규직과 비정규직 사이의 문제 해결을 놓고 첨예한 대립과 갈등이 표출되고 있음. 흔히 비정규직 근로자는 ▲단시간근로자(파트타이머, 즉 시간제 아르바이트를 의미), ▲파견근로자(일하는 회사에서 직접 고용하는 것이 아니라 인력공급회사에 고용되어 파견되는 형식), ▲기간제 근로자(일하는 회사에서 직접 고용하는 것이기는 하지만, 계약기간이 정해져 있는 형식) 등 3부류로 구분함. 기업이 비정규직을 유지하려고 하는 이유는 외견상 노동시장 유연화가 그 목적임. 즉 빠르게 변화되는 기업환경에서 고용의 형태가 유연하지 않는다면 시장 적응력이 떨어지고, 이는 결과적으로 기업경쟁력 약화로 이어진다는 것임. 하지만 고용이라는 것이 결국은 사람과 관련된 것이고 인권과 생계의 문제이기 때문에 근로자들은 고용의 안정성을 강조하는 것임.

31) 2009년 8월 당시 윤증현 기획재정부 장관도 인적자원의 효율적 배분과 경제성장을 위해 노동시장 유연성 제고의 필요성을 강조하였음. 이와 관련하여 연합뉴스(2009.08.13) 참조.

32) 이와 관련하여 중앙경제(2009.04.24) 참조.

부채 디플레이션을 겪을 때 회로차단기가 필요하며 임금, 가격, 고용계약의 경직성이 그러한 역할을 한다"고 밝혔음. ⇒ 그는 "OECD 및 IMF 등 국제기구와 많은 경제학자는 실업과 경제성장 둔화의 책임을 노동조합과 유연성을 저하시키는 고용규제에 돌리고 있다"며 "하지만 이와 반대로 오히려 임금, 고용, 사회보장의 경직성이 각 국가들이 현재의 위기에 잘 대처할 수 있게 한다"고 주장했음. ⇒ 경제위기 극복을 위한 전제조건으로 '노동시장 규제강화'의 필요성을 역설

## 4. 외환위기 이후 유연성 개선 여부에 대한 평가

- 외환위기 이후 우리나라도 경쟁력 강화를 위한 중요한 목표 중 하나로 노동시장의 유연성 제고를 위해 많은 노력을 기울여 왔으나 세계은행(World Bank), OECD, 국제경영개발원(IMD) 등 주요 국제기관들과 국내 경영계는 해고 및 고용조건의 유연성, 고용보호 수준 등에서 우리나라 노동시장이 여전히 경직적인 것으로 평가하고 있음.
  - 《노동시장 유연성 및 안정성 국제비교 – 한·일 노동시장 비교의 시사점》이라는 한국경제연구원 보고서에 따르면, 우리나라 노동시장의 유연성 및 안정성이 지난 1998~2007년 10년간 지속적으로 하락했음을 지적했음.[33] ⇒ ㉠ 우리나라는 지난 10년간 엄격한 정규직 고용보호를 유지했으며 임시직 사용에 대한 규제 역시 다른 OECD 국가들과는 달리 엄격한 수준을 유지했고, 교육·훈련을 통해 노동시장의 안정성을 제고할 수 있는 적극적 노동시장 정책마저 축소되어 노동시장의 유연성과 안정성이 동시에 하락했다는 분석임. ㉡ 특히 보고서는 이 기간 동안 노동시장의 안정성이 소폭 하락하는 상황에서 유연성마저 비교대상 22개국 중 11위에서 18위로 하락한 점에 우려를 표명했음. ㉢ 또한 우리나라 노동시장은 종신고용제 등으로 인해 유연성이 낮은 것으로 인식된 일본보다 더 경직적인 것으로 나타났는데, 이러한 결과는 우리나라의 정규직 해고 요건이 까다롭고 해고 절차가 복잡한 것에 기인하며, 특히 파견직의 사용범위와 사용기간에 대한 제약의 차이에서 오는 것으로 나타났음.[34]
- 반면, 노동계에서는 과거에 비해 기업의 고용조정이 상대적으로 용이해지고, 비정규직 근로자도 지속적으로 증가하는 점 등을 들어 우리나라 노동시장이 외환위기 이후 상당히 유연해졌다고 주장하고 있음.

---

33) 이와 관련하여 한국경제연구원 보도자료(2009.11.25) 참조.

34) 보고서는 일본 역시 1998~2007년 10년간 노동시장의 유연성과 안정성이 함께 하락했으며, 일본의 노동시장 개혁이 바람직한 방향으로 진행되지 못했다고 지적했음. 일본은 지난 10년간 노동시장의 유연성을 제고시키기 위해 임시직 사용에 대한 규제를 대폭 완화하는 등 노력을 기울인 것으로 나타났음. 그러나 근로자의 기능적 유연성 및 고용안정성을 동시에 향상시킬 수 있는 적극적 노동시장정책이 축소되었고, 그 결과 장기실업률이 크게 상승하여 노동시장의 유연성은 낮아진 것으로 나타났음. 또한 실업자의 소득안정성을 보여주는 실업보험 소득보장률 역시 감소하여 결과적으로 유연성과 안정성 둘 다 하락했다는 것임.

- 실제 노동시장 유연성과 관련된 자료들을 보면 선진국들에 비해 우리나라의 노동시장 유연성이 크게 떨어지지 않음.
- 인하대 경제학부의 윤진호 교수에 따르면, 2009년 OECD가 조사한 한국의 정리해고 자율성 순위는 27개국 중 3위이며, 근속기간 역시 평균 4.9년으로 다른 선진국에 비해 2~3년이나 짧음. ⇒ 선진국들에 비해 경직된 것이 아니며, 노동시장의 유연성 지수는 노동 선진국이라는 덴마크에 비해서도 떨어지지 않음.[35]

- 이와 같이 외환위기 이후 노동시장 유연성에 대한 많은 논의에도 불구하고 '우리나라의 노동시장이 유연한가 혹은 유연해졌는가'에 대해서는 아직도 명확한 진단이 이루어지지 않고 있음.
- 노동시장 유연성에 대한 평가가 크게 엇갈리는 이유는 유연성을 측정하는 방법이 다양해지고 그에 따라 해석도 달라지기 때문임.

## 5. 다양한 노동시장의 유연성 평가기준

### 5.1 노동시장 유연성의 개념

- 노동시장 유연성의 개념에 대해 OECD는 "노동시장의 환경변화에 신속하고도 효율적으로 대처할 수 있는 총체적 능력"으로 정의
- 노동시장의 유연성을 근로자 수, 근로시간 등 노동투입량과 임금이 경기변동에 탄력적으로 조정되는 정도를 보는 고용의 유연성(employment flexibility)과 임금유연성(wage flexibility), 인력 재배치 및 조직개편 등 기업 내부 인력운용의 효율성을 제고하는 기능적 유연성(functional flexibility), 실업충격의 지속성 등 네 가지로 분류하고 있음.

〈표 부1-3〉 노동시장 유연성

| 구분 | 구체적 내용 |
|---|---|
| 실업충격의 지속성 | 실업충격의 영향이 얼마나 빨리 소멸되는가? |
| 고용유연성 | 경기변동에 대해 고용조정이 얼마나 탄력적으로 반응하는가? |
| 임금유연성 | 경기변동에 대해 임금조정이 얼마나 탄력적으로 반응하는가? |
| 기능유연성 | 팀제 도입, 조직 개편, 근로자 재배치 등 기업 내부 인력 운용이 얼마나 유연한가? |

35) 이와 관련하여 김순종 닷컴(2013.08.02) 참조.

### 5.2 우리나라에서 논의되고 있는 노동시장의 유연성

- 우리나라에서 일반적으로 얘기하고 있는 노동시장의 유연성은 주로 "고용조정이 얼마나 용이한가?"에 초점이 맞춰져, '정리해고 가능 여부', '비정규직 활용 정도', '노동조합 유무와 강경 정도' 등의 의미로만 사용되는 경향이 있음.
- 외환위기 이후 그리고 최근 신자유주의 경향 속에서 "우리나라 노동시장이 경직되어 있기 때문에 노동시장의 유연성을 제고할 필요가 있다"는 주장에 대해서도 정확하게 어떤 유연성을 의미하는지 다시 한 번 생각해 보는 태도가 필요할 것임.[36)]

## 6. 장단기적인 평가 모두 고려

- 그동안 우리나라에서 논의되어 왔던 노동시장의 유연성은 주로 '고용조정이 얼마나 용이해졌는가'에 초점이 맞추어졌으나 경기변동에 대해 고용변수들이 얼마나 탄력적으로 반응하는가를 의미하는 '고용의 유연성'은 노동시장의 유연성을 단기적인 측면에서만 평가하는 것임.
- 한 경제에서 단기적인 경기변동뿐 아니라 장기적인 경제성장 추세가 더 중요하듯이 노동시장의 유연성을 판단하는 데에는 장기적인 관점도 매우 중요
- 장기적인 측면에서 유연성 개선 여부는 '실업의 지속성'으로 판단할 수 있음.
  - 이는 실업의 변화를 처음 야기시켰던 충격이 없어진 이후 그 영향이 얼마나 장기간 지속되는가를 말함.
  - 실업자가 되더라도 실업에서 빨리 벗어난다면 실업의 지속성이 낮고, 실업 상태가 길어지면 높다고 보는 것임.
  - 이 방식에 따라 실업의 지속성이 높을수록 노동시장이 경직적이라고 평가
- '고용의 유연성'과 '실업의 지속성'을 중심으로 외환위기 이후 우리나라 노동시장의 유연성 개선 여부를 장단기 측면에서 분석해 보면, '고용의 유연성'은 제고된 반면 '실업의 지속성'은 외환위기 이전보다 오히려 악화된 것으로 나타났음.

## 7. 단기적인 관점 : 고용조정의 유연성 개선

- '고용의 유연성'을 나타내는 고용조정계수는 (−)를 나타내는 것이 경제 이론적으로 옳음.

---

36) 임금근로자 중 비상용근로자의 비중은 2000년 이후 감소하는 데 반해 저임금 시간제 근로자의 비중은 외환위기 이전부터 꾸준히 증가하는 양상으로 노동시장의 양극화가 진행되었음. 향후 노동유연화 정책은 정규직과 비정규직, 상용과 비상용, 전일제와 시간제 근로자의 이동성을 강화시키는 방향으로 실시할 필요가 있음. 고용형태 간 이동성이 제한된다면 질적인 고용유연성은 오히려 감소할 수 있음. 이와 관련하여 중앙경제(2010.12.16) 참조.

- 고용은 노동수요의 주체인 기업에 의해 결정되기 때문에 경기가 좋을 때 고용이 늘어나고 경기가 나쁘면 줄어드는 것이 일반적임.
  - 경기침체기엔 실업률이 상승하고, 경기회복기엔 실업률이 하락한다는 의미
- 따라서 고용조정계수의 (−)값이 클수록 경기변동에 대해 고용조정이 보다 탄력적으로 반응한다고 해석하고, 단기적인 측면에서 노동시장이 유연하다고 평가함.
- 우리나라의 경우 고용조정계수는 이론적으로 (−)값이 예상됨에도 불구하고 외환위기 이전인 1995년 중반까지 거의 대부분 기간에서 신뢰구간이 '0'을 포함하고 있음.
  - 이는 경기변동에 대한 '고용의 유연성'이 거의 작동하지 않았다는 의미
- 반면에 1995년 중반부터 최근까지는 신뢰구간이 (−) 영역에 있어 경기침체기에 실업이 증가하고, 경기호황기에 실업이 감소하는 부(負)의 관계를 보여주고 있음.
- 고용조정계수의 흐름을 보면, 1993년경부터 추세적으로 하락하기 시작하여 외환위기 당시에 가장 낮은 수준으로 떨어져 외환위기 당시 극심한 경기침체에 대해 고용조정이 상당히 빠른 속도로 이루어졌음을 알 수 있음.
- 외환위기 이후인 2000년 들어 다시 상승하고는 있으나 여전히 (−)값을 유지하고 있고, 외환위기 이전보다 상대적으로 낮은 수준을 보이고 있음.
- 이를 통해 경기변동에 대한 고용조정 측면에서 본 노동시장의 유연성은 외환위기 이후 개선된 것으로 평가됨.
  - 다만 외환위기 이후인 2000년부터는 고용조정계수가 다시 상승하기 시작해 외환위기 당시에 비해서는 고용조정 속도가 점차 떨어지는 추세에 있는 것으로 나타났음.
- 외환위기 이후 고용조정 측면에서 유연화가 이루어지고 있는 것은 기업들의 고용행태가 고용조정이 보다 용이한 방향으로 변화하고 있기 때문인 것으로 보임.
  - 외환위기 이후 우리나라 노동시장의 특징 중 하나는 임시직과 일용직 등 비정규직 근로자와 주당 35시간 미만의 단시간 근로자가 크게 증가하고 있다는 점임.
  - 전체 취업자 가운데 비정규직 근로자가 차지하는 비중은 외환위기 이전 20%대 중반에서 2005년 1~9월 중에는 31.7%까지 상승
  - 외환위기 이전 6%대에 불과하던 단시간 근로자의 비중도 2005년에는 12.5%를 기록해 2배 이상 늘었음.
- 제도적 측면에서 고용조정제와 근로자파견제, 탄력적 근로시간제 등의 도입은 고용불안을 심화시켰다는 부작용이 있지만 고용의 유연성 제고에는 크게 기여한 것으로 보임.

## 8. 장기적인 관점 : 실업 충격의 지속성 악화

- 실업률의 지속성을 나타내는 계수 값이 클수록 노동시장이 경직적임을 의미
  - 지속성이 커지면 유가 상승 등 외부충격으로 실업이 증가한 후 다시 낮아지는데 오랜 시간이 걸리는 것을 나타내기 때문임.
- 지속성 계수는 외환위기 이전부터 꾸준히 높아지는 추세에 있었음.
  - 외환위기 이후의 지속성 계수가 외환위기 '직전'에 비해서는 다소 낮아지긴 했지만, 외환위기 이후의 평균치가 외환위기 이전의 평균치보다 높아 '기간 평균'으로 보면 지속성이 악화되었음.
  - 외환위기 이전과 비교해서 장기적인 측면에서는 노동시장이 경직적으로 변한 것임.
- 실업의 지속성이 개선되지 않는 것은 장기실업자 비중이 외환위기 이후 낮아지지 않고 있다는 점을 통해서도 알 수 있음.
- 과거에 취업한 경험이 있었던 전직 실업자 중에서 1년 이상 장기간 실업 상태에 있는 실업자가 차지하는 비중은 지난 1998년 11.6%, 1999년 16.3%에서 2005년에는 20.1%까지 높아졌음.
  - 이는 유럽의 경우, 미국에 비해 실업률이 높고 노동시장이 경직적이라고 평가받는 이유 중 하나로 유럽에는 장기실업자의 비중이 높다는 점이 지적되고 있는 것과 마찬가지임.
  - 유럽에서는 새로운 일자리가 생길 때 장기실업자들이 그 자리를 메우지 못해 실업의 지속성이 높고, 균형실업률 상승요인으로 작용

## 9. 임금의 유연성 점차 저하

- 임금의 유연성은 외환위기 직후 크게 개선되었으나 그 후 유연성이 저하된 것으로 보임.
  - 기존연구에서도 외환위기 직후엔 임금의 유연성이 크게 증대된 것으로 분석
  - 실질임금의 경기순응성이 미국의 두 배에 이를 정도로 매우 크다는 연구 결과도 있음.
  - 노동부의 《임금구조 기본 통계조사》 자료 등을 분석한 결과 우리나라의 경우 실업률이 1%p 하락할 때, 실질임금상승률은 약 3.25%p 상승하는 것으로 추정
- 하지만 2004년 이후엔 임금의 경기연동성이 약화된 것으로 보임.
  - 분석 결과 2003년까지는 경제성장률과 임금상승률이 같은 방향으로 움직였으나 2004년부터 2005년 3/4분기까지는 반대 방향으로 움직여 외환위기 직후와는 완전히 다른 모습을 보이고 있기 때문임.

- 지난 2년간(2004～2005년) 임금이 오히려 경기역행적인 모습을 보이긴 했지만, 장기적으로는 임금의 유연성이 제고될 수 있는 여지가 많아 보임.
  - 연봉제 및 성과배분제, 연공서열형 임금체계 완화 등 성과주의 임금체계로의 전환이 늘어나는 추세에 있어 제도적인 측면에서 임금의 유연성을 제고할 수 있는 기반이 조성되고 있기 때문
  - 특히 연공제와 성과배분제 도입 이유로 생산성 향상이 가장 큰 비중을 차지하고 있는 점도 임금의 유연성 제고에 큰 도움이 될 것으로 보임.

## 10. 기능적 유연성은 제고된 듯

- 기업 내부 인력운용의 유연성(internal labor market flexibility)은 어느 정도 진전이 있었던 것으로 보임.
- 노동연구원에서 발표한 자료에 따르면, 외환위기 이후 기업구조조정에서 가장 활발하게 사용된 방법은 고용 또는 임금조정보다는 기존인력의 배치전환, 부서통폐합, 팀제 도입, 분사, 외주 및 하도급 확대 등을 통한 '기능적 조정'이었음.
  - 이러한 기능조정을 실시한 업체의 비중이 59.6%로 가장 높은 것은 기능적 유연성이 제고되었음을 뒷받침한다고 할 수 있음.
  - 명예퇴직, 정리해고, 신규채용 동결 등 '인원조정'은 40.1%의 사업장이 실시했으며, 그 외에 '임금조정'이 31.7%, '근로시간조정'이 16.0%의 순으로 조사되었음.
- 이는 기업들이 근로자 및 노조의 반발이 큰 고용이나 임금조정보다 기능적 유연화에 치중한 데 기인한 것으로 보임.

## 11. 장기실업 해소 시급

- 이상을 통해 외환위기 이후 고용의 유연성과 기능적 유연성이 개선되었고, 임금부문은 과거 경기역행적인 모습을 보이긴 했지만 점차 개선될 수 있는 여건을 갖추고 있는 것으로 평가됨.
- 하지만 노동시장 유연성을 장기적인 관점에서 평가할 수 있는 '실업 충격의 지속성'은 여전히 개선되지 않고 있어 우리나라 노동시장의 유연성이 전반적으로 개선되는 데 걸림돌로 작용하고 있는 것으로 보임.
- 이 같은 결과는 향후 정부의 노동시장 유연화 정책에도 중요한 시사점을 던져줌.
  - 즉 성장잠재력 확충을 통한 일자리 창출과 직업훈련, 취업알선, 규제완화 등을 통해 장기실업을 줄여 실업의 지속성을 낮추는 노력이 좀 더 필요
  - 거시경제 측면에서도 실업의 지속성 개선은 매우 시급

- 고용조정이 유연화되더라도 실업의 지속성이 개선돼 실업에서 쉽게 탈출할 수 있다면 별 문제가 안 될 수 있음.
- 미국은 고용이 불안하지만 다른 직종, 다른 직업으로 재취업하는 것이 상대적으로 용이하기 때문에 고용불안이 경제적 · 사회적 문제로 부각되지는 않고 있음.

- 하지만 우리나라의 경우 외환위기 이후 고용의 유연성이 제고되면서 비정규직 양산, 고용불안과 함께 한번 실업에 빠지면 재취업하기가 점차 어려워지는 등의 부작용이 나타나고 있음.
  - 이런 현상은 소득 양극화를 심화시키고 빈곤층이 늘어나는 요인으로 작용해 최근 내수의 본격적인 회복을 가로막는 중요한 원인이 되고 있음.
  - 노사관계에서도 노조가 고용조정에 강력히 저항할 수밖에 없어 강성노조를 유도하고, 청년실업을 늘리는 환경을 제공하는 측면이 있음.
- 결국 고용, 임금, 기능의 유연성 제고뿐 아니라 장기실업 축소 등 실업의 지속성도 개선되어야만 진정한 의미에서 노동시장이 유연화됐다고 평가할 수 있을 것임.

## 12. 요약

- 노동시장의 유연성 제고가 비정규직을 더 양산하거나 주기적인 정리해고를 통해 노동자들의 삶을 망가뜨리는 방식으로 이루어져서는 안 됨. ⇒ ㉠ 사회안전망을 확충해 자발적인 노동유연성의 확대를 도모하는 것이 바람직함. ㉡ 사회안전망 확충이 일시에 충족되기는 불가능하기 때문에 정부의 일관되고 지속적인 정책 추진이 필수
  - 우리의 경우 소득 안정성과 고용보험 적용 등의 사회안전망 측면에서는 매우 뒤떨어져 있음. ⇒ ㉠ 덴마크는 전체 노동자의 83%가 고용보험을 적용받고 있고, 적용기간도 최고 4년, 실업급여의 소득 대체율도 90%임. ㉡ 하지만 우리나라의 경우 전체 노동자 중 고용보험 적용 대상자가 50%도 되지 않고, 적용기간도 최고 7개월이 고작, 실업급여의 소득 대체율 역시 42%에 불과함. ⇒ 이러한 상황에서 과감한 노동력의 이동이 가능할 수 없음은 당연
  - 그럼에도 불구하고 일부 전문가들과 재계 등은 노동시장의 유연성을 높이자고 말하고 있는데, 그 이유는 아마도 일부 강성 노조들 때문일 것임. ⇒ 하지만 일부 강성 노조의 존재 때문에 노동시장의 유연성을 높인다면 비정규직과 같은 약자적 입장에 처한 노동자들만이 더 큰 어려움을 겪을 것이 뻔함.
  - 노동시장의 유연성을 높이기 전에 실직자를 비롯한 사회적 약자들에 대한 사회적 안전망의 구축이 필요한 이유임. ⇒ ㉠ 사회안전망이 제대로 구축만 될 수 있다면, 자발적인 노동시장의 유연성이 담보될 수 있음. ㉡ 당장 비정규직 노동자의 임금을 정규직과 같은 선으로만 보장해 주더라도 노동시장의 유연성이 높아질 것임.

• 따라서 노동시장의 유연성을 높이기 위한 근본적 방안은 사회안전망의 확충을 통해 노동자들이 자발적으로 노동시장을 넘나들 수 있도록 하는 것에 있음. ⇒ 자본의 논리만이 아닌 노동자의 입장도 배려하고 양보할 때 노동시장의 유연성은 확보될 수 있음.

- 이와 더불어 네덜란드처럼 노동시장의 유연성 및 안정성을 동시에 제고시킨 국가들의 사례에서 볼 수 있듯이 노동시장 유연화 정책과 안정화 정책의 상호 균형 잡힌 시행, 즉 노동시장 유연안정화(flexicurity)가 필요 ⇒ 노동시장 유연화 정책을 지속적으로 펴나가면서 동시에 실업자를 포함한 근로자들의 교육·훈련에 대한 투자를 확대하는 방식으로 적극적 노동시장정책을 강화해야 함.

- 한편 박근혜 정부의 국정목표인 고용률 70% 달성을 위해서는 시장경제 논리에 입각한 경제정책과 노동시장 유연화 개혁이 필요하다는 분석이 제기되었음.37)

• 선진국의 5년 내 고용률 70% 달성 경험 분석 결과를 볼 때, 우리나라 역시 과감한 규제 완화와 세제개편을 통한 투자활성화 정책이 강구되어야 할 것으로 판단되며, 이와 동시에 해고보호 완화, 고용형태 및 생산방식 다양화 등 유연한 노동시장의 조성 등 일자리의 양과 질을 모두 제고시키기 위한 조치도 반드시 필요한 것으로 분석되었음.

• 특히 시간제 근로와 같은 다양한 근로형태는 실근로시간 단축에도 기여할 수 있을 것임.38)

• 한편 경총 관계자는 "시간제나 여성의 신규 일자리가 기존의 정규직이나 비정규직의 일자리를 나눠 갖는 방식에 그친다면 고용률 제고 효과가 나타나기 어렵다"고 언급하였음. ⇒ 과도한 고용보호보다는 유연한 노동시장을 구축하는 등의 조치가 수반된다

37) 이하 내용은 경총 보도자료(2013.10.10) 참조.

38) 말도 많고 탈도 많았던 '시간선택제 일자리'가 도입 1년을 지나면서 소기의 성과를 내고 있음. 도입 초기 서비스업에 편중됐던 시간선택제 일자리가 도입 1년을 넘어서면서 제조업체 등으로 영역을 넓혀가고 있는 것임. 특히 지방 소재 제조업체들은 시간선택제 근로자를 채용함으로써 고질적인 구인난 해소 효과를 보고 있음. ⇒ 대구 달성구 소재 한 중견기업 회사 관계자는 "시간선택제 근로자를 제품 최종검사 단계에 집중 투입해 제품의 질이 향상되고 기존근로자의 장시간 근로 문제도 해결했다"며 "시간선택제 근로자를 55명까지 증원하면 기존근로자의 연장근로시간이 월 8시간 이상 줄어들 것으로 보고 있다"고 말했음. 2014년 8월 15일 고용노동부에 따르면 2014년 6월까지 시간선택제 일자리 창출 지원 사업을 통해 시간선택제 일자리 채용 승인을 받은 중소기업 사업장은 전국적으로 1316개에 달함. 채용 인원도 6515명으로 2013년 삼성 등 대기업들이 시간선택제를 통해 채용한 인원과 맞먹는 숫자임. 2013년에 시간선택제 지원 승인을 받은 중소기업 952개를 더하면 이미 2000여 개 중소기업이 시간선택제를 통해 1만2000명의 신규 일자리를 만들고 있는 셈임. 특히 지방 제조업체들은 시간선택제 일자리로 지역의 우수한 인력이 다시 채용시장에 나오면서 고질적인 구직난을 해소할 수 있어 만족스러워하고 있다는 평가임. 정부 역시 시간선택제 일자리 도입을 위해 발 벗고 나서고 있음. 정부는 2014년 7월 31일 올해 최초로 선발한 시간선택제 국가직·일반직 공무원 192명에게 합격 증서를 수여했음. 또 지난 5월과 6월에는 지방직 공무원(사회복지직) 85명을 시간선택제 형태로 선발하기도 했음. 정부는 2014년 신규 시간선택제 공무원으로 총 1060명(국가직 376명·지방직 684명)을 채용할 계획임. 그러나 최근 만들어지고 있는 시간선택제 일자리가 '전환형'이 아닌 '채용형'이라는 점은 여전히 문제로 지적됨. 정부의 시간선택제 일자리는 '신규 일자리 창출'에 초점이 맞춰져 있기 때문에 기업이 시간선택제 근로자를 신규로 뽑았을 때만 지원이 이뤄짐. 이와 관련하여 매일경제(2014.08.16) 참조.

면 기존의 인력수요와는 별개의 새로운 일자리, 즉 창조형 일자리가 생겨날 수 있을 것이라는 의미로 해석됨.

## 관련 사항

### ▣ 박근혜 정부의 비정규직 대책[39)]

- 이기권 고용노동부 장관은 지난 2014년 8월 8일 취임 후 처음으로 매일경제신문과 가진 단독 인터뷰에서 "비정규직 문제 해결을 위해서는 연공서열 호봉제 중심의 현행 임금체계를 서둘러 고쳐야 한다"고 밝혔음. ⇒ 숙련도 · 직무에 상관없이 오래 일한 직원이 신입사원보다 훨씬 많은 임금을 받는 구조가 고용 탄력성을 떨어뜨려 기업이 직접 채용을 꺼리고 있다는 것임.
- 박근혜 정부 2기 경제팀의 새 정책 방향 가운데 핵심 포인트 중 하나가 '비정규직'에 대한 처우 개선임. ⇒ 이 장관은 특히 비정규직 문제 해결을 위해서는 임금체계 개편과 '생산성 향상'도 함께 고민해야 한다고 강조했음.
  - 이 장관은 "과거 우리나라 임금체계는 일종의 생활급 성격이 강했지만 최근에는 대부분이 맞벌이를 하기 때문에 호봉제보다는 직무 · 역할급을 도입해 임금 격차를 줄여 장기적으로 직접고용을 늘리는 것이 바람직하다"고 지적했음.
  - 그는 신입 직원과 30년차 경력 직원의 임금 격차가 주요 선진국에 비해 월등히 높다는 점을 지적하며 "기업 입장에선 정규직 채용을 늘리면 이들 직원이 연차가 쌓일수록 비용 부담이 커져 정규직 채용을 꺼리게 되는 것"이라며 "결국 호봉이 아닌 직무나 역할에 따른 임금체계를 도입해야 정규직 채용이 늘 것"이라고 말했음.
- 이 장관은 다양한 유연 근로제도가 도입되기 위해서는 생산성 향상이 전제돼야 한다는 의견도 제시했음. ⇒ 실제 한국의 노동생산성은 선진국들과 비교하면 낮은 수준임.
  - 경제협력개발기구(OECD) 보고서에 따르면 지난 2012년 기준으로 국내 취업자의 시간당 노동생산성은 OECD 34개국 중 29위임.
  - 반면 취업자 1인당 평균 노동시간은 2163시간으로 멕시코(2226시간) 다음으로 많음.
  - 취업자 1인당 노동생산성은 34개국 중 24위임.
  - 결과적으로 오래 일을 하지만 그냥 흘려보내는 시간이 많다는 의미임.
- 특히 제조업부문 시간당 노동생산성은 금융위기 이후 현저히 낮아지고 있음.
  - OECD 보고서에 따르면 2001~2007년 연간 9.54%에 달하던 시간당 노동생산성 증가폭은 2008~2012년에는 5.09%로 반 토막 났음.

39) 이하 내용은 매일경제(2014.08.11) 참조.

- 2012년에는 전년 대비 시간당 노동생산성이 감소하는 사태까지 빚어졌음.
- 일각에서 우리나라 기업들이 '부지런한 비효율'에 빠졌다고 우려를 나타내는 것도 이 때문임.
- 이 장관은 "기업이 전일제 근로자 한 사람을 고용하던 것을 4시간 시간제 근로자 2명으로 대체하면 통상 140% 정도 비용이 올라가게 된다"며 "4시간 일하고도 집중력 있게 한 사람이 8시간 일하는 근로자에 비해 70% 정도의 생산성을 내야 시간제 정규직들을 많이 채용할 것"이라고 설명했음.

- 고용부는 2014년 10월에 비정규직을 ▲ 기간제 ▲ 용역 · 하도급[40] ▲ 일용직 등으로 나누고, 각각에 맞는 세분된 맞춤 정책을 담은 비정규직 대책을 발표할 예정임. ⇒ 이 장관은 "임시 일용직이나 소득 열외계층 보호에 대한 고민을 많이 한다"며 "이런 분들이 일자리를 찾는 데 들어가는 비용을 국가가 부담해 주고 안정적 일자리를 제공할 수 있는 방법을 종합대책에 담을 생각"이라고 말했음.

- 사회적 대타협의 창구인 '경제사회발전노사정위원회'가 2014년 8월에 복구돼 박근혜 정부 2기 경제팀의 새 정책 방향 가운데 핵심 포인트 중 하나인 '비정규직' 처우 개선에 대한 논의도 급물살을 탈 것으로 보임.
  - 한국노총의 불참으로 노사정위는 8개월 여간 사실상 '개점휴업' 상태였음.[41]
  - 한국노총이 2014년 8월 13일 서울 여의도 한국노총회관에서 중앙집행위원회를 열고 경제사회발전노사정위원회에 복귀하기로 결정했음. ⇒ 2013년 12월 경찰의 민주노총 본부 강제 진입에 항의하며 불참을 선언했던 한국노총의 복귀로 노사정위는 8개월 만에 재가동돼 세월호 참사 이후 불거진 산업안전 문제를 비롯해 통상임금,[42] 근로시

---

40) 하도급(下都給) : 경제적 · 기술적으로 열등한 지위에 있는 중소기업이 특정 대기업에 종속하여 그 지배 · 통제 아래에서 주문을 받아 생산하는 일, 하청이라고도 함. 유럽에도 서브콘트랙트 시스템(subcontract system)이라는 일종의 하도급제가 있으나 그 범위는 우리나라만큼 넓지 않고 또 전문적 생산 공장으로서 계열화가 잘 되어 있음. 하도급을 이용하는 이유는 대기업이 중소기업의 저임금을 우회적으로 이용하여 생산비를 절감할 수 있고 중소기업을 경기변동의 안전판으로 활용할 수 있으며 자본절약, 자본설비의 고정화를 피하는 이점 등에 있음. 대기업과의 계열화의 혜택을 누리는 일부 중소기업의 경우엔 상대적 안정성을 누릴 수 있으나 중소기업의 전체적 경향은 비정한 자본 간의 경쟁에 의해 분해 · 몰락할 위험을 안고 있음. 매일경제용어사전 참조. 한편 하도급과 관련된 용어를 살펴보면 다음과 같음. 원청사는 발주처와 직접계약을 맺은 회사를 말하는데, 발주처에 해당하는 곳으로는 일례로 한국도로공사, 한국수자원공사, 경상북도 등이 해당하며, 원청사는 흔히 현대건설, 대림산업 등 대기업이 해당함. 그리고 하도급사는 원청사로부터 하도계약을 맺은 회사를 말함.

41) 이하 내용은 한국일보(2014.08.14) 참조.

42) 통상임금 : 근로자에게 정기적, 일률적으로 지급되는 돈으로 월급명세서상 기본급 · 직책수당 · 직무급 등이 포함되며 휴일 · 야근수당, 퇴직금 등을 계산하는 기준이 됨. 한편 대법원에서 결정된 통상임금 관련 판례의 경우에는 정기 상여금으로 근로계약 시 약정된 고정적으로 지급되는 상여금은 통상임금으로 포함되나, 귀향비나 휴가비 등 근로계약 시 정해진 임금이 아닌 경우 재직자에게는 지급되나 퇴사자에게는 지급되는 않는 금품의 경우에는 통상임금에서 제외하는 것으로 결정하였음.

간 단축 등 산적한 노동 현안이 본격적으로 논의될 전망임.

- 한국노총은 우선 정부가 주도하고 있는 공공부문 개혁에 대해 노동계의 목소리를 낸다는 방침임. ⇒ 김동만 한국노총 위원장은 "최경환 2기 경제내각이 출범하면서 대화의 단초가 마련됐다"며 "정부는 초법적으로 밀어붙였던 그동안의 일방통행식 노동정책 기조에서 탈피해야 하고, 무엇보다도 진정한 공공부문 정상화 방안이 무엇인지 노동조합과 대화하는 전향적인 모습을 보여야 한다"고 말했음.
- 한국노총은 그동안 노사정 대화를 공식 거부해 왔지만 부분적으로는 노동현안에 대한 논의 진행을 희망해 왔음. ⇒ 앞서 5월 한국노총과 민주노총의 공공부문 노조 공동대책위원회가 공공부문 개혁에 한해 노사정위 회의 소집을 요청했으나, 주무부처인 기획재 정부가 거부의사를 밝혀 무산됐었음.
- 이후 2014년 7월 29일 노사정 대표자 간담회에서 한국노총이 요청한 '공공부문 협의체'를 정부와 재계가 전격 수용하면서 노사정 대화 복원의 실마리가 마련됐음.
- 다만 노동계의 한 축인 민주노총은 1999년 이후 노사정위에 불참하고 있어 노동 현안 논의가 반쪽에 그칠 공산이 큼.

## 참고자료


(1) 송태정(2005), "노동시장의 유연성 개선되었나", 《주간경제》, LG경제연구원, 2005. 11. 16.

(2) 허균(2008), "정리해고를 마음대로 할 수 있어야 노동시장이 유연한 건가요?", 《"click" 경제교육》, KDI경제정보센터, 2008. 01.

(3) 2009. 04. 24., 《중앙경제》

(4) 한국경제연구원 보도자료(2009), "한국 노동시장의 유연성, OECD 22개국 중 11위에서 18위로 하락", 2009. 11. 25.

(5) 김순종 닷컴(2013), "노조시장 유연성, 고용 안정성 통해 이루자", 2013. 08. 02.

(6 박동운(2014), "노조천국 영국 어떻게 새로 태어났나. 노동시장 유연성", 블로그(마음의 정원), 2014. 02. 10.

(7) 2009. 08. 13., 《연합뉴스》

(8) 2010. 12. 16., 《중앙경제》

(9) 경총 보도자료(2013), "고용률 70% 달성을 위한 선진국의 경험과 시사점", 2013. 10. 10.

(10) 2014. 08. 11., 《매일경제》

(11) 2014. 08. 14., 《한국일보》

(12) 2014. 08. 16., 《매일경제》

## 부록 [1-6] 체감과 지표 사이

### 1. 물가와 생산 측면에서의 괴리

- '지표경제'라는 것이 소비자물가지수(CPI)에서 보듯이 '체감경제'와 괴리가 존재할 수 있음.
- 소비자물가지수(CPI)의 경우 그 차이를 줄이기 위해 CPI 이외에도 체감물가를 나타내는 '생활물가지수'를 작성하기도 하는데, 이와 유사한 현상을 국내총생산에서도 찾을 수 있음.

### 2. 체감물가와 지표물가

#### 2.1 물가와 물가지수

- 물가란 여러 가지 상품과 서비스의 가격을 평균한 종합적인 가격수준이며, 물가의 움직임을 구체적으로 측정하기 위해 작성되는 통계를 물가지수(PI)라고 함.
  - 물가지수는 수많은 개별상품 가격을 중요도에 따라 가중 평균하여 작성한 경제지표
  - 여기서 알 수 있는 중요한 사실은 물가가 평균적인 가격수준이며, 물가지수도 상품의 중요도를 고려하여 가중 평균한 것이라는 점
- 너무 단순한 이야기지만 물가나 물가지수는 평균값이기 때문에 평균에서 벗어난 수많은 사람들은 물가지수와 실제 체감물가 간에 괴리를 느낄 수밖에 없음.

#### 2.2 체감보다 낮기만 한 물가지수

- 물가지수 상승이 체감보다 낮게 느껴지는 가장 큰 이유는 물가지수의 대상품목 선정이 체감과 괴리되기 때문인데, 만약 489개 품목에 들어가지 않은 품목의 가격이 올랐다면 물가지수는 변동이 없어도 체감물가는 오른 것임.
  - 물가지수는 2005년 도시가계 월평균 소비 지출액 185만 원 중에서 1/10,000 이상 지출되는 489개 품목을 선정한 후 각 상품의 지출비중에 따라 가중치를 두어 평균하게 됨.
  - 물가지수란 489개 품목의 가중평균이지 우리가 사용하는 모든 품목의 가중평균이 아님.
- 또 다른 문제는 489개 품목 모두의 가격이 동시에 오르지 않는다는 점인데, 489개 품목 중에서 생활과 밀접한 생필품의 가격상승이 있는 경우 사람들은 물가상승을 더 피부 깊숙이 느낄 것임.

- 통계청에서는 이 점을 보완하기 위해 흔히 장바구니물가라고 불리는 생활물가지수를 보조지표로 발표하고 있음.
  - 생활물가지수란 489개 품목 중에서 생필품 위주의 152개 품목을 다시 정하여 이들의 가격을 평균한 물가지수
  - 따라서 생활물가지수가 소비자물가지수보다 더 체감물가에 가깝게 느껴지는 것은 당연

## 2.3 체감보다 물가지수가 높을 수도

- 물가지수는 체감하는 것보다 높게 발표되는 경향도 있는데, 이는 물가지수를 해석하고 받아들이는 데는 개인차가 있어 주관적 판단이 개입될 수 있기 때문임.

- 그러나 물가상승이 체감물가보다 오히려 높게 나타날 수 있는 더 중요한 이유는 바로 시장과 사람이 통계보다 신속하고 현명하기 때문
  - 앞에서 소비자물가지수는 2005년 가계지출 비중을 고려하여 489개 품목을 선정한다고 했는바, 2008년에도 2005년에 선정된 기준이 사용되고 있으며, 이것은 2010년이 돼야 새로 바뀌게 됨. 즉 5년 동안은 과거 선정기준에 의해 물가지수가 측정됨.
  - 그러나 시장과 인간은 이보다 더 빨리 움직이는데, 예를 들어 밀가격이 상승하면 쌀·라면을 먹고, 소주가격이 상승하면 맥주를 마심으로써 소비자는 가격충격을 흡수함.
  - 생산자 또한 소비자의 가격상승 부담이 판매량 저하로 이어지는 것을 방지하고자 산지 직송 등 유통과정의 단순화를 통해 비용을 절약하고 저가에 많이 파는 박리다매 형태의 할인판매서비스를 개시할 수 있음.
  - 그러나 이런 형태의 판매점은 2005년 물가조사기준이 되었던 점포가 아니어서 물가지수에 영향을 주지 못함.
  - 시장의 빠른 진화의 예는 품질향상에서도 두드러지는데, 2005년 15인치 평면 모니터의 가격이 더 선명한 화질의 2008년 22인치 평면 모니터보다 비쌌다는 것이 그렇고, 저가 항공사가 등장하면서 새로운 서비스나 상품을 더 낮은 비용으로 소비할 수 있게 된 것도 그러함.
  - 결국 이러한 점들은 통계가 즉시 반영할 수 없는 부분으로 시장과 사람의 발 빠른 대처와 현명함을 통계가 따라오지 못한 것임.

- 이렇게 보면 물가지수의 상승은 체감물가보다 과대평가되는 경향이 있는 것 같음.

## 2.4 종합적 견해

- 체감물가와 지표물가 간의 괴리를 줄이기 위한 통계 작성상의 수정·보완작업이 진행되고 있긴 하지만, 그 괴리는 여전히 아니 어쩌면 영원히 남아 있을 것임.
- 문제는 그 괴리감을 줄이기 위한 노력은 계속돼야 한다는 것임.

## 3. 체감경기와 지표경기

### 3.1 국내총생산

- 국내총생산이란 한 나라의 경제성적을 총체적으로 나타내 주는 지표로 국내총생산의 단기적 변화를 통해 경기변동을, 장기적 변화를 통해 경제성장을 관찰
- 그런데 국내총생산은 국내에서 생산된 재화와 서비스의 총량을 측정하는 것이기 때문에 수입제품의 가격이나 수량의 변화를 반영하지 못함.
- 우리 경제의 수입재화에 대한 지출규모가 2007년 기준으로 국내총생산 규모의 50%를 넘어선 것을 고려해 볼 때, 국내총생산이라는 지표는 체감경기를 제대로 반영하지 못할 가능성이 있음.

### 3.2 국내총생산(GDP)과 국내총소득(GDI), 국민총소득(GNI)

- 심지어 GDP는 예나 지금이나 변화가 없지만 수입량 감소로 우리 국민이 느끼는 체감경기는 악화될 수 있어 지표경기와 체감경기 사이에 괴리를 가져올 수 있음.[43]
  - 수입양이 줄어들면 우리나라 국민이 소비할 수 있는 재화와 서비스의 양이 줄어들게 됨.
- 이를 보완하기 위해 한국은행은 실질 국내총생산과 함께 실질 국내총소득(GDI : Gross Domestic Income)을 발표
  - GDI는 GDP를 소득 관점에서 파악한 것으로 한 나라 경제의 소득, 즉 실질구매력을 나타내 주는 지표임.
  - 한 나라의 실질구매력을 파악하기 위해서는 교역조건(수출가격지수/수입가격지수)의 변화를 고려해야 하기 때문에 GDI는 GDP에 '교역조건 변화에 따른 실질무역손익'을 더해 구해짐.

    실질GDI = 실질GDP + 교역조건 변화에 따른 실질 무역손익
- 그런데 실제로 발표되는 통계자료를 보면 실질 국내총소득(GDI)보다는 실질 국민총소득(GNI : Gross National Income)이 더 애용되는 것을 볼 수 있는바, 실질GNI는 실질소득을 국민이라는 관점에서 파악한 것임.
- GDI를 GNI로 변화시키기 위해서는 GDI에 '실질 국외순수취요소소득'을 더해야 함.

---

43) 이와 관련된 예는 다음과 같음. 무역상인 '초투덜'씨는 요즘 불만이 이만저만이 아닌데, 이전(기준연도)에는 핸드폰 5개를 수출하고 1,000달러를 받고, 다시 이 1,000달러로 밀가루 100포를 수입해서 국내에 팔았었음. 그런데 최근 곡물가격이 상승해서 핸드폰 5개를 수출해 봐야 고작 밀가루 50포만 수입할 수 있기 때문임. 밀가루가격이 두 배나 올랐기 때문에 '초투덜'씨에게 물건을 구입하는 소비자들도 얼굴에 불만이 가득함. 이뿐이 아니고 대표적 수입재인 원유가격이 상승하면서 국내에서 열심히 생산해서 수출해 봐야 수출한 돈으로 해외에서 수입할 수 있는 원유의 양은 줄어들게 됨.

• '실질 국외순수취요소소득'이란 자국민(거주자)이 국외로부터 받는 소득에서 외국인(비거주자)에게 지급한 소득을 뺀 차액으로 나타남.

• 예를 들어 우리나라 국민이 해외에서 근무하고 받은 임금은 국외수취 요소소득이며, 국내 기업이 외국인 고용자에게 지급한 임금은 국외지급 요소소득이 됨.

실질GNI = 실질GDI + 실질 국외순수취요소소득

- 결국 한 국가의 소득, 즉 실질구매력은 생산지표인 실질GDP보다 소득지표인 실질GNI가 더 적합하다고 할 수 있는데, 이런 이유로 실질GDP를 '지표경기', 실질GNI를 '체감경기'라고 하는 것임.

### 3.3 체감경기의 관찰

- 우리나라의 경우 아래 표에서 보는 바와 같이 '국외순수취요소소득'이 GDP에서 차지하는 비중이 1%를 넘지 않는 경우가 대부분임을 확인할 수 있음.[44]

〈표 부1-4〉 실질GDP 대비 실질 국외순수취요소소득

| 2007.1(분기) | 2007.2(분기) | 2007.3(분기) | 2007.4(분기) | 2008.1(분기) |
|---|---|---|---|---|
| 0.2 | 0.5 | 0.7 | 0.5 | 0.7 |
| **2012.1(분기)** | **2012.2(분기)** | **2012.3(분기)** | **2012.4(분기)** | |
| 0.72 | 1.55 | 0.80 | 0.95 | |
| **2013.1(분기)$^p$** | **2013.2(분기)$^p$** | **2013.3(분기)$^p$** | **2013.4(분기)$^p$** | **2014.1(분기)$^p$** |
| 0.94 | 0.93 | 0.75 | 1.00 | 0.65 |

자료 : 한국은행($p$ : 잠정치)[45]

- 그렇다면 지표경기와 체감경기의 괴리를 가져오는 주요 원인은 바로 '교역조건 변화에 따른 실질 무역손익'이며, 이를 비교하기 위해서 GDP와 GDI의 변화를 살펴보는 것이 의미가 있음.

- 지표경기와 체감경기 사이의 괴리를 정확하게 파악하기 위해서는 전년 동기 대비 실질 GDP와 실질GDI의 변화율과 함께 실질GDP와 실질GDI의 크기를 관찰해야 함.

  • 구체적으로 먼저 전기 대비 실질GDP 증가율이 (+)라면 이는 우리 경제가 여전히 지속적으로 성장하고 있음을 나타내 주는데, 만일 증가율이 (+)이나 하락했다면 이는 성장세가 둔화됐음을 의미

  • 한편 실질GDI 증가율이 실질GDP 증가율을 하회했다면 이는 지표경기가 좋아져도 체감경기는 이에 미치지 못했음을 의미

44) 김영환 외(2014.06.05) 참조.
45) 한국은행 자료를 토대로 산출한 수치임.

- 그리고 실질GDP와 실질GDI의 크기와 관련하여 만약 '실질GDP > 실질GDI'라면 체감경기가 지표경기에 미치지 못하고 있어 우리 경제가 성장을 거듭해도 국민이 느끼는 생활수준이 나아지지 않고 있음을 의미
- 이와 관련하여 우리 경제가 '교역조건 변화를 반영한 실질 무역손익'이 빈번하게 (−)였음을 추론할 수 있는데, 실제로 2007년 4사분기 이후부터 2008년 1사분기까지 유가상승 등 교역조건의 악화로 인해 순무역손실이 크게 나타나면서 체감경기와 지표경기 간 괴리를 더욱 크게 만들었음을 알 수 있음.

### 3.4 GNI를 통해 바라본 우리 경제

① 과거 사례

- 한국은행이 2008년 12월 2일 발표한 '2008년 3분기 국민소득(잠정)'에 따르면 지난 3분기에 우리나라 국내총생산(GDP)은 전년 동기 대비 3.8%라는 정(正)의 성장세를 기록한 반면, 실질GNI는 같은 기간에 3.7% 감소함으로써 오히려 부(負)의 성장세를 나타냈는데, 이는 1998년 1분기의 −9.6% 이후 가장 낮은 수치에 해당됨.

- 이러한 수치가 의미하는 것은 민간과 기업의 체감경기가 종전보다 악화되고 있음을 나타내는 것임.
  - 우선 GNI는 경제주체가 일정기간에 생산한 총부가가치를 시장가격으로 평가해 합산한 것이며, 실질GNI는 우리나라 국민이 국내와 해외에서 생산활동을 통해 벌어들인 '소득의 실질구매력을 나타내는 지표'임.
  - 따라서 실질GNI가 마이너스(−)라는 것은 구매력이 하락되어 국민의 체감경기와 호주머니 사정이 악화되었다는 것을 의미
  - 또한 소득이 줄어들자 민간 측면에서의 소비도 줄어드는 한편, 기업들 역시 경기 불확실성이 더해지면서 투자를 포기하거나 미루고 있음.
  - 2008년 3분기에 민간소비는 전(前) 분기에 비해 고작 0.1% 늘어남으로써 사실상 '제로성장'에 근접했고, 같은 기간에 기업들의 설비투자는 전분기에 비해 2.1% 늘어났으며, 건설투자는 0%, 무형고정자산투자는 오히려 1.6% 감소했음.

② 최근 사례[46)]

- 2013년 3분기 실질 국민소득(GNI) 증가율이 전분기 대비 0.2%에 그쳐 6분기 만에 가장 낮은 수준으로 둔화했음. ⇒ ㉠ 반면 국내총생산(GDP) 증가율은 1.1%로 2분기 연속 1%대 성장을 기록했음. ㉡ 경제가 성장하면 소득도 늘어야 할 텐데, 국민소득 증가율은 경제성장률의 5분의 1에 그친 불균형을 보인 것임.

---

46) 이하 내용은 경향신문(2013.12.05), 머니투데이(2014.06.05), 동아일보(2014.06.05), 그리고 연합뉴스(2014.06.05) 참조.

- 한국은행은 3분기에 원유값이 상승해 외국으로 빠져나간 돈이 많아졌기 때문이라고 설명했으며, 이와 함께 국민이 국내와 해외에서 벌어들인 소득의 합계인 GNI와 국내에서 생산한 부가가치의 합인 GDP의 통계 편제 차이도 불균형을 초래
  - 예컨대 메이저리그 LA 다저스에서 뛰는 류현진 선수가 2013년 받은 연봉 330만 달러(약 35억5000만 원)는 GDP에는 포함되지 않고, GNI에만 잡힘.
  - 류 선수의 연봉은 GNI를 늘리는 데는 기여하지만 GDP 증가에는 전혀 기여하지 못하는 것임.
  - 반면 미국 기업인 한국GM의 매출은 GDP에 들어가지만, 그 회사의 미국인 임원이 받는 연봉은 GNI에서 제외됨.
- 한은은 경제활동이 활발해졌음에도 그 과실이 외국으로 많이 빠져나갔기 때문에 경제성장률에 비해 소득 증가율이 크게 낮아졌다고 분석했음.
- 실제로 GNI 증가율 둔화는 원유가격 상승 등 교역조건 악화 영향이 컸음.
  - 수출로 벌어들인 소득이 외국으로 많이 유출됐다는 의미임.
  - 한국 국민이 외국에서 노동, 자본 등 생산요소를 제공한 대가로 받은 소득에서 국내 외국인이 생산활동에 참여해 번 소득을 뺀 국외순수취요소소득도 전분기 1조6000억 원에서 3분기 7000억 원으로 줄었음.
- 성장이 일부 수출 대기업에 집중되고 있는 것도 문제임.
  - 2006~2011년 연평균 소득 증가율은 가계가 5.0%로 GNI 증가율 6.2%보다 낮은 반면 기업은 9.7%에 이르렀음.
  - 정영택 한은 경제통계국장은 "GDP는 총량 지표이기 때문에 견조한[47] 성장세를 보이고 있지만, 부문 간 격차는 분명히 존재한다"고 말했음.
- 한편 한국은행이 2014년 6월 5일 발표한 '1분기 국민소득(잠정)'에 따르면 실질 국민총소득(GNI)은 전분기보다 0.5% 늘었음. ⇒ ㉠ 이는 2012년 1분기(0.3%) 이후 가장 낮은 수준임. ㉡ 2013년 1분기에도 0.5% 증가했지만 소수점 둘째 자리까지 따지면 이번이 더 낮음. ㉢ 전분기 대비 실질GNI 증가율은 2013년 2분기 1.9%로 상승했다가 3분기 1.0%, 4분기 1.0%로 둔화했으며 결국 2014년 들어 0%대로 한 단계 더 떨어졌음.
- 김영환 한은 국민소득 총괄팀 차장은 "국외순수취요소소득이 배당금 수입을 중심으로 감소한 영향도 있다"고 말했음.
  - 국외순수취요소소득은 전분기 3조6천억 원에서 2014년 1분기 2조3천억 원으로 줄었음.
  - 실질GNI는 국내 경제활동에 초점을 맞춘 실질 국내총소득(GDI)과는 달리 우리 국민

47) 견조(堅調) : 주가의 시세가 내리지 않고 높은 상태에 계속 머물러 있음.

이 국내외에서 벌어들인 소득의 실질구매력을 보여주는 지표로, GDI에 국외순수취요소소득을 반영해 산출함.

- 한은 관계자는 "해외 기업에 직접투자를 한 국내 기업의 배당금 수입이 전분기보다 1조 원가량 감소하면서 전체 GNI 증가폭이 둔화됐다"며 "투자대상인 해외 기업이 이익을 많이 못 냈을 가능성이 있다"고 설명했음.

- 그러나 명목 GNI는 371조6천억 원으로, 전분기보다 1.8% 늘고 2013년 동기보다는 4.6% 증가했으며, 실질GDP는 전분기보다 0.9% 성장, 2014년 4월 발표된 속보치[48]와 같은 수준임. ⇒ 결국 우리나라 국민소득의 실질구매력을 나타내는 실질 국민총소득(GNI) 증가율이 0.5%에 그쳐 2년 만의 최저치를 기록했는데, 이는 실질GDP성장률보다도 낮은 수치로 체감으로 느끼는 살림살이가 그만큼 빠듯해졌다는 의미로 해석할 수 있음.
  - 부연하면 실질GNI는 자국민이 국내는 물론이고 국외에서 벌어들인 소득을 모두 합산한 뒤 외국인이 국내에서 벌어간 소득을 뺀 값으로 생산지표인 GDP보다 체감경기를 더 잘 반영함.
  - 1분기 GDP 증가율이 0.9%로 GNI의 거의 두 배나 됐던 점을 감안하면 경제의 외형이 늘어난 데 비해 국민들의 실제 주머니 사정은 좋지 않았다는 뜻임.

**참고자료**

(1) 차성훈(2008), "현실보다 느린 통계, 소비자물가지수", 《"click" 경제교육》, KDI경제정보센터, 2008. 04.
(2) 차성훈(2008), "체감과 지표 사이", 《"click" 경제교육》, KDI경제정보센터, 2008. 09.
(3) 2008. 12. 10., 《매일경제》
(4) 2013. 12. 05., 《경향신문》
(5) 2014. 06. 05., 《머니투데이》
(6) 2014. 06. 06., 《동아일보》
(7) 2014. 06. 05., 《연합뉴스》
(8) 블로그 청운의 다락방(darak75.tistory.com/45), "경제성장률의 전망치, 속보치, 잠정치, 확정치의 정확한 의미는?", 2013. 02. 04.
(9) 김영환 외(2014), "2014년 1/4분기 국민소득(잠정)", 한국은행 보도자료, 2014. 06. 05.

48) 보통 경제성장률 기사를 볼 때, 몇 %인지에 대해서만 관심을 갖는 경우가 많음. 그러나 경제성장률을 어떠한 기준으로 발표한 것인지도 상당히 중요한 부분임. 어떤 기준이냐에 따라 그 지표의 정확도가 달라지기 때문임. 정확도를 기준으로 보면, 다음과 같은 순서가 됨. 즉 전망치<속보치<잠정치<확정치 이런 순서가 됨. ㉠ 전망치 : 사전 추정치로 연도 및 분기가 시작되기 전 발표됨. ㉡ 속보치 : 연도 및 분기가 끝나자마자 발표되는 수치로 통상 분기 및 연도가 지난 후 28일 이내에 발표됨. ㉢ 잠정치 : 속보치에서 감안되지 않은 모든 지표를 검토한 후 발표하는 수치로 분기는 70일, 연도는 90일 내 발표됨. ㉣ 확정치 : 언론기사에서는 잘 다루지 않는 수치로 연도가 끝난 다다음해 3월에 발표가 됨. 블로그 청운의 다락방(2013.02.04) 참조.

# 부록 [1-7] 공식실업률과 체감실업률

## 1. 실례

- 고등학생 '고민해'의 사촌형은 대학을 졸업하고 1년째 영어학원에서 토익시험을 준비하고 있으며, 삼촌은 대학원을 졸업하고 5달째 근처 독서실에서 취업공부를 하고 있음.
- '고민해'와 그의 어머니는 사촌형과 삼촌을 실업자라고 생각하지만, 사촌형과 삼촌은 '실업자'가 아니라 고용통계상 '비경제활동인구'로 분류됨.
- 그렇다면 실업자의 기준은 무엇일까?

## 2. 정부의 통계조사

- 우리나라 정부는 매달 3만4천 가구를 대상으로 실시한 표본조사의 결과에 기초해 실업률을 측정
- 표본조사 문항의 예
  - 어떤 사람에게 "조사대상 기간 동안 한 주일에 수입을 얻기 위해 1시간 넘게 일한 적이 있습니까?"라고 묻고, 이 질문에 대해 "그렇다"라고 대답하면 그 사람은 취업자로 분류
  - 그리고 "아니다"라고 대답하는 사람에게는 "지난 일주일 동안 일자리를 찾아본 적이 있습니까?"라고 다시 질문
  - 이에 대해 "아니다"라고 대답한 사람은 비경제활동인구로 분류하고, "그렇다"라고 대답하는 사람만 실업자로 분류

## 3. 고용통계상의 실업자

- 고용통계상 실업자란 단순히 직업이 없는 사람을 의미하지는 않음.

### 3.1 통계상 실업자의 충족 요건

- ㉠ 15세 이상의 경제활동인구 중에서 ㉡ 지난 4주 동안 1시간도 수입을 목적으로 일하지 않고 ㉢ 입사원서를 작성하는 등의 적극적인 구직활동을 하였으며 ㉣ 일이 주어지면 바로 취업할 수 있는 등 4가지 요건이 동시에 충족되어야 함.
- 위 4가지 요건 중 하나라도 충족되지 않는 경우 실업자에 속하지 않음.

### 3.2 고용통계의 분류기준

- 15세 이상인 사람 중에서 경제활동인구와 비경제활동인구를 합하여 생산가능인구라고 함.
  - 경제활동인구는 다시 취업자와 실업자로 구성되고, 생산가능인구 중에서 취업자와 실업자가 아닌 사람은 비경제활동인구로 분류
  - 비경제활동인구에는 주부, 학생, 연로자, 심신장애자, 군입대 대기자, 진학준비자, 일하지 않고 쉬는 사람, 취업준비생, 취업통학자 등이 포함
- 실업률이란 위에서 정의한 실업자를 경제활동인구로 나눈 비율

### 3.3 실례에 적용한 결과

- 맨 처음에 실례로 든 두 명의 친척은 ③번 조건을 충족하지 않기 때문에 실업자도 취업자도 아닌 비경제활동인구로 분류됨.
- 실업자처럼 보이는 사촌형은 취업을 위해 학원에 등록하여 다니는 취업통학생이며, 삼촌은 취업준비를 하고 있지만 4주 동안 적극적 구직활동(취업원서 접수 등)을 하지는 않고 집에서 취업을 준비하는 취업준비생임.
- 이처럼 고용통계상 실업자와 우리가 생각하는 실업자가 항상 일치하는 것은 아님.

## 4. 체감실업률의 계산

- 좀 더 현실적인 지표를 계산하기 위해 위에서 본 취업통학자와 취업준비자를 실업자에 편입시켜 실업률을 계산해 보자.
- 아래 표에서 보여주는 것과 같이, 이 경우 실업률은 3.5%에서 5.5%로 상승함.

**〈표 부1-5〉 발표된 통계자료**

(단위 : 천 명)

| | |
|---|---|
| **경제활동인구** | **23,978.2** |
| 취업자 | 23,150.8 |
| 실업자 | 827.3 |
| **비경제활동인구** | **14,783.7** |
| 주부 | 6,773.1 |
| 학생 | 3,904.4 |
| 취업통학 | 226.2 |
| 취업준비 | 299 |
| 쉬었음 | 1,277.4 |
| 연로 등 기타 | 2,303.6 |
| **실업률** | **3.5%** |

주 : 2006년 통계청자료를 일부 편집

**〈표 부1-6〉 체감실업률의 계산**

(단위 : 천 명)

|  |
|---|
| **24,503.3** |
| 23,150.8 |
| 1,352.5 |
| **14,258.5** |
| 6,773.1 |
| 3,904.4 |
| 1,277.4 |
| 2,303.6 |
| **5.5%** |

## 5. 통계상 취업자

- 통계상 취업자로 분류되지만 현실에서 취업자로 간주되기 어려운 경우도 있음.
- 대학 졸업 후 직장을 구하지 못하여 3주 전 하루 동안 방송국 방청객 아르바이트를 다녀온 친구, 취업 대신 주말에 이삿짐 아르바이트를 한 친구는 어떠한가?
  - 이들은 경제활동인구이면서 취업자로 분류됨.
  - 그렇지만 이들을 취업자로 보아야 하는가?
  - 이러한 사람까지 실업자에 포함시킨다면 실업률은 더욱 높을 수 있음.

## 6. 공식실업률과 체감실업률의 괴리

- 앞서 언급한 이유로 공식 실업통계는 우리가 느끼는 실업률을 과소평가하는 경향이 있음.
  - 취업자는 매월 15일이 포함된 1주일 동안에 수입을 목적으로 1시간 이상 일한 사람, 본인 또는 가족이 소유하거나 경영하는 사업체에서 주당 18시간 이상 일한 무급 가족 종사자 또한 포함되며, 이외에 직장과 사업장은 가지고 있으나 일시적인 질병, 휴가, 노동투쟁 등의 이유로 일을 하지 않은 사람도 취업자임.
  - 반면에 실업자란 일할 의사가 있지만 1주일 동안에 1시간 이상 일을 하지 못한 사람으로서 '즉시 취업'이 가능한 인구를 말함. ⇒ ㉠ 여기서 포인트는 적극적으로 일할 의사가 없는 이들은 '비경제활동인구'로 분류되어 실업자가 아님. ㉡ 다시 말해 가정주부와 학생, 고시생과 비정규직은 실업자가 되지 않음. ㉢ 우리나라의 경우 학생 수와 고시를 준비하는 이들의 수가 인구대비 압도적으로 많은 것과 실업보험이 6개월(OECD 평균 2~3년이라고 함)인데, 6개월이 지나면 실업률 조사 설문해서 적극적인 구직활동을 굳이 표현하지 않아도 되기 때문에 일할 의사가 없는 사람, 즉 실업자가 아니게 됨. ㉣ 우리나라는 실업자로 분류되지 않는 취업 준비자의 수가 많고(실질적으로 실업자이나 통계에는 잡히지 않음), 경제 인구에서 자영업의 비중이 대단히 높은데, 여기서 무급가족 노동자가 많음(취업자로 분류되지만 사실 실업자로 느낌). ㉤ 또한 여성의 경제활동 참가율은 약 50%대로 유럽의 70%대와 비교하면 현저히 낮음(전업주부가 많음).
- 우리나라의 공식실업률과 체감실업률의 괴리현상은 한국사회의 특수성과 실업보험 부족으로 굳이 노동의사를 표현하지 않는, 즉 열악한 실업복지시스템의 결과로 벌어진 것임.[49]

---

49) 이와 관련하여 블로그 장오빠의 ★별을쏘다(2014.02.10) 참조.

- 한편 청년실업률이 전체 실업률과 별개로 더욱 심각하게 다루어져야 하는 이유는 청년들의 사회진출 및 노동의 기회가 좁아지면 그 시기의 숙련된 기술을 터득할 수 있는 경험을 하지 못하게 되고, 결국 단순 노동자로 전락될 가능성이 많기 때문임.
- 결국 실업자를 어떤 기준에서 바라보는가에 따라 실업통계는 달라질 수 있기 때문에 외국의 경우처럼 실업통계를 세분화해야 한다는 논의가 제기되기도 함.
  • 실업자들의 실업기간 등과 같은 질적 통계들의 다양한 제시 및 개발이 앞으로의 과제[50]
- 한편 공식통계의 현실성이 떨어지는 건 정부가 표준화된 통계만 고수하는 것이 원인이라고 지적하고 있음.[51]
  • 미국 노동통계국 같은 경우엔 공식실업률 외에 사실상 실업자들도 정부의 공식통계에 넣고 있음.
- 정부의 통계 독점도 문제임.[52]
  • 미국, 캐나다 등 선진국은 정부 유관기관뿐만 아니라 국책연구소, 민간연구소 등을 상대로 통계지표 수요자 조사를 한 뒤, 다양한 보조지표를 개발하고 공급하는 반면 우리나라 통계청은 외부기관과의 소통에 인색함.
  • 선진국은 통계기관을 따로 떼 별도의 독립기관으로 운영하고 있음.
  • 우리나라의 경우 통계청이 기획재정부 산하에 있는 데다 통계청장에 대한 인사에 기재부가 개입하며, 또 통계청의 요직을 기재부 출신 국장들이 오르면서 전문성에 한계를 드러내고 있음.
  • 이밖에 줄어든 통계예산과 정체된 통계인력도 문제로 지적

---

50) 최영기 한국노동연구원장은 미국 등 다른 선진국들도 기본적인 실업률 통계에다 보조적인 지표(통계)를 동원해 실업 대책의 실효성을 높이고 있다며 이 점에서는 우리나라도 마찬가지이나 보다 정교한 지표 개발 및 활용이 필요하다고 언급. 미국의 경우 실업자를 6단계(U1~U6)로 세분화하여 공식실업률(U3) 외에도 구직 단념자 포함(U4), 비경제활동 인구 중 취업을 희망하고 1년 내 구직경험이 있었던 사람인 한계근로자 포함(U5), 한계근로자 및 불완전취업자(단시간 근로자 중 취업 희망자)가 포함(U6)된 실업률 등을 함께 공표하고 있음. 이 가운데 실업자 범위가 가장 넓은 U6가 체감실업률에 가깝다고 할 수 있음. LG경제연구원 관계자는 체감실업률을 낮추기 위해서는 기업투자 환경 개선과 노동시장 유연성 제고, 교육 등 기반 인프라의 개혁이 필요하다고 지적.

51) 이하 내용은 블로그 쏘쿠베(2013.03.10) 참조.

52) 이와 관련하여 국가 통계가 국민들이 실제 체감하는 지표와 괴리가 있고, 정권의 홍보수단으로 전락됐다는 지적이 나왔음. 2013년 10월 29일 국회 기획재정위원회 소속 이용섭(민주당) 의원은 통계청 국정감사에서 "지난 8월 국가공식 실업률은 3.0%이나 사실상 국민체감 실업률은 15.1%에 달했다"며 이같이 밝혔음. 뉴스토마토(2013.10.29) 참조.

## 7. 정부 대책 : 노동 저활용 지표[53)]의 도입

- 한국노동연구원은 미국에서 발표되는 실업률 보조지표(유사실업률)인 'U-6'[54)]를 국내에 적용해 본 결과 2008년 1월부터 11월까지 '체감실업률'이 7.41%로 나타났다고 밝혔는데, 같은 기간 공식실업률(3.15%)보다 2.35배 높은 것임.[55)]
  - 공식 실업자는 일할 의사와 능력이 있어 즉시 취업할 수 있지만, 적극적인 구직활동을 해도 일자리를 얻지 못한 사람을 뜻함.
  - 또 일할 의사와 능력이 있어 지난 1년 내 취업할 수 있었지만 다양한 이유로 적극적으로 일자리를 찾지 않거나 취업에 실패할 것 같아 구직 자체를 포기한 사람은 한계근로자에 해당됨.
  - 한국 U-6는 외환위기 여파가 이어지던 2000년 9%대를 기록했다가 점차 떨어져 7~8%대를 유지하고 있음. ⇒ U-6와 공식실업률 상승 · 하락 추이는 비슷했으나 2008년

---

53) 노동 저활용 지표 : 취업욕구가 있는 근로자들이 여러 여건으로 일하지 못해 노동력이 활용되지 못하는 상태인 '노동 저활용'을 나타내는 지표 실업률을 보조하기 위한 지표로 실업률을 산출할 때는 반영되지 않은 비자발적 단시간(주 36시간 미만) 근로자, 구직 단념자, 취업준비생 등도 통계에 포함돼 이른바 체감실업률이라고 함. 2014년 11월부터 통계청이 공표하며 총 4단계(LU1, LU2, LU3, LU4)로 이뤄짐. ▲ LU1은 공식실업률을 말하며, ▲ LU2는 실업률에 주당 36시간 미만을 일하는 근로자 가운데 일거리가 없어 일하지 못한 사람(시간 관련 불완전 취업자)을 합한 실업률임. ▲ LU3는 기존의 실업자와 잠재실업자(일할 의지가 있으나 비경제활동인구로 분류돼 실업률 측정에서 제외된 사람)를 더한 비율이며, ▲ LU4는 실업자, 시간 관련 불완전 취업자, 잠재실업자를 모두 합한 실업률을 말함. 통계청은 광범위하게 실업률을 공표할 경우 노동시장에 부정적인 영향을 미칠 수 있고, 서로 다른 해석으로 혼란을 줄 수 있다고 판단해 4단계 중 공개범위는 결정하지 못한 상태임.

54) U-6는 전체 경제활동인구와 한계근로자 가운데 공식실업자, 한계근로자, 일거리가 없어서 파트타임으로 일하는 자가 차지하는 비율로, 가장 폭이 넓은 체감실업률을 보여줌.

55) 이와 관련하여 과거의 분석 사례를 제시하면 다음과 같음. 2004년 체감실업률은 정부 발표 실업률(3.5%)의 2.2배를 넘는 7.8%를 기록한 것으로 나타났음. 또 2004년 통계청 실업률은 2003년 대비 0.1%포인트 증가한 반면, 같은 기간 체감실업률은 0.9%포인트가 증가해 실업통계와 현실 사이의 괴리가 더욱 커진 것으로 드러났음. 한국노동연구원 김용현 연구위원의 분석에 따르면 통계청이 발표한 2004년 1월부터 10월 사이 월평균 실업자 수는 81만3천 명으로 3.5%의 실업률을 나타냈으나 이 수치는 조사시점 기준으로 '즉시 취업이 가능하지만 지난 1주일간 구직활동에서도 취업을 못한 자'만 실업자에 포함시킨 것으로 가장 좁은 범위의 실업률임. 반면 취업에 뜻이 있으나 일자리를 찾지 못한 '실망 실업자'와 경제적 이유로 아르바이트를 하고 있지만 전직이나 추가 취업을 원하는 '불완전 취업자' 등 반실업자를 모두 포함시킬 경우 2004년 1~10월 사이 실업자는 1백82만5천 명, 실업률은 7.8%에 달했음. 특히 청년층(15~29세) 체감실업률은 평균보다 높은 10.7%로 나타났으며 여기에 고시준비생, 학원수강생 등 취업준비 중인 비경제활동인구까지 포함시키면 체감실업률은 최고 14.3%에 육박한다고 보고서는 밝혔음. 이와 함께 2004년 체감실업률은 전년보다 0.9%포인트 올라 공식실업률 증가폭(0.1%포인트)을 크게 앞섰는데, 이는 2004년 경기불황 여파로 불완전취업자 계층이 71만8천 명에서 90만4천 명으로 크게 늘어난 때문으로 분석. 김 연구위원은 "공식실업률이 실업을 절실히 느끼고 구직활동에 적극적인 사람들을 분류한 통계라는 점에서 의미가 있지만, 체감실업과 격차가 큰 문제점이 있다"면서 "공식실업률과 더불어 체감실업률 등 보조지표를 개발 · 공표할 필요가 있다"고 언급하였음.

에는 실업률이 전년(2007년)에 비해 떨어진 반면, U-6는 소폭 증가해 차이가 다소 커졌음.

- 이러한 패턴은 계속되어 2012년 국내 노동시장에서 실제로 느낀 체감실업률은 공식실업률의 2.34배에 달한다는 조사가 발표되었는데, 체감실업률은 2008년 금융위기 이후 꾸준히 악화하고 있는 것으로 나타났음.[56] ⇒ ㉠ 국회예산정책처가 2013년 3월 3일 발간한 '경제동향&이슈'에 따르면 미국의 실업률 보조지표(유사실업률)인 'U-6'에 상응하는 우리나라의 유사실업률(체감실업률)은 2012년 7.5%로 조사됐는바, 이는 정부가 발표한 공식실업률(3.2%)보다 2.34배 높은 것임.
  • 우리나라의 공식실업률은 2000년 4.4%, 2001년 4%를 기록한 이후 2002년부터 2012년까지 3.2~3.7% 사이의 박스권에 머무르며 완전고용에 가까운 수치를 보여 왔음.[57]
  • 18시간 미만 단기취업자를 고려한 유사실업률은 2000년과 2005년 7.1%를 기록한 것을 제외하면 2000~2008년 줄곧 6%대에 머물렀음. ⇒ 그러다가 글로벌 금융위기 직후인 2009년 7.6%로 뛰어 2010년 8%, 2011년 8.1% 등으로 상승 곡선을 그리고 있음.
  • 이에 따라 유사실업률과 공식실업률의 격차는 2000~2008년 2.7~3.5%포인트 사이를 오가다 금융위기 뒤에는 2009년 4%포인트, 2010년 4.3%포인트, 2011년 4.7%포인트 등으로 점차 벌어졌음.
  • 2009년부터 2012년까지 두 실업률 간 격차는 2.16배, 2.38배, 2.34배로 2배 이상을 기록했음.[58]

- 한편 통계청이 2013년 9월 발표한 우리나라의 실업률은 역대 최저치인 2.7%였는데, 이를 두고 통계청 관계자는 "여성과 노인층 취업을 유도한 정부정책의 효과가 나타난 것"이라고 자평

- 정부는 미국(7.3%), 일본(4.1%), 독일(5.0%) 등 선진국과 비교해도 낮은 실업률이라고 했지만 고용·통계 분야의 전문가들은 시큰둥한 반응이었음. ⇒ 국내 실업률지표가 고용시장의 사정을 실제로 보여준다고 믿지 않기 때문임.

---

56) 이와 관련하여 아시아경제(2013.03.03) 참조.

57) 그러나 공식실업률은 주당 근로시간 36시간 이하 불완전취업자와 1년 이상 구직활동을 포기한 구직단념자 등을 통계에서 제외해 실제 고용상황을 제대로 반영하지 못한다는 지적이 많음.

58) 18시간 미만 단기취업자 비중의 경우 2000년 2.8%(58만 명)에서 2012년 4.5%(110만 명)로 꾸준히 증가했음. 그러나 임시근로자 비중은 2000년 21.8%(461만 명)에서 2012년 20.2%(499만 명)로 소폭 감소했음. 일용근로자 비중도 같은 기간 11.1%(236만 명)에서 6.6%(163만 명)로 줄어든 것으로 나타났음. 예산정책처는 "임시·일용 근로자 비중은 감소했지만, 단기취업자의 비중은 오히려 많이 증가해 고용의 불안정성이 확대되었을 가능성이 크다"며 "이는 노동시장의 양극화 현상과 관련된 것으로 보인다"고 분석했음. 이어 "이런 고용지표를 볼 때 불완전 고용 상태에 있는 근로자들이 느끼는 체감 고용사정은 훨씬 더 크게 악화했을 것으로 보인다"고 진단했음.

- 안정적인 실업률 지표와 달리 경제협력개발기구(OECD) 기준의 국내 고용률(15~64세)은 2012년 64.2%로 미국(67.1%), 영국(70.1%), 일본(70.6%), 캐나다(72.2%),호주(72.3%) 등에 비해 최대 8%포인트가량 밑돌았음.
- 때문에 국내 학계와 시민단체, 실물경제 담당자 등은 "국내 실업률이 경제지표로서의 기능을 상실했다"며[59] "보완지표를 만들어 활용해야 한다"고 촉구했음. ⇒ 통계청이 2014년부터 고용 통계를 국제기준에 맞춰 바로잡겠다고 밝힌 데는 이런 배경이 깔려 있음.
- 통계청은 2014년 11월부터 실업률을 보조해 줄 지표인 '노동 저활용 지표'(이른바 체감실업률)를 공표하겠다고 밝혔음.
  - 노동 저활용은 근로자들이 취업욕구가 있지만 여건상 충분히 일하지 못해 사회적 관점에서 노동력이 제대로 활용되지 못하는 상태를 뜻함.
  - 모두 4단계(LU1, LU2, LU3, LU4)로 구성된 이 지표대로 계산하면 그동안 실업률 계산 때 포함되지 않았던 비자발적 단시간(주 36시간 미만) 근로자와 취업 준비생, 구직단념자 등 '숨어 있는 실업자'가 통계에 모두 드러남.
  - 통계청은 실업률·고용률을 계산할 때 활용하는 설문조사인 '경제활동인구조사' 방식도 2014년부터 개선해 사실상 실업 상태에 가까운 인구를 꼼꼼히 잡아내겠다는 방침임.[60]

---

59) 앞서 언급된 바와 같이 통계청이 정의하는 실업자는 '전혀 일하지 않고, 적극적인 구직활동을 했으며 즉시 취업할 수 있는 사람'임. 이 세 가지 조건을 모두 충족시키지 못하면 실업률 계산에 포함되지 않음. 예컨대 아르바이트를 하며 주당 1시간 일하는 사람도 취업자로 보며, 대기업 공채 시즌이나 공무원시험 때를 기다리며 당장 구직 지원서를 내지 않는 취업 준비생도 실업자로 보지 않음. 김광석 현대경제연구원 선임연구원은 "고용이 잘돼야 향후 소득과 소비, 국내총생산(GDP) 등도 개선되기 때문에 실업률은 경제상황을 미리 보여주는 매우 중요한 선행지표"라면서 "그동안 우리의 실업률 지표는 경제 흐름을 제대로 보여주지 못해 문제였다"고 지적했음.

60) 하지만 통계청은 모두 4단계로 구성된 노동 저활용 지표 가운데 일부를 공개하지 않을 가능성이 있음을 시사해 향후 논란이 예상됨. 통계청 관계자는 "너무 광범위한 실업률을 공표하면 노동시장 등에 안 좋은 신호를 보내거나 통계를 서로 다르게 해석하는 등 역효과가 날 수 있다는 의견도 있어 공개범위를 아직 결정하지 못했다"고 말했음. 하지만 학계 대부분은 "통계청이 불리한 지표를 감추려고 하는 것 아니냐"며 "모든 지표를 공개해야 한다"고 주장함. 익명을 요구한 경제 전문가는 "고용지표 개선이 박근혜 정부의 최우선 국정 과제인데 통계청이 너무 높은 수준의 체감실업률을 발표하면 불리할 것이라는 정치적 판단을 하고 있는 것 같다"고 꼬집었음. 이와 관련하여 서울신문(2013.11.15) 참조.

## 참고자료


(1) 차성훈(2007), "공식실업률과 체감실업률", 《"click" 경제교육》, KDI경제정보센터, 2007. 03.

(2) 2007. 01. 20., 《매일경제》

(3) 이준구 · 이창용(2010), 《경제학원론》, 법문사.

(4) 2009. 01. 19., 《매일경제》

(5) 2005. 01. 10., 《경향신문》

(6) 2013. 11. 15., 《서울신문》

(7) 2013. 03. 10., "전국 실업률, 체감실업률과 차이나는 이유", 블로그(쏘쿠베).

(8) 블로그 장오빠의★별을쏘다(blog.naver.com/mulpotato/150184791627), "한국 실업률을 보는 방법", 2014. 02. 10.

(9) 2013. 10. 29., "못 믿을 국가통계, 공식-체감 실업률 차이 5배", 《뉴스토마토》

(10) 2013. 03. 03., "작년 공식실업률 완전고용 상태… 체감실업률은 7.5%", 《아시아경제》

## 부록 [1-8] 다양한 실업[61)]

### 1. 실업의 발생 이유

- 실업은 거시경제에서 다루어지는 중요한 항목 중 하나로서 실업이 발생하는 이유는 노동의 수요와 공급이 일치하지 못하기 때문임.

### 2. 마찰적 실업

- 마찰적 실업이란 한 직장에서 다른 직장으로 옮기는 과정이나 혹은 노동시장에 막 들어온 경우 경험하는 실업을 말함.
- 이러한 경우 직업을 찾기 위해서는 시간이 소요됨.
  - 이력서를 작성하고 어디에 응시할 것인지를 정해야 함은 물론 응답을 기다리는 등의 시간이 필요함.
- 따라서 이 기간 동안 취업되어 있는 상황이 아니면 실업 상태가 됨.
- 하지만 마찰적 실업은 기간이 짧아서 그로 인한 고통이나 비용은 상대적으로 적다고 볼 수 있음. ⇒ 짧은 기간 동안의 실업이므로 저축해 둔 돈이나 또는 잠시 돈을 빌려 생활을 꾸려 나갈 수 있기 때문임.
- 최근의 한 보도에 의하면 우리나라 대학생들이 졸업 후 첫 직장을 얻는 데까지 소요되는 시간은 11.4개월이었음.
  - 최근 자료는 아니지만 직장인들이 회사를 옮길 결심을 하고 이직활동을 시작해 성공하기까지는 평균 5개월가량이 걸리며, 특히 직장인들의 이직 시기는 3월이 가장 많았다는 보도도 있음(한국대학신문〈2013. 04. 11〉, 한국경제신문〈2009. 12. 18〉).

### 3. 순환적 실업

- 순환적 실업은 경기가 후퇴하기 시작하고 총생산이 하락하면서 고용이 둔화될 때에 발생함.
- 경기는 수축과 회복 및 팽창을 순환적으로 반복하는데 이러한 과정에서 경기후퇴가 나타나고, 그로 인한 실업의 증가도 불가피하게 나타남.

---

61) 이하 내용은 이성표(2013.07) 참조.

- 순환적 실업은 여타 다른 실업에 비해 경제 전체의 상황으로부터 발생하기 때문에 거시경제정책의 중요한 대상이 됨. ⇒ 즉 거시경제정책 담당자들이 어떻게 경제정책을 운용해야 경제 전반이 좋아지고, 따라서 실업이 줄어드느냐 하는 문제를 담고 있기 때문임.[62]

## 4. 구조적 실업

- 구조적 실업은 노동수요와 공급이 괴리됨으로써 발생하는 실업을 의미함. ⇒ 달리 말하면 산업구조의 변화로 인해 노동자들의 기술이나 고용인들의 요구가 달라 발생하는 실업을 말하는 것임.
- 기술 또는 전문성의 불일치로 인해 이러한 구조적 실업이 발생하는 예로서는 특정 학과 출신의 고용 수요가 적어진다든지, 어떤 분야에서 충분한 일자리가 제공되고 있지만 이미 실업 상태에 있는 사람들은 그와 무관한 기술을 가지고 있을 뿐이어서 고용할 수 없는 경우 등을 들 수 있음.
- 세계무역 자유화와 함께 기업환경과 수익창출을 위한 경영전략도 크게 변화하고 있어서 이로 인한 산업구조의 변화와 구조적 실업의 문제는 점차 중요한 사항이 되고 있음.
- 농업과 제조업의 문제뿐만 아니라 중국이나 동남아시아 등에 낮은 생산비를 이용한 현지 공장의 설립 등도 국내 노동자들에게 실업의 위험을 증가시킴.

## 5. 실업 감소를 위한 정책

- 대체로 단기에 있어서는 경직적인 임금을 전제로 한 실업의 이해가 더 타당하지만, 장기적으로는 임금이 신축성을 가지고 결과적으로 노동에 대한 수요와 공급을 일치시킬 것으로 보고 있음. ⇒ 따라서 고용 관련 정책입안자에게는 비자발적 실업[63]을 어떻게 줄일 것인가 하는 것이 관심 사항이 됨.
- 순환적 실업은 경기가 후퇴하는 경우, 즉 경제 전체의 상황으로부터 발생하는 것이므로 다른 종류의 실업보다 거시경제정책의 대상이 됨.
  - 재정정책이나 통화정책이란 궁극적으로 경기를 후퇴시키는 원인을 찾아 처방함으로써 물가안정과 고용증대를 이루고자 하기 때문임.

---

62) 김인철 외(2005, p.411) 참조.

63) 자발적 실업은 일할 능력이 있으면서도 현재의 조건에서는 일할 의사가 없어서 발생하는 실업으로 마찰적 실업 등이 있음. 반면 비자발적 실업은 현재의 조건에서 일할 능력과 의사가 있는데도 불구하고 일자리를 구하지 못해 발생하는 실업으로 경기적·구조적·계절적 실업 등이 있음.

- 실업의 구분이 갖는 이러한 내용으로 인해 마찰적 실업이 존재하고 있더라도 순환적 실업이 0으로 감소했을 때 경제는 완전고용에 이르렀다고 말함. ⇒ 완전고용하의 국민소득을 완전고용 국내총생산(GDP) 또는 잠재 GDP라고도 부름.
- 통상 자연실업률이라고 하는 것도 완전고용하의 실업률을 말하는데, 자연실업률에서는 인플레이션이 발생하지 않는다는 의미도 포함함.
- 구조적 실업은 경제의 구조적 변화로 인해 발생하는 까닭에 일반적으로 실업률이 높고 수년간 혹은 그보다 더 오래 지속됨. ⇒ 노동력의 지역적 재배치나 새로운 기술을 습득하기 위한 시간이 많이 소요되기 때문임.
- 1990년에서 2003년까지의 미국과 유럽의 실업률 자료를 가지고 분석한 결과에는 구조적 실업이 미국에서보다 유럽에서 더 큰 문제였다는 지적이 있었음[64)]
  - 자료의 결과는 미국보다 유럽의 실직 기간이 길다는 것이었음.
  - 미국의 경우 10명 중 1명만이 1년 넘게 실직 상태였지만, 유럽은 실직한 사람 중 절반 이상이 1년 넘게 실직 상태를 유지했음.
  - 미국에서는 실업자들이 적합한 일자리를 찾고 새로운 기술을 익힐 수 있는 프로그램을 활용한 반면, 유럽에서는 그렇지 못하다는 것이 이러한 결과의 배경으로 지적됐음. ⇒ 특히 유럽은 노동시장의 경직성이 높기 때문이라고 보고 있는데, 그 배경으로 철저한 최저임금제 실시, 높은 실업수당, 해고의 어려움, 임금의 하향 경직성 등이 지적됐음.
- 이러한 결과는 마찰적 실업이나 구조적 실업이 높은 경우 유럽과 미국에서 제시된 바와 같이 그 해결책은 GDP를 증가시키기 위한 거시경제적 정책이 아닌 노동이나 규제 정책들의 변화였다는 점을 시사함.

**참고자료**

(1) 이성표(2013), "다양한 실업", 《"click" 경제교육》, KDI경제정보센터, 2013. 07.
(2) 김인철 외 옮김(2005), 《Introduction to Economics(경제학원론)》, 생능출판사. 2005. 12.

64) 김인철 외(2005, pp.408～409) 참조.

CHAPTER 02

# 국내총생산과 물가의 결정

1. 균형국민소득과 물가수준의 결정
2. 총수요
3. 총공급
4. 균형국민소득과 균형물가수준의 결정
5. 균형국민소득의 변화

한국의 경제규모가 5년째 제자리걸음을 하고 있다. 2014년 7월 13일 한국은행과 세계은행의 '세계발전지수(World Development Indicators)' 자료에 따르면 2013년 한국의 명목 국내총생산(GDP) 규모는 1조3천45억 달러로 세계 14위를 기록했다. 한국은행이 2014년 들어 도입한 새로운 기준으로 계산한 것인데, 구 기준에 비해 순위가 15위에서 14위로 멕시코와 자리바꿈을 했지만, 전체 흐름에는 차이가 없었다. 새 기준 GDP는 기준년도를 2005년에서 2010년으로 바꾸고 연구개발(R&D) 지출을 무형고정투자(지적재산권)에 편입하는 등 GDP를 늘리는 효과를 냈지만 순위 흐름에는 변동을 가져오지 않았다. 새 기준에 따르면 한국경제의 GDP 순위는 2005년 10위까지 상승했으나 2006년 11위, 2007년 13위, 2008년 15위까지 하락했다. 이어 2009년 14위를 기록한 이래 2013년까지 5년째 제자리걸음을 했다. 2009년 이후 한걸음도 앞으로 나아가지 못하는 상황이 이어지고 있는 것이다. 한국이 제자리를 맴도는 사이에 중국, 브라질, 러시아, 인도는 약진했다. 2013년 GDP 순위를 보면 미국이 16조8천억 달러로 1위를 지켰고, 중국(9조2천403억 달러), 일본(4조9천15억 달러), 독일(3조6천348억 달러), 프랑스(2조7천349억 달러), 영국(2조5천233억 달러)이 뒤를 이었다. 브라질, 러시아, 이탈리아, 인도가 10위권 안에 이름을 올렸다. 캐나다는 11위, 호주는 12위, 스페인은 13위였다. 한국(1조3천45억 달러)의 뒤로는 멕시코(1조2천609억 달러), 인도네시아(8천683억 달러), 터키(8천202억 달러), 네덜란드(8천2억 달러) 등이 있었다. 한국이 답보 상태에 빠진 2009년과 2013년 순위를 비교하면 중국은 3위에서 2위로 올랐고, 브라질(8위 → 7위), 러시아(12위 → 8위), 인도(11위 → 10위)의 순위도 상승했다. 특히 중국은 2009년 4조9천902억 달러였던 GDP를 85.2%나 늘려 한국과의 격차를 5.5배에서 7.1배로 확대했다. 같은 기간 순위가 하락한 국가는 일본(2위 → 3위)과 유럽 재정위기 타격을 받은 이탈리아(7위 → 9위), 스페인(9위 → 13위) 등이었다. 심각성은 한국경제가 탈출구를 찾지 못하고 있다는 데 있다. 가계는 1천조 원이 넘는 부채에 허덕이고 있어 여력이 없다. 기업은 새로운 성장 동력을 확보하지 못한 채 일본의 견제와 중국의 추격 사이에 낀 '샌드위치 신세'로 전락했다. 저출산과 급속한 고령화로 인구경쟁력도 추락하고 있다. 일을 할 수 있는 생산가능인구(15~64세)는 2016년 3천700만 명으로 정점에 달한 뒤 감소세로 돌아설 것으로 예상된다. 이렇게 되면 생산성은 떨어지고 젊은층의 노인부양 부담은 늘어나 경제 활력은 더 떨어진다. 이런 여건 속에서 재도약의 불을 지피려면 국민적 결단과 합의가 있어야 한다. '경제 회생'이라는 공통의 목표를 정하고, 가계, 기업, 정부 등 각 경제 주체가 한 몸같이 공감하고 협력해야 전진이 가능하다. 최경환 경제부총리는 국회 청문회에서 "가능한 한 모든 정책수단을 동원해 한국경제의 역동성을 회복하겠다"고 약속했다. 역동성 회복에는 정책수단의 동원 이외에도 광범위한 국민의 협조가 있어야 한다는 점을 지적해 둔다. 국민적 공감대 형성을 위한 범국가 차원의 연쇄 토론회를 여는 것을 검토해 보기 바란다. 경제 활성화를 위해 마련된 법안들이 국회에서 표류한다면 실행이 불가능하기 때문에 국회의 역할이 매우 중요해졌다. 여야가 경제 관련 분야에서는 정쟁을 중단하고, 경제 논리로 문제를 풀기로 약속한다면 탈출구를 찾는 데 큰 도움이 될 것이다.

– 연합뉴스 –

출처 : 2014. 07. 13., "5년째 제자리 맴도는 한국경제", 《연합뉴스》

# 1 균형국민소득과 물가수준의 결정

## 1.1 총수요와 총공급

- 국가경제 안에서 생산 수준이 어떻게 결정되는가에 관해 설명할 때 국가경제 전체와 관련되기 때문에 단순히 수요와 공급이라고 하지 않고 총수요(Aggregate Demand : AD)와 총공급(Aggregate Supply : AS)이라는 표현이 사용됨.

## 1.2 총수요-총공급 모형

- 물가가 총수요와 총공급에 미치는 과정은 개별시장의 경우보다는 훨씬 복잡한데, 기초수준에서는 단순히 물가수준이 오르면 총수요는 감소하고, 총공급은 증가하는 것만을 설명하고자 함.
- 국민소득과 물가의 수준이 결정되는 과정을 설명하는 가장 일반적인 모형이 총수요-총공급 모형(AD-AS Model)임.
  - 총수요-총공급 모형은 국민소득과 물가수준의 결정과정을 이해하는 데 매우 유용

# 2 총수요

## 2.1 총수요의 구성항목

- 국가경제의 총수요는 가계의 소비수요, 기업의 투자수요, 정부의 정부지출수요, 그리고 순수출로 구성됨. ⇒ 총수요 = 민간소비 + 투자 + 정부지출 + 순수출

## 2.2 | 민간소비와 물가의 관계

- 가계의 민간소비는 물가가 오르면 줄어들고, 반대로 물가가 내리면 늘어남.
  - 물가가 오르면 같은 소득을 가지고 구매할 수 있는 상품의 양이 줄어들기 때문에 마치 자신의 실질소득이 감소한 것과 같음. ⇒ 소비감소(소득효과 혹은 피구효과[65])
  - 반대로 물가가 내리면 실질소득이 증가한 셈이므로 소비를 늘리게 됨.

## 2.3 | 투자와 물가의 관계[66]

- 기업의 투자와 물가의 관계는 물가가 상승하면 이자율이 오르고, 그러면 투자수익률이 하락해 기업의 투자가 감소하여 물가와 투자는 반대로 움직임.[67]
  - 물가수준이 상승하는 경우 기업과 가계소비자들은 재화 구입을 위해 더 많은 돈을 필요로 하게 됨.
  - 이때 중앙은행이 화폐공급을 늘리지 않는다면 화폐에 대한 초과수요가 발생하여 이자율이 상승함.
  - 한편 이자율의 상승은 기업이 투자를 위해 차입하는 자금의 이자비용을 증가시키므로 투자의 감소를 가져옴.
  - 따라서 물가수준의 상승은 이자율 효과(interest rate effect)에 의해 투자의 감소를 가져오는 반면, 물가수준의 하락은 투자의 증가를 가져올 것임.

---

65) 피구(A. C. Pigou)는 이러한 현상을 이론적으로 설명한 고전파 경제학자(마샬의 제자)인데, 자신의 이름을 따서 소득효과를 피구효과라고 부르기도 함.

66) 조순 외(2013, pp.649~650) 참조.

67) 김승욱 외(2008)의 설명은 다음과 같음. ㉠ 이자율의 지표로 사용되는 시장이자율은 우리나라의 경우 '3년 만기 회사채 유통수익률'이 사용되는바, 물가가 오르면 사람들은 자신이 가지고 있는 금융자산의 실질가치가 떨어지므로 금융자산의 보유를 회피함. ㉡ 따라서 기업들은 채권을 발행할 때 더 높은 유통수익률을 보장해 주어야 하므로 그 결과 채권의 유통수익률이 높아져 시장이자율이 높아짐. ㉢ 시장이자율이 상승하면 투자수익률이 떨어지게 됨. ⇒ 그 이유는 기업의 경우 기계나 생산설비를 새로 구매하고자 할 때 그러한 투자가 가져다주는 예상수익을 고려하여 결정하게 되는바, 기업입장에서는 투자 대신 은행에 예금을 해도 이자수입이 발생할 것이기 때문에 시장이자율이 오르면 기업가들은 투자하기보다는 예금해서 이자 받는 것을 더 원하게 되므로 투자가 위축됨. ㉣ 결과적으로 물가가 오르면 이자율도 오르게 되어 투자는 감소하고, 반대로 물가수준이 내리면 이자율이 낮아져 투자가 증가하게 됨.

## 2.4 | 정부지출과 물가의 관계

- 정부지출의 경우는 정부의 정책목표에 따라 그 규모가 결정되기 때문에 물가수준에 직접적으로 영향을 받지는 않음.

## 2.5 | 순수출과 물가의 관계

- 국내 물가수준이 오르면 국제시장에서 수출품의 가격경쟁력이 떨어져 수출은 줄고, 반대로 수입은 늘어나기 때문에 순수출은 떨어져 물가수준과 순수출은 반비례함.

## 2.6 | 총수요와 물가의 관계

- 이상을 종합하면 총수요는 물가수준에 반비례한다는 것을 알 수 있음.
  - 물가가 오르면 총수요는 감소함.
- 이러한 현상은 결과적으로 우하향하는 총수요곡선으로 나타남.

## 2.7 | 수요충격

- 물가 이외에 총수요에 영향을 줄 수 있는 요인을 수요충격이라고 함.
  - 예를 들면 정부가 경기를 부양시키기 위해서 적자재정을 편성하여 정부지출을 늘리는 정책을 취할 경우에 수요가 증가할 것임. ⇒ 총수요곡선 자체가 우측이동

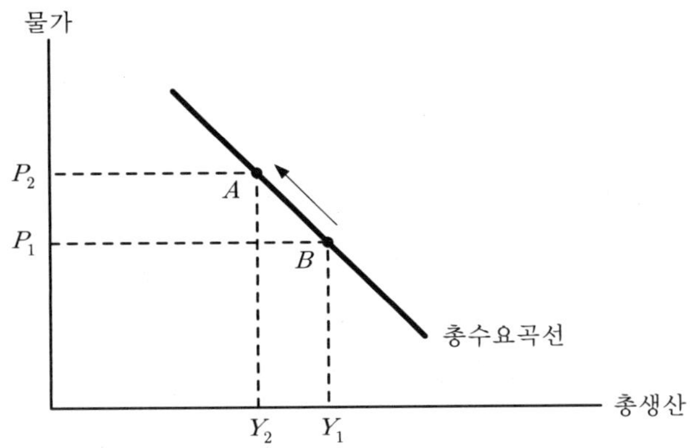


**[그림 2-1] 총수요곡선**

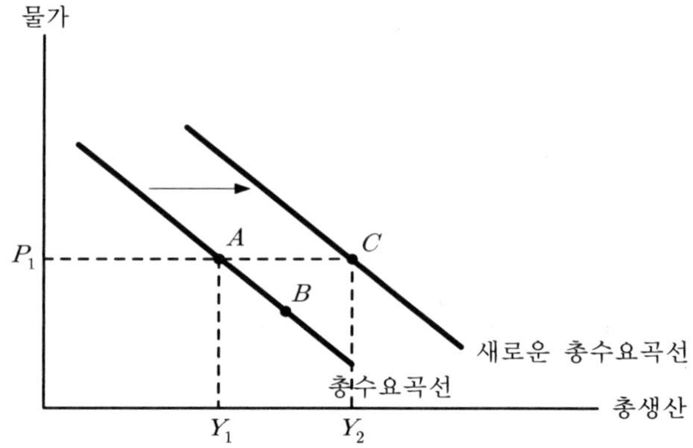


[그림 2-2] 총수요곡선의 이동[68)]

# 3 총공급

## 3.1 | 총공급과 물가

- 총수요가 물가수준에 의해 영향을 받는 것과 마찬가지로 총공급도 물가수준에 따라 변화함.

- 총공급곡선은 '물가 이외의 다른 요인들은 일정할 때 각 물가수준에서 모든 공급자가 공급하고자 의도'된 양을 나타냄.

- 개별 생산물시장에서 공급곡선이 우상향하듯이 총공급곡선도 일반적으로 우상향하는 기울기를 가지게 됨.
  - 물가가 상승하면 총공급량도 증가
  - 그 이유는 물가가 올라 기업이 생산하는 상품의 가격이 오르면 공급자의 입장에서 이윤이 커지므로 공급량을 증가시킬 의도가 더 커지기 때문이기도 하고, 또한 물가가 오르는데 임금이 그만큼 빠르게 오르지 않으면 실질적으로 기업의 입장에서는 실질임금이 떨어진 것과 같으므로 고용을 늘리고 따라서 생산이 증가

68) 이 그림에서는 소득의 증가와 같이 총수요의 증가가 나타나는 경우 총수요곡선이 우측으로 이동하는 것을 보여주고 있음.

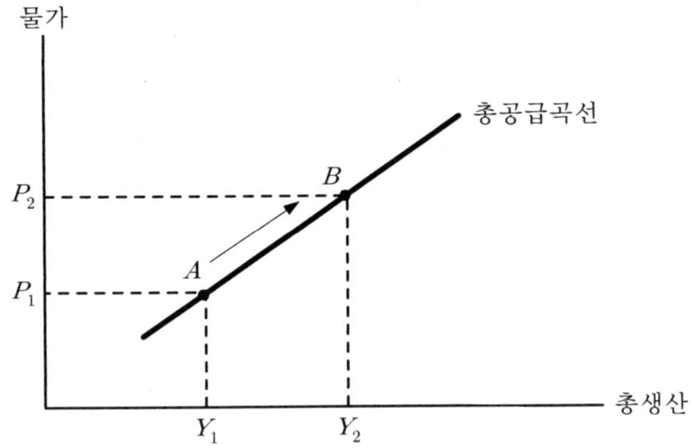


[그림 2-3] **총공급곡선**

## 3.2 공급충격

- 물가 이외의 요인이 변화하면 총공급곡선 자체가 이동함.
  - 물가 이외에 총공급에 영향을 줄 수 있는 요인을 공급충격이라고 함.
  - 예를 들어 기술혁신이 일어나면 기업의 입장에서는 생산비가 절감되므로 동일한 비용을 가지고 더 많은 생산을 할 수 있음. ⇒ 총공급곡선이 우측이동

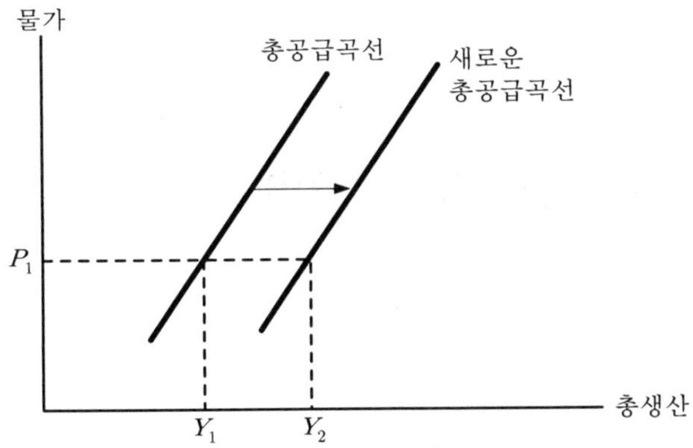


[그림 2-4] **총공급곡선의 이동**[69)]

69) 물가수준이 불변이라도 생산비의 하락, 또는 새로운 기술의 개발 등 총공급의 변화를 가져오는 요인이 발생하면 총공급곡선은 이동하게 됨.

## 4 균형국민소득과 균형물가수준의 결정

- 균형국민소득과 균형물가수준은 궁극적으로 총수요곡선과 총공급곡선이 만나는 점에서 결정

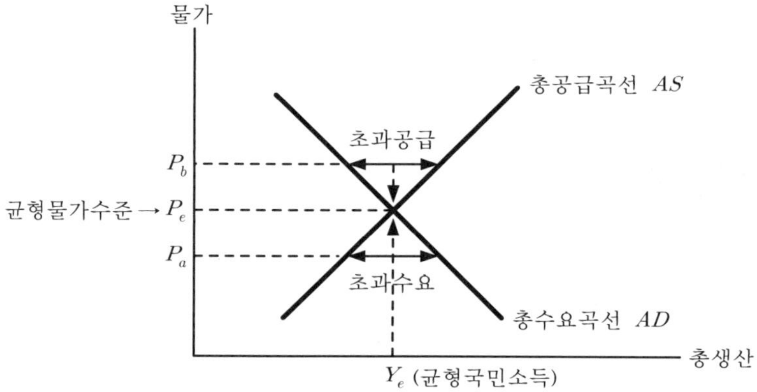


[그림 2-5] 균형국민소득과 균형물가수준의 결정[70)]

## 5 균형국민소득의 변화

### 5.1 | 정부지출을 증가시키는 경우

- 정부지출이 증가하면 총수요가 증가하므로 총수요곡선이 우측이동

- 정부 재정지출에 의한 총수요의 증가는 국민소득의 상승과 물가의 상승 초래

70) 균형물가수준($P_e$)에서는 현재의 생산활동수준이 그대로 유지되고자 하는 균형 상태가 나타남.

## 5.2 | 조세를 감면해 주는 경우

- 조세의 감면은 가계의 가처분소득을 증가시켜 소비의 증가를 가져올 수 있기 때문에 총수요의 증가를 의미 ⇒ 총수요곡선의 우측이동
- 이 역시 국민소득과 물가의 동시 상승 초래

## 5.3 | 순수출이 증가하는 경우

- 총수요곡선을 우측 이동시켜 균형 국민소득과 물가수준의 상승 초래

## 5.4 | 임금이 상승하는 경우

- 임금이 상승하면 생산비가 상승하므로 기업의 입장에서는 고용을 줄일 수밖에 없음.
  - 그 결과 총생산이 감소 ⇒ 총공급곡선의 좌측이동
- 임금상승으로 인한 총공급의 감소는 물가상승과 국민소득의 하락을 초래하게 됨(스태그플레이션).

## 5.5 | 총수요와 총공급이 동시에 변동하는 경우(IMF체제하의 한국경제)

- 총공급 측면
  - 기업의 도산으로 총생산 감소
  - 원화가격이 하락(환율상승을 의미)해 수입원자재 가격이 상승하여 생산비가 증가되었으므로 총공급이 더욱 감소
  - 결과적으로 총공급곡선은 좌측이동
- 총수요 측면
  - 실업자가 많이 늘어나서 민간 수요가 위축되었고, 정부도 IMF의 권고에 따라 긴축정책을 실시해 정부수요도 감소
  - 결과적으로 총수요곡선의 좌측이동
- 따라서 IMF 관리체제하에서는 총생산이 줄고, 물가는 오르는 현상[71]이 나타났음.

---

71) 만약 총수요 변화(감소)가 총공급 변화(감소)보다 크게 나타난다면 물가는 하락하는 현상을 보일 수 있음.

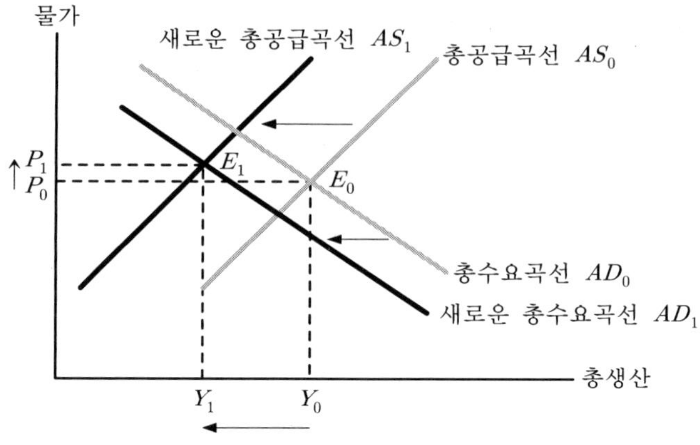


[그림 2-6] IMF 관리체제하의 한국경제[72)]

## 참고자료

(1) 김승욱 외(2008), 《알짬 시장경제》, 박영사.
(2) 조순 · 정운찬 · 전성인 · 김영식(2013), 《경제학원론》, 율곡출판사.

72) IMF 관리체제가 시작되면서 기업의 도산과 원화가격 하락에 따른 수입원자재 가격의 상승으로 생산비가 높아져 총공급곡선이 왼쪽으로 이동하였음. 한편 총수요 측면에서는 정부의 긴축재정, 높은 이자율에 따른 투자위축, 실업 증가에 따른 소비감소로 총수요곡선도 왼쪽으로 이동하였음. 그 결과 균형소득은 감소하고, 물가는 오르는 현상이 초래되었음.

CHAPTER 03

# 물가의 움직임

"태풍의 영향으로 채소값이 급등해 소비자 물가 상승", "상추가 아닌 金추, 김치 아닌 金치", "소비자 물가 역대최고 상승, 채소 · 과일 등 농산물가격 상승이 원인" 최근 방송이나 신문지상을 통해 쉽게 만나 볼 수 있는 문구들이다. 또 얼마 지나지 않으면 이제 김장철 배춧값과 마늘, 고춧가루 가격 때문에 김장비용이 올라 서민들의 가계 부담을 가중시키고 있다는 보도가 될 것이라는 것은 대한민국에서 살아 본 국민이라면 누구나 예상할 수 있는 뉴스거리일 것이다. 물가 이야기가 나올 때면 "배추값이 200% 올랐네", "대파 값은 100% 올랐네"하는 자극적인 보도가 농산물의 품목만 달리할 뿐 계속된다. 여름엔 채소가, 가을엔 과일이 물가상승을 부추긴 '범인'이 돼야 했다. 1년 내내 농산물은 물가를 오르게 한 범인이라는 꼬리표를 달고 있어야 했다. 하지만 실상을 살펴보면 농산물은 억울한 누명을 쓰고 있다. 절대 물가상승의 주범이 아니란 뜻이다. 우리가 먹는 6,000원짜리 칼국수에 실제로 재료비는 2,000원 정도에 불과하다고 한다. 나머지는 연료비 등 기타 서비스 요금인 것이다. 그리고 우리가 먹는 농산물의 대표격이라 할 수 있는 쌀의 가격은 실제로 10년 전이나 지금이나 별반 차이가 없다. 또 흔히들 채소 값이 올랐다고 해봐야 김치는 한 번 담으면 며칠을 먹을 수 있는 반찬이다. 그런데 마치 농산물가격 상승으로 모든 물가들이 상승해서 뛰는 것처럼 야단법석을 떠는 것이다. 농산물은 계절적인 요인과 기후변화에 따라 가격 탄력성이 큰 품목이다. 공산품처럼 공장에서 상품을 똑같은 모양과 양으로 일 년 사시사철 찍어낼 수 없다. 특히 금년에는 세 번의 강력한 태풍으로 인해 작황이 좋지 않을 뿐만 아니라 집중호우로 인한 일시적인 수급 지연으로 일부 품목에서 값이 오른 것이 사실이다. 하지만 정상적인 날씨가 회복되고 일조량만 지금처럼 지속된다면 농산물의 안정적인 출하로 가격이 안정세로 돌아설 것이다. 마치 국가경제의 어려움이 아니 우리 서민들의 팍팍한 경제생활이 모두 농업인들의 탓으로 전가되는 느낌이다. 한쪽에서는 농산물가격 올라 농업인들은 돈 벌어 좋겠다고 비아냥거리는 사람들도 분명히 있을 것이다. 하지만 아무리 농산물의 가격이 상승한다 하더라도 생산량이 줄기 때문에 우리 농업인들이 실제로 벌어들이는 수입은 예년과 별반 다르지 않거나 오히려 줄어드는 경우가 허다하다. 이런 여러 가지 이유에서라도 이제 물가상승의 주범명단에서 이제는 농산물을 빼주고 제대로 된 물가상승의 주범을 찾아야 봐야 할 때가 아닌가 한다.

– 김영권(남대전농협 조합장) –

출처 : 김영권(2012), "물가상승이 농산물 탓이라구요?", 《충청투데이》, 2012. 10. 17.

# 1 물가의 결정

## 1.1 수요와 공급의 상호작용

- 모든 물가는 원칙적으로 수요와 공급이 균형을 이룰 때 결정됨.

- 다이아몬드의 경우
  - 일례로 아주 훌륭한 다이아몬드가 있다고 가정해 보자.
  - 다이아몬드를 사려고 하는 사람들은 많은데 다이아몬드의 수가 적을 때는 그 가격이 무한정 오르게 되는 반면에 다이아몬드를 사려고 하는 사람이 없다면 설령 세계에 단 하나밖에 없는 다이아몬드라고 하더라도 그저 돌멩이에 지나지 않을 것임.

## 1.2 물가는 수시로 변동

- 사람들이 사고자 하는 상품이 제때 필요한 만큼 공급된다면 물가는 안정될 것이지만 이 균형이 무너지면 물가는 급격하게 오르내림.

- 소비자가 필요로 하는 만큼 상품이 공급되지 못하면 상품이 부족한 현상이 나타나며, 이때 상품을 필요로 하는 소비자는 값이 다소 오르더라도 상품을 사기 때문에 물가는 즉시 오르게 되는데, 이러한 현상을 '인플레이션'이라고 함.

- 반대로 필요 이상으로 많이 공급되면 상품이 남아돌게 되는데, 상품이 필요 이상 남아돌게 되면 물가는 떨어지게 되며 이러한 현상을 '디플레이션'이라고 함.

## 1.3 균형물가

- 상품이 남아도는 것도, 반대로 상품이 부족한 것도 모두 수요와 공급의 균형이 무너져 나타나는 현상으로 경제적으로 정상적인 상태라고 할 수 없는데, 수요와 공급이 균형을 이루고 있는 상태가 가장 바람직함.

- 시장의 자율적 조정기능
  - 정적 안정성은 왈라스적 조정(Walrasian adjustment)과 마샬적 조정(Marshallian adjustment)으로 구분
  - 왈라스(Walras)의 안정조건 : 가격의 신축적 조정을 통한 균형으로의 수렴과정 설명
  - 마샬(Marshall)의 안정조건 : 수량의 신축적 조정을 통한 균형으로의 수렴과정 설명

### 1.4 균형통화량

- 상품뿐만 아니라 통화도 수요와 공급 간에 균형을 이루는 것이 바람직함.

- 상품은 필요한 만큼 공급되고 있는데도 살 돈이 없거나, 또는 돈이 남아도는데도 살 상품이 없다면 어느 쪽도 정상적인 상태는 아님.

- 통화의 수급에 이상이 발생하였을 때 기획재정부(구 재경부)와 한국은행은 금융정책을 폄.
  - 예컨대 금리(정책금리 혹은 재할인율)를 올리거나 내려서 통화량을 조절
  - 이는 시중에 풀린 통화량을 조절함으로써 통화의 수요와 공급이 균형을 이루도록 하는 것임.

## 2 우리나라의 물가 추이

### 2.1 외환위기 이전 고물가 흐름의 주된 요인

#### ① 방만한 통화관리

- 무엇보다도 방만한 통화관리, 즉 화폐의 과다공급이 물가상승을 부채질
  - 돈의 양이 많아지면 돈 값어치가 떨어지면서 물가가 오르게 됨.
  - 경제성장률과 물가상승률의 합은 대략 총통화증가율과 일치함.[73]

### ② 방만한 정부예산

- 정부예산의 지나친 팽창도 물가를 부추긴 주요 요인 중 하나
  - 총수요의 증대는 곧 물가상승을 유발[74)]

### ③ 독과점적 시장구조

- 제품의 공급이 소수의 재벌기업에 독점되어 있어 공산품가격이 지나치게 높다는 점을 들 수 있음.
  - 독점적 시장구조는 독점적 초과이윤 추구로 인해 사회가 원하는 수준보다 물가는 상승하고 생산량은 감소

### ④ 부동산 투기

- 부동산 투기에 의한 땅값 상승이 물가를 올리는 커다란 요인
  - 땅값 상승은 주거비용의 상승을 불러오는 것은 물론 도로·항만 등 사회간접자본의 건설비용과 공장부지 가격 및 임대료 상승을 유발함으로써 일반 제품의 가격도 올림.
  - 이렇게 되면 기업 및 제품의 경쟁력이 하락하게 되어 기업 부실로 이이지고 이는 다시 금융 부실로 연결될 가능성이 있음.

## 2.2 2000~2010년 기간 중 고물가(소비자물가 기준)의 주요 배경[75)]

### ① 식품물가의 상승률이 높은 수준

- 돼지고기 등 육류가격은 OECD 주요국 대비 높은 수준을 기록
  - 국내 돼지고기 가격은 비교 대상 국가 중 가장 높은 수준을 기록하였는데, 한국

---

73) Fisher의 교환방정식은 $M$(통화량) × $V$(화폐의 유통속도) = $P$(물가수준) × $Y$(실질GDP)인데, 이를 변화율로 나타내면 통화증가율 + 화폐유통속도변화율 = 물가상승률 + 실질경제성장률이 됨. 여기서 $V$ : 일정기간 동안에 일어난 모든 생산물 거래에서 화폐의 각 단위가 평균적으로 몇 번씩 사용되었는가 하는 횟수, $MV$ : 일정기간의 총지출액, $PY$ : 일정기간의 총소득에 해당됨. 물가상승률과 실질경제성장률의 목표치가 주어지고 화폐의 (소득)유통속도변화율이 주어지면 통화증가율을 계산할 수 있음. 만약에 화폐유통속도변화율이 0이라면 경제성장률과 물가상승률의 합은 대략 총통화증가율과 일치하게 됨.

74) $AD$(총수요) = $C$(소비) + $I$(투자) + $G$(정부지출) + $X$(수출) − $M$(수입)

75) 주로 임희정 외(2011) 참조.

돼지고기 가격은 G7 평균가격 대비 3배 이상 비싼 수준임.

• 국내 소고기 가격도 G7 평균가격 대비 3배 이상 비싸고, 닭고기 가격은 1.4배 이상 비싼 수준임.

- 오렌지 등 과일가격과 맥주 등 음료가격도 주요국 대비 높은 수준임.
  • 국내 바나나 가격은 비교 국가 중 가장 높아 G7 평균 대비 2배 이상 비싸고, 국내 오렌지 가격은 일본에 이어 두 번째로 높아 G7 평균가격 대비 1.5배 이상 가격이 높음.
  • 국내 맥주, 커피, 스낵 가격도 비교 대상 국가 중 가장 높은 수준이었는데, 맥주의 경우 G7 평균가격 대비 1.8배 이상, 커피는 1.5배 이상, 스낵은 1.4배 이상 비싼 수준임.

### ② 근원물가의 상승률 역시 높은 수준

- 근원물가(소비자물가 중 식료품과 에너지 제외) 상승률을 살펴보았을 때 다른 OECD 국가들에 비해 한국의 높은 상승률이 뚜렷하게 나타남.

- 이렇게 근원물가가 높은 것은 근원물가에서 차지하는 비중이 큰 교육비[76]와 주거비[77]의 상승률이 크기 때문임.
  • 근원물가는 주거, 외식·숙박, 교육, 교통, 보건의료 등의 비용을 의미
  • 가계소비 지출에서 차지하는 비중을 살펴보면 2010년 기준으로 교육비는 13.27%, 주거비는 10.04%임.

### ③ 단, 높은 원유수입의존도에도 불구하고 국내 에너지물가는 주요국 대비 낮은 수준을 기록

- 휘발유는 2007~2009년까지의 평균가격이 0.68달러(리터당, 세전기준)로 미국 0.61달러보다는 높았지만, 일본 0.74달러보다는 낮은 수준임.

- 전기료는 0.09달러(킬로와트당)로서 미국 0.11달러, 프랑스 0.16달러보다 낮았으며, 영국 0.22달러의 절반 수준에 불과한 것으로 나타남.

---

76) 전체 교육기관에 대한 총지출이 주요국 대비 높고, 특히 민간부문 지출 비중이 매우 높음.
77) 아파트 및 사무실 임대료 기준임.

- 산업용 석탄의 경우 94.3달러(톤당)로 미국과 더불어 가장 낮은 수준을 나타냈으나, 천연가스는 644.0달러($10^7$kcal GCV당)로 미국보다는 높았지만 영국과 프랑스보다는 낮은 수준을 나타냄.

### ④ 정책적 시사점

- 식품물가, 교육비, 그리고 주거비 안정화, 서비스요금의 점진적 조정 등이 필요

- 식료품 등 필수품에 대한 가격 안정화
  - 식료품 등 가계 필수품에 대한 유통 구조 효율화, 가격 모니터 강화 등을 통해 가격상승폭 최소화
  - 농수축산물에 대한 수급 안정을 위해 정부의 비축 물량을 확대하는 한편, 탄력적인 할당관세 인하 등을 통해 수입 물량을 원활히 조절

- 교육비 안정화
  - 선진국에 비해 높은 공교육비의 민간부담 비율을 줄이는 노력과 함께 공교육의 양적·질적 향상을 통해 사교육비 부담 완화 유도

- 주거비 부담 완화
  - 서민들의 주거비용 부담 완화를 위한 복지 정책 마련과 공공 임대 주택 및 장기 전세 주택 공급 물량 확대 등을 추진

- 서비스요금의 점진적인 조정
  - 서비스요금을 품목별·기간별로 차등 적용함으로써 일시적인 인상으로 인해 발생하는 물가 불안을 최소화

### ⑤ 물가 불안정의 심화

- 한국이 다른 나라와 비교해 물가상승률이 높은 이유는 무엇보다 대외의존도가 높기 때문임.
  - 에너지의 97%를 수입에 의존하니 국제 유가 흐름에 따라 휘발유 등 에너지 가격이 요동칠 수밖에 없음.

- 외환위기 이후 금융시장이 급속도로 개방되면서 대외변수에 민감해진 것도 물가를 관리하는 데 취약점이 되고 있는데, 환율이 대표적임.

- 한국은행에 따르면 유가가 10% 오르면 물가는 0.2%포인트 상승하지만, 환율이 10% 오르면 물가는 유가의 4배인 0.8%포인트 오르는 것으로 분석됨.

- 대외의존도가 높다 보니 국제유가 등 대외여건에 따라 물가 출렁임이 너무 심하기 때문에 환율이 안정되지 않으면 물가 불안정은 지속될 수밖에 없을 것으로 우려됨.

## 2.3 최근 저물가의 흐름과 디플레이션 논란78)

- 2012년 하반기 이후 1%대의 상승률을 보이며 한국은행 물가 목표범위(2.5～3.5%) 하한을 밑돌던 국내 소비자물가는 2013년 10월 0.9%의 상승률을 나타내는 등 최근 물가하락세가 심화되는 모습을 보임.79)

- 물가의 추세적인 하락은 대외적인 경기 순환적 요인뿐만 아니라 인구구조 등 구조적 내수부진 요소들도 크게 영향을 미치고 있는 것으로 판단됨.
  - 2011년 선진국 재정위기 이후 대외적으로는 국제유가의 안정과 환율 하락세(원화강세) 등이 수입물가의 하락을 유발하여 전반적인 국내물가 안정으로 이어짐.
  - 내부적으로는 고령화, 가계부채 부담, 부동산 경기 불안 등이 수요위축 요인으로 작용하며 물가안정에 크게 기여하였고, 복지확대 등의 정책요인도 물가안정요인 또는 하락요인으로 작용

- 저성장 기조와 더불어 저물가 흐름이 상당기간 지속되면서 국내경제에 대한 디플레이션 우려가 확대되는 양상임.
  - 2013년 중반 이후 경기가 다소 반등하면서 국내경제에서 일본과 같은 '장기 디플레이션' 국면이 진행될 것이라는 시각은 다소 줄어들고 있는 양상
  - 다만 글로벌 경제에 잠재해 있는 '불확실성 요소' 또는 위험요인들로 인해 경기회복이 꺾일 경우 국내에서의 '장기 디플레이션 국면'은 더욱 뚜렷하게 진행될 가능성이 남아 있음.
  - 2014년에는 미국의 출구전략, 중국 성장둔화, 일본 아베노믹스,80) 국내 가계부채

---

78) 주로 김선태(2014) 참조.

79) 1년 넘게 이어지고 있는 '저인플레이션 상황'은 국내 경기상황 및 과거 사례에 비추어 볼 때 상당히 이례적인 현상으로 받아들여지고 있음.

80) 아베노믹스는 아베 신조 일본 총리가 일본 경제를 디플레이션 상황에서 탈출시키기 위해 추진 중인 경제정책을 말함. 일본의 20년 장기불황요인이 디플레이션에 있다는 판단 아래, 정부의 재정지출 확대, 일본은행의 무제한적 엔화 공급(양적 완화), 산업 규제 완화와 노동 유연성 확대 등 성장전략을 통해 디플레이션 탈출을 목표로 하고 있음.

및 부동산 경기 부진 등이 불확실성 요소로서 성장을 제약하는 역할을 할 가능성이 있음.

- 주요 부문과 경제구조 등을 비교할 때 한국경제가 일본식 '장기 디플레이션'에 진입했다고 단언하기는 어려운 시점이지만, 디플레이션에 대한 경계감은 상당 기간 지속되어야 할 것으로 판단됨.

# 3 인플레이션의 구조

- 인플레이션이란 물가가 정상적인 경기의 순환으로부터 벗어나 지속적으로 오르는 현상을 말함.

## 3.1 | 이론적 원인

- 코스트푸시(cost-push)형(비용추상설) 인플레이션
  - 임금이나 원재료비 등 생산단가가 늘어나서 발생하는 경우
  - 수입원자재 가격이 오르거나 임금상승률이 노동생산성의 증가율을 앞지르게 되면 기업은 이를 만회하기 위해 제품가격을 올리게 됨.

- 디맨드풀(demand-pull)형(수요견인설) 인플레이션
  - 경기가 과열된 나머지 공급이 달려 나타나는 현상
  - 소비자들의 구매의욕이 높아지는데도 생산이 이를 따라잡지 못하면 기업은 가격을 올려 이익을 챙김.

## 3.2 | 실제 원인

- 실제로 물가가 오르는 원인을 밝히는 것은 간단치 않음.
  - 왜냐하면 여러 가지 요소들이 복합되어 물가가 오르기 때문임. ⇒ 실례로 정정불안이나 경제정책의 실패 등도 이유가 될 수 있음.
  - 정정이 불안한 남미나 러시아에서는 물가가 한때 연간 몇 백%, 심지어 몇 천%까

지 오르는 초인플레이션이 진행되기도 하였음.

- 원인이 어디에 있든, 인플레이션이란 요컨대 통화의 유통량은 많은 반면, 상품은 부족하기 때문에 발생하는 현상임.

### 3.3 | 인플레이션은 불황의 원인

- 물가가 오르면 돈의 가치가 떨어지기 때문에 사람들은 저축을 꺼리게 됨.
  - 이렇게 되면 금융기관은 돈이 없어 기업들에게 사업자금을 융자해 줄 수 없음.
  - 기업도 장기적인 전망을 갖고 사업계획을 세울 수 없기 때문에 비용을 줄이기 위해 인원을 줄임.
  - 따라서 실업자가 대량 발생
  - 즉 P↑ ⇒ 화폐가치의 하락 ⇒ 저축 감소 ⇒ 기업의 투자위축 ⇒ 생산 감소 ⇒ 실업 증대
- 물가가 오르면 환율도 바뀌어 무역에 영향을 미침.
  - 즉 P↑ ⇒ 수출감소 및 수입증가 ⇒ 국제수지 적자
- 결과적으로 세계 각국은 통화량을 미세하게 조정함으로써 물가가 오르는 것을 사전에 막는 금융정책을 펴고 있음.

## 4 정부의 인플레이션 대책

- 인플레이션의 원인이 어느 쪽이냐에 따라 정부의 정책도 달라짐.

### 4.1 | 수요견인설의 경우

- 수요를 줄이는 것이 관건
  - 정부는 지출규모를 줄이고 세금을 많이 거둬들이는 긴축재정정책을 실시, 국민에게 과소비를 자제해 줄 것을 호소

• 수요가 넘친다는 것은 곧 시중에 돈이 많다는 것을 의미하므로 돈의 양을 줄이거나 돈을 빌리는 데 드는 비용(즉 금리)을 올리는 긴축금융정책이 가장 기본적인 정책수단임.

## 4.2 비용추상설의 경우

- 생산원가의 상승이 쉽게 가격에 전가될 수 있다는 데 근거를 두기 때문에 생산원가 가운데서도 특히 임금의 상승률을 낮추는 데 주력[81]

- 기업주 입장
  • 임금인상을 생산성 향상 범위 안에서 해야 한다고 주장

- 근로자 입장
  • 이러한 임금 가이드라인 정책은 최저생계비가 보장되지 않고 민주적 노사관계가 확립돼 있지 않은 현실에서 근로자 측에 일방적 희생을 강요하고 오히려 노사분규를 자극하는 등 많은 부작용을 낳고 있음.

- 21세기형 노사관계
  • 제로섬 게임에서 윈윈 게임으로 전환해야 함.

## 4.3 행정규제

- 전기 · 가스 요금, 버스 · 지하철 요금, 학교등록금, 자장면 값 등 소비자물가지수에 포함되는 생필품의 가격을 직접 통제하여 물가안정을 기하려고 함.

- 문제점
  • 직접적 행정규제는 가격을 계속 억제하다가 인상요인이 누적되었을 때 대폭적인 인상을 허용함으로써 물가변동을 불안하게 하고, 해당 품목의 품질과 서비스 향상을 저해하는 효과만을 가져올 뿐임.
  • 업계의 요구에 의한 인상 허용 시 이것이 서비스 개선이나 품질 향상으로 연계되지 못하는 경우가 허다하므로 사후 관리감독 기능이 중요하다고 할 수 있음(과거

---

81) 단위노동비용, 즉 제품 한 단위당 노동비용(단위노동비용 = $\frac{\text{명목임금지수}}{\text{노동생산성지수}}$)이 일국의 수출경쟁력을 결정하는 주요 요소라고 할 수 있음. 여기서 노동생산성 = $\frac{\text{총생산량}}{\text{노동자수}}$임.

의 사례로 1998년 3월 21일자 뉴스에 따르면 그 당시 회사경영 애로의 타개 및 서비스 개선을 명분으로 택시월급제의 시행을 요구하면서 택시회사들이 요금인상을 요구하여 인상을 허용한 결과 실제로 20%도 안 되는 회사만이 택시월급제를 시행하고 있다는 보도가 있었음).

# 5 디플레이션의 구조

## 5.1 | 디플레이션

- 통상 '디플레이션'이란 인플레이션과 반대되는 개념으로 전반적인 물가수준이 지속 하락하여 물가상승률이 0% 이하로 하락하는 '네거티브' 인플레이션으로 정의
- 물가수준이 일시적으로 떨어지는 현상이 아니라 일정기간 동안 지속적으로 하락하는 현상을 의미
  - 디플레이션에 대한 평가는 소비자물가지수(CPI)로 평가하는 것이 일반적이며, 분석목적에 따라 GDP디플레이터 또는 생산자물가지수(PPI)로 평가하기도 함.
- 총수요-총공급 모형으로 보면 물가하락은 수요 또는 공급곡선의 이동으로 설명될 수 있기 때문에 발생경로에 따라 크게 공급 측면 디플레이션과 수요 측면 디플레이션으로 분류
  - 공급 측면 디플레이션은 생산성 향상 등으로 총공급이 늘어나면서 물가가 하락하는 현상이며,[82] 수요 측면 디플레이션은 소비, 투자 등 총수요가 위축되면서 물가가 하락하는 현상임.[83]

---

82) 생산성이 높아져서 같은 비용을 들이고도 더 많은 상품을 생산하게 되면 공급이 늘어나 물가가 떨어지게 됨. 가격이 떨어져도 더 많은 물건을 팔 수 있으니 기업 입장에서는 이익임. 이렇게 공급이 늘어나 발생하는 디플레이션은 물가도 떨어지고 경제도 성장할 수 있게 해주니 좋은 디플레이션임. 이렇게 좋은 디플레이션이 실제로 발생한 사례는 아주 희소함. 1880년부터 1896년까지 미국에서 물가가 30% 이상 떨어졌는데도 경제는 매년 5% 이상 성장한 적이 있음. 1900년 이후로는 중국이 1990년대 후반부터 2000년대 초반까지 꾸준한 물가하락과 빠른 경제성장을 경험했던 사례가 있음. 이와 관련하여 백인석(2013) 참조.

83) 수요 측면에서 발생하는 디플레이션은 소비와 투자 등과 같은 수요가 줄어서 물가가 지속적으로 하락하는 경우로서 심각한 경기침체로 연결되는 나쁜 디플레이션임. 1930년대 미국의 대공황

- 일부에서는 주식 및 부동산 등 자산가격 하락이 소비 및 투자를 위축시켜 물가하락으로 이어지기 때문에 자산 디플레이션과 연관시켜 논의하는 경우도 있음.

- 대부분의 경우에는 경기와 물가가 동시에 하락하는 수요 측면 디플레이션이 거시경제적으로 광범위한 위험을 유발시킴.

## 5.2 | 물가가 내려가는 것은 좋은 현상인가

- 디플레이션은 모든 산업 분야에서 상품이 팔리지 않아 나타나는 현상임. ⇒ 물건이 지나치게 많아서 팔리지 않는다기보다는 소비자의 구매력이 상대적으로 떨어져 물건이 팔리지 않는 것이므로 경기가 전반적으로 침체된 상태를 말함.
  - 초기 단계 : 기업은 비용을 줄여 가격을 내리고, 그 결과 기업의 이익률이 떨어져 근로자의 임금도 오르지 않고 정부의 세수도 늘지 않음.
  - 개인이나 정부의 수입이 줄면 구매력이 위축되기 때문에 소비자는 돈을 빌리지 않게 되고 금리도 내려감.
  - 기업의 경우도 금리가 내려가면 부담 없이 설비투자 자금 등을 빌릴 수는 있지만 상품을 만들어도 팔리지 않으므로 결국 돈을 빌리지 않게 됨.
  - 더 나아가 경기가 좋았을 때 설비나 주식, 토지 등에 투자했던 비용이 오히려 부담으로 되돌아옴.
  - 주식이나 토지 등은 팔아치우면 그만이라고 쉽게 생각할지 모르나 살 사람이 없기 때문에 처분하기가 어려움.
  - 따라서 지속적으로 기업경영을 압박하는 요인으로 작용 ⇒ 살 사람이 없는 주식이나 토지는 그 가격이 계속 떨어지게 됨. ⇒ 자산 g디플레이션
  - 디플레이션으로 경기가 침체되면 당연히 임금이 오르지 않음.
  - 더욱이 기업주는 경영합리화라는 명분으로 임금을 깎고 나아가 해고를 감행하게 되고, 그렇게 되면 실업자가 늘어나게 됨.[84]

---

과 1990년대 중반부터 최근까지 계속되고 있는 일본의 장기 저성장이 나쁜 디플레이션이 동반된 경기침체임. 나쁜 디플레이션은 여러 경로를 통해 경제에 악영향을 미치는 것으로 알려져 있음. 이와 관련하여 백인석(2013) 참조.

84) 2002년 당시의 부동산 과열은 경기침체로 인해 기업의 수익률이 악화되고 그 영향이 주식시장에 반영돼 주가수익률을 떨어뜨렸음. 저금리 상태에서 마땅한 투자처를 찾지 못한 자금이 자연스럽게 부동산시장으로 유입됐으며 부동산시장은 투기적 수요시장으로 치닫게 되었음. 만약 부동산 버블이 급격하게 꺼진다면 민간부문의 소비위축(왜냐하면 더 떨어질 것이라고 기대하기 때문)과 금융권의 자금경색(투자자금의 회수가 용이하지 않음)으로 경기침체에 빠질 우려가 있음. 이와 관련하여 매일경제(2002.09.13) 참조.

## 5.3 | 경제는 안정적으로 성장해 나가는 것이 가장 바람직

- 그런 의미에서 경제는 약간의 인플레이션 현상을 띠고 있을 때가 가장 좋은 상태라고 말할 수 있음.

### 참고자료


(1) 김상조(2001), 《손바닥 경제》, 사계절.

(2) 2002. 09. 13., 《매일경제》

(3) 백인석(2013), "디플레이션은 무엇이고 경제에 어떤 영향 미치나요", 《조선경제》, 2013. 06. 28.

(4) 임희정 · 최성근(2011), "현안과 과제-OECD 국가 중 국내 물가가 높은 이유", 현대경제연구원, 2011. 05. 09.

(5) 김선태(2014), "국내 저물가 흐름과 디플레이션 논란", 《KB 지식 비타민》, KB금융지주 경영연구소, 2014. 01. 09.

# 부록 [3-1] 인플레이션

## 1. 대표적 물가지수

- 물가수준을 보여주는 대표적인 지표로는 한국은행의 생산자물가지수와 통계청의 소비자물가지수를 들 수 있음.
- 소비자물가지수가 우리가 실생활에서 피부로 느끼는 물가를 잘 대변하지 못한다는 점에 착안하여 소비자물가지수 대상품목 중에서 일상생활에 많이 쓰는 물건만을 대상으로 집계한 '생활물가지수'라는 것이 있음.
  - 대통령의 특별지시로 52개 주요 생필품 소비자물가지수라는 것도 만들어 발표하고 있음.
  - 일부 신문에 '백수물가'가 많이 올랐다는 기사를 본 적이 있는데, 물론 백수물가가 한국은행이나 통계청이 공식적으로 집계하는 물가지표는 아니고 소득이 없는 구직자들의 하루하루가 더욱 더 어려워진 사실을 강조하기 위해 기자들이 만들어낸 용어에 불과

## 2. 인플레이션이란

- 인플레이션이란 전반적인 물가수준이 지속적으로 상승하는 현상을 의미
- 인플레이션의 비용은 경제주체들이 인플레이션을 미리 예상했느냐, 아니면 예상하지 못했느냐에 따라 차이가 있지만 어느 경우든 모두 적지 않은 비용이 발생한다는 측면에서는 동일

## 3. 인플레이션 추이 및 현상

### 3.1 인플레이션 추이

- 우리나라의 경우 1990년대 이후에는 심각한 인플레이션을 겪지 않았음.
- 정부와 한국은행 등의 노력으로 물가가 과거에 비해 상당히 안정적으로 유지되었기 때문
- 그러나 1970～1980년대까지만 해도 인플레이션은 상당히 높은 수준이었음.
  - 낮은 경우 연간 10% 정도 물가가 상승하는 것이 보통이었고 20%를 넘는 경우도 여러 해 있었는데, 결국 물건 값이 해마다 10～20%씩 올랐던 것임.

### 3.2 인플레이션 현상

- 인플레이션은 인류의 역사와 함께 있어 왔던 현상
  - 예를 들어 가뭄 등으로 흉작이 들거나 인구가 늘면 곡물가격이 크게 뛰었음.
  - 또 금을 화폐로 사용한 나라의 경우 해외 금광의 발견으로 금의 유입이 늘어나서 인플레이션이 발생한 경우도 있었음.
  - 반면 전쟁이나 전염병 등으로 인구가 크게 감소하는 경우 곡물 등에 대한 수요가 줄어들어 인플레이션이 사라지기도 하였음.
- 과거 인플레이션 중에서는 그 정도가 특히 심한 경우가 있었는데, 이를 초인플레이션(hyper inflation)이라고 함.
  - 초인플레이션에 대해서는 명확한 정의가 없으나 '일반적으로 1개월 동안 물가가 50% 이상 상승하는 경우'를 지칭

## 4. 초인플레이션 사례

### 4.1 1923~1924년대 독일

- 1차 세계대전에서 패한 독일은 연합국에 1,320억 마르크라는 천문학적 규모의 전쟁 배상금을 지불해야 하는 처지가 되었는데, 이는 당시 독일 국민총생산의 2년치에 해당하는 엄청난 규모였음.
- 즉 2년 동안 나라에서 생산하는 모든 것을 하나도 안 쓰고 몽땅 배상금으로 지급해야 겨우 갚을 수 있는 금액이었음.
- 하지만 전쟁에 져서 배상금을 마련할 길이 없었던 독일은 손쉬운 방법으로 '화폐를 마구 찍어내기'를 택하였는데 이 과정에서 역사적으로 가장 유명한 초인플레이션이 탄생
- 특히 1921~1923년 중에 물가가 급격하게 상승하였는데, 마르크화의 가치는 1922년 7월 1달러당 493마르크에서 1923년 11월 무려 4조 2천억 마르크로 하락하였다고 함.[85)]

### 4.2 헝가리

- 2차 대전 직후인 1946년 헝가리에서 사상 최악의 초인플레이션[86)]이 발생하였는데, 물가가 15시간마다 두 배로 뛰었다고 함.

---

85) 그 결과 빵 하나의 가격이 몇 억 마르크에 이르는 상황이 발생하였음.
86) 전년대비 인플레이션이 42,000조%에 달했다고 함.

### 4.3 기타[87)]

- 1985년 볼리비아에서는 소비자물가가 약 23,500% 상승하였으며, 1989년 아르헨티나에서도 약 20,000%의 물가상승률을 기록
- 1992년 러시아에서는 소비자물가가 약 2,300% 상승하기도 하였으며, 브라질에서는 1990년과 1994년 각각 6,800%와 4,900%의 물가상승을 경험
- 1993년 유고슬라비아에서도 내전 때문에 약 5,000조%의 인플레이션이 있었는데 당시 유고슬라비아는 전비 조달을 위해 조폐국을 24시간 가동하여 화폐를 만들었다고 함.
- 한편 아프리카의 짐바브웨는 최근 들어 가장 인플레이션이 높은 나라인데, 2007년 소비자물가는 전년대비 약 1,000% 상승한 것으로 나타났음.

### 4.4 우리나라

- 우리나라의 경우도 초인플레이션이라고까지는 말할 수 없지만 물가가 크게 올랐던 적이 종종 있었음.
- 6.25전쟁 중 전비 마련을 위해 화폐발행이 늘면서 1950년 6월 328.2였던 소매물가지수가 이듬해 6월 2,008.8로 6배 이상 상승
- 또한 조선말 대원군 집권 시 발행된 당백전이라는 새 화폐가 심각한 인플레이션을 일으킨 사례가 있었음.[88)]
  - 당백전의 발행으로 발행 초기인 1866년 12월경에 7～8냥에 지나지 않았던 미곡 1섬의 가격이 1～2년 사이에 약 6배로 폭등

---

87) 이와 관련해서는 재미있는 이야기들이 많이 있음. 돈을 가득 싣고 가던 수레를 길거리에 잠시 세워놓았더니 도둑이 돈은 길에 버리고 수레만 훔쳐가기도 했고, 음식을 만들 때 돈을 주고 석탄이나 가스를 사지 않고 그냥 돈으로 태워서 불을 지폈다고 함. 돈의 가치가 너무 하락해서 아무도 원하지 않는 상황이었던 것임. 어떤 형제의 이야기도 재미있음. 월급을 아껴서 저축한 동생과 매일 술만 마시던 형이 있었는데 몇 년 후 동생의 저금은 물가가 너무 올라서 휴지조각이 되어 형이 모아 놓았던 빈 술병의 가격에도 미치지 못했다는 것임. 2차 세계대전 당시 일본군과 싸우던 중국의 장개석(蔣介石) 정부도 전쟁 장비 조달을 위해 화폐를 많이 발행하여 엄청난 인플레이션을 초래하였음. 당시 중국의 서민들은 화장실에서 쓸 휴지를 사지 않고 화폐로 뒤를 닦았다고 함. 이에 중국 정부가 아무리 급해도 건국의 영웅인 쑨원(孫文) 선생의 얼굴로 뒤를 닦지 말라고 국민들에게 호소하기도 했다고 함. 이와 관련하여 한순구(2012.09) 참조.

88) 흥선대원군이 경복궁을 재건하면서 돈이 필요하자 당백전과 당오전을 발행하였고 이 때문에 물가가 크게 뛰어 서민들의 원망을 샀다는 기록이 있음.

## 5. 인플레이션의 폐해

### 5.1 1923~1924년대 독일의 경험

- 당시 독일에서는 초인플레이션과 관련하여 지금으로서는 상상하기 어려울 정도로 고통스러운 일들이 많이 발생
  - 인터넷에서 독일 여성이 마르크화를 난로에 태우고 있는 사진을 본 적이 있는지 궁금한데, 마르크화로 땔감을 사서 쓰는 것보다 그 돈을 직접 태울 때 불이 더 오래갔기 때문에 돈을 직접 땔감으로 사용했던 것이라고 함.
  - 또 1921년 1월 0.3마르크 하던 신문의 가격은 마르크화의 가치하락이 최고조에 달했을 때인 1923년 11월에 7천만마르크를 기록 ⇒ 단순비교를 위해 마르크를 우리가 쓰는 원으로 바꿔 보면 신문 하나를 사기 위해 만 원짜리를 가방 가득 넣어가야 한다는 얘기
  - 실제로 차비, 점심값 등 하루 용돈으로 당시 독일인들은 돈을 작은 수레에 싣고 다녔다고 함.
  - 물가상승의 속도가 얼마나 빨랐으면 당시 노동자들은 하루에 몇 차례로 임금을 나누어 받았다고 함. ⇒ 이때 그 사람들이 받은 돈은 퇴근하기 전에 부인들이 회사로 와서 받아다가 즉시 물건으로 바꾸었다고 함.

### 5.2 경제에 미치는 영향

- 독일의 사례와 같이 극단적인 초인플레이션이 아니더라도 과도한 인플레이션은 우리들의 경제생활에 여러 가지 부정적인 영향을 미치는바, 급여소득자들의 실질소득 감소, 각종 투기 만연, 양극화 심화, 기업의 투자 감소, 수출 부진 등이 그것임.
- 어느 것 하나 좋은 것이 없지만 인플레이션으로 이익을 보는 사람도 있음.
  - 돈을 빌린 사람과 돈이 많아 실물에 투자할 수 있는 사람들인데, 돈을 빌린 사람은 시간이 갈수록 인플레이션으로 돈의 구매력이 떨어지기 때문에 갚을 돈이 줄어드는 효과를 얻을 수 있으며 부자들은 여윳돈을 가지고 가치가 더 안정적인 금이나 부동산 같은 실물자산에 투자함으로써 자신들의 재산을 유지하거나 늘릴 수 있음.
  - 이렇듯 인플레이션하에서는 저소득층의 실질소득은 감소하는 반면, 부유층의 재산은 늘어나게 되는데 이는 양극화를 촉진함으로써 사회불안을 유발하는 원인이 됨.
  - 실제로 독일의 초인플레이션은 히틀러에 의해 나치 극우정권이 등장하게 되는 중요한 원인이 되었음.

## 6. 인플레이션의 비용

### 6.1 예상된 인플레이션의 비용[89)]

- 미래의 인플레이션을 완벽하게 예상할 수 있다면 경제활동에 왜곡이 초래될 가능성은 크게 줄어듦.
  - 앞으로 1년 동안 5%의 인플레이션이 예상되어 임금협약을 체결하거나 자금을 빌려주고 받을 때, 그리고 소비나 투자를 할 때 이를 반영했는데 이후 1년간 실제 인플레이션이 5%이었다면 그 의사결정은 옳은 것이 되기 때문
- 그러나 인플레이션을 완벽하게 예상할 수 있다고 하더라도 현실적으로는 적지 않은 비용이 발생
- 첫째, 인플레이션이 예상될 경우 사람들은 가능한 한 현금을 보유하지 않으려 할 것임.
  - 인플레이션만큼 현금의 가치가 낮아져 현금보유의 기회비용이 커짐에 따라 현금보다는 인플레이션으로 인한 명목금리 상승으로 더 많은 이자소득이 발생하는 예금의 비중을 크게 하고자 하기 때문
  - 이 경우 사람들은 현금을 지출할 필요가 있을 때마다 더 자주 은행에서 현금을 찾아야 하며, 끊임없이 현금과 예금의 포트폴리오 구성을 조절해야 함.
  - 은행을 자주 방문하거나 포트폴리오 구성을 바꾸는 것도 일종의 비용인데 이를 흔히 신발이 닳아서 생기는 비용(구두창비용 : shoe leather cost)이라 함.
- 둘째, 앞으로의 인플레이션을 경제활동에 반영하는 과정에서도 비용이 발생
  - 예를 들어 인플레이션에 따라 세율을 변경할 필요가 있다면 세법개정안을 마련하여 국회에 제출하거나 세법이 개정된 이후 이를 실행하는 행정적·사무적 절차가 따라야 하는데 이 모든 것이 사회적 비용
  - 이러한 사례는 정도의 차이는 있지만 명목기준으로 결정되는 모든 계약에 적용됨.
  - 하루가 다르게 물가가 상승한다면 그때마다 노사협의를 통해 임금인상을 결정해야 하는데 이는 무척 번거로운 일이 아닐 수 없음.

---

89) 또 다른 설명을 소개하면 다음과 같음. 만약 경제주체 모두가 인플레이션을 예상하고 있다면 이를 미리 유념하여 경제생활에 반영하므로 구매력의 이전은 나타나지 않을 것임. 그럼에도 사회적으로는 기대 인플레이션으로 인한 부작용을 생각해 볼 수 있음. 모두 물가가 오를 것으로 예상하므로 사람들은 가치가 떨어지는 화폐보유량을 줄이려 할 것이고, 각종 경제생활에 인플레이션을 연동시키는 작업을 해야 함. 화폐보유를 줄이고자 한다면 그만큼 실물자산이나 금융자산으로 이전해야 하므로 그에 따른 비용이 발생할 것임. 또한 가격의 상승에 따른 손실을 줄이기 위해 불편하지만 계약 수정이 늘어날 것임. 연금은 물론 특히 임금계약의 경우 인플레이션이 발생할 것을 알면서 가만히 있을 리는 없고, 그에 상응하여 계약을 지속적으로 수정해야 하는 비용이 따를 것임. 이성표(2013) 참조.

- 셋째, 기업과 상인들은 물가상승에 맞추어 가격표를 자주 바꾸어야 함.
  - 가격변화에 대한 정보수집과 가격표를 교체하는 데서도 비용(menu cost)이 발생

### 6.2 예상되지 않은 인플레이션의 비용

- 이 경우의 폐해는 예상된 인플레이션의 경우보다 더 심각
- 첫째, 인플레이션은 채무의 실질가치를 떨어뜨림.[90)]
  - 오늘의 1,000원이 1년 후에 불과 100원의 가치밖에 없다면 돈을 빌리면 빌릴수록 유리해져 경제가 과도한 채무의존형으로 바뀌고 기업들은 외형확대 위주의 경영행태를 보이게 됨.
  - 1997년 말 외환위기의 한 원인이 되었던 우리 기업들의 높은 부채비율은 1960년대 이후 두 자리 상승률을 기록해 왔던 높은 인플레이션과 무관하지 않음.
  - 이에 비해 돈을 빌려주는 채권자는 매우 불리해져 재산권에 대한 신뢰가 손상됨.
- 둘째, 인플레이션이 만연하면 정상적인 경제활동의 가장 큰 적인 미래에 대한 불확실성(uncertainty)이 커짐.
  - 불확실성은 모든 경제주체들의 의사결정이나 경제활동을 단기적 관점에서 이루어지도록 함.
  - 앞으로 자신의 실질소득이 어떻게 될지 모르는 상황에서 개인들은 합리적인 소비행위를 하기 어려우며, 자산가치가 어떻게 변할지 불투명하다면 기업들은 투자를 망설이게 될 것임.
  - 사람들은 장기보다는 단기로 자금을 운용할 것이며 이는 금융시장의 잠재적 불안요인이 됨.
  - 또한 자금을 빌려주는 측에서 미래의 불확실성을 보상받기 위해 과도한 리스크 프리미엄을 요구하면 차입자의 실질적인 자금조달 비용이 높아질 것이며 사람들은 금융상품보다 부동산과 같은 실물자산을 선호하게 되어 부동산투기가 만연될 가능성도 커짐.
- 셋째, 시장경제에서는 상품 간의 상대가격 변화에 의해 자원이 효율적으로 배분되는데, 모든 경제주체들이 인플레이션을 완벽히 예측할 경우 상대가격은 변하지 않으나 경제주체들이 서로 다른 인플레이션 기대를 가지게 되면 상대가격의 왜곡 가능성이 높아지

---

90) 또 다른 설명은 다음과 같음. 채권자와 채무자 사이의 예를 보면, 연초에 6%의 이자율로 양자간에 계약을 했으나 예상치 못하게 인플레이션이 4% 발생하였다면 채권자는 실질적으로 2%밖에 이자 수입을 얻을 수 없음. 채무자는 그만큼 이자 지불의 부담을 던 것임. 한편 매월 일정액을 받는 봉급생활자나 연금생활자 역시 구매력의 감소를 경험하게 됨. 이런 이유로 인플레이션이 구매력 또는 소득재분배 효과를 갖게 됨. 이성표(2013) 참조.

고 자원배분의 효율성도 저하됨.[91)]

- 예를 들어 상품A와 상품B의 가격이 각각 10원, 100원이라고 하자.
- 모든 경제주체들이 인플레이션율을 똑같이 10%라고 예상하면 상품A와 상품B의 절대가격은 각각 11원 및 110원으로 상승하겠지만 상대가격은 여전히 1 : 10으로 변하지 않음.
- 그러나 예상치 않은 인플레이션으로 불확실성이 커져 상품A를 생산하는 사람의 기대 인플레이션은 5%이고 상품B를 생산하는 사람의 기대 인플레이션은 15%라고 한다면 상품A의 절대가격은 10.5원, 상품B의 절대가격은 115원이 되어 상품B의 상대가격이 높아지게 됨.
- 이 경우 시장에서는 상품A가 과소 생산되고 상품B가 과대 생산되는데, 이러한 현상은 생산자뿐 아니라 소비자들의 경우에도 똑같이 발생할 수 있음.

〈표 부3-1〉 인플레이션 기대가 같은 경우

| | 최초가격 | | 인플레이션기대 | 인플레이션기대 반영가격 | 결과 |
|---|---|---|---|---|---|
| 상품 A | 10원 | → | 10% | 11원 | 생산량 불변 |
| 상품 B | 100원 | → | 10% | 110원 | 생산량 불변 |
| 상대가격 (A : B) | 1 : 10 | → | | 1 : 10 | (상대가격 불변) |

〈표 부3-2〉 인플레이션 기대가 다른 경우

| | 최초가격 | | 인플레이션기대 | 인플레이션기대 반영가격 | 결과 |
|---|---|---|---|---|---|
| 상품 A | 10원 | → | 5% | 10.5원 | 과소생산 |
| 상품 B | 100원 | → | 15% | 115원 | 과대생산 |
| 상대가격 (A : B) | 1 : 10 | → | | 1 : 11 | (상대가격 왜곡) |

91) 또 다른 설명을 제시하면 다음과 같음. 인플레이션이 상대가격을 왜곡시켜서 자원배분의 비효율성을 초래한다는 점임. 인플레이션이 발생하여 이에 대처하는 과정에서 시간과 다른 자원을 소비해야 한다면 그만큼 다른 상품 생산에 사용할 수 있었던 자원을 비효율적으로 사용하게 됨. 특히 물가가 지속적으로 상승하는 상황이라면 더 신속하게, 즉 상품 구입을 하고자 하는 당일 가격비교를 위한 발품을 팔지 않으면 안 될 것임. 사정이 이와 같다면 인플레이션이 여러 상품 간의 상대가격을 왜곡시킴으로써 야기되는 비효율성이 매우 크다 하겠음. 그리고 임금계약 단축 역시 예상치 못한 인플레이션의 경우에도 해당하는데, 예상한 경우와는 달리 이 경우는 노동자들에게 불확실성이 커지기 때문에 이를 줄이기 위해 임금협약의 기간을 단축시키고자 하게 될 것이며 빈번한 협상으로 인한 거래비용의 증가를 초래하게 됨. 이성표(2013) 참조.

## 7. 평가

- 인플레이션은 아무리 조심해도 지나치지 않다고 할 수 있음.
- 물가안정이 왜 국가경제의 주요 목표 중 하나인지, 모든 경제주체가 새롭게 인식해야 할 것임.

### 참고자료

(1) 신성우(2008), "경제의 독버섯, 인플레이션-역사 속에서 실례로 본 인플레이션의 폐해", 한국은행 경제교육(풀어 쓴 생활경제), 2008. 08. 26.
(2) 한국은행(2006), "인플레이션의 비용", 한국은행 경제교육(경제심화자료), 2006. 07. 10.
(3) 이성표(2013), "인플레이션의 비용", 《"click" 경제교육》, KDI경제정보센터, 2013. 08.
(4) 한순구(2012), "오묘한 인플레이션", 《"click" 경제교육》, KDI경제정보센터, 2012. 09.

## 부록 [3-2] 디플레이션

### 1. 디플레이션이란

- 디플레이션(deflation)은 인플레이션(inflation)의 반대 개념으로, 물가가 하락하는 현상을 말함.
- 인플레이션이 경제에 여러 악영향을 미친다는 것은 널리 알려진 사실인데, 그렇다면 디플레이션의 경우에는 어떨까?
- 디플레이션은 인플레이션에 비해 발생 빈도가 낮지만 그 폐해는 인플레이션 못지않음. ⇒ 경제학자들 중에는 인플레이션보다 디플레이션의 발생을 더 두려워하는 사람들도 많은데, 그 이유는 좋은 디플레이션도 있지만, 나쁜 디플레이션이 더 일반적이기 때문임.

### 2. 디플레이션의 세 가지 구분[92)]

#### 2.1 좋은 디플레이션

- 좋은 디플레이션(good deflation)은 기술진보 등으로 총공급이 늘어나 발생하는 디플레이션임. ⇒ 생산기술이 향상되면 기업 입장에서는 단위당 생산비용이 절감되기 때문에 종전과 같은 생산비용으로 더 많은 상품을 생산할 수 있고, 공급이 늘어나 가격이 하락함.
- 공급 측 요인에 의해 발생하는 좋은 디플레이션은 경제성장과 동행하는 것이 가능함. ⇒ 물가가 하락하더라도 생산성이 더 빠른 속도로 증가하면 기업의 이윤이 줄어들지 않기 때문임.
- 좋은 디플레이션의 대표적 예로는 19세기 후반 미국과 유럽 등지에서 발생한 디플레이션을 들 수 있는데, 당시 미국과 유럽에서는 기계공학의 발전으로 산업생산이 급격히 늘어났음.

#### 2.2 나쁜 디플레이션

- 나쁜 디플레이션(bad deflation)은 총수요가 감소해 발생하는 디플레이션으로 경기침체와 연결됨.

---

92) 김훈민(2011) 참조.

- 경기가 침체되면 경제 전체적으로 상품에 대한 수요는 감소하고 물가는 떨어짐. ⇒ 생산성 향상이 뒷받침되지 않는 디플레이션이므로 기업의 이윤은 줄어들 수밖에 없음.

- 한편 디플레이션이 발생하면 돈의 가치가 상승하고, 부채의 실질가치 또한 상승함.
  - 따라서 금융기관에서 돈을 빌린 기업들의 상환 부담은 커짐. ⇒ 이윤 감소와 부채 상환부담 증가로 기업이 도산하면 실업이 늘어나고 경기침체는 심화됨.
- 그러면 총수요는 또다시 감소하고 물가는 더욱 하락하는 악순환이 이어짐.
- 나쁜 디플레이션의 대표적 예로는 1990년대 초반부터 계속되고 있는 일본의 디플레이션을 들 수 있음.

### 2.3 끔찍한 디플레이션

- 끔찍한 디플레이션(ugly deflation)은 극심한 경기침체에 의해 발생하는 디플레이션으로, 나쁜 디플레이션이 심화된 형태라 할 수 있음.
- 미국에서 1930년대 대공황으로 인해 발생한 디플레이션을 대표적 예로 들 수 있음.
- 끔찍한 디플레이션이 발생하면 기업과 은행의 도산이 걷잡을 수 없이 늘어 경제가 큰 타격을 입게 됨.

### 2.4 마무리

- 현대에 들어 좋은 디플레이션은 찾아보기 힘든 현상이 되었고, 나쁜 디플레이션이 주를 이루고 있음.
- 끔찍한 디플레이션까지 가는 경우는 많지 않지만, 나쁜 디플레이션은 일단 발생하면 경제에 큰 후유증을 남기게 됨. ⇒ 인플레이션이든 디플레이션이든 각국 중앙은행의 걱정거리가 되는 것은 매한가지임.
- 이제 좀 더 구체적으로 디플레이션에 관해 살펴보기로 하자.

## 3. 미국발 금융위기(2008년 9월) 직후의 당시 경제상황

### 3.1 미국의 경우

- 미국에서 서브프라임 모기지(비우량 주택담보대출) 부실이 드러나면서 세계 5대투자은행 중 3개는 파산 또는 피합병되고 골드만삭스와 모건스탠리는 은행지주회사로 숨어들었음.
- 거품 붕괴의 진앙지 미국에선 경제 주체들이 '분수'를 알아차리기 시작

• 하늘 높은 줄 모르던 집값은 수직낙하하고, 다우지수는 1년도 안 돼 거의 반 토막, 자동차 업체들이 찻값을 대폭 할인해도 신차소비는 20% 이상 감소

- 자산가치 하락 → 소비감소 → 투자위축 → 고용축소 → 소득감소로 이어지는 디플레이션 악순환에서 미국은 초기 단계에 진입
  • 메릴린치는 "가격 인하 움직임과 고용상황이 악화되면서 경제 체질이 손상될 것"이라고 디플레이션 위험을 경고

- 미국경제가 디플레이션 국면인지, 일시적 경기침체인지는 논란의 여지가 있음.
• 하지만 최근 자동차 빅3와 금융업종의 감원 움직임으로 비관론이 수그러들지 않고 있으며, 한번 디플레이션 기대가 형성되면 쉽사리 빠져나오기 힘들다는 것도 문제

- 김종만 국제금융센터 연구원은 "일단 디플레이션 기대가 형성되면 가격이 하락할 때까지 물품 구매를 미뤄 수요가 감소한다"며 "이로 인해 가격은 하락하게 되는 자기실현적 예언으로 발전하는 것"이라고 분석

### 3.2 디플레이션의 공포

- 불과 몇 달 전까지 글로벌 인플레이션(inflation)을 걱정하던 전 세계 경제전문가들이 갑자기 정반대의 공포, 즉 디플레이션을 호들갑스럽게 이야기하고 있음.
  • 디플레이션(deflation)은 광범위하고 지속적인 물가의 하락을 의미하는 경제용어

- 경제전문가들이 글로벌 디플레이션을 본격적으로 걱정하기 시작한 것은 2008년11월 19일 미국 10월 소비자물가가 전월 대비 1.0% 급락했다는 발표가 계기가 됐는데, 이는 월간 하락률로는 1947년 집계가 시작된 이후 최대치

- 다른 나라들도 물가상승률이 크게 꺾이는 추세가 뚜렷함.
  • 10년 장기불황을 겪었던 일본은 다시 디플레이션으로 빠지는 것 아니냐는 걱정이 태산

- 루비니와 브라운의 언급
• '우울한 예언자' 누리엘 루비니(Roubini) 뉴욕대 교수는 2008년 11월 21일과 11월 25일 자신이 운영하는 금융정보 사이트 RGE 모니터에 잇따라 실은 기고를 통해 "지금 미국과 세계경제 앞에 놓인 가장 큰 위험은 스태그-디플레이션(stag-deflation), 즉 경기침체(stagnation 혹은 recession)와 디플레이션의 치명적인 조합"이라고 말했음. 그는 엎친 데 덮친 격으로 미국이 유동성 함정(liquidity trap)에 빠져 금융정책의 효과가 사라질 수 있다는 점도 우려된다고 지적
• 고든 브라운(Brown) 영국 총리는 G20정상회의 결과를 설명하는 2008년 11월 17일 의회 연설에서 "지난해와 지난 몇 달 동안 세계경제의 문제는 인플레이션, 그리고 이와

결합된 신용경색이었지만, 내년의 문제는 디플레이션이 될 것"이라고 언급

### 3.3 주요국 물가하락의 원인

- 2008년 7월 초 이후 원유가격이 60% 이상 떨어지는 등 원자재와 농산물 가격이 급격히 하락
- 전문가 시각
  - 많은 전문가들은 최근 물가의 하락이 이상(異常) 급등했던 유가가 정상을 찾아가는 과정에서 나타나는 일시적인 현상이며, 광범위하고 지속적인 디플레이션으로 볼 수 없다고 지적
  - 하지만 다른 전문가들은 가격 변동이 심한 석유 등 에너지 가격과 식품가격을 뺀 근원 인플레이션(core inflation) 역시 미국이 2008년 10월 들어 1981년 이후 처음으로 하락세(−0.1%)를 보인 점을 들어 물가하락이 장기화될 가능성을 경고

### 3.4 디플레이션과 불경기

- 디플레이션이란 불청객은 흔히 불경기와 함께 찾아오는데 이번에도 예외가 아님.
- 1930년대 이후 최악이라는 글로벌 경기침체가 전망되는 가운데, 디플레이션 우려가 겹쳤기 때문

## 4. 금융위기 직후 디플레이션 가능성에 대한 진단

- 각국 중앙은행과 국제기구들의 전망을 종합해 보면 가능성이 예전보다 높아지긴 했지만, 크지는 않다는 것으로 요약
  - 많은 전문가들은 내년(2009년)에 미국 물가상승률이 낮은 수준에 머물 수는 있겠지만, 마이너스로 떨어지지는 않을 것으로 내다보고 있음.

### 4.1 국가별 상황은 상이

- 올리비에 블랜차드(Blanchard) IMF 수석 이코노미스트는 "현재 미국에서 디플레이션이 발생할 확률은 5% 미만"이라고 지적
- 2008년 11월 25일 OECD는 "일본의 경우 성장둔화로 내년에 디플레이션을 맞을 위험이 있다"고 경고
- 2008년 11월 12일 영국 중앙은행인 영란은행의 머빈 킹(King) 총재는 "영국에 디플레이션 위험이 발생하고 있다"고 언급

### 4.2 루비니 교수의 디플레이션 징후 네 가지

- 첫째, 미국의 경기 경착륙(硬着陸) 여파로 주택, 내구 소비재, 자동차 수요가 급격히 줄어들고 있다는 점
  - 이에 따라 기업들은 가격 주도권(pricing power)을 잃게 되고 재고(在庫)를 처분하기 위해 할인 판매에 나서고 있음.
- 둘째, 경기불황으로 실업이 늘어나면서 명목임금 상승세가 둔화되고 있음.
- 셋째, 미국의 경기불황이 세계 각국으로 확산되면서 전 세계적으로 인플레이션 압력을 떨어뜨리고 있음.
- 넷째, 세계 경기불황 여파로 원자재(commodity) 가격 하락이 장기화되고 있음.
  - 특히 원자재 공급은 가격에 비탄력적이므로(다시 말해 원자재 가격이 떨어져도 공급이 이에 맞춰 갑자기 줄어들지 않으므로) 가격 하락폭이 커질 수 있음.

### 4.3 디플레이션 가능성에 대한 반박

- 미 연준 고위층을 비롯한 많은 전문가들이 현 상황을 디플레이션으로 보는 견해를 강하게 반박
  - 필라델피아 연준의 찰스 플로서(Plosser) 총재는 "최근 물가하락은 7월에 피크를 친 에너지와 원자재 가격의 파도가 물러가는 과정일 뿐"이라며 "원자재 가격의 급등락에 너무 신경 쓸 필요가 없다"고 언급
  - 1930년대 대공황기와 달리 세계 각국 중앙은행들이 경쟁적으로 금리를 낮추고 시장에 돈을 풀고 있는 점도 디플레이션 가능성을 떨어뜨리고 있는데, 2008년 11월 26일 중국은 기준금리를 11년 만의 최대 폭인 1.08%포인트 인하했음.
  - 세계적인 경제 분석가이자 투자자인 마크 파버(Faber)를 비롯한 몇몇 전문가들은 디플레이션은 커녕 인플레이션과 자산가격 반등이 다시 찾아올 가능성을 말하고 있는데, 세계 각국이 구제금융과 경기 부양책을 통해 막대한 유동성을 시장에 풀고 있는 점이 그 근거
  - 모건스탠리는 "최근 인플레이션의 급락은 일시적이며, 2010년에는 다시 인플레이션이 찾아올 것"이라고 전망

### 4.4 디플레이션 가능성을 옹호하는 루비니의 재반박

- 현재 시중에 조(兆) 단위의 달러가 풀리고 있지만, 이는 금융위기와 투자자들의 패닉에 대응하기 위한 것이어서 인플레 압력이 적다고 분석
- 패닉이 진정되고 현금에 대한 과도한 수요가 수그러들면 중앙은행들이 이런 과잉유동

성을 다시 거둬들일 수 있다고 전망

### 4.5 디플레이션 기대 심리가 관건 : 자기실현적 예언

- 디플레이션의 실제 위협요인이 어느 정도인가에 관계없이 사람들이 심리적으로 디플레이션을 기대하는 자체가 디플레이션을 유발할 수 있기 때문에 디플레이션의 가능성은 여전히 존재 ⇒ 이른바 자기실현적 예언(self fulfilling prophecy)
- 금융시장에서 찾아볼 수 있는 징후
  - 첫째, 인플레이션 기대 심리를 나타내는 미국 5년 만기 일반 국채와 물가 연동 국채의 수익률 격차가 2008년 7월 초 연 2.7%포인트를 넘던 것이 이후 빠른 속도로 축소돼 10월부터 0%를 밑돌기 시작 ⇒ 금융시장의 인플레이션 기대가 디플레이션 기대로 바뀌었음을 의미
  - 둘째, 인플레이션 시기에 자산가치를 방어하는 대표적 수단인 금(金)값이 최근 급격히 하락

## 5. 디플레이션의 역사

### 5.1 대표적 디플레이션

- 세계적으로 가장 대표적인 디플레이션은 1930년대 미국의 대공황기에 찾아왔음.
  - 1930～1933년 사이에 물가는 연평균 10%씩 급락
- 일본은 1990년대 초 이후 10년 이상의 긴 디플레이션 경험
- 홍콩도 1997년 아시아 금융위기 후유증으로 2004년까지 긴 디플레이션을 겪었음.

### 5.2 글로벌 디플레이션

- 21세기 초에도 글로벌 디플레이션 우려가 크게 높아진 바 있음. ⇒ 2000년까지만 해도 미 연준은 경기 과열과 인플레이션을 걱정했으나 2001년 IT 버블이 꺼지고 경기가 불황으로 진입하면서 인플레이션 압력은 사라지고 2002～2003년에는 디플레이션이 세계경제의 가장 큰 골칫거리로 부상
  - 이를 막기 위해 그린스펀(Greenspan)의 연준은 정책금리를 1%까지 낮추는 공격적인 저금리 정책을 폈고, 디플레이션 우려는 해소되었음. ⇒ 그러나 이로 인해 글로벌 자산 버블을 더욱 키워 오늘날의 파국(금융위기)을 초래했다는 비판을 받고 있음.

### 5.3 최근 유럽의 디플레이션 공포[93]

- 이탈리아, 포르투갈, 독일 등 유럽 주요국 경제에 연이어 적신호가 켜지면서 유로존 경

93) 이하 내용은 매일경제(2014.08.14) 참조.

기회복 전망이 힘을 잃고 있음.[94)]

- 2014년도 2분기 연속 마이너스 성장을 기록하며 경기침체에 빠진 이탈리아에 이어 지난 2014년 5월 구제금융 졸업을 선언하며 경기 반등을 예고한 포르투갈도 재침체 조짐을 보이고 있음. ⇒ ㉠ 2011년 2분기 이후 2년 연속 경제가 축소되다 2013년 4분기 플러스 성장으로 돌아선 이탈리아도 최근 2분기 연속 마이너스 성장률을 기록하며 다시 경기침체에 빠졌음. ㉡ 파이낸셜타임스(FT)는 2014년 8월 12일 포르투갈의

94) 이와 관련된 추가 보도내용을 소개하면 다음과 같음. 미국·중국 등 주요 2개국(G2)의 경제 회복세가 꺾이고 유로존(유로화 사용 18개국) 경제가 타격을 입는 등 글로벌 경기에 먹구름이 드리우고 있음. 이에 따라 경기를 예측하는 대표 지표로 활용되는 구리가격 등 금속 원자재 가격이 급락했음. 유럽연합(EU) 통계청인 유로스타트는 2014년 8월 14일(현지시간) 지난 2분기 국내총생산(GDP) 성장률이 전분기 대비 0%(보합)로 나타났다고 발표했음. 이는 지난 1분기의 0.2%보다 떨어졌고, 시장 전망치인 0.1%보다도 낮은 수치임. 이날 함께 발표된 독일과 프랑스의 2분기 GDP성장률도 부진을 면치 못했음. 독일 연방통계청은 이날 독일 2분기 GDP가 전분기 대비 0.2% 감소했다고 밝혔음. 이는 시장 전망치인 0.1% 감소를 밑도는 것으로 2013년 1분기 이후 5분기 만에 마이너스 성장임. 독일의 10년 만기 국채 수익률이 성장률 부진 소식에 2014년 8월 14일 0.998%를 기록해 사상 처음으로 1%를 밑돌았다고 블룸버그가 보도했음. 유로존 2위 경제대국인 프랑스의 2분기 GDP성장률이 전분기 대비 0%를 기록했음. 전문가들은 프랑스 경제가 0.1% 성장할 것으로 예상했지만 이에 못 미친 셈임. 매일경제(2014.08.15) 참조. 관련 내용을 추가하면 다음과 같음. 전 세계 주요국 국채금리 하락세가 심상치 않음. 유로존 주요국 국채금리는 사상 최저 수준으로 떨어졌음. 덩달아 미국 국채금리도 1년2개월 이래 가장 낮은 수준으로 밀려났음. 유로존 국채금리가 이처럼 날개 없는 추락을 한 것은 유로존 경기 불확실성 때문임. 유로존 경제의 절반을 차지하는 유럽 1·2위 경제대국 독일과 프랑스의 지난 2014년 2분기 성장률이 각각 뒷걸음질(−0.2%)치거나 제자리걸음(0%)을 했음. 유로존 경제에 직접적인 타격을 주고 있는 러시아·우크라이나 사태 장기화로 당분간 유로존 경기 모멘텀이 회복되기 힘들다는 비관론까지 가세하면서 자금이 안전자산인 국채로 대거 이동해 국채금리를 끌어내렸다(국채값은 상승)는 진단임. 유로존 경기 전망이 악화되면서 유럽중앙은행(ECB)이 추가 금리인하와 유로존 채권을 사들이는 미국 연준식 양적 완화에 나설 수밖에 없다는 분위기가 확산된 점도 국채금리 하락요인으로 작용했음. ECB가 채권을 사들이면 사들일수록 수급에 의해 그만큼 채권값은 오르지만 금리는 떨어짐. 채권값과 금리는 반대 방향으로 움직이기 때문임. 특히 시장 전문가들은 독일 10년물 국채금리가 장중 한때지만 심리적 지지선인 1% 아래로 떨어진 점에 주목했음. 유럽 성장 엔진인 독일마저 경기 불안 속에 국채금리가 사상 최저치로 떨어졌다는 점에서 유로존이 일본처럼 장기 성장 정체에 빠지는 것 아니냐는 불안감을 확 키웠음. 일본은 2000년 초부터 디플레이션 타개를 위해 대대적인 금리인하 정책을 펼쳤고 현재 10년물 국채금리는 0.51%선에서 움직이고 있음. 하지만 최근 아베노믹스 정책이 나오기 전까지는 저금리하에서도 디플레이션 덫에서 헤어나지 못했고 경기는 지지부진한 상태에서 탈출하지 못했음. 유로존도 이 같은 일본화(Japanification)가 진행되고 있다는 우려가 고개를 들고 있는 셈임. 미국경제의 경우 2014년 2분기에 4% 깜짝 성장을 하는 등 유로존보다는 상대적으로 나은 상태이지만 미국 10년물 국채금리도 이날 장중 0.03%포인트 떨어진 2.398%로 하락하며 2013년 6월 이후 14개월 이래 가장 낮은 수준으로 물러났음. 경기 반등 기대에도 불구하고 이처럼 미국 장기금리가 지속적으로 하락하는 것은 유로존 영향이 큼. 독일 등 유로존 주요국 국채금리가 과도하게 떨어지면서 같은 안전자산이면서도 상대적으로 금리가 높은 미국 국채를 사들이는 글로벌 투자자들이 늘어났음. 이 때문에 수급 차원에서 미국 국채금리가 떨어지고 있다는 설명임. 여기에다 최근 미국에서 장기침체(secular stagnation) 논란이 불거지는 등 장기 저성장 가능성에 무게중심을 두는 시장 분위기가 조금씩 확산되는 점도 미국 장기금리 하락에 영향을 줬다는 진단임. 시장에서는 당장 경기 모멘텀이 확 살아나기 힘든 만큼 유로존과 미국 장기금리 하락세가 당분간 이어질 것으로 보고 있음. 매일경제(2014.08.16) 참조.

디플레이션이 심화되어 지속적인 물가하락세를 면치 못하고 있다고 보도했는데, 포르투갈의 7월 물가상승은 0.7% 하락해 예상치인 −0.2%보다 더 떨어졌음. ㉢ 콜린 버밍햄 BNP 파리바 이코노미스트는 "소비심리가 개선되는 것으로 나타나는 가운데 디플레이션이 심화되고 있는 것은 다소 의외"라며 "이는 소비자가 아직은 가격 인상을 견뎌내기 어려울 것으로 가격결정자(소매업체)가 보고 있다는 것을 말해준다"고 전했음.

• 유로존 대들보인 독일마저 비관적인 지표가 연이어 나오면서 가뜩이나 지정학적 리스크로 몸살을 앓고 있는 유로존 경제에 대한 우려가 고조되고 있음. ⇒ ㉠ 독일의 향후 경기 회복세도 비관적인데, 독일 기업들의 경기 체감도를 나타내는 유럽경제조사센터(ZEW)의 8월 경기기대지수는 한 달 만에 18.5포인트 하락한 8.6으로 나타났음. → 이는 2012년 6월 이후 최대 하락 폭임. ㉡ ZEW는 이 같은 현상을 우크라이나 사태 등 지정학적 리스크에 따른 독일 기업들의 투자심리 위축에 기인한다고 분석했음. ㉢ 카스텐 버제스키 ING 이코노미스트는 독일의 경기기대지수를 거론하며 "공포가 되살아나고 있다"며 "독일의 2분기 성장세가 바람직하지 않은 방향으로 급격하게 꺾일 수 있다"고 말했음. ㉣ 블룸버그 또한 8월 14일 발표되는 독일의 2분기 경제성장률이 마이너스를 기록할 것으로 내다보고 있음.

- 독일 기업들의 투자심리 위축과 포르투갈의 지속적인 디플레이션은 이 국가들뿐 아니라 유로존 전체가 수요 둔화에 직면해 회복세가 꺾이고 있음을 보여준다고 FT는 설명했음.

- 총체적으로 유로존은 유럽중앙은행(ECB)의 목표치인 2%에 훨씬 못 미치는 저인플레이션(0.4%)에 허덕이고 있음.

## 6. 과거 사례를 통해 바라본 디플레이션의 공포

- 자산폭락 → 투자 · 소비 위축 → 일자리 감소 악순환
- 역사적으로 디플레이션 피해를 가장 적나라하게 보여주는 사례는 1930년대 미국과 1990년대 일본 ⇒ 두 나라 모두 '파티가 끝난 뒤' 비극이 시작됐다는 점을 주목

### 6.1 1930년대의 미국

- 미국은 1차 세계대전이 끝난 뒤 전후 호황으로 1920년대 평균 5% 가까운 경제성장을 구가
  • 모든 가정에서 값싼 자동차를 보유할 수 있을 정도로 자동차 생산라인이 확충되고, 주택 건설이 크게 늘어 부동산 붐이 일었음.

- 하지만 거품은 꺼지게 마련 ⇒ 지나친 중복 투자와 시장 규제의 미비로 쌓여 있던 부

실이 일시에 터져 나오면서 미국경제는 당시로서는 개념도 생소한 디플레이션에 빠져들게 됨.

- 1929년 10월 대폭락 이후 주가지수는 4년 만에 16분의 1이 됐고, 농지가격도 반 토막이 되었음.
- 담보가치가 줄어 파산한 은행이 1만개에 달했음.

### 6.2 1990년대의 일본

- 미국과 마찬가지로 일본 역시 1980년대 '플라자 합의'에 따른 엔화가치 절상으로 막강해진 구매력을 바탕으로 일본뿐 아니라 세계 각지에서 부동산 투자에 열을 올렸음.
  - '퇴직금으로 남태평양에 섬을 사자'는 얘기가 직장인들 사이에 유행했을 정도로 버블이 커지자 정부는 금리인상 단행
- 하지만 뒤늦은 금리인상은 재앙이 되었는데, 2%대에 불과하던 기준금리가 6%까지 올라가자 경기가 급속히 후퇴하고 부동산과 주식 등 자산가격이 폭락하기 시작 ⇒ '잃어버린 10년' 경험
  - 10년간 주가지수와 부동산 총액은 1989년 고점과 비교해 절반 가까이 떨어졌고, 담보가치 하락과 소비 위축의 이중고를 겪은 중소기업들은 속절없이 쓰러져 갔음.
  - 12만개가 넘는 기업이 도산했고, 실업률은 1990년 2.1%에서 1999년 4.6%로 두 배 이상 수직 상승

## 7. 2008년 당시 한국의 디플레이션 가능성을 바라본 시각

- 한국의 경우도 2008년 11월 8월 소비자물가가 전월 대비 0.2% 하락한 데 이어 9월에 0.1% 상승했지만 10월에 다시 0.1% 하락, 상반기에 매월 0.4~0.9%씩 오르던 데 비하면 하강 추세가 뚜렷
- 또한 2009년 성장률이 1%대, 심지어 마이너스가 될 것이란 전망까지 나올 정도로 경기의 급격한 위축이 우려되었음.
  - 국제통화기금(IMF)과 경제협력개발기구(OECD)는 2009년 한국의 경제성장률을 2%대로 예측, 심지어 UBS에서는 한국이 내년에 마이너스 성장을 할 것이라고 주장
  - 문제는 내수 부진이 상당히 심각한 수준, 환율 상승으로 내년 경상수지는 흑자를 보일 것으로 예상되지만 내수 경기에 대한 전망은 비관적[95]
- 개인의 기대심리를 좌우하는 자산 디플레이션은 여전히 현재 진행형

---

95) OECD는 2009년 한국 민간소비가 올해(2008년)보다 1.1% 감소할 것이라고 전망, 권순우 삼성경제연구소 거시경제실장은 "내수부문이 위축되면 체감 성장률은 더 떨어진다"며 "고용상황 악화는 더욱 심해질 것"이라고 지적

- 주가지수는 지난해 고점 대비 절반 수준에서 등락 중이고, 부동산도 연이은 부양책에도 회복 기미를 보이지 않고 있음.
- 특히 집값이 내려도 거래가 거의 일어나지 않는 상황은 개인의 디플레이션 기대심리를 반영하는 것으로 해석됨.

- 그럼에도 불구하고 디플레이션 상황으로는 가지 않을 것이란 전망이 우세
  - 무엇보다도 환율이라는 쿠션이 존재 ⇒ 서영경 한국은행 금융경제연구원 국제경제연구실장은 "2009년 경기침체 정도에 따라 다르겠지만, 우리나라의 경우 수입의존도가 높아 원화 약세가 지속될 경우 물가상승률이 크게 낮아지기 어렵다"고 지적
  - 집값이 떨어지고 기업과 개인의 자산가치가 감소하고 있다는 점에서 디플레이션 염려가 제기되지만 1930년대 미국, 1990년대 일본과는 양상이 다름.[96)]
  - 하지만 어떤 경로이건 디플레이션 징후가 보이는 것만으로도 경제주체들에 그릇된 선택을 유도할 수 있음.[97)]

## 8. 디플레이션 대책

- 디플레이션의 본질이 '오늘보다 내일이 더 좋지 않다'는 공포심리라면 공포를 제거해 주는 게 올바른 해법
  - 과거 미국과 일본이 디플레이션에서 빠져나온 방법도 그러했는바, 즉 대규모 경기부양을 통해 소비자의 기대심리를 높였고, 신속한 구조조정으로 기업들을 '공멸' 위기에서 건져내었음.

### 8.1 대규모 경기부양

- 미국의 뉴딜정책
  - 경기부양의 교과서는 1930년대 미국의 뉴딜정책 ⇒ ㉠ 이 시기 미국이 혹독한 디플레이션에서 벗어나 평균 5% 경제성장을 이끌 수 있었던 원동력은 두 차례에 걸쳐 집행된 뉴딜정책이었음. ㉡ 즉 국내총생산(GDP) 대비 평균 8%대 적자재정을 편성할 정도로 정부지출을 대폭 늘렸음.
  - 정부가 대규모 공공사업을 벌여 기업투자를 늘리자 대출과 소비가 모두 살아났음.

- 금융위기 직후 세계 각국이 펼치고 있는 정책도 이와 유사
  - 버락 오바마 미국 대통령 당선인과 민주당은 2009년 1월 정권교체 전까지 최대 7000

96) 부동산만 하더라도 주택담보인정비율(LTV), 총부채상환비율(DTI) 같은 규제로 거품이 제한됐고, 자산가치 하락과정도 내재적인 문제보다는 글로벌 경제위기 역풍을 맞은 성격이 강함.

97) 구본관 삼성경제연구소 수석연구위원은 "디플레이션이 무서운 이유는 공포심리를 확산시키기 때문"이라며 "내일을 확신할 수 없는 상황에선 지금 해야 할 소비와 투자를 다음으로 미루게 된다"고 설명

억 달러의 경기부양책을 준비
- 중국도 4조 위안(약 800조 원) 규모의 경기부양책을 내놓았는데, 이는 2008년 중국 GDP의 14%에 해당하는 규모
- 유럽도 잇달아 경기부양 대열에 동참
- 독일과 이탈리아는 각각 500억 유로, 800억 유로 규모의 경기부양책을 내놓았고, 영국도 120억~180억 파운드의 경기부양책을 발표, 스페인 역시 GDP의 약 2.5%에 달하는 경기부양책을 준비

### 8.2 과감하고 신속한 구조조정

- 기업투자 심리를 살리기 위한 수단은 과감하고 신속한 구조조정
  - 일본이 1990년대 12차례나 경기부양책을 내놓고서도 효과를 내지 못한 이유도 차일피일 구조조정을 미뤘기 때문 ⇒ ㉠ 대규모 부실채권에 공적자금을 투입할 시기를 놓쳐 부실 처리가 장기화되고 규모도 눈덩이처럼 커졌음. ㉡ 이지평(LG경제연구원 연구위원)은 “당시 일본 은행들의 부실 처리가 늦어져 금융시장에 신뢰성이 떨어졌고 중앙은행이 통화를 공급해도 자금경색이 풀리지 않았다”면서 “부실기업 때문에 신산업으로 자금이 원활하게 공급되지 않았다”고 설명
  - 이와 반대로 미국은 1980년대 불황과 자산 디플레이션 국면에서 정리신탁공사(RTC)를 통해 1600억 달러에 달하는 재정을 투입해 단기간에 부실을 처리했음. ⇒ 클린턴 행정부 시절 호황은 ‘레이거노믹스’의 구조조정에서 자양분을 얻은 셈
  - 환부를 도려내는 구조조정이 이뤄지면 산업구조가 개편되고 투자위축→고용축소→소비감소→투자위축의 악순환 고리를 끊을 수 있음.

### 8.3 비상조치도 필요

- 디플레이션 가능성 역시 경기침체에서 비롯된 만큼, 디플레이션에 동의하든 않든 처방전은 비슷할 수밖에 없음. ⇒ 2008년 금융위기 당시의 상황은 무엇보다 글로벌 금융시스템의 기능 마비와 시장 신뢰의 상실에서 비롯된 비상한 위기였던 만큼 이에 걸맞은 비상한 조치가 필요했음.
  - 그 당시 루비니 교수는 지금까지보다 ‘더 미치고(crazier)’ ‘정통이 아닌(heterodox)’ 정책들이 필요하다고 주장하였음. ⇒ ㉠ 예를 들어 미 연준이 시장에서 국채와 회사채, 모기지, 주택저당증권(MBS) 등을 직접 사들이고 심지어 주식시장에 직접 개입해 주식을 사들이는 방안도 검토해야 한다고 주장, ㉡ 미국 이외의 국가들도 금융기관 자본을 확충하고 일시적이고 부분적으로 국유화하는 조치도 필요하다고 주장
  - 기타견해로 유동성 함정 상황에서는 금융정책의 효과가 떨어지므로 확장적인 재정정책이 반드시 필요하다고 지적하였음.

## 관련 사항

### ▣ 디플레이션, 리세션, 디프레션

#### 1. 디플레이션

- 디플레이션(deflation)은 인플레이션(inflation)의 반대 개념으로 재화와 서비스 가격이 광범위하고 지속적으로 하락하는 현상을 말함.

#### 2. 리세션과 디프레션

- 디플레이션이 가격에 관한 용어라면, 리세션과 디프레션은 경기에 관한 용어
- 리세션(recession)은 경기가 몇 달 이상 동안 전반적으로 상당히 위축되는 상황을 의미
  - 미국에서는 보통 GDP성장률이 2분기 이상 마이너스를 기록하는 경우를 지칭
- 디프레션(depression)은 장기적이고 지속적인 경기하강을 의미하며, 리세션보다 심각한 상황을 말함.
  - 가장 유명한 디프레션은 1930년대 미국의 대공황(great depression) ⇒ 디프레션은 디플레이션을 동반하는 경우가 많음.

### ▣ 유동성 함정

#### 1. 의미

- 돈을 풀고 금리를 낮춰도 투자와 소비가 늘지 않아 경기 활성화가 이뤄지지 않는 상황을 말함. ⇒ 다시 말해 아무리 금리를 내려도 소비와 투자가 살아나지 않는 상태, 혹은 아무리 돈을 풀어도 추가적인 시장금리 하락으로 이어지지 않는 상태를 말함.
- 유동성 함정(liquidity trap)에 빠지면 금융당국이 금리를 아무리 내려도 기업들의 투자로 연결되지 않아 경기부양 효과가 나타나지 않음.
  - 1930년대 대공황 당시 케인즈가 제기한 학설 ⇒ 케인즈는 유동성 함정에 빠졌을 경우 금융·통화정책보다 재정정책을 펴는 게 효과적이라고 주장

#### 2. 사례

- 1990년대 일본이 대표적인데, 당시 일본은 10년 동안 제로(0) 금리를 유지했지만 투자로 연결되지 않아 장기불황을 겪었음.
- 미국도 제로 금리 시대를 맞이하면서 유동성 함정을 우려하는 목소리가 금융위기 직후

높아진 적이 있는데, 미국의 단기금리는 2014년 8월 현재 지난 2008년 12월 이후의 제로 금리 수준을 계속 유지해 오고 있음.[98]

## 참고자료

(1) 이지훈 외(2008), "불황과 함께 오는 불청객 '디플레이션〈광범위하고 지속적인 물가하락〉'의 공포", Weekly BIZ, 《조선일보》, 2008. 11. 29.
(2) 박만원 외(2008), "스멀스멀 엄습해오는 D〈디플레이션〉의 망령", WEEKEND 매경, 《매일경제》, 2008. 11. 29.
(3) 2009. 02. 10., 《매일경제》
(4) 김훈민(2011), "좋은, 나쁜, 그리고 끔찍한 디플레이션", 《"click" 경제교육》, KDI 경제정보센터, 2011. 08.
(5) 2014. 08. 14., 《매일경제》
(6) 2014. 08. 15., 《매일경제》
(7) 2014. 08. 16., 《매일경제》
(8) 2014. 08. 24., 《이코노믹리뷰》
(9) 2014. 08. 21., 《파이낸셜뉴스》
(10) 2014. 08. 23., 《재경일보》

98) 미 연준의 최근 조기 금리인상 움직임과 관련된 보도내용은 다음과 같음. 그동안 대다수의 미 연준 위원들은 2015년까지 금리인상을 미룰 여력이 있다고 믿어왔으며, 금융시장 역시 2015년 중반까지는 금리가 인상되지 않을 것이라는 인식이 팽배해 왔음. 시장에서는 사실상 제로 금리정책 변경은 2015년 6월 미국 연방 공개시장위원회(FOMC)에서 결정되는 것으로 기정사실화하고 있음. 하지만 실업률이 계속해서 예상보다 빠르게 떨어지고 인플레이션율이 오를 경우 미국의 금리가 조기 인상될 가능성을 여전히 배제할 수 없음. 결국 늘 그렇듯이 향후 미국경제지표의 흐름이 긴축 시기와 속도의 주된 결정요인이 될 것이기 때문에 성장세가 예상보다 강하다면 조기 인상이, 약하다면 더 오랫동안 완화정책이 유지될 것임. 이와 관련하여 이코노믹리뷰(2014.08.24), 파이낸셜뉴스(2014.08.21), 그리고 재경일보(2014.08.23) 참조.

## 부록 [3-3] 애그플레이션

### 1. 의미

- 농업을 뜻하는 애그리컬처(agriculture)와 물가상승인 인플레이션(inflation)의 합성어로 농산물가격 급등으로 일반 물가가 상승하는 현상을 뜻하는 신조어
  - 주요 식품의 원료인 밀과 콩, 옥수수 등 국제 곡물가격이 잇달아 최고가를 기록하면서 세계적으로 애그플레이션 우려가 높음.
- 국제 곡물가격 상승은 식품가격 전반의 상승을 유발해 서민경제에 직접 영향을 미친다는 측면에서 심각한 문제
  - 멕시코에서는 2007년 초 옥수수로 만든 전병인 또띠아 가격이 급등하자 국민들이 시위를 벌였으며, 멕시코 정부는 가격 상한선까지 설정
  - 인도네시아에선 2008년 1월에 국제 콩가격이 최고치를 기록하자 식품회사들이 공장가동을 중지해 노동자들이 항의시위를 벌였음.
  - 방글라데시에서는 주식인 밀가루가격 급등으로 공급이 부족해지자 서민경제 불안이 지속된 바 있음.
  - 중국에서는 식료품 인플레 때문에 3명이 죽는 참사까지 발생 ⇒ 충칭의 대형 상점에서 열린 식용유 할인행사에 수많은 사람이 몰리면서 3명이 압사하고 31명이 부상
  - 우리나라도 2007년 12월 제분업계가 밀가루가격을 24~34% 인상하자, 연초부터 밀가루를 이용한 가공식품인 라면, 빵, 국수 가격이 오르면서 서민의 부담이 가중

### 2. 곡물가격 폭등의 배경

- 수요 · 공급 · 거시경제 등의 복합적인 요인이 있는데, 특히 수요 측면의 요인이 장기적으로 가장 심각한 문제가 되고 있음.

#### 2.1 수요 측면

- 브릭스 · 중동 · 아프리카 국가들의 경제발전으로 인구가 증가함에 따라 곡물 수요가 폭발적으로 증가
- 또한 소득이 증가하면 육류소비도 증가하는데, 이는 가축의 사료로 쓰이는 곡물의 수요를 증가시키는바, 소고기 1kg을 생산하기 위해서는 보통 8kg의 곡물이 투입됨.
- 국제유가 폭등에 따른 대체연료 활성화도 곡물가격을 상승시키고 있는데, 대표적인 곡물인 옥수수의 경우 미국은 2007년 옥수수 생산량의 26%를 자동차용 대체연료인 에탄

올을 만드는 데 썼는데, 2008년에는 그 비율을 31%로 늘릴 전망

### 2.2 공급 측면

- 호주·러시아·동유럽의 가뭄, 프랑스·독일의 수확기 폭우 등 지구 온난화와 기상여건 악화로 작황부진이 지속
- 최악의 가뭄으로 인해 호주의 밀 생산량은 2006년 2,540만t에서 2007년 990만t으로 급감한 것으로 추정
- 기상이변뿐 아니라 해수면 상승에 따른 저지대 경작지 감소, 토양의 유기물 함량감소에 따른 생산력 저하도 곡물가격 상승압력으로 작용
- 지난 20년간 주요 곡물의 생산성 증가율은 연평균 1% 수준으로 생산성이 한계에 이른 상황인데, 도시화·산업화·사막화 등으로 곡물 재배면적까지 줄고 있음.
- 유엔식량농업기구(FAO)에 따르면 세계 곡물 재배면적은 2007년 6,847만ha로 1981년의 93% 수준으로 줄었으며, 또한 바이오 연료의 원료가 되는 옥수수 재배면적 확대로 밀·대두 재배면적이 감소하였음.

### 2.3 거시경제 측면

- 미국의 금리인하로 인한 달러화 약세로 달러화 표시 자산에 투자되었던 자금이 곡물 및 원자재 시장에 몰려들면서 단기간에 가격이 급등하였음.
- 또한 유가상승으로 인한 생산비·물류비 상승도 곡물가격 상승압력으로 작용

## 3. 곡물 수출 규제 움직임

- 국제 곡물가격이 폭등하면서 곡물 수출 국가들은 자국의 물가안정을 위해 곡물 수출을 금지 또는 보류하고 있는데, 이는 이들 국가들의 수출업자들이 해외 수출을 선호하면서 자국 내 물가가 상승하고 있기 때문
  - 세계 최대 곡물 수출국 중 하나인 카자흐스탄은 국내 인플레이션을 잡기 위해 2008년 3월부터 밀에 수출관세를 부과하겠다고 밝혀 2008년 2월 26일 밀가격 폭등을 유발했음.
  - 러시아는 2007년 11월 보리와 밀에 각각 30%, 10% 수출관세를 부과해 수출을 규제하고 있음.
  - 중국은 2008년 1월부터 쌀, 옥수수, 밀가루에도 5～25% 수출관세를 붙이고 있으며, 아르헨티나도 국제가격 급등에 따른 과잉 수출을 막기 위해 옥수수, 밀·밀가루에 대해 수출 승인 등록을 정지하였음.

## 4. 애그플레이션 위기는 여전히 상존[99)]

- 최근 외신들은 50년래 최악의 가뭄으로 옥수수 등 농작물 수확을 포기하는 미국중서부 지역 농민의 사례를 심심찮게 보도하고 있음.
  - 2012년 미국의 옥수수 생산량이 전년대비 13% 줄어든 108억 부셸(1부셸=약 25.4kg)에 그칠 것이라는 미국 농무부의 전망이 나온 가운데, 시카고상품거래소에서 2012년 초 5달러선에서 거래되던 옥수수 선물가격은 7월에 이미 8달러선을 돌파했음.
- 이번 애그플레이션 위기는 폭염과 가뭄으로 인한 공급 측면의 충격에서 비롯된 것임. ⇒ 여기에 신흥국의 소득수준 향상과 선진국의 바이오연료 사용 확대로 곡물 수요가 증가하면서 애그플레이션에 대한 우려가 커지고 있음.
  - 유엔 식량농업기구(FAO)는 7월 세계식량가격지수가 전월비 6% 상승하며 4개월 만에 상승 반전되자, 미국 정부에 곡물을 주원료로 하는 에탄올 의무 생산 프로그램을 잠정 유예할 것을 요구하기도 했음.
- 이번 위기가 2008년 위기 수준으로 확대될 것이라는 우려의 목소리도 있지만, 다행히 현재 상황은 그때보다는 양호한 편임. ⇒ 과거 위기 때와 달리 지금은 쌀과 밀 공급량이 비교적 풍부해 식량가격 상승이 억제되고 있기 때문임.
- 2012년에는 태국을 비롯한 세계 곳곳에서 쌀 생산량이 확대됨에 따라 옥수수를 제외한 전반적인 작물 공급여건은 적정수준을 유지할 것으로 보임.
- 그러나 애그플레이션 재현 가능성은 여전히 상존
  - 2008년 위기 때와는 달리 각국 중앙은행이 양적완화로 푼 돈이 상품시장으로 몰려 농산품에 대한 투기수요가 높아질 가능성이 있음.
  - 또한 가뭄이 악화될 경우 옥수수를 중심으로 한 가격 급등이 대두와 육류 등으로 번져 광범위한 식품가격 상승으로 이어질 수 있음.
  - 가축업계가 사료용 곡물을 밀로 대체하면서 밀가격은 이미 상승 추세에 있는데다가 그동안 곡물을 자급자족해 온 중국이 가격상승에 대비해 세계시장에서 곡물을 사들일 경우 식품가격 상승이 가속화될 것이라고 분석했음.
- 식품가격이 상승하면 식량 수입국과 빈곤국은 타격을 받을 수밖에 없음. ⇒ 이번 식량위기가 과거와 같은 대규모 위기로 번질 것인가는 이 식량 의존국들의 반응에 달려 있다 해도 과언이 아님.
  - 만약 이 국가들이 식량을 비축하거나 사재기한다면 위기는 더욱 심화될 수 있음.
- 미국 곡창지대나 아시아 국가들에서 곡물 수출금지 조치가 취해질 수도 있다는 우려도 높음.

---

99) 안기련(2012) 참조.

- 2010년에는 러시아 · 우크라이나 등 대형 농업 생산국들이 곡물 수출을 금지함에 따라 밀 등 세계 주요 식품가격이 단기에 급등하기도 했음.

- 일각에서는 수출 금지까지는 아니어도 수출 곡물에 부과하는 세금을 인상하는 등의 조치가 이뤄질 것이란 전망도 나오고 있음.

- 현재 수출 금지를 규제하는 세계무역기구(WTO) 조항이 있긴 하지만, 그 강도가 약한데다 도하라운드 협상이 교착 상태에 빠지면서 관련 합의가 도출되지 못하고 있음.
  - 태국의 경우 WTO 규제가 엄격하지 않다는 점을 이용해 자국 쌀을 매입하고 비축해 수출을 축소시키는 정책을 펼치기도 했음.

- 결국 앞서 언급한 바와 같이 수출 금지를 규제하는 것보다 강력한 수단이 마련되지 않는다면 세계는 애그플레이션 위기에 더욱 취약해질 수밖에 없을 것임.

## 5. 시사점

- 우리나라의 식량자급률은 1960년대 90%에 달했지만 2006년에는 28%로 떨어진 상태
  - 사료용을 제외하면 2006년 곡물자급률은 53.6%이나, 쌀을 제외하면 5% 수준에 불과
  - 우리나라의 곡물자급률은 OECD 국가 중 세 번째로 낮은 수준 ⇒ 주요 곡물 수출국인 호주(280%), 프랑스(191%), 캐나다(164%)는 물론이고, 공업국으로 알려진 독일과 스웨덴도 곡물자급률이 각각 126%, 120%로 100% 이상을 유지하고 있음.

- 곡물 대부분을 수입에 의존하고 있는 우리나라의 경우 국제 곡물가격 상승은 국가 전체에 영향을 미치는 중대한 문제
  - 주요 곡물 수출국의 수출 규제로 높은 값을 주고도 제때 식량을 확보하지 못할 수 있기 때문임.
  - 특히 우리나라는 중국 곡물의 최대 수입국으로서 중국의 곡물 수출 제한의 가장 큰 피해자가 될 수 있음.

- 따라서 해외 농업생산기지 개발, 쌀 자급기반 유지, 쌀 이외 곡물의 자급률 제고 등 국가 식량안보 차원에서 필요한 곡물을 안정적으로 확보하기 위한 대책을 마련해야 함.

### 참고자료

(1) 유성임(2008), "애그플레이션", 《"click" 경제교육》, KDI경제정보센터, 2008. 04.
(2) 안기련(2012), "2008년 애그플레이션 위기 재현되나", 《"click" 경제교육》, KDI경제정보센터, 2012. 09.

## 부록 [3-4] 거품과 경제

### 1. 언제 터질지 모르는 거품

- 과거 뉴스에 자주 등장했던 기사 중 하나가 거품(또는 버블)이었음.
  - 미국의 서브프라임 사태를 수시로 보도하면서 이와 함께 미국의 부동산시장 거품이 언급되었음.
  - 중국경제를 이야기하면서도 중국 주식시장의 거품이 언제 꺼질지 모른다는 우려의 목소리가 함께 들렸음.
  - 우리나라 부동산시장도 언제 거품이 꺼질지 모르므로 미리미리 대책을 세워야 한다고 걱정들을 하였음.

### 2. 경제적 측면에서 바라본 거품

- 경제용어로 거품이란 어떤 물건의 가격이 실제 가격보다 훨씬 높게 형성되는 현상을 말함.

#### 2.1 거품이 생기는 이유

- 가장 큰 이유는 사람들이 어떤 물건(부동산, 주식, 또는 다른 자산)에 대해 지나친 낙관론으로 투자심리를 부추겨 비정상적으로 투자가 이루어지기 때문
- 또 다른 이유를 든다면 저금리가 지속되거나 각종 대출이 급격히 늘어나 돈의 양이 필요 이상으로 풀릴 때 개인의 탐욕과 어울려 일어나기 쉽다는 것임.

#### 2.2 거품의 두려움과 걱정

- 거품은 언젠가는 터지기 마련인데 그 거품이 언제 터질지 알기 어려운데다, 거품이 갑자기 터질 경우 금융위기나 경제공황으로 이어져 개인은 물론 국가경제에도 큰 피해를 줄 수 있기 때문

### 3. 거품의 역사

#### 3.1 네덜란드의 튤립 투기 광풍

- 17세기 초 네덜란드는 무역과 산업의 발전으로 생활의 여유가 있었는데 터키로부터 튤립이 소개되어 들어왔음.

- 국민들이 새로 들어온 튤립을 좋아하여 튤립 수요가 많아지자 가격이 뛰는 것은 당연
- 그런데 튤립이 희소해지자 부자들은 튤립을 많이 보유하는 것이 자신의 부를 나타내는 것으로 생각하여 더욱 많은 튤립을 사들여 정원에 심게 되었음.
- 이러한 풍조가 도를 넘어 토지나 주택을 팔아 튤립을 대량으로 사들이는 사람도 많이 생겨나고 외국인들도 투기열풍에 참여할 정도였음.
- 그 결과 1636년에는 고급 튤립 한 송이 값이 당시 근로자가 5년간 받을 임금에 해당할 정도였다고 함.
- 그러나 1637년 튤립 가격이 더 이상 오를 수 없다는 인식이 순식간에 퍼지면서 폭락
  • 뒤늦게 튤립 투자에 뛰어든 수많은 사람들이 엄청난 손실을 입었음은 당연
- 이렇게 투기심리가 합리적으로 설명하기 힘들 정도로 지나칠 때 거품이 생기고 거품이 꺼지기 전까지는 거품임을 알지 못하는 것이 거품의 특징이라 할 수 있음.

### 3.2 세계대공황의 서곡 검은 목요일(미국 주식시장 대폭락)

- 1930년대 초 미국의 세계대공황은 1929년의 주식시장 대폭락을 시작으로 진행되었음.
- 당시 미국은 포드자동차 회사의 컨베이어 시스템 도입, 주5일 근무제 도입, 라디오 방송의 시작과 함께 광고방송이 시작되는 등으로 대량생산과 소비의 시대를 맞게 되었음.
- 이에 따라 기업은 활발한 생산활동으로 이윤을 많이 얻게 되고 근로자들도 소득이 늘어나 경제가 호황을 누리게 되었음.
- 그러나 개인이 소비할 수 있는 물건보다 기업이 더 많은 생산을 함에 따라 공급과잉 현상이 나타나면서 경기가 나빠지기 시작
- 그런데 주식시장은 모든 정보가 먼저 모여 거래가 이루어지면서 다른 시장을 앞서는 특징이 있는바, 미국의 주식시장도 1920년대에 호황을 지속하여 돈이 없는 사람도 빚을 내어 투자하고 구두닦이를 하는 사람도 주식투자를 할 정도로 투기열풍이 불었음.
- 그러다 1928년부터는 불경기가 시작
- 그러나 많은 사람들은 이를 일시적인 현상으로 생각하였고 일부에서는 주식시장 거품이 꺼질 가능성이 있다고 경고하였지만 대부분 이를 무시
- 그러나 1929년 10월 24일 그 거품은 마침내 터지고 말았음.
  • 많은 사람들이 주식을 팔아 치우면서 주가가 폭락한 것임.
- 사람들은 이 날을 주가가 떨어질 때 표시하는 어두운 색에 비유하여 검은 목요일(black thursday)이라고 함.

- 10년 이상 장기간 지속된 세계대공황은 이렇게 미국 주식시장의 대폭락과 함께 시작되었음.

### 3.3 일본의 '잃어버린 10년'과 부동산 거품

- 일본의 1990년대 장기불황을 일컬어 '잃어버린 10년'이라는 표현을 많이 쓰지만, 이 경우도 대표적인 거품 사례라 할 수 있음.
- 1980년대 일본은 수출 호조로 경상수지가 대규모 흑자임에도 불구하고 환율이 인위적으로 약세를 유지하자 미국과 서방 선진국은 일본 엔화의 환율을 바로잡기로 결의(1985년 플라자합의)하게 됨.
- 이렇게 하여 달러당 엔화 환율이 급격히 떨어지자 수출이 급감하고 경제성장이 크게 둔화
- 그러자 일본 정부는 경제 회복을 위해 초저금리 정책을 쓰면서 1985년부터 1991년까지 부동산가격이 지속적으로 상승하다 1991년부터는 그 거품이 꺼지면서 금융 부실이 발생하여 10년 이상 지속된 장기불황을 겪게 됨.
- 그런데 부동산 거품이 꺼지는 과정에서 수많은 개인들이 손실을 보기도 하였지만 일본 정부도 부실화된 은행을 구제하기 위하여 거액의 세금을 '공적자금'으로 투입해야만 했음.

### 3.4 최근 영국의 부동산값 급등에 따른 거품 경고[100)]

- 영국 정부의 부양책에 런던의 부동산가격이 급등세를 이어가고 있음. ⇒ 부동산시장의 거품으로 경제가 위기에 빠질 수 있다는 우려가 나오기 시작했음.
- 사례
  - 영국 데본지역 남부의 한 해안 마을, 전원주택과 상점, 골프 코스까지 있는 마을로 한 가족의 소유였음. ⇒ 그런데 최근 신원이 알려지지 않은 매수자에게 팔렸음.
  - 대형주택이 있는 것은 아니지만 아름다운 경치를 자랑하는 특별한 곳이라 매입에 관심을 보인 사람들이 많았음. ⇒ 매각가격은 1,400만 파운드, 우리 돈 240여억 원임.
  - 주목할 점은 이 가격이 런던 북부 '비숍 애비뉴'의 고급 주택 한 채보다 낮다는 점임.
- 영국 정부는 내수 진작을 위해 2013년 부동산시장 살리기에 나섰음. ⇒ ㉠ 시장가격의 5%만 있으면 10억 원 이하 주택을 살 수 있는 제도 등을 내놓자 런던 등 대도시의 집값은 뛰기 시작했음. ㉡ 나라 밖 투자자금까지 몰리면서 런던의 주택가격은 급등세를 보였음. ㉢ 지난 1년 동안 집값 상승률이 무려 25.9%임.

---

100) 최한성(2014.08.15) 참조.

- 급격한 시장의 변화는 런던과 지방 간 '부동산가격 양극화', 특히 런던의 고급 주택 한 채가 지방마을 전체의 가격을 뛰어넘는 기현상으로까지 이어진 상태임. ⇒ ㉠ 비싼 집값에 다수의 런던 시민이 지방 이주를 고려하는 등 당분간 파장은 계속될 분위기임. ㉡ 런던 시민들이 가격 차이를 고려해 '부동산을 팔고 지방에서 사는 편이 나을 수도 있겠다'는 생각을 하게 된 것 같음.
- 일부 전문가들은 부동산 거품이 빠질 경우 영국경제가 흔들릴 수 있다며 선제조치가 필요하다고 경고했음.

## 4. 거품이 경제에 미치는 해악

- 거품은 개인은 물론 국가경제에도 큰 해악을 끼침.
  - 정부나 중앙은행이 거품발생 가능성을 수시로 경고하고 거품이 급격히 꺼지지 않도록 노력하는 것도 거품의 해악이 그만큼 크기 때문임.
- 우선 거품이 생기는 과정에 뒤늦게 뛰어든 개인들은 엄청난 재산상의 손실을 볼 수 있음.
  - 특히 '묻지마 투자', '부동산 불패' 등의 잘못된 신념에 근거하여 비정상적인 투자를 하거나 또는 정상 수준을 넘는 고수익을 기대하는 욕심을 부릴 경우 그 가능성은 더욱 커질 수 있으므로 주의해야 할 것임.
- 거품이 발생하면 국가적으로도 자원이 비효율적으로 쓰이게 됨.
  - 생산적으로 쓰여야 할 자본이 투기에 동원된다면 국가적인 낭비
  - 개인 손실의 발생이 국가적인 소비 위축으로 연결될 수도 있고 심할 경우 경기가 장기불황에 빠질 수도 있음은 미국과 일본의 사례를 통해서도 알 수 있음.
- 마지막으로 거품이 만들어지고 꺼지는 과정에서 정보를 많이 가진 사람과 그렇지 못한 사람 사이에 소득분배가 왜곡되고 빈부격차가 심화될 수 있음.
  - 이로 인해 근로의욕이 떨어질 수도 있고 사회계층 간 갈등이 더욱 확대된다면 이 또한 거품의 큰 폐해라 아니할 수 없음.

## 관련 사항

### ▣ 연착륙과 경착륙

- 연착륙(soft landing)과 경착륙(hard landing)은 원래 비행용어로서 연착륙은 비행기가 착륙할 때 부드럽게 지면에 닿아서 승객들이 착륙을 했는지 안했는지조차 알 수 없을 정도로 안정감 있게 내려오는 것을 말함.

- 연착륙을 위해 조종사는 비행속도, 활주로까지의 거리 등을 감안하여 미리 고도와 속도를 적절하게 낮추어 가야 함.

- 일반적으로 경제성장률이 높아지면 일자리가 많아지고 소득이 높아지나 한 나라가 보유한 자원에 비해 지나치게 성장하게 되면 돈, 인력, 원자재, 토지와 같은 생산요소가 부족해지면서 금리, 임금, 원자재가격, 부동산가격, 주가 등이 급등하게 됨.

- 이와 같은 현상을 거품(bubble)이라 하는데 거품은 언젠가는 터지면서 경제에 여러 가지 부작용을 초래

- 이러한 부작용을 방지하기 위해 각국 정부는 경제가 지나치게 고성장을 지속할 경우 재정지출을 줄이고 금리를 인상하는 등 재정·통화 정책을 긴축적으로 운용하게 됨.

- 이때 경기의 연착륙을 위해서는 정부와 중앙은행이 적절한 수준의 긴축정책을 통해 성장률과 물가를 완만하게 조정해 가야 함.

- 과도한 긴축정책을 펼칠 경우에는 경착륙, 즉 경기가 급격히 후퇴하면서 불황에 빠져들 수도 있기 때문임.

- 최근에는 연착륙, 경착륙이란 용어가 경기뿐만 아니라 부동산가격, 금리, 주식시장 등 다양한 경제 분야에서 사용되고 있음.
  - 예를 들면 우리나라는 과거 몇 년 동안 부동산가격이 급등하면서 거품 가능성이 제기되자 정부는 2003년 10.29대책을 시작으로 지속적으로 강력한 부동산가격 억제 대책을 내놓았음.
  - 이로 인해 부동산가격이 급락할 수도 있다는 우려가 커지면서 너무 강력한 정부정책은 부동산시장의 경착륙을 초래할 수 있으므로 정책 수위를 조절하여 부동산시장이 연착륙할 수 있도록 해야 한다는 주장이 제기되기도 했음.

**참고자료**

(1) 안형순(2008), "거품은 왜 생기고 경제에 어떤 영향을 미치나", 한국은행 경제교육(풀어쓴 생활경제), 2008. 01. 04.

(2) 최한성(2014), "영국 부동산값 급등…거품 경계해야", 《OBS뉴스》, 2014. 08. 15.

CHAPTER 04

# 실업과 인플레이션의 관계

1. 필립스곡선이란
2. 필립스곡선의 정책적 의미
3. 스태그플레이션과 필립스곡선
4. 신경제(고성장 속의 저물가)의 교훈
5. 2008년 글로벌 금융위기 이후

부록 [4-1] 스태그플레이션
부록 [4-2] 감세 논쟁
부록 [4-3] 고용권 거래의 허용

정부는 2014년 체감경기 회복을 위해 일자리 창출에 적극 나서기로 했다. 일반적으로 체감경기에 악영향을 끼치는 원인은 실업과 인플레이션이다. 저물가 기조하에서 방점은 일자리 창출에 찍혔다. 일자리 창출의 대상은 청년과 여성이다. '퇴직하고도 일하는 아빠, 졸업하고도 노는 자녀, 등 떠밀려 전업주부로 남은 엄마'로 대표되는 기형적 일자리 구조를 타파하겠다는 것. 정부는 창업 3년 이내의 청년창업기업에 1000억 원 규모의 창업펀드 자금을 2014년 중에 지원하기로 했다. 정부가 최대 70%, 무한책임투자자(GP)가 최소 30%를 출연 · 투자하는 구조다. 창업한 지 3년 이내이면서 대표이사가 만 39세 이하이거나 임직원의 절반 이상이 만 29세 이하라면 청년창업펀드 대상 지원 자격을 갖추게 된다. 청년창업기업의 내부수익률(IRR)이 5%를 넘으면 GP는 모태조합이 수령하는 초과수익의 50%까지 돌려받을 수 있다. 아울러 정부는 해외 취업 · 창업을 지원하고자 KOTRA를 중심으로 해외 민간 네트워크, 현지 정부조직 연계를 통해 현지 일자리를 찾아주는 'K-MOVE 센터'를 현재 3곳에서 7곳으로 늘리기로 했다. 여성의 경력단절을 예방하고 경제활동 참여를 높이기 위해 정부는 여성 친화적 시간선택제 일자리를 확대하고 맞춤형 보육지원 체계를 수립할 계획이다. 아이돌보미, 방과 후 초등 돌봄, 일시보육 시범사업 등의 보육지원책이 경제정책 방향에 포함됐다. 생활물가 안정을 위해선 유통구조 개선에 힘을 쏟기로 했다. 병행수입을 활성화해 수입제품이 국내에 쉽게 들어오게 함으로써 경쟁을 촉진시키고 가격하락을 유도하겠다는 것이다. 또 정부는 생필품의 가격을 비교하고 원가 정보를 공개하기로 했다. 복지 전달 체계에서 새어 나가는 혈세가 없도록 감시도 강화한다.

– 전범주 · 김유태 기자 –

출처 : 2013. 12. 27., "청년창업 늘리고 女육아부담 확 줄여", 《매일경제》

# 1 필립스곡선이란

- 뉴질랜드 태생 영국의 경제학자 필립스(Alban W. Phillips, 1914～1975)는 인플레이션과 실업 간에는 단기적으로 상충관계(trade-off relationship)가 있다고 주장
  - 인플레이션율이 줄면 실업률이 증가하고, 반대로 인플레이션율이 증가하면 실업률은 감소한다는 것임.
- 필립스는 1861～1957년 동안 영국의 시계열자료를 이용하여 실업률과 명목임금 상승률 사이의 관계를 분석한 결과, 두 변수 간 역관계가 있다는 사실을 발견
- 그 후 명목임금 상승률과 인플레이션율 간에는 밀접한 관계가 있으므로 명목임금 상승률 대신 인플레이션율로 대체하여 실업률과 인플레이션율 간에 역관계를 나타내는 곡선을 필립스곡선(Phillips curve)이라고 부름.

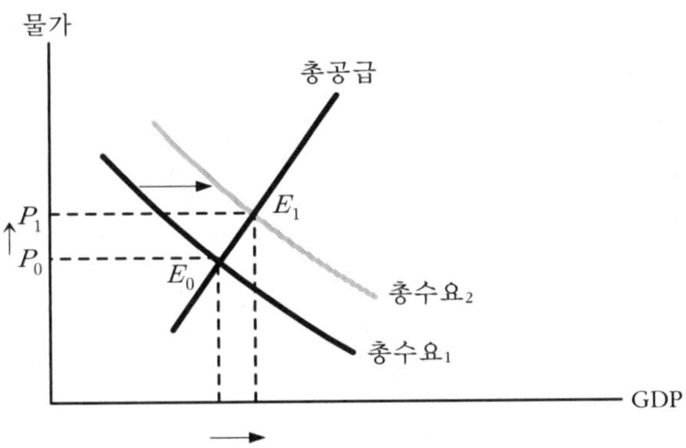


(a) 총수요 · 총공급 곡선

(b) 필립스곡선

**[그림 4-1] 총수요 · 총공급 곡선과 필립스곡선**[101]

- 인플레이션율과 실업률 간에 역관계가 나타나는 이유는 총수요와 총공급의 개념으로 설명될 수 있음.
  - 총수요가 증가하는 경우 물가가 오르고 총생산이 증가하게 되는데, 그 결과 고용증대에 따른 실업률의 감소가 나타남.

## 2 필립스곡선의 정책적 의미

- 실업률을 감소시키기 위해서는 어느 정도의 물가상승률을 감수해야 한다는 것임.
  - 예를 들면 확장적 재정·통화 정책은 총수요 증가에 따른 고용증가로 실업률을 낮출 수 있으나 물가는 올라 인플레이션이 유발됨.
  - 그러나 필립스곡선은 총수요 정책(재정·통화 정책)을 통해 두 변수를 동시에 치유할 수 없음을 보여줌.

- 이는 거시경제정책을 수립하는 정책 당국의 입장에서 볼 때 인플레이션과 실업이라는 두 가지 정책목표 사이에서 일종의 '선택의 메뉴'를 갖게 됨을 의미
  - 다시 말하면 인플레이션보다는 실업을 줄이는 것이 경제정책의 목표라면, 이는 어느 정도의 인플레이션을 감수할 수 있다면 이러한 목표를 달성할 수 있다는 것을 뜻함.⇒ 확대 통화정책이나 확대 재정정책을 사용하면 됨.
  - 반면에 실업보다는 인플레이션을 줄이는 것이 목표라면 반대의 정책을 사용하면 됨.

- 정책 당국자가 인플레이션과 실업 사이에 총수요관리정책을 통한 정책목표를 달성하는 것을 '미세조정(fine-tuning)'이라고 함.

- 그러나 여기서 중요한 문제는 이러한 인플레이션과 실업의 역관계가 안정적인가 하는 점임.
  - 만약 그 관계가 안정적이라면, 정책 당국자는 선택의 메뉴를 사용할 수 있지만, 그렇지 않다면 미세조정을 통해 정책목표를 달성할 수 없음.

---

101) 필립스곡선은 물가상승률과 실업률 사이의 역관계를 나타냄.

## 3 스태그플레이션과 필립스곡선

- 1970년대에 들어와 세계적으로 인플레이션율과 실업률의 역관계가 흔들리기 시작
  - 즉 실업률이 증가하는 경기침체 시에는 물가가 떨어지던 과거와는 달리 고실업과 고물가가 공존하는 현상이 나타난 것인데, 이러한 현상을 스태그플레이션(stagflation)이라고 부름.

- 스태그플레이션으로 인해서 필립스곡선이 안정적이라는 견해가 무너지게 됨.[102)]
  - 스태그플레이션이 발생하는 경우 실업률과 물가상승률 사이의 역관계는 나타나지 않게 됨.
  - 즉 고용이 줄고(실업이 늘고), 물가가 오르는 현상이 나타나기 때문

- 1970년대 이후의 스태그플레이션은 오일파동과 같은 공급충격과 그에 따른(즉 경기를 회복시키기 위한) 각국의 수요확장정책의 결과라고 파악됨.

- 따라서 공급충격이 있을 경우에는 수요확장적 경제정책은 한계가 있다고 판단되어 1980년대 레이건 행정부는 공급중시 경제정책, 즉 공급곡선을 우측으로 회복시키는 정책(일례로 감세정책)을 사용하게 됨.
  - 이것이 레이거노믹스의 주된 내용임.

- 한국경제 역시 1990년 이후 물가상승률과 실업률 사이에 안정적인 관계를 찾기 어려움.

---

102) 그러나 케인즈학파 경제학자들은 필립스곡선이란 총수요 변동에 의해 유발된 인플레이션과 실업 사이의 관계를 설명하기 위한 것인데, 1970년대의 인플레이션은 주로 비용인상형 인플레이션이므로 이 시기의 경험만 가지고 필립스곡선을 비판하는 것은 타당하지 않다고 보았음. 즉 1970년대에는 석유수출국기구(OPEC)의 원유 감산을 통한 에너지가격 조작과 세계적 식량부족으로 인해 경제의 총공급곡선이 좌측으로 이동해 GDP 감소와 물가상승이 동시에 일어났다는 것임. 그리고 필립스곡선이 1970년대의 인플레이션을 잘 설명하지 못했다고 해서, 그것이 곧 정책당국이 인플레이션과 실업 사이에 존재하는 역의 상관관계에 더 이상 관심을 가질 필요가 없다는 것은 아님. 왜냐하면 비용인상형 인플레이션 상황에서 정책당국이 실업에 대처하기 위하여 확장적인 거시경제정책을 사용한다면 총수요를 자극하여 인플레이션을 더욱 심화시킬 수 있고, 반대로 인플레이션을 막으려고 긴축적 거시경제정책을 사용하면 단기적으로 고용상황을 훨씬 더 악화시킬 가능성이 있기 때문임. 이와 관련하여 조순 외(2013, p.753) 참조.

# 4 신경제(고성장 속의 저물가)의 교훈

## 4.1 | 1990년대 초반 이후의 미국경제

- 1990년대 초반부터 10년간 미국경제는 지속적인 경제성장으로 4%대 초반의 낮은 실업률을 유지하였고 임금상승률과 물가상승률은 1% 이하로 거의 변동이 없었는데, 이러한 고성장 속의 저물가 현상은 스태그플레이션과 반대적인 현상이라고 할 수 있음.

- 이 현상이 10년 이상 계속되자 일부 경제학자들은 이러한 현상을 기존의 경제이론으로는 설명할 수 없다는 점에서 신경제(new economy)라고 불렀음.[103]

## 4.2 | 신경제의 주요 원인

- 첫째, 경제의 글로벌화에 따른 기업들의 구조조정 때문
  - 그 결과 경영 · 조직의 효율화와 과감한 기술혁신을 통해 생산성이 증대하여 지속적인 성장과 물가안정을 동시에 이루게 되었음.

- 둘째, 기업 간 경쟁촉진으로 낮은 임금수준이 유지되었기 때문
  - 그 결과 물가도 안정될 수 있었음.

- 셋째, 1980년대 구조조정 시 많은 인력해고를 경험한 미국 기업들은 경기 상승국면에서 임금인상보다는 고용확보에 치중한 것도 실업률 하락에 큰 기여를 하였음.
  - 기업성장에 관계없이 자신의 몫만 챙기는 분배식 임금구조에서 탈피하여 생산성 향상을 위한 동기부여식 임금체계로 전환[104]한 것도 신경제를 가능하게 한 하나의 요인으로 인식되고 있음.

---

103) 조순 교수는 1990년대의 '신경제'를 환상의 시대라고 평했음. 아울러 1960년대까지는 케인즈의 전성시대, 1970년대는 인플레이션과 통화주의자의 시대, 1980년대는 레이거노믹스의 대두, 2000년대는 신자유주의가 테러와의 전쟁과 맞물리면서 미국의 세계전략이 차질을 빚기 시작한 시대, 오바마 시대는 아직은 불확실하다고 회고했음. 이와 관련하여 조선일보(2009) 참조.

104) 생산성 향상 범위 내에서 임금인상이 이루어져야만 물가상승요인으로 작용하지 않음. 이들 세 변수 간의 관계는 대체로 다음과 같음. 물가상승률 = 임금인상률 − 노동생산성증가율

- 기업들은 스톡옵션 및 이윤배분제 등과 같은 동기부여식 임금제도를 적극 수용하여 생산성 증가를 통한 수익증대를 이루었고 이는 기업과 근로자 모두에게 이득을 가져다주었음.

- 마지막으로 인터넷 관련 부문의 성장도 한 몫 하였음.
  - 정부의 지속적인 지원을 바탕으로 인터넷 관련 부문에서 많은 기업들이 탄생되었고, 이들은 고부가가치를 창출했을 뿐만 아니라 노동력을 흡수하는 데 일익을 담당하게 되었음.

## 4.3 신경제의 교훈[105)]

- 기업들은 철저한 자기변신만이 경쟁시대에서 살아남는 비결이라는 것임.
  - 미국과 유럽의 경험을 비교해 보면 구조조정은 빠르면 빠를수록 좋음.

- 분배식 임금구조에서 탈피하여 생산성 증가를 위한 동기부여식 임금구조로 전환해야 함.

- 정부는 경쟁체제구축을 위해 규제를 과감히 철폐하고 시장경제가 작동될 수 있는 경제여건을 조성하는 데 게을리해서는 안 됨.

## 4.4 신경제의 허구

- 혹자는 미국의 1990년대 신경제의 원인을 1980년대의 레이거노믹스, 즉 세금 감면과 신자유주의화의 결과라고 말하고 있으나 이 주장의 허구성은 이미 많은 학자들에 의해 밝혀졌음.
  - 세금 감면으로 유발된 실질적 투자는 매우 적었을 뿐 아니라, 오히려 재정적자만 악화시켰을 뿐이었음.
  - 또한 민영화, 시장주의, 규제완화, 감세 등으로 대표되는 신자유주의 역시 글로벌 금융위기로 인해 그 체제의 한계점이 적나라하게 드러나게 되었음.

---

105) 그러나 일부에서는 생산성 증가 현상은 과거에도 존재했으며, 미국 노동통계국의 인플레이션 측정방식 변경에 따른 수치상의 왜곡이 있을 수 있고, 1990년대 이래 생산성 증가가 컴퓨터 산업에 국한되었고 또한 1995년 이래 미국 제조업부문의 생산성 증가가 저조했으며, 고용축소를 통해 높아진 노동생산성을 경제 전체의 노동생산성 증가로 과대평가한 것 등을 지적하며 신경제론을 비판하고 있음.

- 1990년대 신경제, 장기호황의 진짜 원인
  - 1990년대 미국의 장기호황을 이끈 신경제의 직접적 원인은 바로 금융화에 있음.
  - 1980년대부터 시작된 신자유주의에 기반한 금융세계화는 세계적으로 금융자본 이동의 규제를 완화함으로써 금융자본의 활동 영역 및 규모를 확장시키는 역할을 하였음.
  - 이와 동시에 자본시장을 활성화시킬 목적으로 1929년 대공황 이후 생겨났던 여러 금융 규제들이 철폐되거나 수정되면서 과거 케인즈 시대에 경제의 순선환구조의 중추적 역할을 담당했던 민간저축의 역할이 간접금융시장(1차 금융권 - 상업은행)의 자본공급자역할에서 직접금융시장(2차 금융권 - 투자은행 등)의 투자자의 역할로 전환되었음.
  - 이러한 자본시장의 규제완화에 힘입어 자본시장은 활성화되기 시작하였고, 세계의 잉여 자본들이 금융화가 가장 진행되었으며 안전한 투자처인 미국의 금융시장으로 대거 유입되었음.
  - 이로 인하여 미국의 주가는 큰 폭으로 상승하였고, 여기서부터 주가(실제로는 존재하지 않는 가치, 즉 허구적 · 잠재적 가치) 상승에 기반한 소비가 시작되었음.
  - 주가가 상승하자 미국의 국민들은 소득이 상승하는 효과를 얻게 되었고, 그때부터 허구적 가치에 기반한 소비, 바로 거품에 기반한 소비가 시작된 것이었음.
  - 실제로 미국의 경제성장을 이끌고 있었던 가장 큰 원동력은 투자도, 정부부문도, 해외부문도 아닌 바로 소비였음.
  - 소비가 증가함으로 인하여 그와 동시에 투자도 늘어나게 되었고, 또 투자는 다시 고용을 유발하여 소비를 증가시키게 되었음.
  - 이러한 미국의 소비 붐으로 인해 미국은 10년 동안의 장기호황을 맞게 되었던 것임.
  - 그러나 21세기로 들어서면서 엔론 사건으로 대표되는 몇몇 기업의 허구적 가치가 드러나자 그동안 쌓여왔던 거품이 한꺼번에 빠지게 되었음.
  - 거품이 꺼지면서 거품에 기반한 소비를 하였던 미국의 소비 붐 역시 꺼지게 되었음.
  - 앞서 언급하였듯이 미국의 경제성장은 대부분 소비에 기반하고 있었기 때문에 이러한 소비 침체는 미국경제에 심각한 타격을 입히게 되었음.

### 4.5 신경제의 거품이 사라진 이후 미국의 대처

- 미국의 위기대처방식
  - 새로운 거품을 만들어 이 위기를 타개하려고 시도했는데, 그 거품의 대상이 된 것이 바로 부동산시장이었음.
  - 미국은 신경제의 허구성이 드러나면서 찾아온 경기침체를 또 다른 거품, 즉 부동산 거품으로 타개해 나갔던 것임.
  - 미 정부는 부동산 거품을 유발하기 위하여 부동산 담보 대출 규제를 완화하고 금리를 내리는 등의 방법들을 실시하였고, 그 결과 서브프라임 위기의 원인이 되었던 부동산 거품이 발생하게 된 것이었음.

- 글로벌 금융위기의 단초 제공
  - 미국의 거품경제가 가능했던 것은 바로 금융화 자체가 실질적 가치를 생산하는 제조업과 같은 산업을 중심으로 하기보다는 허구적·잠재적 가치에 기반한 자본시장 중심의 금융산업을 중심으로 이루어졌기 때문에 가능한 일이었음.
  - 금융화라는 거품을 만들어 호황의 기쁨을 누렸던 미국경제가 그 거품이 꺼지면서 위기에 봉착하자, 이를 타개하기 위해 또 다른 거품을 만들어 경기를 되살려 보려고 했으나 결국 글로벌 금융위기의 단초를 제공하게 되었음.

## 5 2008년 글로벌 금융위기 이후

- 2008년 9월 리먼브라더스의 파산으로 본격화된 글로벌 금융위기와 세계경기 침체가 도래하면서 1980년 중반 이후 지속돼 온 '대완화의 시대(혹은 大安定期)'는 '대침체의 시대'로 돌변하였음.

- 글로벌 금융위기는 오늘날 대부분 거시경제이론의 가정이 현실세계를 설명하는 데 한계가 있다는 점을 그대로 드러냈음.
  - 특히 기존의 새고전학파와 새케인즈학파가 개발해 온 정교한 수학적 모형의 기본 가정과 복잡한 현실문제 간의 괴리가 크다는 것이 지적되었음.

- 또한 1930년대 대공황과 달리 금융불안정이 극심한 경기침체를 가져온 가장 큰 원인으로 지목되었음.

- 이에 따라 금융불안과 관련하여 거시경제학을 새로운 시각에서 바라보는 오스트리아학파의 거시경제학과 민스키(Hyman Minsky)의 금융불안정성가설 등이 재조명되고 있음.
  - 이에 따르면 거시경제정책 측면에서 금융시스템의 위험관리를 위한 거시건전성 정책의 필요성이 강조되고 있음.
  - 또한 합리적 경제행위와 같은 경제이론의 기본 가정과 현실과의 괴리문제에 주목한 행동경제학(behavioral economics)적 접근을 거시경제이론에 도입하려는 시도도 이어지고 있음.

### 참고자료

(1) 김승욱 외(2008), 《알짬 시장경제》, 박영사.
(2) 2009. 09. 25., 《조선일보》
(3) 조순 · 정운찬 · 전성인 · 김영식(2013), 《경제학원론》, 율곡출판사.

# 부록 [4-1] 스태그플레이션

## 1. 용어의 유래

- 스태그플레이션이란 말이 처음 사용된 것은 지금부터 약 50년 전인 1965년 영국이었음.
  - 당시 영국의 보수당 대변인인 맥클로드라는 사람이 의회에서 경제상황에 대해 다음과 같이 설명했다고 함. ⇒ "지금 우리는 한편으로는 물가가 지속적으로 상승하고 있으며, 다른 한편에서는 경기가 부진해지는 두 가지 최악의 상황에 동시에 직면해 있다. 일종의 '스태그플레이션' 상황에 있으며, 새로운 역사가 만들어지고 있다."
- 하지만 당시에는 스태그플레이션이라는 신조어가 크게 주목받지 못했는데, 이후 미국의 유명한 경제학자인 폴 사무엘슨(P. Samuelson)이 1970년대 초반 오일쇼크를 설명하면서 다시 이 단어를 언급한 이후 널리 사용되고 있음.

## 2. 스태그플레이션이란

- 미국 서브프라임 모기지 사태의 여파로 인한 경기둔화 가능성이 대두되는 가운데 원유 등 국제원자재가격에 이어 농산물가격까지 급등하면서 일각에서 우리 경제의 스태그플레이션(stagflation) 발생 가능성에 대한 우려가 제기된 바 있음.
- 스태그플레이션은 경기부진(stagnation)과 높은 물가상승률(inflation)이 동시에 '상당 기간' 지속되는 현상을 말함.
  - 따라서 경기가 부진한 가운데 일시적으로 물가가 급등한다고 해서 바로 스태그플레이션이 되는 것은 아님.

## 3. 1970년대 초 상황

- 1970년대 초 석유파동으로 인한 물가급등으로 전 세계적으로 민간소비가 위축
- 아울러 실질구매력 보전을 위한 노동자들의 임금상승 요구가 확산되면서 기업수익이 감소하고 투자심리도 위축
- 당시 주요국들은 경기회복에 역점을 둔 총수요 확대정책으로 대응하였는데, 이것이 인플레이션을 더욱 심화시키고 다시 노동자들의 임금인상 요구를 야기함으로써 스태그플레이션이 촉발되었다는 견해가 지배적

- 이처럼 스태그플레이션은 물가급등에 이어 인플레이션 기대심리가 확산되면서 물가-임금상승의 악순환(price-wage spiral)이 거듭되는 데서 비롯됨.

## 4. 스태그플레이션의 문제점

- 스태그플레이션이 무서운 이유는 뚜렷한 대처방법을 찾기 어렵다는 것임.
  - 일반적인 상황에서 물가가 급격히 상승하면 현재 경기가 과열된 상태라는 것을 의미하는데, 이때 정책당국은 사람들의 씀씀이를 줄이도록 유도하면서 물가를 안정시키는 방법을 씀.
  - 반대로 경기가 부진하다고 판단되면 어느 정도 물가가 오르는 것을 용인하면서 경기를 부양하는 정책을 씀.
  - 하지만 물가상승과 경기부진이 동시에 진행되면 정책당국은 뾰족한 수단을 찾기 어렵게 됨.

## 5. 스태그플레이션의 발생원인

- 경제 전체적으로 생산성이 급격히 저하되거나 생산비용이 갑자기 올라가게 되면 스태그플레이션 현상이 발생할 수 있음.
  - 예를 들어 같은 물건을 더 높은 비용을 들여서 만들 수밖에 없다면 물건 값은 올라가지만, 사려는 사람은 적어질 것임. ⇒ 품질은 같은 물건인데 값이 비싸기 때문
  - 경제 전체적으로 이런 일이 생기면 물가상승과 경기침체가 한꺼번에 나타남. ⇒ 대표적인 예가 석유가격의 상승으로 경제 전체적으로 생산비용이 올라가는 상황임.[106]

## 6. 스태그플레이션의 대책

- 과거에 발생했던 스태그플레이션을 돌이켜 보면, 석유가격 급등으로 인한 경기 위축을 상쇄하기 위해 상당기간 돈을 찍어 냈기 때문에 물가가 지속적으로 상승한 측면도 있음.
  - 돈이 많이 풀려 물가가 올라가고, 결국 물가상승은 임금인상으로 이어지고, 임금인상으로 시중에 돈이 더 풀려 다시 물가가 상승하는 악순환을 불러일으키면서 스태그플레이션의 늪으로 점점 빠져들었던 것임.
- 이와 같은 전철을 밟지 않으려면 물가안정과 경기안정 사이의 균형을 잘 잡아야 함.
- 한편 스태그플레이션이 진행되던 시기에는 통상 생산성도 떨어지고 있는데, 생산성이 저하되기 때문에 유가상승이라는 비용인상요인이 쉽게 흡수되지 못해 경제를 교란시켰던 것임.

---

106) 석유는 상당부분 생산과정에서 기초 원료로 사용되고 다른 원료로 대체하기도 어렵기 때문에 가격이 올라가면 대부분 생산비용 증가로 이어지게 됨.

• 유가가 인상되더라도 생산성만 받쳐준다면 유가 인상분 이상으로 물가가 뛰지는 않을 것임.

- 따라서 생산성을 꾸준히 개선시킬 수만 있다면 스태그플레이션에 가장 효과적으로 대처할 수 있을 것임.

## 7. 현 상황

### 7.1 일반적 시각

- 현재로서는 스태그플레이션이 발생할 가능성은 그리 크지 않아 보임.
  • 무엇보다 인플레이션의 폐해에 대한 인식이 확산되면서 인플레이션 억제에 대한 당국의 정책의지가 확고하기 때문
  • 더욱이 그동안 스태그플레이션의 발생 및 진행과정에 대한 연구가 심화되어 스태그플레이션의 발생 가능성을 조기에 감지하고 이를 예방할 능력도 향상

- 다만 스태그플레이션이 일단 발생할 경우 경제에 미치는 폐해가 크고 효과적인 정책대응이 어렵다는 점에서 인플레이션 기대심리의 확산을 선제적으로 차단하기 위한 정책적 대응이 긴요

### 7.2 최근 사례

- 남미의 두 번째 경제대국인 아르헨티나가 2001년에 이어 13년 만에 디폴트(채무불이행)에 빠지면서 아르헨티나 디폴트가 가져올 경제적 여파에 대한 우려감이 높아지고 있음. ⇒ 브라질 주요 언론은 전문가들의 견해를 인용, 디폴트 위기로 아르헨티나에서 당분간 경기침체 속에도 물가는 계속 오르는 스태그플레이션 현상이 지속될 것으로 보인다고 2014년 7월 31일(현지시간) 보도했음.[107)]
  • 아르헨티나는 2013년 4분기와 2014년 1분기 등 두 분기 연속 마이너스 성장세를 나타내는 등 침체 국면을 지나고 있음.
  • 다수의 전문가들은 2014년 하반기에도 이 같은 경기침체는 지속될 것으로 보고 있음.
  • 연간 인플레이션율은 25%를 넘고 있음.
  • 마르틴 레드라도 전 아르헨티나 중앙은행 총재는 "이번 디폴트 위기로 성장률이 1% 포인트가량 떨어지고 통화가치 하락의 영향으로 인플레이션율 상승 압력이 강해질 것"이라고 말했음.
  • 경제학자 마르틴 테타스도 2014년 하반기 중 인플레율 상승과 아르헨티나 페소화 가치 하락, 내수소비 감소, 산업생산 둔화 등이 동시에 나타날 것으로 예상했음. ⇒ 다만

107) 아주경제(2014.08.01) 참조.

이번 디폴트 위기가 경제 파국으로 이어질 가능성은 적을 것이라는 관측이 지배적임.

• 전문가들은 아르헨티나의 현 상황이 국가의 지급능력 부족 때문이 아니라 미국 법원의 결정에 따른 '기술적 디폴트'라는 점을 강조하면서 지난 2001~2002년 당시와 같은 국가부도 사태로 번지지는 않을 것이라고 진단했음.

- 한편 스탠리 피셔 연방준비제도(Fed) 부의장이 미국경제가 스태그플레이션 상태일 수 있다는 래리 서머스 전 재무장관의 의견에 동의한 것으로 보인다고 금융전문매체인 마켓워치가 2014년 8월 11일(미국 시간) 보도했음. ⇒ 피셔 부의장은 스웨덴 연설에서 글로벌 경제의 회복에 실망했다고 밝혔는데, 그의 발언은 기준금리가 더 길게 유지될 것이란 관측을 낳았고, 미 주가지수 선물가격을 상승시켰음.[108]

• 서머스 전 장관은 미국경제가 새로운 스태그플레이션(물가상승과 장기침체가 동시에 나타나는 현상)에 갇혔다고 주장한 바 있음. ⇒ 서머스는 미국이 약한 수요와 함께 과잉저축의 덫에 걸렸다며 이것이 이자를 매우 낮게 유지해야 하는 니즈로 이어졌다고 강조했음.

• 피셔 부의장은 연설에서 미국경제의 공급 측면에서의 약함에 놀랐다고 말했는데, 그가 지적한 공급 부족은 노동 공급, 자본 투자, 생산성 측면에서임. ⇒ ㉠ 생산성은 1%로 떨어졌는데, 이는 40년 평균치인 1.5%를 밑도는 수치임. ㉡ 저금리에도 투자는 회복 수준에 머물고, 경제활동참여율은 지속적으로 감소하고 있음. ㉢ 피셔 부의장은 "공급 측면에서의 약함이 어느 정도 구조적 요인에 근거하는지, 고질적 침체에 기인할 수도 있는데, 얼마나 평상시보다 길지 않은 일시적인 요인에서 오는지가 매우 중요하고 의구심이 남아 있다"고 지적했음.

• 서머스는 저축과 투자의 균형을 맞추도록 더 확장적인 재정정책을 주장해 왔으며, 피셔 부의장 또한 이 의견에 동의한 것으로 보인다고 매체는 해석했음. ⇒ 피셔 부의장은 "지속적인 확장적 거시경제정책을 통해 공급 측면에서의 감소를 막거나 혹은 반전시키는 것이 가능할 수 있다"고 설명했음.

**참고자료**

(1) 한국은행(2008), "스태그플레이션", 한국은행 경제교육(시사경제), 한국은행 광주전남본부, 2008. 02. 26.
(2) 2008. 07. 11., 《조선경제》
(3) 2014. 08. 01., 《아주경제》
(4) 2014. 08. 12., 《연합인포맥스》

108) 연합인포맥스(2014.08.12) 참조.

## 부록 [4-2] 감세 논쟁

### 1. 논쟁의 배경

- 경기침체가 심각해지고 있는 가운데 경제를 살리는 방식에 있어 첨예하게 의견이 엇갈리고 있는 대표적인 예가 감세정책임.
  - 감세정책은 경제가 어려워질 때마다 정부가 단골손님처럼 내세우는 정책이지만, 그때마다 찬반양론이 분분함.

### 2. 감세의 긍정적 효과(찬성 입장)

- 세금을 깎아 주면 노동과 투자의 증대로 인하여 경기가 부양된다는 것임.
  - 가계의 경우 소득세를 낮춰 주면 가처분소득이 늘어나 그만큼 소비가 증대되고, 세금으로 나가는 돈이 줄어들어 근로의욕이 고취됨.
  - 기업에 대한 법인세 감면은 투자 증대를 유도하여 생산활동에 긍정적인 영향을 미침.
  - 결국 투자와 소비 부문에 대한 감세의 긍정적 효과가 어우러져 경기 활성화를 가져올 수 있음.
- 감세정책을 적극적으로 정책에 반영한 사람이 1980년대 미국을 통치했던 레이건 대통령임.
  - 그는 대통령에 당선되자 개인소득세 최고세율을 70%에서 28%로 줄이고, 법인세율을 48%에서 34%로 낮춘 바 있는데, 이러한 대규모의 감세정책을 '레이거노믹스'라는 말로 표현하고 있음.

### 3. 감세에 대한 비판적 시각

- 감세가 노동과 투자의 증대라는 본래 목적을 달성할 수 있을지에 대하여 부정적인 의견을 제시
  - 오히려 경기 활성화에는 별 도움을 주지 못한 채, 세수감소로 인하여 재정적자를 확대하고 정부의 부담만 가중시킬 것이라고 경고

### 4. 래퍼곡선을 이용한 접근

- 감세 논쟁을 래퍼곡선 측면에서 살펴볼 수도 있음.

- 래퍼라는 경제학자에 의해 만들어진 이 곡선에 따르면 세율을 지나치게 올리면 근로와 투자 등 경제활동의 저해를 가져와 오히려 조세수입을 감소시키게 된다는 것임.
- 따라서 현 세율이 래퍼곡선 상에서의 최적세율($t_1$)보다 높은 위치에 있다면(B구간) 세금 인하로 노동과 투자를 증대시켜 경기를 부양시킬 수 있을 뿐만 아니라 세수도 증가하기 때문에 재정도 건강해질 것임.
- 반면 현 세율이 래퍼곡선 상에서 최적세율($t_1$)보다 낮은 위치에 있다면(A구간) 세금 인하가 경기를 부양시킬 수 있는지 여부는 별개로 세수 감소로 재정건전성에 큰 타격을 줄 수 있음을 알 수 있음. ⇒ 재정건전성이 악화되는 경우 차후 정부 재정정책의 제약요인이 될 뿐만 아니라 정부부채의 증가는 미래세대의 부담이 될 수 있음.

- 결국 두 논쟁은 현재의 세율이 래퍼곡선 상에서 어느 지점에 위치하고 있는가에 대한 판단의 차이로도 볼 수 있음.
  - 만약 현행 세율이 래퍼곡선의 최적세율 지점의 오른쪽에 위치하고 있다면 감세정책이 경제를 살리고 재정에 긍정적인 효과를 가져 올 것이고, 왼쪽에 위치한다면 재정부담만을 가중시키는 결과를 가져올 것임.

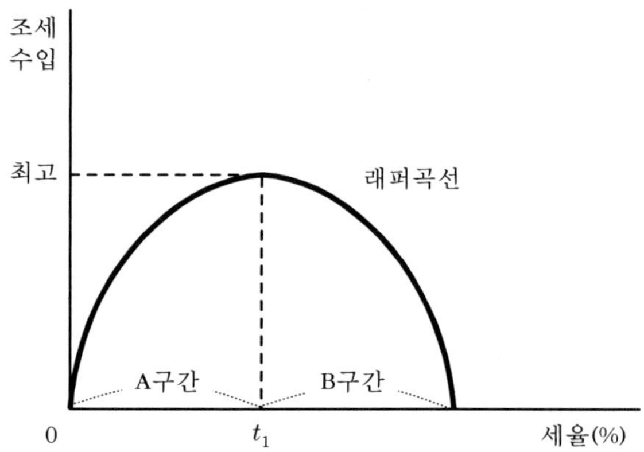


**[그림 부4-1] 래퍼곡선**

## 5. 래퍼곡선의 이론적 · 실증적 문제점[109)]

- 먼저 근로소득세율을 낮추면 사람들이 노는 시간을 줄이고 더 많이 일해서 세후소득을 올릴 수 있으나 이러한 세후소득의 증가는 다른 효과 역시 가져옴.
  - 일례로 예전에는 200시간을 일해야 가처분소득으로 120만 원을 벌 수 있었으나, 이제는 150시간만 일해도 120만 원을 벌 수 있다고 하자.

109) 조순 외(2013, pp.737~738) 참조.

- 그러면 예전에 비해 몇 시간 적게 일해도 오히려 소득이 커질 수 있기 때문에 사람들은 예전처럼 열심히 일하지 않아도 되겠다는 생각을 가질 수 있음.
- 즉 세율 감소의 소득효과로 인해 오히려 노동시간이 줄어들 수도 있다는 것임.

- 실제 공급경제학의 이론에 따라 1980년대 초 레이건 정부와 2001년 부시 정부가 대규모 감세정책을 추진하였으나 감세정책으로 사람들이 더 열심히 일하는 결과는 나타나지 않았음. ⇒ 오히려 세율 인하로 인한 조세수입의 감소는 1980년대와 1990년대, 그리고 최근의 재정적자 문제를 야기한 근본 원인이 되었음.
  - 게다가 1980년대 초반 조세감면과 통화긴축의 결과, 이자율 상승으로 환율이 절상되어 경상수지 적자까지 증가하면서 '쌍둥이 적자'(재정적자 + 경상수지 적자)라는 새로운 문제를 가져왔음.

- 끝으로 미국경제의 세율이 [그림 부4-1]의 $t_1$ 수준을 넘어서고 있는지는 알 수 없으며, 조세삭감이 생산 · 저축 · 투자를 증가시키더라도 동시에 소비수요를 자극하여 인플레이션을 유발할 수도 있음.
  - 참고로 미국경제의 래퍼곡선에 대한 한 연구에 의하면 미국의 세수입을 극대화시키는 세율($t_1$)은 약 79%로서 당시 평균소득세율보다 3배 이상 높은 수준이었다고 함.

## 6. 시사점

- 같은 경제이론을 가지고 세상을 바라봐도 진단이 다른 것은 현실 적용에서 서로 간의 해석이 달라지기 때문임.

### 참고자료

(1) 전대원(2008), "감세정책과 래퍼곡선", 《"click" 경제교육》, KDI경제정보센터, 2008. 12.
(2) 조순 외(2013), 《경제학원론》, 율곡출판사.

## 부록 [4-3] 고용권 거래의 허용

### 1. 전담 거래소 개설

- 박근혜 정부가 고용률 70% 정책 목표를 달성하려면 전담 거래소를 개설해 인력을 고용할 수 있는 권리를 거래시켜야 한다는 분석이 나왔음.
  • 기업들의 국외 진출로 국내 일자리가 말라가고 있고 고용 예산은 한정된 상태에서 정부가 '내수 전용' 일자리 거래 시장을 열어줘야 한다는 얘기임.
  • 산업연구원은 이 같은 방안을 담은 일자리정책 보고서를 산업통상자원부, 고용노동부 등 정부에 전달할 계획임.
- 2013년 11월 11일 매일경제가 입수한 산업연구원 보고서의 핵심은 2015년 시행될 탄소배출거래제처럼 인력을 채용할 수 있는 고용권을 전용 거래소에서 사고팔 수 있도록 하자는 것임.

### 2. 실행 방안

- 산업연구원은 고용을 늘린 기업은 고용권을 발행해 거래소에서 판매할 수 있는 권리를 갖게 하고 고용을 줄인 기업에 이를 매입할 의무를 부과하자고 제안했으며, 고용권 가격은 기본적으로 거래소 수급을 통해 결정되게 한다는 것임.
  • 즉 경기침체기에는 대체로 신규 채용이 줄어들기 때문에 고용권 수요는 늘고 공급은 줄어 가격이 상승하지만, 호황기에는 고용권 가격이 하락하게 됨.
  • 다만 정부는 고용창출 목표에 따라 고용권 가격을 조정할 수 있음. ⇒ 예컨대 정부가 매월 1만 명 순고용 창출을 1년간 지속하는 것을 정책 목표로 잡았다면 순고용이 1만 명이 될 때까지 고용권 시장에서 매수 호가를 높여 나갈 수 있으며, 이후 월 1만 명 이상으로 순고용 수준이 늘었다면 고용권 가격을 유지하거나 떨어뜨리는 방식으로 가격조정에 나서게 됨.
- 강두용 산업연구원 동향분석실장은 "종전 고용정책은 재정을 투입하고 일자리가 창출되기까지 시간이 걸리는 데다 정책 효과가 예상에 못 미칠 경우 정부 재정만 악화될 수 있는 위험이 있다"고 지적하였음.
- 그는 "고용권거래제가 도입되면 고용이 필요한 만큼 정부가 호가를 제시하기 때문에 정책효과 크기에 비례해 재정이 투입될 수 있고 채용 촉진과 해고 억제 측면에서 모두

일자리 창출 효과를 볼 수 있을 것"이라며 "기업들이 자체적으로 시장에서 고용권을 사기 때문에 고용정책 시행에 투입되는 정부 재정도 일정부분 절감할 수 있을 것"이라고 분석했음.

- 산업연구원은 고용권 투기를 막기 위해 최근 3개월 이내 채용 혹은 해고 등 고용행위가 이뤄진 경우에만 고용권 거래를 허용하자고 제언했음.
- 또 산업연구원은 고용을 늘린 기업에 고용 증가폭에 비례해 보조금을 주고 고용을 줄인 기업에는 세금을 매기는 '양면형 고용보조금 제도' 신설도 주문했음.
  - 1년 혹은 1분기 동안 기업들 고용 순증감 실적(자발적 이직자, 정년 퇴직자는 제외)을 집계한 후 이에 비례해 기업에 보조금을 주거나 세금을 물리자는 것임.
- 산업연구원은 "경기 등 고용상황에 따라 단위 보조금을 변동해야 하지만 현실적으로 이를 조정하는 게 쉽지 않다면 고용부진상황에서만 한시적으로 양면형 보조금 제도를 시행하는 대안을 모색할 만하다"고 조언했음.

## 3. 일자리 창출에 기여

- 강 실장은 "재정 제약이 심화되고 기업활동 글로벌화가 진행되면서 종전 정책이 한계를 보이는 상황"이라며 "일자리 창출 활성화를 위해 새로운 정책 논리를 도입할 필요가 있다"고 언급하였음.

**참고자료**

(1) 2013. 11. 11., 『매일경제』

CHAPTER 05

# 화폐시장과 이자율

"4% 경제성장률 유지를 위해서는 통화량을 유동적으로 확대하고 이자율도 내리는 확실한 금융정책이 필요하다." 새누리당 내 '경제통' 의원인 이만우 의원 2014년 1월 12일 국회 의원회관에서 본지와 가진 인터뷰에서 이같이 역설했다. 박근혜 대통령이 2014년 신년 기자회견에서 제시한 4% 경제성장률 달성 및 유지를 위해서는 제약이 많은 재정정책 집행만으로는 한계점이 있다는 것이다. 오히려 이 의원은 디플레이션의 수렁에서 탈출하기 위해 일본 아베정권이 펼친 공격적인 금융정책을 주목했다. 그는 "일본이 매월 장단기 국채 등을 13조 엔(약 130조 원)씩 매입해 2013년 통화증가율이 50%에 달했다"면서 "우리나라도 한국은행을 통해 통화량 증대에 나서야 한다"고 강조했다. 이 의원이 정치권의 '한은 압박' 논란이 제기되는 가운데 금융정책을 통한 경제 활성화를 당부하는 까닭은 우리나라의 2013년 물가상승률이 14년 만에 최저치인 1.3%를 기록하는 등 일본의 1990년대 중반과 같은 디플레이션 조짐이 보인다고 판단했기 때문이다. 이는 소비자물가지수 발표를 시작한 1965년 이후 두 번째로 낮은 수치이기도 하다. 이 의원은 "우리나라는 과거 30년 동안 인플레이션 경제에만 익숙해 '확대 정책은 악(惡)이고 축소 지향적인 것은 선(善)'이라는 프레임에 갇혀 있다"면서 "디플레 시대는 180도 전환할 수 있는 발상의 전환을 해야 한다"고 지적했다. 인플레이션 시대에 짜인 각종 규제를 철폐하고 가용할 수 있는 경기부양 카드를 다 꺼내들어야 한다는 의미다. 그는 분양가상한제 등의 부동산 규제 정책을 예로 들며 "부동산가격이 올라갈 때 만든 정책은 부동산이 더 이상 올라갈 수 없을 때는 폐기하고 발상을 전환해야 한다"면서 "경제도 그렇다"고 설명했다. (이하 생략)

– 이만우(새누리당 의원) –

출처 : 박소현(2014). "4% 성장률 위해 통화량 확대 · 이자율 인하 정책 필요", 《파이낸셜뉴스》, 2014. 01. 13.

# 1 실물부문과 화폐부문 사이의 관계

## 1.1 실물부문과 화폐부문

- 실물부문이 재화와 용역의 생산과 거래가 이루어지는 부문으로서 생산량, 고용량, 실업, 소비, 투자, 저축, 정부지출, 수출, 수입 등이 결정된다면, 화폐부문에서는 중앙은행의 화폐발행 등 화폐공급과 경제주체들의 화폐수요가 중요한 초점이 됨.

- 실물경제부문의 초점은 총생산, 국민소득, 고용 등으로서 GDP와 물가가 주요 변수이고, 화폐경제부문에서는 통화량과 이자율이 주요 변수로 다루어짐.

## 1.2 화폐의 중립성과 고전적 이분법

- 고전학파 경제학자들은 화폐가 실물부문에 아무런 영향을 미치지 못한다고 보았는데, 이를 화폐의 중립성(neutrality of money)이라고 함.
  - 실물부문만 분석하면 화폐부문은 고려하지 않아도 된다고 생각했음.
  - 화폐부문을 중요하게 여기지 않았으며 동시에 화폐부문과 실물부문이 각각 독립적으로 구분되어 있다는 생각을 가지고 있었는바, 이를 고전적 이분성(classical dichotomy)이라고 부름.

- 그러나 오늘날 화폐는 실물부문에 영향을 미치며, 반대로 실물부문도 화폐부문에 영향을 미치고 있는데, 이를 최초로 지적한 사람이 케인즈(J. M. Keynes)임.
  - 케인즈 이전의 고전학파 경제학자들은 화폐를 단지 교환의 매개수단으로만 생각했으나 케인즈는 화폐가 그 외에도 금융거래를 위해 가치를 저장하는 기능도 가지고 있다는 점에 주목했음.
  - 현실적으로 사람들은 자신의 소득을 다 실물로 바꾸지 않고, 일부는 화폐나 금융자산의 형태로 보유하는데, 그러면 소비가 줄어들어 생산물이 다 팔리지 않고, 따라서 재고가 늘어날 수 있음.
  - 원래 고전학파 경제학자들은 생산된 것은 다 수요되기 마련이라고 생각했는데,[110] 케인즈는 화폐의 형태로 자신의 자산을 가지고 있는 사람들이 있기 때문

에 생산된 것이 다 소비되지 않을 수 있다고 주장함으로써 화폐부문은 실물부문에 영향을 줄 수 있어, 더 이상 화폐는 실물부문의 그림자가 아님을 설명했음.

### 1.3 | 화폐의 역할

- 적정한 양과 질의 화폐가 경제 안에서 유통될 때 경제도 바람직한 방향으로 움직임.
  - 화폐의 양이 지나치게 많으면 인플레이션의 압력이 발생하고, 반대로 화폐의 양이 너무 적으면 디플레이션(또는 경기침체) 현상이 나타남.
  - 또한 화폐가 어떠한 목적으로 사용되고 있는지, 즉 화폐의 질도 중요한데, 같은 양의 화폐가 유통되고 있다 해도, 소비재에 지나치게 몰리는 것보다는 기업의 생산자금으로 사용되는 것이 더 바람직할 것임. ⇒ 기업의 생산자금으로 사용되는 화폐는 더 많은 생산을 가능하게 하는 생산시설 확충에 사용될 수 있음.

- 화폐가 경제에 미치는 영향을 설명하는 견해에는 여러 가지가 있는데, 그중 한 가지는 화폐의 양이 늘어나면 그대로 물가수준의 상승으로 이어진다는 견해가 있으나, 화폐의 양이 늘어나도 그 늘어난 화폐가 생산적인 목적으로 사용되는 경우에는 물가수준의 상승으로 이어지지 않고, 국가경제의 생산역량을 확대시킬 수 있으므로 중요한 것은 화폐의 양보다도 화폐의 쓰임새라고 할 수 있음.

## 2 화폐의 성격

### 2.1 | 화폐의 정의

- 시대에 따라 경제적 관습과 제도가 변화해 왔고 이에 따라 교환의 매개물 또한 수시로 바뀌어 왔기 때문에 아직도 우리는 화폐가 무엇인가라는 물음에 만족할 만한 답을 찾지 못하고 있음.

---

110) 이를 처음 주창한 사람의 이름을 따서 세이의 법칙(Say's Law)이라고 함.

- 경제학자들은 편의상 화폐가 담당해야 할 기능을 먼저 정의하고, 그 기능을 수행하는 것을 화폐라고 정의하는 방식을 취하고 있음.

## 2.2 | 화폐의 세 가지 기능

- 교환의 매개수단
- 계산의 단위
  - 돈은 계산의 단위가 되고 가치의 척도가 됨.
- 가치저장수단
  - 물가가 하락할 때는 현금이 좋은 가치저장수단이 되지만 상승할 때는 사정이 다름.

## 2.3 | 화폐의 역사

- 상품화폐
  - 교환의 매개물로 쌀, 밀, 베, 소금, 가축 등의 상품
- 금속화폐
  - 금, 은, 구리 등
- 태환지폐
  - 18세기에 들어와 지폐 사용, 태황성이란 요구만 있으면 지폐를 즉각 미리 예치된 금과 은 같은 귀금속으로 바꾸어 준다는 것을 의미
- 불환지폐(법화)
  - 금과 은으로 교환해 준다는 약속이 딸리지 않은 불환지폐 등장, 불환지폐가 화폐로 사용될 수 있는 것은 정부가 이것의 가치를 보증하고 있기 때문인데, 정부가 법적으로 그 가치를 보증한다는 의미로 법화라고 부름.
- 전자화폐 등장
  - 디지털 기술의 발전과 인터넷의 보급으로 전자상거래가 활발해지면서 동전과 지폐 등의 전통적인 화폐 대신 '제3의 화폐'가 등장 ⇒ 바로 전자화폐임.
  - 편의점, 자판기, 철도, 전철, 쇼핑센터, 백화점, 홈쇼핑, 각종 인터넷 쇼핑몰 및 기타 유료 디지털 콘텐츠를 이용할 때 결제 수단으로 사용되고 있음.

# 3 이자율

## 3.1 화폐시장과 금융시장

- 금융시장은 자금의 공급자인 가계와 자금의 수요자인 기업이 직접 만나는 시장, 즉 금융자산이 거래되는 시장을 말하는데, 여기서 말하는 금융자산이란 채권이나 주식 등 사고팔 수 있는 모든 형태의 자산을 말함.
  - 채권(bond)은 다른 말로 하면 '빚'(debt)으로서 기업이 채권을 발행한다는 것은 기업이 외부로부터 자금을 차입하는 것을 의미하며, 만기일이 되면 빌린 돈을 이자와 함께 갚겠다는 것을 약속한 증서를 말함.
  - 반면에 주식(stock, 또는 equity)이란 소유권을 나누어 갖는 것을 말하는데, 어느 기업의 주식 백만 주 중에서 한 주를 가지고 있다면, 이는 그 기업의 소유권을 백만분의 일을 가지고 있는 것을 뜻하기 때문에 기업이 이익을 보면 그 이익의 백만분의 일을 가질 권한이 있고, 손해를 보면 그 손해의 백만분의 일만큼 자신도 책임을 지게 됨.
  - 부동산이나 화폐도 자산의 일종이며, 그러한 자산을 증명하는 부동산 증서나 현금 예금액을 나타내는 예금증서도 모두 금융자산의 일종임.

- 화폐의 두 가지 특징
  - 화폐도 금융자산의 일종으로 간주되고 있는데, 다른 자산들과는 다른 특징을 지니고 있음.
  - 첫째 가장 안전한 자산이라는 것인데, 이는 도난이나 분실의 위험이 없다는 것이 아니라 액면가가 하락하지 않는다는 의미임.
  - 두 번째 특징은 유동성[111]이 높다는 것인데, 화폐로는 어떠한 자산으로도 손해를 보지 않고 쉽게 바꿀 수 있기 때문에 유동성이 높음. ⇒ 화폐가 유동성이 가장 높은 자산이 기 때문에 화폐를 다른 말로 유동성이라고 부름.

- 포트폴리오(portfolio)

---

111) 유동성(liquidity)이란 다른 형태의 금융자산으로 쉽게 바꿀 수 있는 성질 혹은 가치의 손실 없이 얼마나 현금화될 수 있는지의 정도를 말함.

- 사람들은 자기 자산의 일부를 당장의 편의를 위해 유동성이 높은 화폐의 형태로 보유하고, 남는 것은 수익성 자산의 형태로 보유함.
- 사람들이 어떠한 형태의 금융자산을 선택하느냐를 포트폴리오, 즉 자산배합이라고 하는데,[112] 포트폴리오 결정은 채권과 같은 수익성 자산과 화폐와 같은 유동성 자산의 자산배합 비율의 결정을 의미함.
- 따라서 전체 자산 중에서 수익성 자산이 차지하는 비중이 결정되면, 유동성 자산(화폐)이 차지하는 비율은 자동적으로 결정됨.

- 채권시장과 화폐시장
  - 금융시장 전체를 채권이나 주식 등(이를 모두 묶어 '채권'이라고 해도 무방함) 수익성 자산이 거래되는 시장과 수익성이 없는 화폐가 거래되는 시장으로 나눌 수 있음.
  - 수익성 자산이 거래되는 시장을 채권시장, 유동성이 거래되는 시장을 화폐시장이라고 부름.
  - 개인이 유동성 자산의 보유액을 결정하면 수익성 자산의 보유액은 저절로 결정되듯이, 사회 전체적으로도 화폐시장이 결정되면 채권시장은 저절로 결정됨.
  - 즉 채권과 화폐의 공급은 일정한 상태에서 각 개인들이 유동성의 보유를 늘리게 되면 채권에 대한 수요는 줄이는 셈이 되므로, 화폐시장에서는 초과수요가 발생하고 채권시장에서는 초과공급이 발생하게 됨.
  - 따라서 경제학에서는 화폐부문을 고려할 때 채권시장은 분석하지 않고 유동성, 즉 화폐시장만을 분석대상으로 삼는 것이 일반적임.[113]

## 3.2 | 이자율

- 화폐시장에서는 이자율이 결정되는데, 돈만이 아니라 채권 등 각종 금융자산의 수익률도 일종의 이자율임.
  - 실제로는 각종 금융자산마다 서로 다른 이자율이 존재

- 시장을 대표하는 이자율
  - 우리나라에서는 3년 만기 회사채 유통수익률을 시장이자율의 지표로 사용했음.
    ⇒ 회사채가 유통되는 시장은 이미 발행된 채권이 거래되는 시장(the secondary

112) 포트폴리오는 고대시대 사람들이 자신의 재산목록을 적은 두루마기를 말함.
113) 화폐시장만을 분석하지만 그렇게 함으로써 채권시장도 알 수 있기 때문임.

market)[114]을 의미하는데, 이미 발행된 채권의 가격은 시장의 수요와 공급에 의해 변동하고, 따라서 채권의 수익률도 변하게 됨. ⇒ 유통시장에서 채권에 대한 수요가 높아지면 채권의 가격은 오르고, 결과적으로 채권의 수익률은 내려가게 됨.[115]

- 또 다른 지표로 통화안정증권수익률이 있음. ⇒ 한국은행은 통화량의 수급을 조정하기 위해서 통화안정증권을 발행하는데, 시중에 통화량이 너무 많아서 인플레이션의 위험이 있을 때는 이 증권을 발행해서 시중의 자금을 회수하고, 시중에 자금이 부족하여 부도율이 높아지든지, 추석 등 자금수요가 급증할 것으로 예측되어 시중에 자금을 공급할 필요가 있으면, 화폐 발행의 방법 이외에 이 증권을 회수하여 통화량을 공급함. ⇒ 이 증권이 판매되려면 시중의 다른 금리보다는 약간 높아야 자금이 중앙은행으로 들어오므로 이 증권의 수익률은 일반적으로 회사채 유통수익률보다 조금 높음.

## 4 통화량의 측정

### 4.1 주요 통화지표

- 우리나라의 통화지표는 2002년 3월 국제통화기금(IMF)의 권고에 따라 새롭게 재편되었음.
  - IMF는 세계 금융환경의 변화에 따라 금융기관 간 경계가 모호해지자 금융자산 중심의 통화지표 편제를 적극 권장하였음.

---

114) 새로운 채권이 발행되는 시장은 발행시장(the primary market)이라고 함.

115) 가령 액면가 10만 원, 이자율 10%의 1년 만기 채권이 9만5천 원에 거래되고 있다고 하자. 여기서 채권의 가격은 액면가(만기일에 돌려받게 되는 약속된 금액)와는 다르게 되는데, 왜냐하면 채권가격은 채권의 수요에 의해 결정되기 때문임. 이런 상황에서 채권의 수익률은 다음과 같음. 즉 채권의 총수익(자본이익+이자수익)을 채권의 가격으로 나누어 주면 이 채권을 사기 위해 지불한 9만5천 원에 대한 수익률이 계산됨. 즉 채권의 수익률 = (총)수익/채권의 가격임. 여기서 자본이익이란 액면가 10만 원에서 이 채권을 사기 위해 지불한 금액인 9만5천 원을 뺀 5천 원이고 이자수익은 1년 동안의 이자인 1만 원임. 따라서 이 채권의 수익률($r$)은 $r=\{(100,000-95,000)+10,000\}/95,000=0.158$이 됨. 만약 채권의 수요가 증가해 이 채권의 가격이 9만8천 원으로 오른다면 채권의 수익률은 낮아지게 됨. 즉 $r=\{(100,000-98,000)+10,000\}/98,000=0.122$이 됨. 이처럼 채권의 가격과 수익률은 반비례의 관계를 가짐.

• 우리나라에서도 새로운 통화지표는 IMF의 통화금융통계 매뉴얼과 일치하도록 금융기관의 제도적 형태보다는 금융상품의 유동성을 기준으로 재편되었음.[116)]

- 좁은 의미의 통화($M1$)
  • 가장 기본적인 통화지표로 협의의 통화임.
  • 협의의 통화($M1$) = 현금통화(currency : CU) + 요구불예금(demand deposits : DD) + 수시입출식 저축성예금(은행의 저축예금 및 MMDA)[117)]
  • 상기의 예금은 즉각 현금화할 수 있는 것이 보통이므로 실질적으로는 현금과 거의 같다고 말할 수 있음.

- 광의의 통화($M2$)
  • $M1$에 비해 유동성이 다소 떨어지나 $M1$과 대체성이 높은 예금취급기관의 금융상품인 기간물 정기예적금, 시장형 상품, 실적배당형 상품, 금융채 등을 포함(단, $M1$에는 유동성이 낮은 만기 2년 이상 금융상품은 제외)
  • 광의의 통화($M2$) = $M1$(협의의 통화) + 기간물 정기예적금
    + 시장형 상품(CD, RP, CMA, 표지어음 등)
    + 실적배당형 상품 + 금융채 + 기타(투신사 증권저축 등)
  • $M1$에 포함되는 예금상품에 비해 이들의 유동성이 떨어지는 것은 사실이지만, 약간의 이자소득만 포기하면 언제든지 현금화가 가능하다는 특징이 있음.

- 금융기관유동성($Lf$ : The liquidity aggregate of financial institutions = 개편 전의 $M3$와 같음)[118)]
  • $M2$에 상업어음매출, 표지어음매출 등과 같이 유동성이 상대적으로 크게 떨어지는 금융자산을 추가해 만든 통화지표임.
  • 과거에는 $M3$(총유동성)라고 불리기도 하였으나 $M1$이나 $M2$에 비해 유동성이 크게 떨어지는 점을 강조하기 위해 화폐(money)를 상징하는 영문자 'M'을 사용하지 않고 유동성(liquidity)을 뜻하는 영문자 'L'을 사용하여 '$Lf$'라고 부르고 있음.

---

116) 그동안 한국의 통화지표 변천과정은 다음과 같음. 1957~1969 : 협의통화($M1$), 1970~1977 : 국내신용, 1978 : 협의통화($M1$), 1979~1997 : 광의통화($M2$)는 중심지표, $M2A$와 $M2B$는 보조지표, 1997 : 광의통화($M2$)와 MCT(= $M2$ + 양도성예금증서 + 금전신탁), 1998~ : IMF와 협의하에 총유동성($M3$), 2003~ : 금리 중시의 통화정책, $M1$, $M2$, $M3$ 등도 활용(2002년부터 새로운 개념의 $M1$, $M2$ 사용)

117) MMDA(money market deposit account)는 시장금리부 수시입출식 예금을 의미

118) 총유동성($M3$) = 총통화($M2$) + $M2$ 이외의 유동성

- 금융기관유동성($Lf$) = $M2$ + 만기 2년 이상 정기예적금 및 금융채 + 생명보험회사의 보험계약준비금 및 기타
- $Lf$에 속하는 금융자산들은 어느 정도의 유동성을 가지고는 있지만 화폐라고 불릴 만큼 충분한 유동성을 갖고 있지 못하므로 '$M3$' 대신 '$Lf$'라고 불리고 있음.

- 광의유동성($L$)
  - 광의유동성($L$ : liquidity aggregates)은 한 나라 경제가 보유하고 있는 전체 유동성의 크기를 측정하기 위한 것으로 금융기관이 공급하고 있는 금융기관유동성($Lf$)에 정부, 지방자치단체, 기업 등과 같은 비금융기관이 발행한 금융상품을 추가해 만든 통화지표임.
  - 광의유동성($L$) = $Lf$ + 정부 및 기업 등이 발행한 금융상품(국채, 지방채, 회사채, 기업어음 등)
  - 유동성을 갖고 있기는 하나 $M1$, $M2$, $Lf$에 포함될 정도로 유동성이 크지 않은 모든 종류의 금융자산들을 포괄하는 가장 포괄적인 통화지표라고 할 수 있음.

## 4.2 통화지표 선택의 기준

- 두 가지 선택기준을 생각해 볼 수 있음.
  - 하나는 통화지표와 실물경제 사이에 존재하는 관계의 밀접성이며, 다른 하나의 선택기준으로는 통화지표의 통제 가능성을 들 수 있음.

- 문제는 이상의 두 기준이 일종의 상충관계를 갖는다는 데 있음.
  - 따라서 각 나라의 통화당국은 일단 다양한 통화지표를 만든 다음, 필요에 따라 적절하다고 생각하는 몇 가지를 골라 정책의 기초자료로 사용하고 있음.

## 4.3 중심통화지표

- 우리나라에서는 1978년까지는 $M1$을 중심통화지표로 사용해 왔음.

- 1979년 이후 $M2$가 실물경제와의 상관성이 더 높아 $M2$를 중심통화지표로 사용하고, $M1$과 $M3$(현재의 $Lf$)를 보조로 활용해 왔음.

- 그 후 $M2$의 실효성이 떨어져 1999년(1998년)부터는 $Lf$($M3$)를 중심통화지표로 사용해 왔음.

- 그러나 최근에는 통화지표보다는 이자율을 통화정책의 목표로 하는 경우가 늘어나면서 통화지표의 중요성이 상대적으로 감소하고 있는 추세임. ⇒ 통화 및 유동성 지표가 2002년까지는 통화정책의 중간목표로 활용되어 왔으나 물가안정목표제(inflation targeting) 도입과 함께 금리중심 통화정책 운영체계가 정착됨에 따라 2003년부터는 정책운영의 정보변수로만 활용되고 있음. ⇒ 즉 2003년 이후 금리중시의 통화정책 실시
- 기존의 통화지표들이 금융기관 상품의 성격을 토대로 편재돼 현금 흐름을 제대로 반영하지 못하는 단점을 극복하기 위하여 한국은행은 2002년에 다시 정의를 내려 '신$M1$', '신$M2$' 그리고 '신$L$'로 불렀는데, 이들 새로운 통화지표들은 통화의 유통속도, 현금화 가능성(즉 유동성) 등을 보다 정확히 반영하는 것으로 평가되고 있음.
- 그 후 2006년 5월 한국은행은 통화지표를 일부 개편하였는데, 2002년 개편 당시 $M1$에 포함되었던 MMF(Money Market Fund)가 새로이 $M2$에 포함되었음.
  - 그 이유는 MMF를 구입한 후 다시 매각하는 이른바 환매방식이 당일 환매에서 하루 경과 후에 찾을 수 있는 일일환매로 전환되어 그만큼 MMF의 유동성이 낮아졌기 때문임.
- 이처럼 금융상품의 변화들이 통화지표의 변화를 가져오고 있음.

# 5 화폐의 수요와 공급

## 5.1 화폐에 대한 수요

- 화폐에 대한 수요란 결국 보유하는 자산 중 얼마만큼을 화폐의 형태로 보유할 것인가에 대한 결정의 산물임.
  - 일반적으로 사람들은 주식, 채권, 부동산, 예금 등 여러 형태의 자산을 섞어서 보유하는 경향이 있음.
  - 이들을 어떤 비율로 섞어 보유하느냐가 중요한 선택문제가 될 수 있는데, 경제학에서는 이를 자산선택(portfolio choice)의 문제라고 부름.
  - 화폐에 대한 수요는 기본적으로 이 자산선택의 문제라는 틀 안에서 발생하는 현

상이라는 성격을 갖고 있음.

- 화폐를 보유하는 이유
  - 우리는 일상생활에서 이런 저런 물건들을 구입하게 되는데, 이를 위해서는 어느 정도의 화폐를 수중에 갖고 있어야 함. ⇒ 거래적 동기에 의한 화폐수요(이는 소득이 많을수록 많아지는데, 다시 말해 고소득층일수록 거래할 목적으로 화폐를 보유하는 양이 많아짐)
  - 예기치 않게 닥칠 일에 대비해 화폐를 갖고 있어야 할 필요가 있음. ⇒ 예비적 동기에 의한 화폐수요(이 역시 소득이 많을수록 액수가 높아짐)
  - 수익성이나 안정성의 측면에서 화폐가 다른 자산보다 더 낫기 때문에 화폐를 보유하려는 경우도 있을 수 있음(투자의 시기를 기다리기 위해서 한시적으로 현금 등 유동성이 높은 형태의 자산을 보유). ⇒ 투기적 동기에 의한 화폐수요(화폐를 자산 가운데 하나로 인식하는 것이므로 화폐의 가치저장 기능을 중시하는 것임)

## 5.2 화폐수요함수와 화폐수요곡선

- 화폐수요함수는 화폐수요량과 이것의 결정요인 사이에 다음과 같은 관계가 존재하고 있음을 구체적으로 보여주고 있음.
  - 물가수준 그 자체가 높을수록 화폐수요량이 더 커지는 반면, 물가상승률의 경우에는 이것이 클수록 화폐수요량이 더 작아지는 것임. ⇒ 물가수준이 높아지면 거래적 동기에 의한 수요가 그만큼 더 커져 화폐수요량이 늘어나지만 물가가 빨리 오르는 상황에서는 화폐가 상대적으로 더 나쁜 가치저장의 수단이 되기 때문에 물가상승률이 커지면 화폐수요량이 줄어드는 결과가 나타남.
  - 이자율이 상승하면 투기적 동기에 의한 화폐수요가 줄어드는 결과가 나타남. ⇒ 다른 금융자산과 달리 현금에는 이자가 붙지 않기 때문에 이자율이 상승한다는 것은 현금보유의 기회비용이 더 커진다는 것을 뜻하기 때문에 이자율이 높을수록 화폐가 상대적으로 더 나쁜 가치저장의 수단이 되고, 이에 따라 투기적 동기에 의한 수요가 줄어드는 것임.
  - 국민소득의 증가는 거래적 동기에 의한 수요를 늘려 화폐수요량이 더욱 커지는 결과를 가져오게 됨.
  - 금융제도의 변화도 영향을 줄 수 있는데, 일례로 24시간 현금지급기의 보급으로 어느 때든 현금을 인출할 수 있게 되었기 때문에 현금에 대한 수요가 현저히 떨어진 것을 볼 수 있음.

• 지하경제의 발달 정도도 영향을 줄 수 있는바, 지하경제에서는 대부분의 거래가 현금을 통해 이루어지는데, 그렇게 해야 정부의 눈을 피할 수 있기 때문임. ⇒ 따라서 다른 여건이 똑같다면 지하경제의 비중이 클수록 화폐수요량이 더 커지는 것을 관찰할 수 있을 것임.

- 화폐수요에 영향을 주는 주된 요소인 소득과 이자율에 대한 시각차
  • 고전학파 경제학자들은 화폐수요는 소득에 의해서만 영향을 받는다고 인식했었는데, 케인즈는 투기적 동기를 강조해 화폐수요에 영향을 주는 요소는 소득뿐만 아니라 이자율도 또한 영향을 준다는 것을 논리적으로 밝혔음.
  • 오늘날 케인즈학파 경제학자들이나 고전학파의 전통을 이어받은 신고전학파 경제학자들 모두 화폐의 수요에 소득과 이자율이 모두 영향을 준다는 것은 인정하지만, 소득과 이자율 중에서 더 중요한 요인이 무엇인가에 대해서는 여전히 견해 차이를 보이고 있음.
  • 케인즈학파의 학자들은 화폐수요에 더 큰 영향을 주는 것은 이자율이라고 주장을 하는 반면에 프리드만 등 신고전학파 학자들은 화폐수요에 더 큰 영향을 주는 것은 소득이고, 이자율은 큰 영향을 주지 못한다고 주장

- 화폐수요곡선
  • 화폐수요에 영향을 주는 다른 요인들은 불변임을 가정하고 이자율과 화폐수요량 사이의 관계를 그림으로 나타낸 것이 바로 화폐수요곡선인데, 이자율과 화폐수요량 사이에는 역(−)의 관계가 있기 때문에 화폐수요곡선은 우하향하는 모양을 가짐.

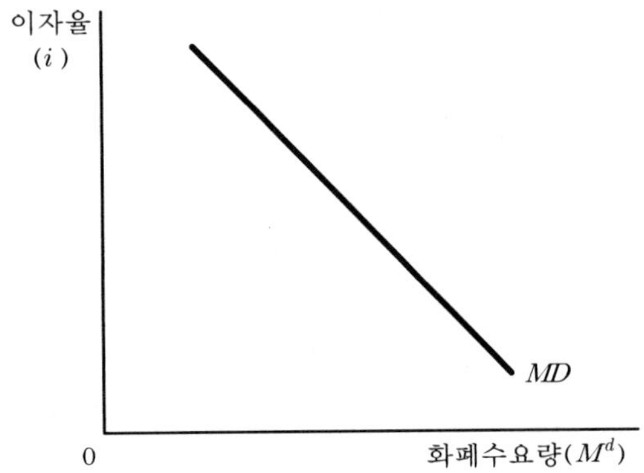


**[그림 5-1] 화폐수요곡선**[119]

119) 화폐수요에 영향을 주는 다른 요인들은 불변임을 가정하고 이자율과 화폐수요량 사이에 역(−)의 관계가 있음을 나타냄.

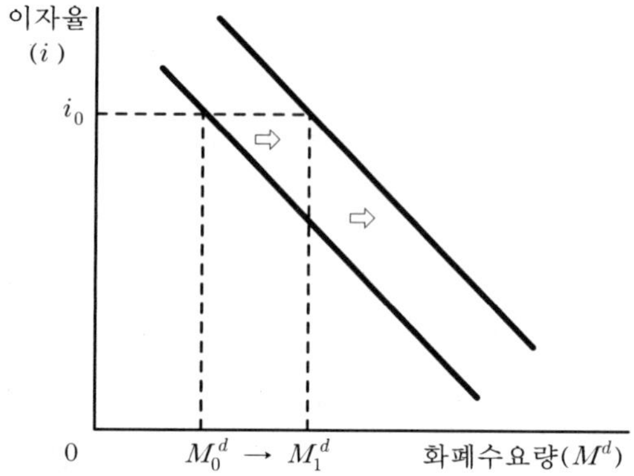


**[그림 5-2] 화폐수요곡선의 이동**[120]

• 불변이라고 가정한 다른 요인에 변화가 생기면 화폐수요곡선 그 자체가 이동하는 결과가 나타나는데, 예를 들어 국민소득 수준이 상승하면 거래적 동기에 의한 화폐수요가 증가할 것이므로 화폐수요곡선은 오른쪽으로 이동함.

## 5.3 | 화폐공급곡선

- 화폐의 공급이 중앙은행에 의해 독점적으로 결정된다고 생각하는 사람이 많지만 화폐의 범위를 $M1$으로 좁게 정의하더라도 그 안에는 요구불예금처럼 중앙은행이 마음대로 그 크기를 조절할 수 없는 부분이 포함되어 있음을 잊어서는 안 됨.
  • 설사 중앙은행이 현금통화의 공급을 증가시킨다 해도 이를 현금으로 보유할 것인가 아니면 요구불예금으로 은행에 예금할 것인가는 결국 개인의 결정에 달려 있음.
  • 또한 은행이 얼마나 적극적으로 개인이나 기업에 대출을 해주려 하느냐에 따라 시중에 유통되는 자금의 양이 다르게 됨.
  • 이는 중앙은행뿐 아니라 개인과 일반 금융기관도 화폐공급에 영향을 줄 수 있다는 것을 뜻함.

- 그러나 한 가지 분명한 것은 정부, 즉 중앙은행이 화폐의 공급에 매우 중요한 영향을 미칠 수 있다는 사실임.

---

120) 화폐수요곡선을 그릴 때 이자율을 제외한 다른 화폐수요의 결정요인은 불변으로 가정하는데, 이것 중 어느 것에 변화가 생기면 화폐수요곡선이 이동하게 됨.

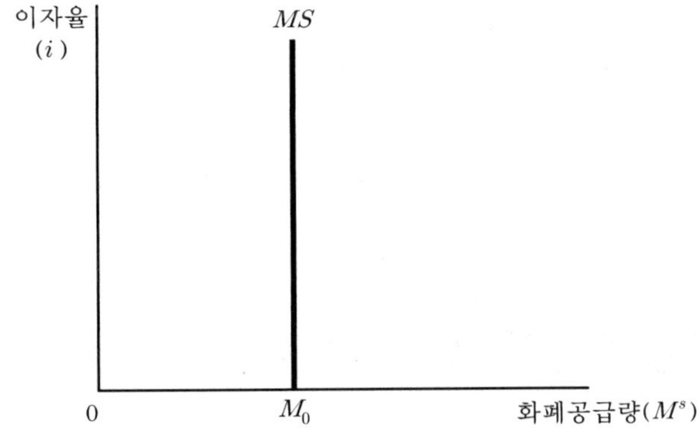


**[그림 5-3] 화폐공급량이 정부정책에 의해 결정된다는 가정하의 화폐공급곡선**

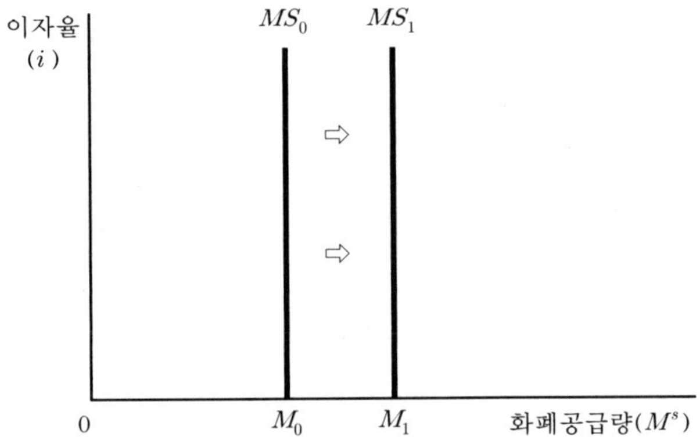


**[그림 5-4] 화폐공급곡선의 이동**[121]

- 일단 분석의 편의를 위해 중앙은행이 다양한 정책을 통해 화폐의 공급을 완벽하게 조절할 수 있다고 가정
  - 중앙은행이 화폐공급량을 일정수준으로 결정했다면 화폐공급곡선은 수직선이 됨.
    ⇒ 화폐공급량이 이자율과 관계없이 정부정책에 의해 결정된다는 가정을 반영
  - 만일 중앙은행의 화폐공급량이 증가한다면 화폐공급곡선은 오른쪽으로 이동하게 될 것임.

- 바로 다음에 논의될 내용이긴 하지만, 분석의 편의를 위해 우리는 민간부문에서 보유하는 화폐(현금통화)는 전혀 없고 모두 은행에 예금한다고 가정하고, 시재금[122]

121) 중앙은행이 화폐공급량을 늘리면 화폐공급곡선이 오른쪽으로 이동하게 됨.

122) 예금은행이 영업자금을 확보하기 위해 은행금고에 보관한 현금을 시재금(cash in vault)이라고 함. 시중에 유통되는 현금통화와 시재금을 합쳐 화폐발행액이라고 함.

도 없다고 가정하고 있으나 실제로는 본원통화[123] 중의 일부를 민간이 보유하며, 은행도 예금의 일부를 시재금으로 갖게 되므로 통화공급은 통화량 중에 현금이 차지하는 비중인 현금통화율과 시재금에도 영향을 받음.

# 6 예금은행과 통화창출

## 6.1 은행 전체의 총 예금액 증가분 계산과정

- 실례
  - 예를 들어 중앙은행만 있고 은행이라고는 하나도 없는 채, 현금만 100억 원이 유통되는 나라가 있다고 하자.
  - 가령 은행이 한 개 생기고 사람들이 이 100억 원을 모두 이 은행에 당좌예금 했다고 할 경우에 이 은행의 법정지급준비율이 20%라면 예금액의 20%만 지급준비금으로 갖고 있고 나머지 80%는 모두 대출할 수 있다는 것임.
  - 그런데 많은 은행이 있고 대출을 받은 사람들은 모두 다시 그 돈을 은행에 예금한다고 하자. 이 경우 80억 원을 대출받은 사람이 다른 은행에 이 돈 전액을 예금하면 그 은행은 그 예금액의 20%만 지급준비금으로 보유하고 나머지는 대출하게 됨.
  - 80억 원 중 16억 원은 지급준비금으로 보유하고 나머지 64억 원은 대출할 수 있음.
  - 이런 예금과 대출 과정이 계속 되풀이되면 통화량은 얼마나 늘어나게 되는가?

$$
\begin{aligned}
\text{총 예금의 증가분} &= 100\text{억 원} + 80\text{억 원} + 64\text{억 원} + 51.2\text{억 원} + \cdots \\
&= 100\text{억 원} \times [1 + 0.8 + (0.8)^2 + (0.8)^3 + \cdots] \\
&= 100\text{억 원} \times \frac{1}{1-0.8} \\
&= 500\text{억 원}
\end{aligned}
$$

- 처음의 100억 원은 중앙은행이 발행한 현금통화인데, 이를 본원통화라고 함.

123) 본원통화(base money)란 중앙은행 창구를 통하여 시중에 나온 화폐를 말하며 이는 화폐발행액과 중앙은행 지준예치금(법정지준금+초과지준금)을 합친 개념임.

- 중앙은행이 발행하여 중앙은행 창구를 떠난 돈을 본원통화(reserve base, monetary base, 또는 high-powered money)라고 함.

- 지급준비율이 20%인 경우 은행 전체는 500억 원, 곧 5배에 해당되는 예금통화를 창출하게 되므로 은행들은 본원통화의 승수 배만큼의 예금통화를 창출하게 됨.
  - 이는 전체 은행이 창출할 수 있는 최대의 예금통화량임.
  - 이 경우 통화승수는 5임(1÷20%=5).

### 6.2 | 통화승수

- 중앙은행이 애당초 늘려 공급한 화폐의 양과 은행의 예금창조[124] 과정을 거쳐 궁극적으로 증가한 통화량 사이의 비율을 통화승수(monetary multiplier)[125]라고 부름.

- 따라서 위의 예에서 보는 바와 같이 법정지불 준비율이 $z$로 주어져 있을 때, 통화승수($m$)는 $1/z$의 값을 가짐.

- 통화승수에 의한 증폭과정은 본원통화가 줄어들어 통화량이 줄어들 때도 그대로 적용될 수 있는바, 즉 본원통화가 줄어들면 예금파괴(deposit destruction) 과정을 거쳐 통화량이 더 큰 폭으로 줄어들게 되는 것임.

- 결과적으로 중앙은행이 통화량을 줄이기를 원할 때는 통화승수의 크기를 감안해 본원통화를 적절한 폭으로 줄이면 되는 것임.

## 7 이자율과 통화공급

- 중앙은행이 결정하는 본원통화량과 법정지불준비율은 정책변수이므로 중앙은행에서 정책적으로 결정하지만, 민간의 현금통화율과 은행시재금($C_v$)은 시장이자율에 영향을 받음.
  - 왜냐하면 이자율이 높을 때는 현금으로 가지고 있기보다는 이자를 받기 위해서

---

124) 예금은행들은 직접 화폐를 발행하는 것은 아니지만 예금업무를 통해서 신용을 창출하여 통화량을 증대시키는데, 이것을 예금창조 혹은 신용창조(credit creation)라고 함.

125) 통화승수 = 본원통화 / 총예금창조액

은행에 예금하려고 하는 경향이 높기 때문에 이자율이 높을수록 현금통화율은 낮아질 것임.

- 마찬가지로 은행에서도 이자율이 높을수록 은행의 금고에 보관하는 시재금을 가능한 한 작게 유지하려고 할 것이고 그 결과 화폐공급량은 증가하게 됨.[126)]

- 화폐공급량이 본원통화[127)]나 법정지불준비율[128)]에 더 큰 영향을 받을 것인가, 아니면 은행시재금[129)]과 현금통화율[130)]에 의해서 더 크게 영향을 받을 것인가와 관련하여, 만약 후자라면 이자율이 화폐공급량에 미치는 영향이 클 것이고, 전자라고 하면 화폐공급량은 정책적으로 결정될 뿐이고, 이자율과는 별로 상관이 없게 됨.
  - 일부 학자들은 은행관리의 효율화를 위해 은행시재금은 일정하고, 현금통화율도 관습적으로 단기간에는 잘 변하지 않기 때문에 화폐공급은 본원통화량과 법정지불준비율 등 정책적 변수에 의해 결정된다고 주장함.
  - 실증적 연구에 의하면 통화량의 장기변동에는 본원통화량이 중요한 역할을 하고 단기 변동에는 시재금과 현금통화율, 즉 이자율이 더 중요한 역할을 하는 것으로 나타남.

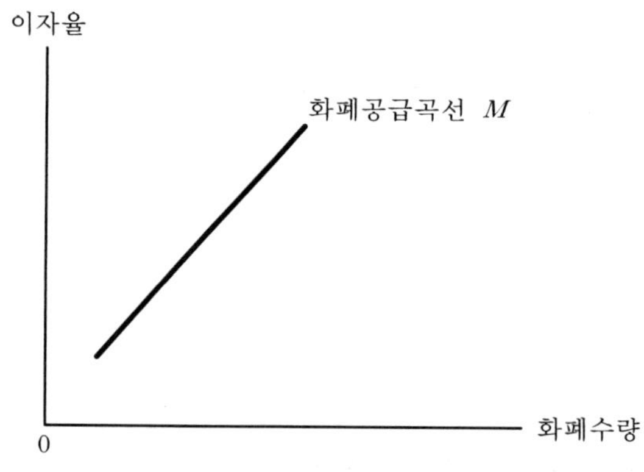


**[그림 5-5] 단기적으로 이자율의 증가함수로 나타난 경우의 화폐공급곡선**

---

126) 통화공급은 단기적으로는 이자율의 증가함수로 나타남.

127) 본원통화(base money)란 중앙은행 창구를 통하여 시중에 나온 화폐를 말함. 본원통화의 일부는 시중에 유통되며(이를 현금통화라고 함), 일부는 예금은행에 예치되어 승수효과를 통하여 예치된 금액의 몇 배에 해당하는 예금창조가 발생되므로 고성능화폐(high-powered money)라고도 함.

128) 총지불준비금 또는 총지급준비금은 법정지불준비금과 초과지불준비금으로 구성됨. 총지불준비금 중의 일부는 의무적으로 한국은행에 예치해야 하는데, 이것을 법정지불준비금이라고 하며 그 비율을 법정지불준비율(법정지불준비금/총예금)이라고 부름. 법정지불준비금을 제외한 나머지를 초과지불준비금이라 하고 은행들은 이 초과지불준비금을 대출자금으로 사용할 수 있음.

129) 예금은행은 영업자금을 확보하기 위해 은행금고에 현금을 일부 보관하는데, 이를 시재금(cash in vault : $C_v$)이라고 함.

130) 통화량 중에서 현금이 차지하는 비중을 말함.

# 8 화폐시장의 균형과 균형 시장이자율의 결정

## 8.1 화폐시장의 균형

- 화폐시장의 균형에서 이자율이 결정된다고 설명하는 이론을 케인즈의 유동성 선호 이론[131]이라고 부름.
  - 사람들이 화폐를 얼마나 수요하고 있는지가 이자율의 결정에 중요한 역할을 하는 것으로 본다는 뜻에서 바로 이 유동성 선호이론이라는 이름이 붙은 것임.
  - 그러나 이러한 설명은 분석의 편의를 위해 화폐공급이 통화 당국에 의해 결정되는 정책변수로 가정한 데서 비롯되고 있는데, 실제로는 화폐공급이 중앙은행의 정책에 의해서만 영향을 받는 것이 아니라는 점을 우리는 이미 앞에서 언급했음.
- 지금까지의 논의를 요약하면 화폐수요에 영향을 주는 것은 소득과 이자율이고, 공급에 영향을 주는 것은 중앙은행의 정책과 이자율이기 때문에[132] 소득이 일정하고, 정부의 정책이 일정하다면 화폐시장에서 수요와 공급에 결정적인 역할을 하는 것이 이자율이라는 사실을 알 수 있음.
- 따라서 화폐의 수요곡선과 공급곡선은 이자율의 함수로 표시할 수 있고, 이 두 곡선이 만나는 점에서 화폐시장의 균형이 성립되며 이때 균형이자율이 결정됨.
- 화폐시장에서 초과수요가 존재하는 경우 어떻게 회사채의 유통수익률(즉 시장이자율)이 오르게 되는가?
  - 만약 화폐시장에서 시장이자율이 균형이자율보다 낮으면, 화폐시장에서 화폐의 초과수요가 존재하고, 이는 채권시장에서 채권에 대한 초과공급을 의미하므로 채권의 가격이 하락함.
  - 채권가격은 채권의 수익률과 반비례하므로 결국 채권의 수익률이 오르게 되고, 이는 곧 시장이자율이 균형이자율을 향하여 상향조정됨을 의미

131) 유동성 선호란 화폐수요의 다른 이름임.
132) 물론 화폐수요와 공급의 경우 여기서 언급된 이외의 요소들도 영향을 주고 있는 것이 사실이지만, 이들이 주된 요소에 해당한다고 볼 수 있음.

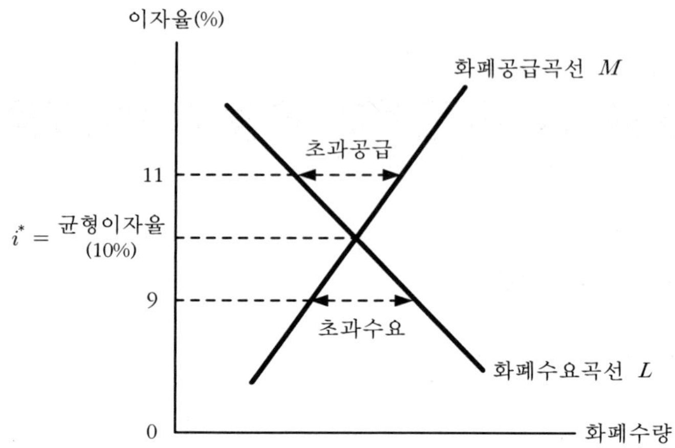


**[그림 5-6] 화폐시장의 균형**133)

- 그러므로 균형이자율은 화폐시장과 채권시장 모두에서 초과수요나 초과공급이 존재하지 않게 되는 시장이자율이며, 이 시장이자율에서 화폐시장과 채권시장은 균형을 이루게 됨.

## 8.2 이자율의 변화

- 화폐의 수요가 감소할 경우
  - 화폐의 수요가 줄어들면 이자율이 떨어질 수 있는데, 이는 원래의 균형이자율 수준에서 화폐시장의 초과공급을 의미함과 동시에 채권시장에서 채권의 초과수요를 의미하므로 채권가격은 오르게 되고 따라서 채권의 수익률, 즉 시장이자율은 하락하게 됨.

- 중앙은행이 통화량을 늘릴 경우
  - 대개의 경우 회사채 수익률(즉 시장이자율)이 하락하는데, 그 이유는 통화량이 늘어나면 원래의 균형이자율에서 화폐시장에서는 화폐의 초과공급이 존재하게 되며, 이것은 채권시장에서 채권의 초과수요를 의미하고, 따라서 채권의 가격은 상승하고 채권의 수익률, 즉 시장이자율은 새로운 균형이자율로 하락하게 되기 때문임.

133) 화폐시장의 초과공급은 채권시장의 초과수요를 의미하고, 이 경우 채권의 가격이 올라 유통수익률이 하락하게 됨. ⇒ 채권의 유통수익률이 곧 시장이자율임.

• 화폐수요곡선과 화폐공급곡선의 이동 상황을 가지고 설명해 볼 수도 있는데, 화폐공급이 늘어나면 화폐공급곡선은 우측 이동 ⇒ 균형이자율 하락(이는 국민소득이나 물가 같은 다른 요인들이 고정되었다는 가정하에서 얻어진 결과임)

## 8.3 | 분석의 한계

- 현실경제에서는 화폐공급이 늘어남에 따라 이자율이 하락하면 투자와 소비지출에 변화가 생겨 국민소득과 물가에 변화가 오게 되기 때문에 국민소득과 물가가 고정되었다는 가정하에서 진행한 분석 결과에는 명백한 한계가 있을 수밖에 없음. ⇒ 한마디로 화폐경제에서 결정된 시장이자율은 실물경제부문에서 지출(특히 내구재에 대한 소비와 투자)에 영향을 주어 실물경제의 생산활동 수준에 영향을 미치게 됨.

### 참고자료

(1) 김승욱 외(2008), 《알짬 시장경제》, 박영사.
(2) 송병락(2006), 《글로벌시대의 경제학》, 박영사.
(3) 이준구 외(2012), 《경제학 들어가기》, 법문사.
(4) 김민우 · 민병기(2014), 《2014년 2월중 통화 및 유동성》, 보도자료, 한국은행 경제통계국 금융통계팀, 2014. 04. 09.

## 부록 [5-1] 돈의 유통속도

### 1. 유통속도는 과연 안정적인가

- "돈이 잘 돌지 않는다" 또는 "돈이 너무 흔하다"는 얘기를 흔히 듣게 되는데, 이 경우 돈은 십중팔구 주머니나 금고 속의 현금이나 수표를 의미함.
- 그러나 우리가 만지작거릴 수 있는 돈들은 세계에 유통되고 있는 전체 돈의 극히 작은 일부분에 지나지 않음.
  - 컴퓨터 네트워크를 타고 하루 몇 조(兆)달러의 돈들이 순식간에 자리바꿈을 거듭함.
  - 시차도, 물리적 장소도, 형태도 없이 컴퓨터 스크린을 넘나드는 돈을 '전자머니'라고 부름.[134)]
- 돈과 그 속도에 관한 정의와 개념자체가 달라지고 있음을 시사
  - 움직이는 물체의 동력은 질량에다 그 속도를 곱한 값인데, 경제 역시 움직이는 실체이기 때문에 그 움직이는 힘 또한 돈의 규모에다 그 유통속도를 곱한 값으로 생각함.
  - 질량이 작아도 속도가 빠르면 큰 힘을 낼 수 있긴 하지만 수중에 들어온 돈을 가계나 기업이 얼마나 오랫동안 지갑이나 금고 속에 갖고 있느냐는 측정이 쉽지가 않음.
- 통화주의자나 통화정책당국들은 애초에 이 속도를 안정되고 일정한 것으로 간주하고 통화량의 크기만을 늘렸다 줄였다 하면 된다고 주장
  - 속도가 불안정할 경우 통화량의 규제를 통한 경제의 컨트롤은 사실상 의미가 없어지기 때문임.

### 2. 유통속도 개념의 추방

#### 2.1 이유

- 현실적으로 의미가 없고 경제상황을 오도(誤導)한다는 이유에서 벤저민 프리드먼과 그레고리 맨큐 등 하버드의 중견 경제학자들이 유통속도 개념의 추방을 들고 나왔음.
- 흔히 국민총생산(혹은 국내총생산)은 전체통화량에 유통속도를 곱한 값으로 간주됨.[135)]

---

134) 옮겨 다니는 속도는 빛의 속도와 맞먹는데, 아인슈타인의 우주에서 빛보다 속도가 더 빠른 것은 존재하지 않음.

135) 다시 말해 통화유통속도($v$)는 명목 국내총생산(GDP)을 통화량($M2$)으로 나눠 한 단위 통화가 GDP에 얼마나 기여했는지 알아보는 지표임.

• GNP(혹은 GDP)가 36조 원이고, 통화량이 6조 원이라면 그 통화속도는 6이 됨. ⇒ 1년에 6회전, 즉 수중에 들어온 돈이 평균 두 달 정도씩 머문다는 의미

- 그러나 현실경제에서 돈이 얼마나 빨리 움직이느냐를 재는 척도로 이 속도(통화량과 GNP 혹은 GDP 간 비율)는 두 가지 중대한 결함을 안고 있음.
  • 첫째, 국경을 넘나드는 전자머니를 통한 통화공급은 공식집계에 잡히지도 않고, 또 경제상황에 영향을 주지 않으면서 수시로 이뤄짐. ⇒ 전자머니의 회전속도는 지극히 불안정
  • 둘째, GNP집계에서 일상거래의 대부분은 계산에서 제외됨. ⇒ 자동차를 구입할 경우 수요자가 자동차 판매회사에 대금을 지불하고 구입한 최종거래만 계상됨.[136)]

### 2.2 유통속도의 불안정 추세

- 최근 들어 이 속도마저 갈수록 불안정해지는 추세
  • 속도의 안정을 전제로 한 통화정책이론은 그 근저부터 위협을 받고 있음.
  • 통화정책에 상관없는 성장도 상정됨.
- 각국 금융당국의 통제밖에 놓인 전자머니는 금융세계에 '미래의 충격'
  • 미국의 연간 전체통화($M1$) 가운데 개인 및 기업의 거래 및 저장용 보유는 30%에 불과해 '실종된 돈'의 행방이 새로운 연구 과제임. ⇒ 불법 지하경제, 조사대상에서 제외된 18세 미만의 어린이, 아니면 외국인 수중이 이에 포함
- 실종된 돈과 함께 그 '속도'의 향배가 궁금증을 더해 줌.

## 3. 최근 한국경제의 유통속도 추세

### 3.1 하락하는 유통속도

- '돈의 회전율'을 뜻하는 통화유통속도가 2008년 글로벌 금융위기 때보다도 낮아지면서 최근에 사상 최저치로 하락
- 한은이 최근 발표한 2013년 국민계정과 통화량 지표를 매일경제가 분석한 결과, 2013년 4분기 통화유통속도는 0.754로 사상 최저치를 기록했음.
  • 정부와 한은이 대규모 자금을 시중에 풀어놓고 있음에도 자금이 실물경제까지 흘러들지 못하고 있는 것임.
  • 다시 말해 시중에 많이 풀린 돈이 예전만큼 소비와 투자 등 실물경제 활성화로 이어지지 않는다는 의미임.

136) 경제상황을 가장 잘 나타내 주는 부품구매와 납품에 얽힌 수많은 중간단계 거래들은 생략

- 미국 연방준비제도이사회(FRB)는 시중의 자금 회수를 고려할 때 통화유통속도를 가장 중요한 지표 중 하나로 꼽고 있음.
  - 통화유통속도 하락은 한은이 시중에 돈은 많이 풀었지만 그렇게 늘어난 돈이 경제활동으로 제대로 이어지지 않고 있다는 뜻임.
- 2005년 4분기 0.927이었던 통화유통속도는 2006년 4분기 0.876, 2007년 4분기 0.862로 0.8선 위를 오르내리다 글로벌 금융위기가 찾아온 2008년부터 큰 폭으로 하향 곡선을 그렸음.
- 경기회복 추세와 함께 통화 완화정책 효과가 나오면서 통화유통속도는 2010년 4분기 0.775, 2011년 4분기 0.779로 반등했으나, 유럽 재정위기 이후인 2012년 4분기 0.760으로 하락했고, 2013년 4분기에는 사상 최저치까지 떨어진 것임.

### 3.2 하락추세에 관한 평가

- 글로벌 금융위기 이후 통화유통속도의 추세적 하락(통화승수도 포함[137]) 움직임이 신용경색이나 금융기관의 신용창출기능 약화는 아니라는 분석이 나왔음.
- 2013년 7월 14일 한국은행이 발표한 '주요 통화 관련 지표 동향 및 평가-통화유통속도 및 통화승수를 중심으로' 자료에 따르면 통화유통속도 하락은 금융산업의 성장과 신금융상품 확산에 따른 금융심화 등에 따라, 통화승수 하락은 대내적으로는 5만 원권 발행 등 제도적 요인에 미국과 EU, 일본 등의 경기부양을 위한 양적완화 조치 등 정책적 요인에 기인했다고 분석하였음.
- 통화유통속도의 하락을 일단 구조적 요인에서 찾았음.
  - 즉 금융자산과 부채가 같이 증가하는 금융심화 등으로 통화수요가 구조적으로 확대된 결과라는 것임.

---

137) 통화유통속도 하락의 단기적 요인으로는 부동산가격 및 주가상승 등 부의 효과(wealth effect)와 채권수익률 상승 등 *M*2 대체자산의 수익률 상승에 따른 통화보유 기회비용의 증가, 경기부진 및 완화적 통화정책에 따른 명목GDP 증가세의 둔화 및 통화공급증대, 불확실성 증가에 따른 통화성 자산 수요증가 등을 꼽았음. *M*2를 본원통화로 나눈 통화승수 역시 2009년 3분기 이후 하락세를 보이고 있음. 2000년 1월 26.1배에서 2009년 6월 25.5배로 비교적 안정적이던 통화승수가 2013년 5월 20.9배까지 떨어졌음. 다만 이 같은 하락세는 2009년 6월 말 5만 원권이 신규 발행되는 것과 맞물렸다는 평가임. 특히 이후 저금리가 지속되면서 화폐보유에 따른 기회비용이 감소하는 등 민간의 현금보유 성향이 강화된 것도 통화승수 하락세를 주도했다는 분석임. 미국과 유로지역, 일본 등 주요 선진국의 통화승수 하락은 양적완화 정책 실시 등에 따라 초과지준 공급 확대 등에 기인한 것으로 진단하였음. 이밖에 통화승수의 단기적 변동요인으로는 MMF나 금전신탁 등 비지준적립대상 상품 비중 축소 등 지준적립대상 상품의 비중변화가 본원통화 내 지준예치금 증가를 통해 통화승수 하락요인으로 작용함과 아울러 설 명절 등 계절적 화폐수요 변동 등도 영향을 미칠 수 있다는 분석임. 이와 관련하여 김남현(2013) 참조.

• 실제로 경제주체의 보유 금융자산을 명목GDP로 나눈 금융연관비율이 2000년 말 2.1배에서 2012년 말 3.3배로 높아졌음.
• 특히 분자요인인 $M2$의 유통속도 하락세가 가팔랐던 2006년부터 2008년 금융상품 중에서도 수익증권과 금전신탁 등 실적배당형 상품의 높은 신장세가 통화유통속도 하락을 주도했던 것으로 분석했음.
• 해외 주요국에서도 금융혁신, 금융산업 성장 등 실물경제대비 민간의 금융자산 보유 규모가 확대된 것이 통화유통속도 하락을 이끌었다고 평가했음.

- 김철 한은 금융시장팀 과장은 "통화유통속도 및 통화승수의 추세적 하락이 가지는 경제적 의미를 신용경색이나 신용창출 기능 저하 등과 관련짓기보다는 금융·경제 구조 변화, 제도·정책 변경의 영향 등을 반영하는 지표로 접근할 필요가 있다"며 "신용경색 여부 등은 통화유통속도나 통화승수와 같은 총량지표가 아니라 신용스프레드, 연체율, 가계 및 기업의 자금조달 동향 등 미시적 지표를 종합적으로 고려해 판단하는 것이 바람직하다"고 언급하였음.

- 한편 임희정 현대경제연구원 연구위원은 "시중에 유동성이 많이 풀렸지만 그것이 생산적인 곳으로 가지 않고 다시 중앙은행으로 흡수되는 현상이 반복되고 있다"고 설명

- 이와 함께 통화유통속도의 하락은 한은의 통화·금리정책이 제대로 작동하지 않기 때문이라는 지적도 있음.
• 이론상으로는 중앙은행이 금리를 낮추면 투자가 증가해야 하지만, 실제로는 금리를 낮춰도 투자가 늘어나지 않고 있음.
• 그만큼 통화정책의 유효성이 떨어지는 상황이라는 것임.

- 오정근 한국경제연구원 초빙연구위원은 "중앙은행의 통화정책 수단으로는 공개시장 조작, 지급준비율조작, 재할인 정책 등이 있지만 한은은 공개시장 조작만 하고 있다. 다른 정책을 가동하는 것도 고민할 필요가 있다"고 언급하였음.

### 참고자료

(1) 변상근(1995), "돈의 유통속도", 《중앙일보》, 1995. 07. 26.
(2) 김남현(2013), "한은, 통화유통속도·통화승수 하락 '신용경색' 아니다", 《이데일리》, 2014. 07. 14.
(3) 최승진·이현정(2014), "화폐유통속도 사상최저", 《매일경제》, 2014. 04. 13.

## 부록 [5-2] 유동성의 이해

### 1. 의미

- 자산을 현금으로 전환할 수 있는 정도를 나타내는 경제학 용어[138]로 기업의 경우는 기업의 자산을 필요한 시기에 손실 없이 화폐로 바꿀 수 있는 안전성의 정도를 나타냄.
- 개인의 경우는 개인이 재산 증식을 목적으로 투자 대상을 선택할 때 그 대상을 자신이 원하는 시기에 바로 현금으로 전환할 수 있는지를 따지는데, 이 현금으로 전환할 수 있는 정도를 유동성(liquidity)이라 함.

### 2. 구분

- 흔히 유동성이라 하면 자산의 유동성과 경제주체의 유동성을 말하는데, 자산의 유동성은 다시 화폐의 유동성과 화폐를 제외한 자산의 유동성으로 구분

#### 2.1 자산의 유동성

- 화폐의 유동성은 화폐가 다른 재화나 서비스로 전환되는 것을 말함.
  - 화폐는 사회에서 통용되는 일반적인 교환 수단이며, 가장 구매력이 강하므로 유동성 또한 가장 높음.
  - 따라서 모든 유동성은 화폐의 유동성을 기초로 하여 이루어지며, 유동성이라는 개념을 화폐와 동의어로 사용하는 경우도 있음.
- 화폐 이외의 자산은 일단 화폐로 전환된 뒤 다른 재화나 서비스로 전환되며, 이를 일반적으로 자산의 유동성이라고 함.

---

138) 사전적으로 유동성이란 어떤 자산을 필요한 시기에 손실 없이 현금으로 얼마나 쉽게 바꿀 수 있는지의 정도를 의미함. 하지만 일반적으로 신문이나 방송에서 언급하는 유동성은 경제 내에 유통되고 있는 돈의 양, 즉 통화량을 의미함. 여기서 통화란 지폐와 동전으로 구성되는 현금뿐만 아니라 여러 가지 종류의 금융자산을 포함하기도 하는데, 이는 현금 이외의 금융자산이라도 현금으로 바꿀 수 있거나 현금을 대신하여 일상적인 거래에 사용할 수 있기 때문임. 예를 들어 요구불예금의 경우 이자가 거의 붙지 않지만 필요할 때 예금주가 언제든지 찾아 쓸 수 있기 때문에 현금과 동일한 역할을 한다고 볼 수 있음. 은행에 보통예금 계좌를 개설한 사람이면 누구나 인터넷 뱅킹이나 텔레뱅킹을 통해 손쉽게 물건을 살 수 있으며 기업도 수표를 발행하여 거래에 이용할 수 있음. 일정한 기간을 정해 놓고 은행에 예치하는 정기예금, 정기적금의 경우에도 이자를 포기하면 현금으로 바꿀 수 있으며 그 밖에 주식, 채권 등도 경우에 따라 판매가격을 낮추면 현금화할 수 있기 때문에 통화에 포함시킬 수 있음.

- 자산의 유동성은 전환되는 자산의 양과 질, 전환을 위한 시장의 형성, 거래방법, 재금융의 가능성 등에 따라 유동성의 정도가 달라짐.

### 2.2 경제주체의 유동성

- 가계 · 기업 · 정부 등 각 경제주체가 채무를 충당할 수 있는 능력을 경제주체의 유동성이라 함.
  - 기존채무의 내용이나 자산의 유동성, 차입능력 등이 각 경제주체의 소비와 투자 등 경제활동의 수준을 결정하는 중요 요인이 됨.
  - 기업의 유동성은, 넓은 뜻으로는 기업이 화폐수요에 대응할 수 있는 정도를 말하며, 좁은 뜻으로는 채무지불이나 변제시기에 맞추어 현금을 비롯한 자금을 동원할 수 있는 정도를 말함.
  - 기업의 유동성이 문제가 되는 것은 유동성이 지나치게 높으면 결국 자본을 유용하게 활용하지 못함으로써 기업의 수익성을 떨어뜨리고, 유동성이 충분하지 못하면 경영과정에 큰 장애를 가져와 지급불능이나 파산단계에 이르기 쉽기 때문임.
  - 따라서 기업의 유동성은 항상 시장 상황에 맞게 유지해야 함.

## 3. 통화량의 의미로 해석되는 시중 유동성

- 통화량, 즉 유동성은 물가나 경기와 직결되고 한국은행의 금리정책과도 밀접한 관계를 갖고 있음.
- 통화량은 범위에 따라 몇 가지 지표로 표현됨.
- 외환위기 발생 직후인 1998년 우리나라 통화지표에도 큰 변화가 있었음.
  - 당시 국제통화기금(IMF)과 합의했던 통화목표는 한국은행이 1979년부터 20년 가까이 통화정책의 중간 목표로 사용해 왔던 옛 $M2$가 아니고 $M3$(지금의 $Lf$)였음.
  - IMF에서 은행만을 대상으로 하는 $M2$ 대신 제2금융권까지 포괄하는 $M3$를 보겠다고 요구했기 때문임.

〈표 부5-1〉 통화지표

| | |
|---|---|
| **협의통화($M1$)*** | 결제성 예금(현금통화 + 요구불예금 + 수시입출식 저축성 예금) |
| **광의통화($M2$)*** | $M1$ + 만기 2년 미만의 준결제성예금(정기 예 · 적금 + CD 등 시장형 상품 + 수익증권 등 실적배당형 상품 + 금융채 등) |
| **금융기관유동성 ($Lf$, 옛 $M3$)** | $M2$ + 만기 2년 이상 정기 예 · 적금 및 금융채 등 + 한국증권금융 예수금 + 생명보험회사의 보험계약준비금 등 |
| **광의유동성($L$)** | $Lf$ + 정부 및 기업이 발행한 유동성 상품(국채, 회사채 등) |

※ *는 예금 취급기관 대상 : 중앙은행, 예금은행, 종합금융회사, 자산운용사(투자신탁), 신탁회사, 상호저축은행, 신용협동기구, 우체국예금 등

## 4. 시중 유동성의 결정

- 시중 유동성, 즉 통화도 결국 수요와 공급에 의해 결정됨.

### 4.1 통화에 대한 수요

- 먼저 소득과 밀접한 관련이 있음
  - 생산과 소비가 활발히 이루어지고 소득이 늘어나면 그만큼 상품과 서비스의 거래가 많아지고 통화에 대한 수요가 늘어나게 됨.
- 금리에 의해서도 좌우
  - 금리는 돈을 빌렸을 때 지불해야 하는 비용이기 때문에 금리가 높으면 통화에 대한 수요가 줄어들고 반대로 금리가 낮으면 통화수요가 늘어나게 됨.

### 4.2 통화의 공급

- 통화의 공급은 중앙은행에 의해 독점적으로 결정된다고 생각하기 쉽지만 사실은 일반은행을 통해서도 공급될 수 있음.
  - 예를 들어 갑이 A은행에 100만 원을 예금하면 A은행은 늘어난 예금 중 일부분(예를 들어 5만 원이라 가정)을 예금자가 찾아갈 것에 대비하여 지급준비금[139]으로 보유하고 나머지 95만 원을 다시 다른 사람에게 대출하게 됨. ⇒ 이 경우 A은행이 95만 원에 해당하는 유동성을 새로 창출한 셈인데, 이처럼 은행에 의해서 창출되는 유동성을 파생통화라고 함.

## 5. 유동성 증가 및 감소의 배경

- 경제에 유통되는 돈의 규모를 가늠하게 하는 통화지표 작성에서 가장 중요한 요소는 무엇을 돈이라고 보는가, 즉 통화를 어떻게 정의할 것인가에 관한 것임.[140]
  - 통화라고 하면 흔히 지폐나 동전 같은 현금만을 떠올리기 쉽지만 그것만으로는 한 나라의 금융활동을 제대로 설명할 수 없음.
- 현재 우리나라의 통화지표는 $M1$(협의통화), $M2$(광의통화), $Lf$(금융기관유동성), $L$(광의유동성) 등 네 종류가 있음.
  - $M1$, $M2$는 IMF 매뉴얼에 따라 2003년에 만들어진 금융상품을 현금화할 수 있는 정도(유동성)를 기준으로 만들어졌고, 2006년부터는 금융기관이 발행하는 유동성에 기

139) 이와 관련하여 〈관련 사항〉 참조.
140) 유동성의 많고 적음을 나타내는 지표를 통화지표 또는 유동성지표라 하는데 다양한 금융자산 중 어디까지를 돈으로 볼 것인지에 따라 여러 종류의 통화지표가 편제되고 있음.

업과 정부 등이 발행하는 기업어음, 회사채, 국채 등의 유가증권까지 포괄한 $L$(광의 유동성)을 개발해 사용하고 있음.

- 2008년 2월 말 기준 $M1$ 잔액은 302조 원, $M2$는 1315조 원, $Lf$는 1728조 원, $L$은 2103조 원에 달함.[141] ⇒ 그 후 한은 조사통계월보(2010. 12)에 따르면 $M1$ 잔액이 426조 원, $M2$는 1683조 원, $Lf$는 2154조 원, $L$은 2720조 원으로 증가하였음.

- 2000년대 들어 2003~2004년에 신용카드 대란으로 $M2$ 유동성이 잠깐 하락한 것을 제외한다면, 2008년 글로벌 금융위기가 시작되기 전까지 높은 유동성 증가율을 보였음. ⇒ 추세상 통화지표의 높은 증가율 지속은 기본적으로 가계대출이나 기업대출이 늘어났기 때문임.
  - 금융기관에서 대출로 나간 돈은 다시 예금으로 돌아오고 금융기관은 그중 일부를 지급 준비금으로 한국은행에 예치하고 다시 대출해 주는 과정을 거치면서 통화가 늘어나는 것임.[142]
  - 행정복합도시, 기업도시, 혁신도시 등의 갖가지 국토개발계획으로 2007년에만 30조 원 가까이 풀린 토지보상금도 대부분 현금으로 지급되면서 통화 증가에 영향을 미쳤음.
  - 또한 외국계 은행의 국내 지점 해외 차입이나 외국인 주식투자 자금유입 등도 통화량을 늘어나게 한 요인이었음.

- 그 후 시중 유동성 증가 추세는 점차 완화되었음. ⇒ ㉠ 한은이 2010년 말부터 인상한 기준금리가 서서히 유동성을 흡수해가는 중이었기 때문인데, 지난 2011년 5월 12일 한은이 발표한 '3월 중 통화 및 유동성' 자료를 보면 3월의 광의통화($M2$)는 1677조5000억 원으로 전년동월대비 4.3% 증가했음. ㉡ 증가율은 2004년 5월(3.9%) 이후 7년여 만에 가장 낮은 수준으로, 2010년 7월 이후 하락세가 이어지고 있음.[143] ㉢ 추세적으로 볼 때 글로벌 금융위기 이후로 $M2$ 유동성 증가율은 계속해서 하락하다가 미국의 양적완화 정책 등에 힘입어 증가율이 소폭 상승하는 모습을 보였지만, 예전에 비해서는 미약한 모습임. ㉣ 향후 미국이 양적완화 정책을 점진적으로 축소하는 이른바 테이퍼링에 돌입한 상황에서 앞으로 유동성 지표가 어떤 추이를 보여줄지 궁금함.

---

141) 2007년 같은 달에 비해 증가율 추이를 보면 2년 미만의 정기 예·적금 등을 포함한 $M2$는 2006년 10월 8.9%에서 10.1%로 가파른 상승을 보인 후 좀처럼 떨어지지 않았으며, 특히 2008년 2월에는 13.4%를 기록했음. ⇒ 2003년 1월 13.9% 이래 5년 만에 가장 높은 수준으로 금융활동이 상당히 활발하다는 의미임.
142) 은행대출이 확대되면 파생통화 창출과정을 통해 시중 유동성이 증가하게 됨.
143) 프레시안(2011.05.26) 참조.

## 6. 유동성 증가의 양면

- 유동성의 증감이 국민경제에 미치는 영향은 광범위하고 다양할 뿐만 아니라 경제상황에 따라 다르게 나타날 수도 있으나 대부분의 경제학자들은 과거의 경험에 비추어 유동성이 경제활동에 비해 지나치게 늘어나는 경우 장기적으로 물가가 오른다는 점에 대해서는 일치된 견해를 보이고 있음.[144)]
  - 한편 시중에 늘어난 통화량이 당장 물가를 상승시키지 않더라도 주식시장이나 부동산시장으로 흘러들어갈 경우 이들 자산에 대한 수요를 증폭시켜 자산가격이 급등하는 거품 현상을 초래할 수도 있음.
- 통화, 곧 시중 유동성이 경제성장과 물가에 영향을 미친다는 것은 통화가 전부 거래수단으로만 사용되는 상황을 생각하면 쉽게 이해할 수 있는데, 만약 통화량이 2배가 되고 거래 수량에는 변화가 없다면 물가는 2배로 상승하게 될 것이며 통화량 증가가 기업투자와 생산 증가로 이어져 거래 수량이 2배로 늘어난다면 물가는 그대로일 것임.
- 따라서 유동성 증가 속도 자체도 눈여겨봐야겠지만 보다 주목해야 할 것은 실물경제활동과 비교한 유동성 수준임.
  - 실물경제활동에 비해 유동성이 너무 많이 풀려 있으면 인플레이션이 발생하고 지나치게 적은 경우에는 금리가 상승하고 생산자금이 부족해져 경제활동이 위축될 가능성이 있기 때문임.
  - 실물경제에 비해 유동성이 얼마나 풀려 있는지를 알아보는 지표가 '유동성 갭률'[145)]인데, 이것은 통화지표를 명목GDP로 나눈 값이 장기 추세치로부터 벗어난 정도를 보여줌.[146)]

---

144) 이와 관련하여 노벨 경제학상을 받은 프리드만(Milton Friedman) 교수는 상품에 비해 돈이 너무 많으면 인플레이션이 발생한다(Inflation results from too much money chasing too few goods)는 유명한 말을 남겼음.

145) 유동성 갭률(혹은 머니 갭률) : 과잉 유동성 여부를 측정·판별하는 잣대 중 하나로서 장기균형(실질)통화량 대비 (실질)통화량의 초과 여부를 나타냄. 산식=(광의유동성(L)/명목GDP)−장기추세치, 해석 : 플러스(+)는 유동성 초과공급, 마이너스(−)는 유동성 부족을 나타냄.

146) 황인성(2008)은 2009년도 국내경제 전망 보고서에서 2006년 4/4분기 이후 심화된 유동성 팽창이 2009년 하반기 물가상승의 잠복요인으로 작용할 것이라고 보고 있었음. ⇒ ㉠ 광의유동성($L$)은 2006년 4/4분기(전년 동기대비 11.2%) 이후 높은 증가세를 유지하며 유동성 갭률이 양(+)의 값을 지속 ㉡ 2000년 들어 유동성의 증가가 소비자물가의 상승에 미치는 시차는 6분기 이후로 하반기 이후 유동성 팽창의 효과가 가시화될 것으로 예상했음. 그러나 글로벌 금융위기 이후 유동성 증가의 완화 추세는 추세적으로 볼 때 지속되고 있음. ⇒ ㉠ 2010년 1분기 5%대까지 치솟았던 머니 갭률은 2010년 3분기를 정점으로 둔화 추세를 보이고 있으나 여전히 경제대비 유동성이 풍부한 상태임. ㉡ 그 후 2011년 상반기에 2% 수준으로 떨어졌으며, 2013년 이후에는 플러스 1~2%로 여전히 추세선보다 위에 있는 것으로 추정되고 있음. 이와 관련하여 뉴스1(2013.03.14) 참조.

## 관련 사항

### ▣ 지급준비금

- 금융기관은 고객이 예금을 찾으러 왔을 때 언제라도 지급할 수 있어야 하는데 그러기 위해서는 현금화가 가능한 자산을 미리 준비해 놓고 있어야 함.
- 이처럼 금융기관이 고객의 지급요구에 대비하여 미리 준비해 놓고 있는 현금 및 유동성 자산을 지급준비금(reserve)이라고 하며 법으로 정하여 예금의 일정비율(지급준비율)에 해당하는 금액을 지급준비금으로 보유토록 하는 제도를 지급준비제도라고 함.
- 한편 이런 지급준비금의 규모를 조절하여 시중 통화량을 조절하는 정책을 지급준비정책이라고 하는데, 지급준비정책의 구조는 다음과 같이 설명할 수 있음.
  - 중앙은행이 지급준비율을 올리면 은행들은 더 많은 지급준비금을 보유해야 하므로 예금 중 대출할 수 있는 금액이 줄어들고 따라서 시중에 유통되는 통화량은 줄어들게 됨.
  - 반대로 지급준비율을 내리면 은행이 대출할 수 있는 금액이 커지고 시중의 통화량은 늘어나게 됨.
  - 하지만 지급준비율은 조금만 조정하더라도 국가 전체의 통화량이나 은행경영에 미치는 영향이 매우 크므로 일반적으로 중앙은행은 지급준비율을 자주 조정하지는 않고 있음.
- 우리나라에서는 1950년 제정된 한국은행법에 의해 가변현금준비제도 형태의 지급준비제도가 도입되었음.
- 지급준비정책은 1960년대 중반까지만 하더라도 직접규제수단을 보완하는 역할을 수행하는 데 불과하였으나 1965년 9월의 금리현실화 조치를 계기로 통화조절 수단으로서 중요한 위치를 차지하게 되었음.
- 하지만 1990년대 들어 금융자유화의 진전과 금융시장의 급속한 발전으로 공개시장조작이 한국은행의 주요한 통화정책수단으로 자리 잡으면서 지급준비율이 큰 폭으로 인하되는 등 유동성 조절 수단으로서의 역할은 축소되었음.

## 참고자료

(1) 2008. 04. 26., 《매일경제》
(2) 황인성(2008), "2009년 세계경제 및 국내경제 전망", 《SERI Economic Outlook》, 삼성경제연구소, 2008. 10.
(3) 강기윤(2008), "유동성이 뭔가요?", 한국은행 경제교육 청소년 경제나라(경제기초원리), 한국은행, 2008. 09. 08.
(4) 이영복(2008), "시중 유동성과 나라 경제", 한국은행 경제교육 청소년 경제나라(경제기초원리), 2008. 07. 18.
(5) 2010. 12., 《조사통계월보》, 한국은행.
(6) 2011. 05. 26., 《프레시안》
(7) 2013. 03. 14., 《뉴스1》

# 부록 [5-3] 채권금리와 채권가격 사이의 관계

## 1. 구체적 사례

- 최초에 만기 1년에 액면가 1,000원인 채권을 발행한다고 하자.
- 그러면 이 채권의 액면에는 1,000원이라고 되어 있는데, 이는 이 채권을 1년 후에 들고 오면 1,000원을 돌려준다는 의미
- 따라서 1년 후에 1,000원을 받을 수 있는 채권을 지금 산다면 당연히 1,000원보다 싸야 되는데, 이는 1년간의 이자를 받아야 하기 때문
  - 즉 1년 후에 1,000원을 받을 채권을 이자율만큼 할인해서 싸게 매입하는 것임.
- 이자율이 10%라면 지금 대략 900원에 사서 만기에 1,000원을 받게 되는 것임.
- 따라서 채권금리가 높아지면 채권의 가격은 떨어짐.
  - 채권금리가 높아져 채권의 가격이 떨어지면 채권을 산 사람 입장에서는 채권을 싸게 매입했으므로 만기에 수익은 올라가게 됨.

## 2. 채권시장에서의 움직임

- 채권을 판매함으로써 자금을 조달하려는 사람이 많을 경우 채권시장에서 돈의 수요가 높아지는 것이므로 채권금리는 올라가고(채권 수요자는 보다 높은 금리를 주는 채권을 사서 이자를 더 받을 수 있고), 반대로 채권을 사들임으로써 이자를 받으려는 사람이 많은 경우는 채권시장에서 돈의 공급이 많아지는 것이므로 채권금리는 내려감(채권 공급자는 보다 낮은 금리로 채권을 발행하여 이자를 덜 줄 수 있음).

## 3. 한국은행의 채권 매수 이유

- 한국은행이 채권을 대량 매수하는 이유는 채권시장에서 돈의 공급을 증가시켜 채권금리를 하락시키기 위해서임.

**참고자료**

(1) 승지홍(2008), "채권금리인상이란 채권가격 하락을 말하는 거 아닌가요?", 《"click" 경제교육》, KDI경제정보센터, 2008. 01.

CHAPTER 06

# 금융의 작동 원리

1. 금융과 금융방식
2. 중앙은행의 역할
3. 한국은행의 통화신용정책
4. 한국은행의 독립성
5. 금리의 결정
6. 금융자율화의 의미
7. 금리자유화의 영향
8. 금융산업(은행) 구조조정
9. 은행합병

부록 [6-1] 금리의 이해
부록 [6-2] 물가상승이 예상되면 이자율이 상승하는 이유
부록 [6-3] 금리인상 시 물가의 움직임
부록 [6-4] 금리·주가·물가의 상호관계
부록 [6-5] 금산분리
부록 [6-6] BIS비율

최근 싱가포르에서 만난 금융인 A씨의 코멘트가 인상적이었다. 그는 싱가포르 금융당국에 대해 묻자 "싱가포르의 중앙은행으로 금융기관을 규제하고 감독하는 권한을 가진 '싱가포르통화청(MAS)'은 금융사가 해외자본을 유치할 때 마케팅 역할도 한다"면서 "지금까지 MAS와 부딪쳐서 위기를 모면한 적이 없다"고 했다. 또 다른 외국계 금융사 관계자인 B씨는 "1년에 한두 번 정기적으로 MAS와 금융회사 경영진의 미팅이 있다"고 소개했다. 그는 "MAS와 각 금융사의 미팅 협의에서는 어떻게 영업을 할 것인지, 어떤 방향으로 갈지 솔루션을 서로 토론한다"고 했다. 문득 부럽다는 생각이 들었다. 우리의 현실은 어떤가. 개인정보 유출, 사기대출 사건 등 문제가 터지면 사후검사에 나서기 급급한 실정이다. '죄'를 물어 제재하기 바쁘다. 금융당국이 존재하는 이유는 금융회사의 건전성 관리, 즉 사고예방이다. 그러나 세상에 비치는 것은 마냥 소 잃고 외양간 고치는 격이란 인상을 지울 수 없다. 금융정책과 관리 · 감독을 맡는 기관 간 손뼉도 맞지 않을 때가 많다. 싱가포르처럼 금융당국과 금융회사의 동반자적 관계가 아쉬운 대목이다. 국내에서 영업하는 외국계 금융사들은 하나같이 '규제비용'이 많다고 불만이다. 금융 허브의 꿈이 멀어질 수밖에 없는 이유다. 반기문 유엔 사무총장이 남겼다는 '허허실실(虛虛實實)'이란 글이 있다. '건물은 높아졌지만 인격은 더 작아졌고, 고속도로는 넓어졌지만 시야는 더 좁아졌다. (중략) 생활은 편리해졌지만 시간은 더 부족하고, 가진 것은 몇 배가 되었지만 소중한 가치는 더 줄어들었다. (중략) 전문가들은 늘어났지만 문제는 더 많아졌고, 약은 많아졌지만 건강은 더 나빠졌다.' 수많은 감독 권한을 갖고 있어도 수양이 모자라면 안 된다. 칼을 들었더라도 잘못 휘두르면 화를 부를 수밖에 없다. 기획검사나 기동검사 등으로 사전 사고예방에 나서기로 한 금융당국의 시야가 좁아져서도 안 된다. 나무도 봐야 하지만 숲을 볼 줄 알아야 한다. 정보기술(IT) 발달로 금융소비자와 금융회사의 시스템은 편해졌다. 하지만 사고 예방을 위한 내부통제 강화와 감시시스템 업그레이드는 부족해 보인다. 최근 금융위원회가 금융규제 개혁 방안을 내놨다. 711건에 달하는 규제를 개선키로 했다. 하지만 금융은 여전히 규제산업이다. 수천 건의 규제가 존재한다. 규제가 많다고 금융회사가 건강해지는 것은 아니다. 과감하고 폭넓게 네거티브 규제(특정한 것만 빼고 다 해도 된다는 식의 규제)로 바꿔 금융사의 자율권을 확대해야 한다. 상시적인 감시시스템과 건전성 유도로 문제가 있는 금융사를 찾아내면 되기 때문이다. 싱가포르에서 만난 금융인은 "싱가포르 금융당국이 한국과 다른 점이 있다면 한국은 내가 시킨 것 외에 하지 말라는 것이지만 여기는 자율에 맡기되 정해 놓은 선을 넘지 말라는 것"이라고 했다. 포지티브 규제 대신 네거티브 규제를 더 확대하는 것이 바른 방향이란 의미다.

– 박승덕 기자 –

출처 : 박승덕(2014), "싱가포르와 한국의 금융당국", 《파이낸셜뉴스》, 2014. 07. 16.

# 1 금융과 금융방식

## 1.1 금융이란

- 금융이란 자금의 융통, 즉 돈을 빌려주고 빌리는 일을 말함.
  - 다시 말하면 채권자와 채무자 사이에 금융상품을 매매하는 행위라고 할 수 있음.

## 1.2 자기금융과 외부금융

- 기업이 경영에 필요한 자금을 조달함에 있어서 사내에 유보되어 있는 내부자금으로 충당하는 것을 자기금융이라 하고, 외부로부터 차입하게 될 때 이를 외부금융이라 함.

- 외부금융은 다시 직접금융과 간접금융으로 구분되는데, 직접금융은 자금조달과정에 있어서 금융기관을 개입시키지 않고 주식 또는 사채를 발행함으로써 투자자로부터 직접 자금을 조달하는 것을 말하고, 간접금융은 금융기관을 통해 일반으로부터 흡수된 예금을 차입하는 것을 말함.
  - 간접금융기관 : 은행, 생명보험회사, 종합금융회사, 상호저축은행, 새마을금고, 신용협동기구(신용협동조합, 농협 · 수협의 농어민을 위한 상호금융 등), 투자신탁회사 등
  - 직접금융기관 : 직접금융의 경우에도 물론 증권회사라는 금융기관이 개입하기는 하지만, 은행과 달리 증권회사는 채권자와 채무자 사이에 거래가 원활하게 이뤄지도록 알선하는 복덕방 역할만 할뿐임.

## 1.3 금융시장이란

- 직접금융이 이루어지는 곳을 금융시장(financial market)이라고 함.
  - 금융시장에서는 유가증권이 거래되는데, 유가증권은 크게 나누어 채권(bonds)과 주식(stocks)을 포함

- 채권에는 만기일에 따라 1년 미만인 것을 단기채권, 1년 이상인 것을 장기채권이라고 부름.
- 주식은 만기일이 없는 유가증권이므로 장기채권임.

- 금융시장에서 거래되는 채권과 주식 중 장기채권과 주식이 거래되는 시장을 묶어 자본시장(capital market)이라고 부름.

- 금융기관은 간접금융과 관련된 것이고, 금융시장과 자본시장은 직접금융과 관련된 것임.
  - 외환위기 당시 논의된 금융개방은 금융시장 중에서도 자본시장의 개방이 중요한 초점이 되고 있었음.
  - 국제금융시장이라는 용어는 외국인에게도 매매가 개방된 금융시장을 말함.

## 1.4 | 금융방식의 추이

- 경제발전 초기에는 간접금융방식이 주를 이루었음(왜냐하면 조건이 맞는 거래 상대방을 직접 찾기가 쉽지 않기 때문에 금융기관의 중개를 주로 이용).

- 그러나 경제가 발전하고 금융산업이 고도화되면서 다양한 거래조건과 높은 수익을 제공하는 직접금융방식의 비중이 높아지고 있음.
  - 증권시장의 규모나 거래액이 커졌음.

- 더 나아가 금융산업의 기술이 급속도로 발전하면서 간접금융에 직접금융적 요소가 도입되는 양상이 나타나고 있는데, 이를 '금융의 증권화' 현상이라고 함.
  - 금융 빅뱅시대(업무영역의 확대, 금융기관의 대형화, 증권과 은행의 업무영역 파괴)

## 1.5 | 자본시장통합법의 시행(2009년 2월 4일부터)

- 자본시장통합법(일명 자본시장법)이란
  - 명칭 그대로 자본시장을 합치는 것에 대한 법률임.
  - 자본시장은 여러 금융사로 구성돼 있는데, 은행 · 보험 · 증권사 그리고 자산운용사 · 종금사 · 선물회사 · 신탁회사 등이 있음.
  - 이들 가운데 은행과 보험을 제외한 증권사 · 자산운용사 등을 하나로 묶는 법이 바로 자본시장법임.

• 좀 더 쉽게 설명하면 이들 각사의 업무영역을 규정한 법들이 있는데, 이 법들을 하나로 묶어서 자본시장법이라는 법이 탄생된 것임.

- 법이 통합되면 어떻게 되나
  • 각 금융사들은 현재 각자 고유의 영역을 갖고 영업을 해 왔는데, 정확히 말하면 고유의 영역 안에서 영업을 했는바 적용되는 법이 다른 만큼 판매하는 금융상품도 각기 달랐던 것임.
  • 그런데 자본시장법이 시행되면 증권사 · 자산운용사 등으로 엄격히 나눠졌던 업종 간의 벽이 무너지게 되어 증권사가 자산운용사 업무를 할 수 있고, 자산운용사도 증권사 업무를 할 수 있게 되는 것임.

- 금융산업은 어떻게 바뀌나
  • 통합은 곧 겸업을 의미하는데, 하나의 증권사가 기존증권업뿐만 아니라 자산운용업 · 선물업 등 다양한 금융업을 동시에 다룰 수 있게 됨으로써 큰 시너지를 창출할 수 있을 것으로 기대
  • 예컨대 선물시장이 크게 열리면 여기에 맞게 상품을 기획해 내놓는 형태인데, 현재는 "우리는 사업권이 없으니까 뭐"라며 두 손 놓고 있는 것과는 확연히 다름.

- 정부가 법을 통합한 이유
  • 우리나라 금융사들을 세계적 수준으로 올리기 위한 것임.
  • 우리나라의 자본시장은 경제규모에 비해 경쟁력이 부족하다는 지적과 함께 이를 극복하기 위해 대형 금융사가 탄생할 수 있는 여건을 조성해야 한다는 목소리가 높았고, 이의 수단으로 자본시장법을 택한 것임.
  • 그동안 은행들은 규모를 많이 키웠는바, 인수합병(M&A) 등을 통해 대형화를 이뤘고 수익성과 경쟁력도 높아졌으나 증권사 등은 규모를 키우지 못해 국제경쟁력이 매우 취약
  • 이러다가는 해외 금융사들의 지배를 받을 수 있다는 우려감이 들었고, 결국 자본시장법을 통해 국내 금융사들의 경쟁력 강화에 나선 것임.

- 금융상품도 많이 늘어날까
  • 지금까지 볼 수 없었던 새로운 금융상품을 많이 볼 수 있게 될 것임.
  • 지금까지는 법에 규정된 금융상품만을 판매할 수 있었는데, 앞으로는 이런 규제가 사라지고 일정한 요건만 충족하면 법에 규정돼 있지 않는 금융상품을 만들어 팔 수 있게 됨.

• 금융사들은 고객인 소비자의 요구에 맞는 상품을 선보일 수 있게 되기 때문에 자본시장법이 금융사에게도 기회이지만 고객인 소비자에게도 큰 기회라는 말이 나오고 있음.

- 자본시장법과 금융IT 간의 관계
  • 금융사들이 자본시장법에 대비해 IT투자를 크게 확대하고 있음.
  • 이는 상품 개발의 신속성을 높이기 위한 것인데, 앞에서도 언급했지만 자본시장법 시행 이후에는 금융사의 경쟁력은 얼마나 빨리 고객이 원하는 상품을 출시하느냐에 달려 있음.
  • 이를 위해서는 IT가 필수인바, 이것을 구현하기 위해 금융사들이 소위 '차세대 IT 시스템'을 구축하고 있음.
  • 차세대 IT시스템은 상품 개발의 신속성뿐만 아니라 IT를 이용해 새로운 상품을 기획할 수도 있다고 하는데, 참고로 금융컨설팅업체인 셀런트는 자본시장법 통과로 2007년부터 2011년까지 5년간 1조 원에 이르는 IT 수요가 있을 것으로 전망했음.

## 1.6 | 자본시장법의 개정

- 자본시장법은 금융개혁의 일환으로 2000년대 중반 그 필요성에 대해 논의되기 시작하였으며, 2007년 8월 제정된 이래 여러 차례 개정안이 수정·폐지되는 과정 속에서 끊임없이 논의되고 있는 중임.

- 제정의 배경
  • 자본시장에서의 금융혁신과 경쟁을 촉진하여 경쟁력 있는 투자은행이 출현할 수 있는 제도적 기반을 마련하며, 투자자보호를 선진화하여 자본시장에 대한 신뢰를 높이기 위하여 자본시장 관련 금융법을 단일 법률로 통합하게 되었음.
  • 다시 말해 한국 자본시장의 선진화를 위해 분산되어있던 6개 법률(간접투자자산운용법, 신탁업법, 한국증권선물거래소법, 선물거래법, 증권거래법, 종합금융회사에 관한 법률)을 통합하고, '비정형 간접투자', '파생상품거래'에 관한 법률을 추가하여 만들어지게 된 것임.
  • 자본시장법의 제정으로 다른 선진국들에 비해 늦긴 했지만, 1998년 금융감독기구 통합, 2005년 증권거래소 통합에 이어 금융감독, 금융시장, 금융법제를 모두 갖춘 금융 선진국으로 나아가기 위한 준비를 완료

- 자본시장법은 자본시장의 기본법이자 우리가 이용하는 자본시장 전체의 법적 기초라고 할 수 있음.

- 개정의 필요성
  - 빠르게 변화하는 금융산업의 흐름과 2009년 글로벌 금융위기 이후 정책당국과 시장참가자들 모두가 최근 침체된 국내 자본시장과 금융투자업과 관련된 장기적인 성장과 발전전략에 대한 고민으로 2011년 개정안이 논의된 이래 국회를 통과하기까지 거의 2년여가 소요되었음.

- 개정안의 본회의 통과
  - 자본시장법 개정안이 지난 2013년 4월 국회 본회의에서 통과됨으로써 자본시장의 효율성 제고와 금융투자업계의 구조변화를 위한 법적 진전이 이루어졌음.

- 개정안의 네 가지 핵심 내용
  - 자본금 3조 원 이상 증권사의 IB업무 허용 : 투자은행(IB) 활성화를 위해 자본금 3조 원 이상의 대형증권사에게 종합금융투자사업자의 지위를 부여하고 일부 배타적인 업무를 수행할 수 있도록 하였음(국회 논의과정에서 상당한 논란이 있었음).
  - 대체거래소시스템(ATS) 도입과 거래소 허가제 도입 : 대체거래소(ATS) 도입은 현재증권 유통시장에서 독점체제를 구축하고 있는 기존의 거래소와 경쟁을 촉진시켜 거래 수수료 인하와 거래체결속도 향상을 통해 국내 자본시장의 효율성을 제고하고 투자자의 편익을 증대시키기 위한 목적임.
  - 금융투자상품거래청산업(중앙청산소, CCP) 도입 : 중앙청산소(CCP) 도입은 장외파생 상품의 위험축소와 관련된 G-20의 합의사항으로 국제적인 규제 논의의 핵심 중 하나로 개정안에 포함되었음.
  - 중소기업 전문 주식시장 코넥스(KONEX) 설립 : 코넥스(KONEX) 시장의 신설로 창업 초기 중소기업들도 시장을 통해 자금을 조달하고, 성장할 수 있도록 자본시장의 사각 지대를 해소하게 되었음.

- 개정안 통과의 의의[147)]
  - 국회 논의과정에서 증권사의 개별위험과 시스템 위험을 제어하기 위해 기업에 대한 신용공여와 관련된 일부 원안수정이 있었지만, 대형증권사에게 신규업무를 통한 성장 동력을 부여한다는 점에서 긍정적으로 평가

---

147) 김영도(2013.05) 참조.

- 대형 증권사의 신규 사업진출은 수익성이 악화된 금융투자업계에 구조적인 변화를 촉발하고, 또한 위탁매매·중개영업의 경쟁완화를 통해 중소형 증권사에게도 기회를 제공하게 될 것으로 기대됨.
- 하지만 자본시장법 개정안의 효과는 중장기적인 관점에서 바라보아야 할 필요성이 있는바, 단기적인 정책효과가 가시화되지 않을 경우 제기될 수 있는 중소형 증권사에 대한 신규업무 추가 허용 등 업계의 다양한 요구에 대해서 정책당국은 일관된 입장을 견지해야 할 필요가 있음.
- 또한 향후 자본시장과 금융투자업계의 선진화된 모습을 위해 금융투자업계는 창의적인 니치 마켓[148) 발굴과 함께 개별회사의 규모에 맞는 차별화 노력이 절실히 필요함.

## 1.7 | 자본시장법 개정의 허점 사례[149)

- 국회는 지난 2013년 4월 30일 연봉 5억 원 이상 등기임원의 보수를 공개하도록 하는 내용의 '자본시장과 금융투자업에 관한 법률'(자본시장법) 개정안을 통과시켰음.

- 개정안 통과는 경제민주화의 입법 사례로 평가됐지만 미등기임원이 제외되는 등 허점이 있다는 지적도 적지 않았음.
  - 대기업 임원의 보수를 공개한 결과 미등기임원이 빠지는가 하면 일부 등기임원들은 법 시행을 앞두고 미등기임원으로 신분을 바꿔 공개를 피하는 등의 허점이 드러났음.

- 이에 따라 실질적인 이사의 역할을 수행하고 보수가 5억 원 이상인 미등기임원을 보수공개 대상에 포함하는 법률 개정이 추진될 예정임.
  - 새정치민주연합은 "미등기임원의 연봉도 공개하도록 할 것이다"며 "그러면 실제로 국민이 궁금한 재벌 총수 일가 주요 인사들의 연봉도 공개될 수 있을 것이다"고 밝혔음.

---

148) 니치 마켓(niche market) : 틈새시장을 의미하며, 이는 공통된 특성과 특별한 니즈가 존재하고 이것이 계속 지속되는 세분화된 시장을 지칭함. 일반적으로 틈새시장은 늘 존재해 왔지만, 보통은 이를 모르고 지나쳤거나 제대로 욕구를 충족시켜주지 못하는 경우가 많음. 틈새시장은 여전히 존재하며, 계속 성장함.

149) 조근호(2014.04) 참조.

# 2 중앙은행의 역할

## 2.1 화폐의 안정성이 중요

- 자본주의 경제체제가 안정적으로 발전하기 위해서는 화폐의 안정성이 반드시 요구됨.
- 가령 시중에 돈이 너무 많아지면 물가상승 등 경제혼란이 초래되기 때문에 정부는 은행이 화폐를 너무 많이 만들어내지 못하도록 규제하였음.
  - 옛날에는 거의 모든 은행이 각자 은행권을 발행한 적도 있었음.
- 모든 은행이 은행권을 발행하던 것을 금지시키고 특별한 은행만이 은행권을 발행하도록 제한한 것임.
- 은행권 발행을 독점하게 된 특별한 은행이 바로 오늘날의 중앙은행임.

## 2.2 중앙은행의 역할

- 은행권을 독점적으로 발행
  - 발권은행으로서 적정통화량의 공급
- 정부의 은행
  - 정부에 대해 여러 가지 은행 서비스를 제공
  - 조세 등의 국고수입 관리 및 재정지출이 국고수입을 초과할 때에는 정부에게 대출도 해 줌.
- 은행의 은행
  - 각 은행이 건전하게 유지될 수 있도록 감독하고 나아가 은행들이 어려움에 처했을 때에는 지원
  - 은행으로부터 예금을 받는 형태로 지급준비금을 관리, 은행의 자금이 부족할 때는 대출 형태로 자금을 공급, 특히 은행이 경영위기에 직면하였을 때는 특별지원

을 하는, 최후의 대부자 기능을 수행함으로써 전체 화폐금융 체계의 안정성을 유지하는 책임을 지고 있음(일례로 한은 특혜금융[150]을 들 수 있음).

- 중앙집중 지급결제 기능을 수행
  - 한국은행은 금융기관 간의 자금거래를 최종적으로 결제함.

- 대외금융업무
  - 외환자유화가 진행되면서 중앙은행의 외환관리 역할은 약화되었지만, 환율을 안정적으로 유지하는 것은 여전히 중요한 역할 중 하나임.
  - 환율 이외에 외화자금의 보유와 유출입, 공적 대외지급준비금 등을 관리
  - 그리고 국제통화기금(IMF), 아시아개발은행(ADB), 세계은행(World Bank), 유럽개발은행(EBRD) 등 국제기구에 대한 출자나 출연 등의 업무를 담당

- 올바른 금융시장과 제도의 운영을 위한 감독이나 조치

- 경제조사 연구 및 통계 업무를 수행
  - 경제조사 및 연구를 통하여 경제의 움직임을 분석·전망하고 대책을 제시함으로써 통화 신용정책은 물론 다른 경제정책의 수립에 기초자료로 활용할 수 있도록 함.
  - 한국은행이 작성하는 주요 통계에는 통화금융통계, 국민계정, 국제수지통계, 자금순환표, 산업연관표, 기업경영분석, 생산자물가지수 등이 있음.
  - 또한 조사통계월보, 연차보고서 등의 정기간행물과 각종 조사연구자료를 발간

## 3 한국은행의 통화신용정책

- 중앙은행은 화폐의 양(통화량)과 가격(금리)을 조절하는 통화신용정책을 담당하는 기관

---

150) 한은 특융 : 정부의 입김이 강하게 작용해 왔는데, 장기 저리로 지원되기 때문에 곧잘 특혜시비를 불러일으키고 통화증발에 따른 인플레이션 압력을 가져오는 부작용이 있어 비난의 대상이 되기도 했음.

## 3.1 | 통화신용정책을 수행하는 방식

- 간접적 정책
  - 금융시장의 시장 메커니즘을 이용하는 것으로 대출(재할인)정책, 지급준비율정책, 공개시장조작정책 등을 말함.
  - 경제 전반에 걸쳐 고르게 영향을 미치기 때문에 차별적 성격이 약하다는 장점을 갖고 있지만, 시장이 제 기능을 발휘하지 못하는 개도국에서는 그 효과가 매우 제한적임.

- 직접적 정책
  - 금융기관의 대출규모나 금리를 직접 규제하는 것으로, 특히 개도국에서는 경제발전을 위해 특정 부문을 우대하는 정책금융을 시행하기 때문에 직접적 정책은 대부분 선별적 성격을 강하게 띠고 있음.
  - 한국은행도 과거 1960~1970년대 경제개발과정에서 직접적 정책을 위주로 통화신용정책을 펴왔음.
  - 1980년대 이후 금융자율화 조치가 추진되면서 통화신용정책의 직접적 성격은 겉으로 보기엔 많이 사라졌으나 아직도 개선할 측면이 많이 남아 있음.[151)]

## 3.2 | 통화신용정책의 수단[152)]

- 간접적 정책수단
  - 대출(재할인)정책

    중앙은행이 일반은행에 대한 대출금리(재할인율)를 조정하거나 대출의 기준 또

151) 과거 관치금융의 잔재가 완전히 사라졌다고 할 수 있는지 아직도 논란의 여지는 남아 있음(특히 인사 개입을 통한 낙하산 인사 등). ㉠ 관치금융 왜 하나 : 주된 이유로 지적되는 것은 정부가 관치금융을 통해 시장에 대한 지배력을 확대하려는 의도 때문, 금융과 관련한 법과 규정이 미흡하기 때문, 회사별 이기주의로 발생하는 시장 실패를 막기 위해, 낙하산 인사를 통해 정부 조직의 인사 적체를 해소하기 위해, 민간 금융회사 경영진의 경영능력을 보강하기 위해 등 ㉡ 관치금융을 없애려면 : 금융회사 임직원들의 견해를 종합해 보면 금융당국의 공무원들이 금융회사와 시장을 보는 시각을 바꿔야 한다고 보고 있는바, 우선 공무원의 의식개혁을 지적, 두 번째로 금융회사의 민영화 등 지배구조 개선, 즉 정부가 대주주라는 점을 이용해 경영에 간여하고 있는 것에 대해 부정적인 시각을 보인 것으로 풀이, 셋째 보다 엄격한 금융관계법의 집행(관치금융이 정부의 구두 지시 등으로 이뤄지고 있음을 간접적으로 나타내 주고 있음)을 꼽았음.

152) 한국은 1981년까지는 주로 직접규제방식에 의한 통화관리를 했으나, 1982년부터 직접규제방식에서 간접규제방식에 의한 통화관리로 전환하였음.

는 한도를 변경함으로써 자금의 수급을 조정하는 정책임. ⇒ ㉠ 결과적으로 재할인율이 인상되면 통화량은 감소하게 됨. ㉡ 한국은행의 대출은 정책 금융적 성격이 강하고 또 대출금리도 장기적으로 고정된 경우가 많아 통화신용정책 수단으로서의 효과가 크지 않았음.

- 지급준비율정책

  일반은행은 예금주들의 예금인출 요구에 대비해 예금 총액의 일정부분을 지급준비금으로 갖고 있는데, 중앙은행은 지급준비금 보유 비율의 최저한도를 변경함으로써 일반은행의 자금사정을 조절할 수 있음. ⇒ ㉠ 중앙은행이 지급준비율을 높이면 그만큼 일반은행의 대출재원이 줄어드는 효과가 있어 시중의 통화량이 감소하게 됨. ㉡ 지준율 정책은 그 파급효과가 매우 크다는 점에서 수시로 사용하기 어려운 단점이 있음.

- 공개시장조작정책

  중앙은행이 기관투자가들을 대상으로 유가증권을 매입·매각함으로써 시중의 자금사정을 조절하는 정책을 말함. ⇒ ㉠ 시중에 돈이 너무 많을 때에는 중앙은행(기관투자가)이 갖고 있는 유가증권을 팔아서 자금을 흡수함. ㉡ 선진국의 경우 공개시장조작 정책을 가장 중요한 정책 수단으로 이용하고 있으나 우리나라에서는 유동성이 높은 단기 유가증권, 특히 단기 국·공채가 많지 않아 공개시장조작 정책을 본격적으로 펴기에는 아직 여건이 갖춰져 있지 않음.[153)]

- 직접적 정책수단
  - 한국은행은 과거 일반은행의 경영에 대해 여·수신 최고금리의 결정, 여신한도 부여, 통화안정계정의 설정, 통화안정증권 강제인수 등 직접적 통제수단을 많이 사용해 왔음.
  - 일례로 1980년대에 대표적인 통화량 조절수단으로 사용되었던 통화안정증권은 시장실세금리보다 금리가 훨씬 낮은 금융상품이었음.
  - 따라서 한국은행은 금융기관에게 통화안정증권을 강제로 인수케 함으로써 통화량을 조절할 수 있었던 반면에 금융기관은 수익성이 낮은 금융상품을 갖고 있을 수밖에 없어 경영상의 압박을 받았음.

- 금융자율화 조치가 시행되면서 직접적인 통제는 많이 약화되었지만 아직도 정책금

---

153) 채권가격과 이자율의 관계 : 채권의 발행자, 즉 공급자는 자신들의 금융상품에 대한 수요가 많아졌기 때문에 이전보다 낮은 이자율을 지불(책정)하려고 할 것임. ⇒ 채권가격과 이자율은 역관계

융의 비중이 높고(일례로 할당액까지 정해서 부실기업에 대출을 해주도록 지침을 내리는 경우) 명시적인 법령에 의거하지 않는 창구지도가 관행적으로 남아 있는 등 일반은행의 경영 자율성을 제약하는 측면이 없지 않음.

- 간접적 통화신용정책 수단으로의 전환이 요구되고 있음.

– 1990년대 이후 외국 자금이 자유롭게 들어오고 나가는 상황에서 국내 금융시장만을 대상으로 하는 통화신용정책은 소기의 성과를 거두기에 한계가 있음.

- 한국은행이 국내 통화량을 줄이는 긴축정책을 시행하더라도 해외자금이 흘러 들어오면서 긴축효과는 사라지기 때문에 국제화 · 개방화 시대의 통화신용정책은 외환 · 환율 정책과의 긴밀한 협조관계 아래 시행되어야 함.
- 단기 자금의 유출입양 규모(특히 투기성이 강한 핫머니[154], 헤지펀드[155] 등)가 워낙 커서 국내 통화정책의 독립성이 별 의미가 없음.[156]

## 3.3 통화정책의 운영방식

– 통화당국이 실제로 통화정책[157]을 운영하는 데에는 크게 두 가지 방식이 있는데, 중간목표관리제와 물가안정목표제가 그것임.

– 중간목표관리제

- 물가안정 · 경제성장 · 완전고용 · 국제수지균형 등 통화정책의 최종목표를 달성하기 위해 중간목표를 설정하고 이 중간목표를 우선적으로 달성하려고 하는 방식
- 중간목표로는 최종목표들과 밀접한 관계가 있고, 중앙은행이 영향을 미칠 수 있는 이자율 · 통화량 · 환율 등이 사용됨.
- 이자율을 중간목표로 삼는 운영방식은 진성어음주의(real bills doctrine)[158]라는 이름으로 1950년대까지 케인즈학파가 강력히 추천한 방식
- 1970년대와 1980년대에 많은 나라들이 통화량을 중간목표로 삼는 통화목표관리

154) 국제금융시장을 이동하는 단기성 자금
155) 국제증권 및 외환시장에 투자해 단기이익을 올리는 민간 투자기금
156) 즉 무력화될 수 있음. ⇒ 동남아 금융위기 또는 외환위기 시 해당국의 펀더멘탈(fundamental)이 건실해도 그 파급효과가 대단히 컸다는 사실이 이를 반증해 주었음.
157) 통화정책은 한마디로 통화량의 조절을 통하여 이자율을 변화시켜 생산활동 수준과 물가를 조정하는 정책을 말하는데, 이는 금융정책의 한 분야라고 할 수 있음. 금융정책은 금융의 기능이 효과적으로 작용하도록 하는 보다 포괄적이고 넓은 의미의 정책을 말함.
158) 기업이 일반 상거래에 수반하여 발행한 진성어음을 제시하면 은행은 고정된 이자율 수준에서 얼마든지 할인해 주는 정책을 말함. 진성어음주의에 의하면 이자율을 적정수준에 고정시켜 놓고 그 수준에서 민간이 수요하는 화폐를 얼마든지 공급하는 것이 통화당국의 임무임.

제(monetary targeting)를 선택하였음.

- 물가안정목표제(inflation targeting)
  - 통화당국의 최종목표를 물가안정으로 단일화시키고 중간목표 없이 다양한 거시경제변수들을 활용하여 물가안정목표를 직접 달성하려고 하는 방식
  - 물가안정목표제는 1990년대부터 여러 나라에서 채택하기 시작하였는바, 우리나라는 1979년부터 총통화($M2$)를 중간목표로 하는 통화목표관리제를 채택해 왔으나 1990년대 후반 들어 금융제도 개편에 따라 금융상품 간 자금이동이 확대되면서 통화지표들의 유용성이 크게 낮아짐에 따라 1997년 말 한국은행법 개정 때 물가안정목표제를 도입하여 1998년부터 운용하고 있음.

- 물가안정목표제의 대안 논의[159)]
  - 글로벌 금융위기를 계기로 물가안정목표제의 한계 등에 대한 비판적 시각이 제기되었음. ⇒ ㉠ 먼저 글로벌 금융위기의 원인을 찾는 과정에서 금융안정 관련 취약성이 문제점으로 부각되었는데, 이는 물가안정목표제 하에서는 물가안정이 최우선 목표로 두어짐에 따라 중앙은행이 금융안정의 중요성을 과소평가하거나 금융시장에서 누적되고 있는 불균형에 대해 적절히 대응하는 데 한계를 보일 수밖에 없다는 인식에 근거함. ㉡ 대표적 사례로 글로벌 금융위기 이전 대안정기(great moderation) 중 인플레이션이 목표 내에 위치함에 따라 금융 불균형의 축적 및 확산을 조기에 시정하거나 직접적으로 차단할 근거가 부족했고 이를 방치한 결과 글로벌 금융위기가 발생하였다고 보고 있음.
  - 다음으로 물가안정목표제의 신축적인 운용만으로는 글로벌 금융위기 이후 경기침체 문제에 충분히 대응하기 어렵다는 주장이 제기되고 있음. ⇒ ㉠ 물가안정목표제가 경기확장기에 기대인플레이션의 확산을 방지하는 데는 유효한 영향을 미칠 수 있지만, 역으로 경기부진 상황에서는 완화적 통화정책이 수행되더라도 인플레이션 기대심리를 조기에 회복시켜 부족한 유효수요를 창출하는 데 한계가 있다는 것임. ㉡ 이는 물가목표달성을 위해 결국은 긴축으로 재전환할 것이라는 암묵적 기대가 형성되어 있는 상황하에서는 인플레이션 기대를 자극하기 어렵다는 판단에 근거함.
  - 이 같은 물가안정목표제의 한계에 대한 비판적 문제제기만큼이나 이를 개선·보완하기 위한 대안도 학계 및 국제기구 등을 중심으로 활발하게 논의되고 있음.

---

159) 한국은행(2013.07) 참조.

- 현재 논의 중인 세 가지 범주의 대안 ⇒ ㉠ 물가안정목표제의 기본 틀은 유지하되 운용상 신축성을 획기적으로 높이는 방향으로 위기상황에 대응하자는 제안 : 물가목표수준을 상향조정하거나 달성기간(horizon)을 늘리는 방식을 통해 금리조정 여지를 확대시키자는 방안(Blanchard, Rogoff, Mankiw)이 대표적이며, 금융안정 기능 보강을 위해 주택가격이 포함된 물가지표를 활용해야 한다는 의견도 제시되고 있음. → 동 방안은 현 제도의 틀 안에서 수행이 가능하다는 장점이 있으나 적정수준의 목표범위나 지속기간을 찾기 어려운 데다 정책효과가 제한적일 것이라는 부정적 평가를 받고 있음. ㉡ 복수 목표제(예 : 고용, 자산가격, 금융안정, 환율) 등과 같이 중앙은행의 책무를 확대하는 방향으로 제도를 개선하자는 주장을 담고 있음. → 최종목표 확대는 글로벌 금융위기 이후 이미 도입이 시도되고 있는 방식으로, 특히 금융안정의 경우 중앙은행 목적으로 새로이 포함시킨 국가가 우리나라를 포함하여 15개국에 이름. → 그러나 복수목표에 대한 고려를 통화정책 운용체제에 어떤 방식으로 반영할 것인가에 대한 구체적이고 명확한 해답을 찾는 과정이 쉽지 않은 도전과제로 남아 있음. ㉢ 목표대상지표 자체를 변경하자는 방안으로 명목GDP목표제(nominal GDP targeting)가 대표적 대안으로 제시되고 있음. → 명목GDP목표제는 기본적으로 물가와 성장을 동시에 고려할 수 있다는 점에서 신축적 물가안정목표제와 유사한 면이 있으며, 특히 공급충격에 있어서 물가안정목표제보다 유연하게 대응할 수 있다는 장점이 있음. → 반면 명목GDP목표제를 시행한 사례가 없는 데다 중앙은행이 물가보다는 성장을 중시한다는 인식이 확산될 경우 인플레이션 기대심리가 불안정해질 위험성도 내포하고 있음.

- 통화정책 패러다임의 전환 필요[160)]
  - 물가안정목표제를 폐기하고 그에 부수하는 주변 구조를 개편해야 함.
  - 물가안정목표제는 변화한 환경에 더 이상 적합한 논리 구조가 아님. ⇒ 과거 물가안정 목표제를 제대로 시행한 적도 없었음.
  - 물가안정목표제의 폐기는 1997년 금융개혁의 전반적 체제 개편과 연관을 가지면서 종합적으로 추진해야 함.
  - 통화정책 패러다임의 변화는 통화정책, 미시적 감독정책, 거시적 안정화 정책 등과의 관련성을 종합적으로 고려하여 재설계하는 것이 마땅함.
  - 중앙은행의 통화정책은 '물가안정'보다 훨씬 더 포괄범위가 넓고, 그 책임의 내용

160) 전성인(2014.02) 참조.

이 재량적인 '금융안정' 또는 '경제시스템의 종합적 안정'을 새로운 목표로 설정해야 함.

- 중앙은행은 물가안정, 버블 통제와 같은 전통적인 영역에서 금융시스템의 거시적 안정에 더 많은 관심을 가져야 함. ⇒ 이를 위해 현재 금융소비자 보호 강화를 고리로 하여 진행되고 있는 금융감독 체제의 개편은 단순히 현존하는 감독조직의 개편에만 국한될 것이 아니라 한국은행을 포함하는 공적 민간기구 전체의 권한과 책임을 재배분하는 것이 되어야 함.

# 4 한국은행의 독립성

## 4.1 세뇨리지[161])와 중앙은행권 발행

- 은행권 발행을 독점하고 있는 중앙은행은 은행권의 액면 가치와 그 생산비용의 차이에 해당하는 독점적 이윤을 누릴 수 있음.
  - 이러한 이익을 정부가 독점하고자 하는 측면이 없지 않음.

- 중앙은행권의 발행은 정부가 재정수입을 확보할 수 있는 가장 손쉽고도 확실한 방법임.
  - 중앙은행권 남발 유혹에 빠지기 쉬움. ⇒ 중앙은행권 발행으로 재정수입의 상당부분을 충당할 수 있기 때문

- 중앙은행권 남발에 따른 돈의 실질가치 하락은 국민들의 돈을 정부가 뺏어가는 것과 같기 때문에 정부에 의한 중앙은행권 남발을 '인플레이션 조세'라고 부름.
  - 인플레이션은 구매력 감소를 가져와 결국 국민으로부터 세금을 일정부분 거두어들인 것과 같게 되는 결과를 초래한다는 의미[162])

161) Seigniorage : 영어로 성주가 Seignior인데, 세뇨리지란 화폐발행차익이라고 부름. 성주가 자신의 딸인 공주 혼례식 경비 마련 때문에 고민하던 중 영특한 신하가 세금을 거두지 않고 금화를 기념주화로 교환해 준다고 주민을 상대로 제의하면 모든 문제가 해결된다고 아이디어를 제시하여 실행 ⇒ 기념주화 100개 발행하면 금화 10개를 챙길 수 있게 되었음(10% 잡석을 섞어 기념주화를 발행하여 제공했기 때문).

162) 예를 들어 쌀가격이 가마당 10만 원이고, 월 소득이 20만 원이면 쌀 2가마 구입 가능. 그런데

## 4.2 | 중앙은행이 정부로부터 독립되어야 하는 주된 이유

- 중앙은행권의 남발 방지를 위해

## 4.3 | 한국은행의 역사

- 1950년 설립 당시만 해도 미국 중앙은행 제도의 영향을 받아 많은 권한과 엄정한 독립성을 부여받았음.

- 5 · 16 혁명 이후 박정희 정부(제3공화국)는 한은법을 개정하여 그 독립성을 약화시켰음.
  - 금융통화위원회는 금융통화운영위원회로 이름이 바뀌면서 권한이 대폭 축소되었고, 한은 총재가 맡던 위원장도 재무부장관이 맡도록 바뀌었음.
  - 또한 한국은행은 일반은행만을 담당하고 특수은행이나 제2금융권, 그리고 외환정책은 재무부의 소관사항으로 넘겨졌음.
  - 결과적으로 재경부가 통화신용정책을 주무르게 되었고 한국은행은 세계에서 독립성이 가장 약한 중앙은행이 되고 말았음.
  - 통화신용정책은 '물가안정과 은행 · 신용제도의 건전화'라는 목표보다 정부의 경제성장 위주의 산업정책이나 무역정책에 철저히 종속되었음.
  - 한국은행의 독립성이 상실된 결과 통화남발이 계속되었고 이에 따라 악성 인플레이션이 고착되었음.

- 나아가 한국은행이 독립성을 잃어버린 가운데 정부는 금융을 장악하고 재벌그룹과 소수 특권층에 대한 특혜대출을 일삼음으로써 부실기업을 양산하는 등 금융산업을 총체적으로 부실하게 만들었음.

- 이제 경제규모가 커지고 구조도 복잡해진 만큼 과거와 같은 경제운용방식은 효율성이나 형평성 어느 측면에서도 효과적이지 못함. ⇒ 특히 전 세계적인 금융산업의 자유화 · 개방화 물결 속에서 한국은행의 독립은 낙후된 금융산업을 발전시키기 위해서도 더 이상 미룰 수 없는 선결요건임.

---

인플레이션으로 인해 쌀가격이 12만5천 원이 되었다면 쌀 1.6가마 구입. 이는 쌀가격이 변동하지 않았을 경우, 4만 원의 세금을 납부한 다음 16만 원을 가지고 쌀을 구입한 경우와 동일. 결과적으로 인플레이션은 근로자에게 4만 원의 세금을 거두어들인 것과 같음.

- 1997년 12월에 한은법 등 금융개혁 관련 13개 법의 제·개정이 이뤄졌는데 한국은행의 독립성은 기대에 미치지 못했음.
  - 물론 금융통화위원회의 위원장을 한은 총재가 맡도록 하는 등 진전이 없는 것은 아니었지만 한은이 정부와 협의하여 물가안정 목표를 정하도록 한 것이나 한은의 금융기관 감독기능이 약화된 것 등은 독립성의 후퇴를 의미
  - 한국은행의 독립성이 보장되려면 통화관리의 권한이 전적으로 한국은행에 주어져야 함.

- 그리고 금융감독기구를 통폐합하고 금융감독위원회를 신설(1998년 4월 설립)하여 총리실 산하에 두기로 했는데, 통폐합은 그렇다 치고 금융감독원(1999년부터 출범)을 정부 산하에 두는 것은 바람직하지 않음.
  - 금융감독기구는 그 자율성을 더욱 높이는 방향으로 개혁되어야 함.

- 금융감독원 설립경과
  - 금융감독원은 "금융감독기구의 설치 등에 관한 법률"(1997.12.31 제정)에 의거, 과거 은행감독원, 증권감독원, 보험감독원, 신용관리기금 등 4개 감독기관이 통합되어 1999년 1월 2일 설립됨.
  - 그 후 2008년 2월 29일에 개정된 "금융위원회의 설치 등에 관한 법률"에 의거하여 현재의 금융감독원으로 거듭남.

- 금융위원회 설립경과
  - 2008년 1월 제17대 대통령직 인수위원회는 '정부 조직과 기능 개편' 방안을 발표하며 금융행정시스템을 전면 재조정하여, ㉠ (구)금융감독위원회 감독정책 기능과 (구)재정경제부 금융정책기능(공적자금관리위원회, 금융정보분석원 포함)을 통합하고, ㉡ 금융위원장과 금감원장의 겸임을 금지하여 정책기능과 집행기능을 분리하기로 결정
  - 2008년 2월 29일 '금융위원회와 그 소속기관 직제' 제정(대통령령 제20684 호, 2008년 2월 29일 공포시행), 금융위원회 및 증권선물위원회를 구성하고, 금융위원회 소속으로 금융정보분석원을 두며, 금융위원회의 사무를 처리하기 위하여 사무처를 설치
  - 2008년 3월 3일 총리령 제875호에 의해 '금융위원회와 그 소속기관 직제'에 대한 시행규칙이 발표되면서 정식 출범

- 2008년 하반기 이후의 글로벌 경제위기 상황에서 한국은행의 역할 확대와 위상 강

화를 모색하기 위한 한국은행법 개정 논의가 대통령 자문기구인 국민경제 자문회의[163]에서 다뤄졌음.[164]

- 한은법 개정문제와 달리 한은과 금감원 간 MOU 개정 논의는 진전을 보았음.[165]

- 그 후 우여곡절 끝에 2011년 9월에 이르러서야 비로소 한은법 개정안이 통과되었음.[166]
  - 1999년 개정된 이래로 단 한 차례도 수정되지 않았던 한은법이 드디어 통과되었음.
  - 저축은행 비리사태가 커지면서 다시금 한은법 개정논의가 수면 위로 올라오게 되었음.
  - 다른 선진국들처럼 어느 정도 제한된 형태라도 복수체제의 감독이 이루어져야 한다는 의견이 공감대를 형성 ⇒ ㉠ 개별금융기관에 대한 감독은 금감원이 여전히 맡게 되나, 한은은 거시건전성 확보라는 명분아래 큰 틀에서 제한적으로 금융권 검사를 할 것으로 보임. ㉡ 한은은 시중은행들에 대해서만 자료접근 권한을 가지고 있었지만, 이번 법안통과로 모든 금융권에 대한 자료접근 확보가 가능해지고, 금감원에게 공동검사를 요구 할 수 있는 권한까지 갖게 됨에 따라 입지가 다소 넓어졌다고 표현할 수 있음.
  - 또한 이번 법안 통과에서 주목할 만한 것은 한은법 제1조 한은의 '설립목적'에서

---

163) 국민경제자문회의는 대통령이 의장을 맡고 기획재정부 장관, 대통령실장이 위원으로 참여하며, 청와대 경제수석비서관이 간사위원 역을 담당하고 있음. 기획재정부는 자문회의 내에 한은과 금융위 등 관련 기관 당사자들이 참여하는 별도 태스크포스를 꾸려 논의하였음.

164) 이와 관련하여 서울신문(2009.06.18) 참조.

165) 기획재정부 관계자는 당시 "MOU 개정안이 확정된 것은 아니지만 어느 정도 중재안이 마련된 상태"라며 "한은과 금감원 간 정보공유의 폭을 현재보다 확대하고 공동검사를 좀 더 실질화하는 쪽으로 보완하는 내용이 될 것"이라고 언급하였음.

166) 그 과정은 순탄치 않았음. 저축은행 사태(2012년 7월 전후하여 저축은행이 영업 정지된 사태를 말함. 삼화저축은행, 부산저축은행, 솔로몬저축은행, 보해저축은행 등이 그 당사자이며 방만한 부실경영으로 인해 영업 정지된 일을 뜻함. 부동산 경기의 불황으로 인한 수익성 악화와 방만한 경영, 그리고 정부, 즉 금감원의 감시기능 마비와 각종 커넥션 등이 저축은행 위기의 원인으로 지목되고 있음.)가 불거져 국회통과 기대감이 어느 때보다 컸지만 금융위원회 및 기획재정부, 국회 정무위원회 등의 반발로 개정안 처리가 불발로 끝났음. 저축은행 사태로 수면위로 올라온 금융당국의 감독부실 문제는 이미 오래 전부터 지적되었음. 2008년 한은법 개정안을 낸 의원만도 10여 명에 이름. 당시 기재위는 10건의 법률안과 '정부·한은·국민경제자문회의 태스크포스' 및 공청회 의견을 수렴, 2년간 끈질긴 논의 끝에 2009년 12월 개정안을 통과시켰음. 하지만 문제는 거기서 끝나지 않았음. 정무위가 개정안을 무력화시키는 이른바 '맞불 법안'을 제출한 것임. 관례적으로 국회는 상임위 간 이견이 있을 경우 처리를 미루게 돼 있어, 그렇게 1년 반이 흘렀음. 2011년 3월 국회 법사위 소위에 상정됐지만 기재부 등의 반대로 논의조차 이뤄지지 않았고, 4월 국회에서는 상정도 안됐음. 6월엔 '단독조사권'이라는 핵심부분을 삭제시키면서까지 개정안을 처리했지만 다시 정무위의 반대로 좌절된 바 있음. 이와 관련하여 이숙현(2011.07) 참조.

금융안정이라는 항목이 추가된 것임. ⇒ 물가안정에다가 금융안정까지 같이 추구해야 한다는 측면에서 앞으로 한은의 대응이 다소 복잡해지면서도 정교해져야만 하는 필요성이 생겼음.

- 물가안정에다가 금융안정이라는 목적까지 한은의 울타리 안에 들어옴에 따라 앞으로 중기가 아닌 보다 더 장기적인 관점에서 한은의 통화정책이 실시될 것으로 보임.

－한은법 재개정의 필요성 대두[167)]

- 2011년의 한은법 개정으로 한은에 금융투자회사 등 2금융권에 대한 자료제출요구권이 신설됐으나, 검사·공동조사 요청권은 없었음. ⇒ 다만 자본시장법상 한은의 금감원에 대한 금융투자회사 공동검사 요청권이 있으나, 이 부분도 투자예탁금으로 수행하는 자금이체 업무 등으로만 한정되었음.
- 한은법 개정 당시 한은 설립목적에 '금융시장 안정' 목적을 추가했으나 사실상 2금융권 금융사에 대해서는 검사·조사 권한이 미미하다는 것임.
- 금융시장 불안에 대한 한은의 느슨한 태도도 문제이지만, 사실상 법 개정이 제대로 이뤄지지 않았다는 지적임.
- 당시 저축은행 부실 사태를 계기로 부실감독이 감독권 독점에서 비롯된 것인 만큼, 그 권한을 일부 분산해 감독·검사도 경쟁체제를 구축해야 한다는 목소리가 있었으나 이것이 제대로 반영되지 않고 형식상 반영되었던 것임.
- 동양그룹 사태[168)]를 계기로 한은법을 제대로 들여다 볼 필요가 있다는 의견이 다시 대두되고 있음.
- 한편 이주열 한국은행 총재가 2014년 4월 취임하면서 한은법 개정 문제가 다시 주목되고 있음. ⇒ ㉠ 중앙은행 역할을 확대해야 한다는 사회적 공감대가 형성된 만큼 물가안정만 추구하는 목표를 손질해 금융감독권한을 강화해야 한다는 것이 골자임. ㉡ 차제에 미국 연방준비제도(Fed·연준)처럼 물가안정 외에 고용안정, 다시 말해 성장지원도 정책목표에 담아야 한다는 목소리 또한 소수지만 한은 내부에서 제기되고 있음.[169)]

---

167) 김문관(2013.10) 참조.

168) 2013년 10월 동양그룹이 악화된 재정 상태를 막고자 회사채 및 기업어음(CP)을 대량으로 발행하여 판매했지만, 이후에 투자자들에게 돈을 상환할 능력이 없어 채권자들이 돈을 잃게 된 사건임. 이 사건을 계기로 기업의 윤리의식 재정비 필요성이 대두되었으며, 이와 함께 금융감독원 및 한국은행 등 금융기관에서도 수시로 대기업 및 금융기관에 대한 경영 및 재정 상태 등을 정확히 조사하여 금융소비자들을 보호하고, 안정된 금융 상태를 지속할 수 있도록 감독하는 역할을 강화해야 할 필요성이 대두되었음. 2013년 10월 17일 결국 동양그룹은 법정관리의 길에 들어서게 되었음.

- 올바른 금융감독체계 개편에 관한 금융학자 및 전문가들의 견해[170]
  - 신뢰성 낮은 정부 주도의 개편 논의를 중단하고, 국회가 민간 전문가와 함께 아래와 같은 개편 방향을 중심으로 근본적이고 올바른 금융감독체계 개편을 위해 나설 것을 촉구하였음.
  - 먼저 금융감독의 독립성이 보장되어야 함. ⇒ ㉠ 저축은행 후순위채 발행 등에서 드러난 바와 같이 금융감독기능이 금융산업정책으로부터 포획되는 것을 막기 위해서 금융감독의 독립성 보장은 무엇보다 시급하고 중요한 과제임. ㉡ 이를 위해 금융위의 금융산업정책 업무는 기재부로 이관하고, 금융감독정책 업무는 금감원에 이전하여 금융산업정책과 금융감독정책을 분리해야 함. ㉢ 그리고 금융감독위원회(가칭)를 금감원 내부의 최고 의사결정기구로 새롭게 설치하며 금감원을 민간 공적기구로 만들어 관치금융을 종식하는 한편, 감독의 전문성 확보를 도모함.
  - 둘째, 현행 금감원으로부터 금융소비자보호 기능을 전담하는 금융소비자보호원(가칭, 이하 금소원)을 분리하여 금감원과 대등한 민간 공적기구로 설치함. ⇒ ㉠ 이를 통해 두 감독기구 간 견제와 균형의 구조를 구축하여 각 감독기구의 책임을 명확히 하며, 건전성감독과 금융소비자보호라는 상충 가능한 감독목표의 효과적 달성을 추진함. ㉡ 다만 금소원에 현 증권선물위원회 업무를 추가로 이관하여 금융회사의 영업행위 규제 전반을 다루는 쌍방형 체제를 채택할지 여부는 심도 있는 추가 연구와 논의를 통해 결정함.
  - 셋째, 일관되고 효율적인 금융감독체계 정착을 위해 감독유관기관들 간 유기적 협력체계 구축이 현안과제로 부각되고 있는 만큼, 금융안정협의회(가칭)라는 감독유관기관 협의체를 법제화하여 협력체계 구축을 선도케 함. ⇒ ㉠ 금융안정협의회는 개별감독기구들의 권한과 책임을 최대한 보장하는 범위 내에서 협력체계 구축을 상시적 목표로 추구하고, 시스템 위기 발생 시에는 위기관리의 최종책임을 갖도록 함. ㉡ 이와 더불어 금융감독체계 개편 논의가 용두사미를 되풀이 하지 않도록 하기 위해서 학문적 토대 및 전문성의 담보와 함께 특히 정부로부터의 독립성 확보가 필요함. ㉢ 소위 권치(權治) 및 관치(官治) 금융 유인이 강하게 작용하는 우리나라 금융환경에서 정부 주도의 개편 논의는 감독기능의 독립성 확보와 양립하기 어려운 한계가 존재하기 때문임. ㉣ 따라서 이를 국회가 맡아 기획재정위원회와 정무위원회가 합동 특별위원회를 구성하고 전문가 위원회를 두어

169) 이연선(2014.04.06) 참조.
170) 경실련(2013.07) 참조.

심도 있는 연구를 진행하되, 그 결과를 금융감독체계 개편 논의에 충실히 반영할 것을 촉구함.

• 미국발 양적완화 축소와 함께 아직 해결조짐이 보이지 않는 가계부채 문제 등 시스템 리스크에 적절히 대비하고, 더 나아가 금융산업 발전을 위한 기반 구축을 위해서 금융감독체계 개편 문제는 더 이상 미루기 어려운 시급하고도 중요한 문제가 아닐 수 없음.

- 금융감독체계 개편 방향의 최근 추이[171)]

• 당초 금융감독원으로부터 금융소비자보호원(금소원)을 분리시키고자 했던 금융감독체제 개편안은 판이 더 커지는 분위기임.

• 초안은 금소원을 분리시켜 금융위 산하에 두는 것이었지만, 야당 국회의원들이 "금소원이 금융위에 예속되면, 과거와 다를 것이 없다. 모피아와 권력만 강화시켜줄 뿐"이라며 강하게 반발하고 나선 때문임.

• 2014년 4월 22일 법안심사소위원회에서 야당은 금융위에서도 금융소비자 보호위원회를 분리시켜 금융위와 금소위, 금감원과 금소원을 두는 '2+2' 안을 내놨으며, 이에 정부와 여당도 동의하는 분위기임.

• 그러나 여전히 세부사항을 두고 여야 간 이견이 거듭되고 있음. ⇒ 4월 임시국회에서 여야가 이견을 좁히지 못할 경우 사안은 9월로 넘어갈 가능성이 높은데, 이 경우 결국 금융감독체제 개편도 해를 넘길 것으로 전망됨.

- 금융소비자 보호체계의 확립 필요[172)]

• 금융감독당국이 그동안 금융산업 육성 등에 치중해 금융소비자 보호에 소홀했고, 이를 해결하기 위해선 독립된 금융소비자보호원의 설립이 필요하다는 점에는 이미 사회적 공감대가 이뤄져 있음.

• 그러나 현재 정부와 여야 간 논의는 금융소비자보호원 설립형태나 기존 금융감독당국과 금융소비자보호원 사이의 권한 다툼에만 집중돼 있음. ⇒ 금융소비자보호원이 막상 어떻게 운영될지, 금융기관이나 소비자 부담이 어떻게 될지 등 금융소비자 보호의 본질적인 문제는 정작 외면당하고 있는 것 같음.

• 본질적 문제에 대한 검토 없이 무작정 설치한다면, 금융소비자보호원은 새로운 금융감독당국으로서 '존재감'을 드러내고 권한을 확장하기 위해 기존 금융감독당국과 경쟁하게 될 것이 분명함. ⇒ 부처 간 경쟁의 결과 규제개혁은 고사하고,

---

171) 세계파이낸스(2014.04.23) 참조.
172) 강임호(2014) 참조.

불필요한 규제가 양산돼 금융산업의 경쟁력이 훼손될 가능성도 있음.

• 이에 금융감독체계를 단계적으로 개편하는 방안을 제안하고자 함.

• 1단계로 필요한 최소한의 기구를 신설하도록 함. ⇒ 현행 금융감독당국의 소비자 보호기능을 외부에서 견제 · 감시하는 '금융소비자위원회'를 설립할 수도 있고, 금융분쟁 해결 및 금융교육 기능만 수행하는 별도 기구의 설립도 가능함.

• 2단계에선 새로운 기구를 일정기간 운영하면서 불필요한 부처 간 경쟁 여부 등을 평가하고, 금융소비자 보호 효과가 미흡하다고 판단되면 권한 확대 등으로 나아갈 수 있음. ⇒ 이런 접근법은 금융감독체제의 획기적인 개편을 바라는 국민적 기대에는 다소 미치지 못할 수는 있으나, 규제기관 신설에 따른 부작용을 비교적 쉽게 해소할 수 있음.

• 금융소비자보호원 설립의 열쇠를 쥐고 있는 국회와 정부는 단순한 하드웨어적 개편 방향뿐 아니라 금융소비자보호원을 어떻게 운영해야 금융소비자, 즉 국민의 편익을 최대화하면서 비용을 최소화할 수 있는지를 신중하게 검토해야 함.

- 윤곽 드러난 금융소비자보호기구 신설안[173)]

• 금융감독원 기능이 분리돼 생기는 금융소비자보호원 업무를 관할하는 최고 의사결정 기구로 금융소비자보호위원회(금소위)를 신설하는 방안이 추진됨. ⇒ 2014년 4월 27일 국회 정무위원회와 금융당국에 따르면 여야는 이 같은 내용을 골자로 한 금소원 설치안에 대해 의견 접근을 이뤄가고 있음.[174)]

• 신설되는 금소위는 현재 금융감독원 내 제재심의위원회가 수행하는 금융회사에 대한 제재권을 금융소비자 보호 목적으로 행사할 수 있을 것으로 예상됨.

• 금감원은 금융회사 건전성 관리감독 차원에서 제재권을 그대로 보유하는 것처럼 금소원이 금융소비자 보호 측면에서 금융회사 제재권을 별도로 갖게 되는 셈임.

- 금융소비자보호기구 설치 무산될 위기[175)]

• 금융소비자보호기구 설치를 위한 법안이 2014년 5월 2일 국회 정무위원회 법안소위조차 통과하지 못했음. ⇒ 금융소비자보호기구 설치는 대통령 공약이기도 하지

---

173) 매일경제(2014.04.28) 참조.

174) 이 같은 모델은 한국은행 금융통화위원회에 빗대 생각할 수 있음. 한은법에 따르면 금융통화위원회는 한은 내 정책결정기구로 설치돼 있지만, 금리 결정은 고유 업무로 갖고 있음. 금소위는 행정부는 아니기 때문에 법률 개정권을 가질 수 없지만, 감독규정에 대한 제정 · 개정권을 가질 수 있을 전망임. 한국은행 총재가 금통위원회 의장을 맡고 있듯이 금소위 의장은 금소원장이 맡을 가능성이 높음. 금통위에 한은 총재와 부총재가 참여하고 금통위원이 있는 것처럼 금소위에는 금소원장과 부원장이 참여하고 민간위원들이 참석하는 안이 거론되고 있음.

175) 연합뉴스(2014.05.02) 참조.

만, 최근 금융사고가 잇따라 발생하면서 그 필요성이 한층 커져 정부는 물론, 정치권에서도 공감대가 형성돼 무난한 국회통과가 예상됐었음.

- 하지만 막상 국회 논의가 시작되면서 법안 통과는 진통을 겪었고 정치권과 정부는 이견을 좁히는 데 결국 실패했음.
- 정부는 현재의 금융감독원에서 떼어내 독립적인 금융소비자보호기구인 금융소비자보호원(금소원)을 만든다는 구상을 법안에 담았음. ⇒ 금감원에서 금융회사의 건전성을 감독하고 금소원에서 소비자 보호를 위한 감독 기능을 하게 한다는 복안이었는데, 금융 위를 중심으로 금감원과 금소원이 대등하게 존립하는 '1+2 체제'였음.
- 그러나 이는 벽에 부딪혔음. ⇒ 정치권, 특히 야당은 금감원의 분리와 함께 금융위도 분리해 금소원의 상위 기구로 금융소비자보호위원회(금소위)를 만들자고 주장하고 나섰는데, 다시 말해 '2+2 체제'를 들고 나온 것임.
- 야당과 정부는 힘겨루기를 하다가 양쪽이 한 발씩 물러서는 선에서 의견 일치를 보았음. ⇒ 금융위를 분리하지 않되 금소원 내에 금소위를 설치한다는 것이었음.
- 그러나 논의가 진행될수록 양측은 계속 충돌하여 금소위를 어떻게 구성할 것인지, 금소원의 예산권을 어디에 둘 것인지를 두고 맞선 것임.
- 야당은 금소원의 인사권과 예산권을 정부로부터 완전 독립을 시켜야 한다고 주장했음. ⇒ ㉠ 그래야 금소원이 '독립적인 기구'가 될 수 있다는 견해였음. ㉡ 이에 예산권은 직접 국회가 관장하고, 금소위의 구성에 국회 추천 인사가 참여하도록 하자고 제안하면서 야당에도 위원 추천권을 달라고 했음.
- 정부는 즉각 반대했음. ⇒ ㉠ 한국은행도 예산은 기획재정부가 관장하는 점을 들어 금융소비자보호기구도 어느 정도 정부 통제에 들어와야 한다는 것이었음. ㉡ 또 금소위구성은 민간 전문가 등으로 구성해야 한다고 주장했는데, 국회 추천권이 주어지면 금융소비자를 위한 기구가 자칫 정치적인 논란을 야기할 수도 있다는 우려에서였음.
- 국회는 금융위가 금융소비자보호기구에 영향력을 행사하려 한다고 의심했고, 정부는 국회의 주장을 받아들이면 설립 취지를 크게 벗어날 수 있다고 우려했음.
- 이후 대통령 공약이었던 만큼 금소원 설치에 적극적이었던 정부는 쟁점을 한 번에 풀기 위해 금융업권별 관련 감독 규정 제개정권을 금소원에 넘기겠다고 제안했음. ⇒ ㉠ 예산 등에 대해서는 정부 통제를 받고 금소위도 민간 전문가로 구성하는 대신, 금소원에 권한을 대폭 강화하도록 하겠다는 것이었음. ㉡ 이는 그동안 금소원이 감독규정 제개정을 건의할 수 있다는 데에서 한 발 더 나아간 것으

로, 정부로서는 나름 통 큰 제안이었음.

- 이에 논의가 어느 정도 진척이 되는 듯했으나 이번에는 증권선물위원회의 기능 이관을 둘러싸고 부딪쳤음.
- 증권시장의 불공정거래를 조사하고 조치하는 증권선물위원회가 투자자보호기능을 하는 만큼 그 기능을 금융위에서 떼어내 금융소비자보호기구로 이관하자고 국회가 주장한 것임.
- 그러나 정부는 증선위의 기능이 국민의 권리·이익을 박탈하거나 제재를 가하는 등 정부가 해야 하는 업무라는 점에서 민간기구에 부여할 수는 없다고 맞섰음.
- 이에 양측이 서로의 주장을 굽히지 않으면서 결국 그동안의 논의는 실패로 끝나게 됐음.

### 4.4 통화지표(통화량을 측정하는 지표)[176]의 유용성 감소

- 급격한 금리변동과 금융구조조정 등으로 금융권·금융상품 간 급속한 자금이동이 빈번해지면서 나타난 현상임.

- 결국 금융자산의 다양화와 금융시장 구조의 변화라는 금융환경의 변화에 따라 금리정책에 무게가 실리고 있음(선진국의 경우도 이런 추세로 전환).

## 5 금리의 결정

- 금융은 자금을 빌려주고 빌리는 행위
  - 사과를 거래할 때 사과가격이 기준으로 되듯이 자금을 거래할 때에도 기준으로 되는 가격이 있는데 그것이 바로 금리(이자율)임.

- 금리는 자금의 수요와 공급에 의해 결정

176) 통화지표 : 어디까지를 화폐로 볼 것인가에 대해 확실한 정설이 없음. 현재 우리나라에서는 어디까지를 화폐로 보느냐에 따라 $M1$(통화), $M2$(총통화), MCT($M_2$ + CD〈양도성예금증서〉 + 금전신탁〈money in trust〉), $M3$(총유동성) 등의 통화지표를 편성하여 사용. 1978년까지는 $M1$, 1979년부터는 $M2$, 1997년부터 $M2$와 MCT를 동시에 사용하는 복수 중심통화지표제 시행. 1998년부터는 IMF와의 협의에 따라 $M3$(총유동성)를 중심통화지표로 사용

- 자금의 가격인 금리 역시 자금에 대한 수요가 공급보다 많으면 올라가고, 반대로 수요보다 공급이 많으면 떨어짐.

- 자금에 대한 수요와 공급의 크기를 결정하는 기본적 요인은 투자와 저축임.
  - 기업이 투자를 활발히 하면 자금에 대한 수요가 늘어나고 국민이 저축을 많이 하면 자금의 공급이 늘어남.
  - 저축과 관련하여 과거 우리나라 국민의 저축률이 세계 최고 수준이었는데, 한때 과소비 등의 만연으로 총저축률이 최저수준이라는 보도가 나온 바 있음.

- 투자와 저축과 같은 실물적 요인과 함께 화폐적 요인(통화공급)도 자금에 대한 (수요와) 공급에 영향을 미침.
  - 우선 중앙은행은 본원통화(민간의 보유현금 및 은행의 지불준비금)를 증가시킴으로써 직접적으로 자금 공급량을 늘림.[177]

- 중앙은행은 재할인정책, 지급준비율정책, 공개시장조작정책 등의 수단을 통해 일반은행이나 기관투자가들의 자금사정을 변화시킴으로써 일단 단기금리(콜금리, 회사채유통수익률 등)를 조정하고, 이것이 점차 파급되어 경제 전체의 금리, 특히 장기금리의 변화를 유도함.
  - 최근 금리정책의 중요성이 대두됨에 따라 위에서와 같이 간접적인 방식이 아니라 직접적으로 금리를 조정하고 있음.

- 금리는 물가상승을 고려하느냐 하지 않느냐에 따라 명목금리와 실질금리로 구분[178]
  - 명목금리는 실제 금융거래에서 사용되는 금리를 말하며, 실질금리는 명목금리에서 예상물가상승률을 뺀 금리를 말함.[179]

---

177) 본원통화는 일반은행들의 신용창조를 통해 그 몇 배에 달하는 예금통화를 공급할 수 있는 기초가 됨. ⇒ 이러한 직·간접 경로를 통해 자금 공급량 및 가격(금리)을 조절하는 것이 바로 중앙은행의 통화신용정책(화폐적 측면에서 자금의 공급에 영향을 미치는 것을 말함)임.

178) 예를 들어 1,000만 원의 원금을 빌려주고 1년 후에 100만 원의 이자를 받을 경우에 명목이자율은 10%임. 반면 1년 사이에 물가가 7% 상승했다면 해당자는 오직 3%에 해당하는 만큼의 추가적인 재화와 서비스를 구입할 수 있게 됨. 즉 만 원짜리 재화는 1,000만 원 가지고는 1,000개 구입 가능함. 10% 이자를 받아 1,100만 원의 수입이 있더라도 만약 가격이 10,700원으로 7% 상승했다면 1028개(약 3% 추가)밖에 구입 못하게 됨. 따라서 실질이자율은 3%라고 볼 수 있음. ⇒ 실질금리란 현재 소비를 희생한 대가로 장래에 추가적으로 구입할 수 있는 재화와 서비스의 가치를 의미

179) 예컨대 갑이 연 9% 이자율로 을에게 100만 원을 빌려주어 1년 후에 109만 원을 받는다고 하자. 이때 이자율(이것을 명목이자율이라 부름) 9%에는 두 가지 의미가 들어 있음. 첫째는 1년 사이에 물가가 올라서 1년 후에 화폐의 구매력이 떨어질 것에 대한 보상(예상 인플레이션, 연 5%로 가정)이고, 둘째는 이 돈을 빌려준 사람이 다른 용도로 돈을 사용하지 못하게 되는 데에 따른 보

- 정책금리로서의 한국은행 기준금리(약칭 '기준금리')[180]
  - 한국은행은 2008년 3월 7일부터 정책금리를 이전 '콜금리 목표'에서 '한국은행 기준금리'로 변경하는 등 통화정책 운영체계를 개편하였음.[181] ⇒ 이는 콜금리가 자금수급 사정과 관계없이 정책목표 수준에 거의 고정됨에 따라 콜금리의 시장신호 전달 및 자금배분 기능이 약화되고, 단기 자금 거래가 콜시장에 과도하게 집중되면서 RP 등 기일물 단기금융시장의 발달이 크게 저조해져 '콜금리 → 단기 · 장기 시장금리'로 이어지는 통화정책의 파급경로가 원활하게 작동하기 어려워진 측면이 있어서였음.
  - 한국은행 기준금리는 한국은행과 금융기관 간 거래의 기준이 되는 금리로서 한국은행의 RP매매, 대기성 여수신(자금조정 대출 · 예금) 금리의 산정기준으로 활용됨.[182]
  - 기준금리가 인상되면 실제 시장의 여러 금리도 인상되며, 반대로 인하될 경우 시장금리도 인하되며, 또 그렇게 되도록 유도함. ⇒ ㉠ 하지만 기준금리도 운용 목표치에 불과해서 실제로 시장금리는 자금의 수요자와 공급자에 의해 결정됨. ㉡ 그러나 현실적으로 시중은행을 포함한 금융기관들은 대개 기준금리를 기준으로 삼아 금리를 책정하기 때문에 기준금리가 오르면 시장금리도 오르고, 기준금리가 내리면 시장금리도 내리는 것이 보통의 현상임.

---

상(이를 실질이자율이라고 부름, 연 4%라고 가정)임. 즉 명목이자율은 실질이자율과 예상 인플레이션율로 구성되어 있음.
⇒ 명목금리(9%) = 실질금리(4%) + 예상인플레이션율(5%)

180) 한국은행 경제교육(대학생/일반인 경제세계) 참조.

181) 기준금리란 한 나라의 금리를 대표하는 정책금리로 각종 금리의 기준이 됨. 우리나라는 1999년부터 콜금리가 기준금리 역할을 해왔으나 2008년 3월부터 7일물 환매조건부채권(RP)금리를 기준으로 하는 '한은 기준금리제'를 도입해 시행하고 있음. 한국은행이 일주일에 한번(매주 목요일)씩만 시장에서 7일 만기 RP를 팔 때 적용함. RP란 일정기간 뒤 미리 정해진 가격으로 되사는 조건으로 판매하는 채권으로 금융회사들은 한국은행이 끼어들지 않는 일주일 간 금리변동 위험을 안은 채 RP거래를 함. 다시 말해 RP란 일정기간 후에 다시 매입한다는 조건으로 채권을 매도해 자금을 단기적으로 확보할 수 있게 해줌. 채권을 가지고 있으면 만기 이전에는 현금화할 수 없는데 유동성을 필요로 할 때 다시 매입한다는 조건으로 채권을 매도하면 매입자 입장에서는 안정적인 수익을 얻을 수 있으므로 매력적인 상품이 됨. 또한 만기(기일물)가 짧아질 수 있다는 것도 장점임. 한편 미국은 연방기금금리(federal funds rate)를, 일본은 콜금리(1일물 overnight call rate)를 각각 기준금리로 활용하고 있음.

182) 한국은행 소속 기관인 금융통화위원회에서 매월 두 번째 목요일에 결정하며, 금융기관과 환매조건부증권(RP) 매매, 자금조정 예금 및 대출 등의 거래를 할 때 기준이 되는 정책금리임. 한국은행은 기준금리를 7일물 RP매각 시 고정입찰금리로, 7일물 RP매입 시 최저입찰금리로 사용함. 한국은행 금융통화위원회는 통화정책의 목표인 물가안정을 달성하기 위해 매월 물가동향, 국내외 경제상황, 금융시장 여건 등을 종합적으로 고려하여 기준금리를 결정함. 결정된 기준금리는 초단기금리인 콜금리에 영향을 주고, 다시 장단기 시장금리, 예금 및 대출금리 등의 변동으로 이어져 궁극적으로 실물 경제활동에 영향을 미치게 됨.

- 한편 콜금리는 통화정책 파급경로의 시발이 되는 시장금리로 운용목표로서의 기능을 계속 수행하므로 한국은행은 콜금리가 기준금리 수준에서 크게 벗어나지 않도록 노력하고 있음.
- 한국은행은 기준금리를 기준으로 은행 전체의 자금수급을 조절하기 때문에 단기자금 시장에서의 은행 간 조절금리인 콜금리는 한국은행의 기준금리 수준으로 수렴하게 됨.
- 콜금리에서 콜(call)이란 "자금을 요청한다"는 의미이며, 콜거래란 은행 · 증권회사 등의 금융기관 간에 초단기(주로 1일)로 자금을 빌려주고 빌리는 자금거래를 일컫는 말임.
- 콜금리란 쉽게 말해 금융기관끼리 남거나 모자라는 자금을 서로 빌려주고 받을 때 적용되는 금리를 말하며 콜시장에서의 콜자금에 대한 수요 · 공급에 따라 결정됨. ⇒ 금융기관은 고객을 상대로 예금을 받고 대출 또는 투자를 하는 과정에서 수시로 자금이 남기도 하고 부족하기도 하는데, 이러한 자금의 과부족을 콜시장에서 금융기관 간의 자금거래를 통해 조절함.
- 콜금리가 갖는 의미는 매우 중요한데, 그 이유는 콜금리가 모든 시장금리의 기초가 되기 때문임. ⇒ 즉 콜시장은 금융시장 전체의 자금 흐름을 민감하게 반영하는 곳이기 때문에 여기서 결정되는 금리를 통상 단기 시장금리의 지표로 활용하고 있음.
- 시장금리를 조정하는 것은 국가의 경제정책에서 매우 중요하기 때문에 기준금리를 변동시키는 것은 국가의 경제정책을 어떤 방향으로 이끌고 가겠다는 정책 방향을 제시하는 것이 됨. ⇒ 즉 경기과열로 물가가 상승할 가능성이 있으면 중앙은행은 기준금리를 높여 시중자금을 흡수하고, 경기가 너무 위축될 것 같으면 기준금리를 낮추어 경기 활성화를 꾀하는 것임.[183)]

183) 기준금리가 인상되면 시중의 돈을 흡수하기 때문에 통화량이 줄어들고, 과열된 경기를 누그러뜨리는 효과가 있음. 반대로 기준금리가 인하되면 시중에 돈이 풀려 통화량이 늘어나 경기가 되살아나게 됨. 또한 기준금리가 인상되면 주가가 떨어지거나 환율이 내려가기도 하며, 인하될 경우에는 반대의 현상이 나타남. 하지만 이것은 이론적인 효과이며, 실제 경기에서는 전혀 다른 양상이 나타날 수도 있음.

# 6 금융자율화의 의미

## 6.1 1980년대 초 이래 금융자율화 시도

- 금융자율화는 관주도적 경제개발전략을 포기하고 민간 중심의 자율적인 경제운용 방식으로 전환한다는 의미를 가짐.

- 1980년대 초 우리나라 경제는 권위주의적 정부에 의해 추진된 관주도적 경제개발 전략의 폐해가 집중적으로 드러나면서 심각한 위기를 맞았음.
  - 역대 정권은 은행을 손에 넣고 재벌에게 특혜대출을 해주며 정치자금을 챙겼음.
  - 재벌들은 싼 이자로 거저 돈을 빌리다시피 해 부동산에 투자하였고 그에 따라 부동산 투기가 온 나라를 휩쓸었음.
  - 또한 재벌그룹은 경쟁적으로 은행돈을 끌어다 자신의 몸집을 불리는 데 썼음.
  - 이 과정에서 재벌들은 차입경영을 능사로 하게 되었고, 그 결과 부실기업을 양산해 왔음.
  - 은행은 은행대로 책임경영과는 거리가 멀어지게 되어 천문학적 규모의 부실채권을 떠안게 되었으며 그 부담이 국민에게 고스란히 떠넘겨졌음.

- 우리의 금융자율화는 대외적으로 보면 선진국의 금융개방 압력에 굴복한 측면도 있음.
  - 미국을 중심으로 한 선진국의 금융산업은 자국 내에서 탈규제화를 추진하면서 동시에 해외로의 진출을 꾀하였음.
  - 선진국 금융기관의 해외진출 요구는 개도국의 입장에서는 곧 금융개방 압력을 뜻하는데, 1980년대 후반부터 미국은 우리나라에 무차별적인 금융개방 압력을 가하였음.

## 6.2 개선사항

- 소위 관치금융에서 벗어나야겠다는 대내적 자율화의 필요성과 대외적 개방 압력을 배경으로 하여 금융자율화가 시도되었으나 관치금융과 그로 인한 금융산업의 낙후

성은 선진국에 비해 아직도 개선될 여지가 많이 남아 있음. ⇒ 은행경영의 자율성은 은행인사와 자산운용의 자율성을 그 내용으로 함.

- 은행장 임명의 경우 1990년대 들어 은행장 추천위원회 등 제도적 개선이 있었지만 여전히 정권의 입김에 의해 좌우되고 있음.
- 또한 대출과정에서 유무형의 외압이 여전히 작용하고 있어 부실채권 현상이 논란이 되고 있음.
- 은행은 책임을 회피하기 위해 담보를 확보하는 데 급급하는 왜곡된 금융관행이 여전히 존재

- 금리자유화는 외형적으로는 상당히 진행되었으나 그럼에도 불구하고 정책당국의 눈에 보이지 않는 금리규제가 여전히 잔존

- 금융기관 설립의 경우 1980년대 초 이래 상당수의 은행과 제2금융권 금융기관이 신설되어 과당경쟁의 문제가 심각하게 제기될 정도(일례로 문민정부 시절 특정 지역의 금융기관 신설, 종금사 인허가 문제)였으나 그 후 많이 정리되었음.
  - 금융기관의 신설이 준칙주의에 따른 것이 아니라 정책당국의 자의적인 인허가에 따른 것이었기 때문에 진정한 자율화화는 거리가 먼 것이었음.
  - 현재는 시장원리에 의해 이것이 특혜가 될 수 없는 상황이 돼 버렸음.

- 그동안 엄격한 분업주의를 유지해 왔던 우리나라도 세계적인 겸업화 추세에 따라 은행업, 증권업, 보험업 간의 상호진출을 서서히 확대하고 있음.
  - 그러나 업무영역의 조정은 개별금융기관의 입장에서는 사활이 걸린 문제이기 때문에 서로 주고받는 식으로 일관성 없이 처리되고 있음은 시정돼야 할 것임.

## 6.3 | 선진국의 경우

- 금융기관의 책임경영체제가 이미 갖추어진 조건에서 과거 금융안정을 위해 취해졌던 정부규제가 오히려 경쟁을 제한하고 금융산업 발전을 저해하고 있다는 반성으로부터 금융자율화를 시작했음.

## 6.4 | 우리나라의 금융자율화가 미흡한 주된 원인

- 책임경영체제의 구축 결여 ⇒ 책임경영체제의 구축과 관련하여 우리가 유념해야 할 사항은 산업과 금융의 분리 원칙(소위 금산분리 원칙)임.

- 은행에 주인을 찾아 주어야 책임경영체제가 확립될 수 있다는 주장은 현 한국경제의 발전 수준에서는 맞지 않다고 보는 시각이 있음.
- 실제 시중은행의 지배적 대주주가 될 수 있는 것은 재벌밖에 없기 때문에 은행에 주인 찾아 주기 주장은 은행까지도 재벌의 소유 아래 넘겨 주자는 말밖에 되지 않음.
- 그렇지 않아도 경제력 집중 문제가 심각한 우리의 현실에서 재벌이 은행까지 소유하게 된다면 재벌은 통제 불가능한 공룡이 될 것이 분명

- 따라서 은행경영의 자율성 보장과 금융기관 간 경쟁적 구조로의 전환 등을 위한 정부의 법적·제도적 개선 의지가 선행될 때만이 이 문제는 실효를 거둘 수 있을 것임. ⇒ 그러나 MB정부 들어 금산분리 원칙에서 완화로 정책의 방향이 선회했음은 우리에게 또 다른 의미로 다가왔음.

# 7 금리자유화의 영향

## 7.1 | 금리는 자금에 대한 수요와 공급에 의해 결정

- 물론 이는 장기적인 관점에서 보면 옳은 말이지만, 현실에서는 수요와 공급이라는 시장의 힘이 작동하는 것을 방해하는 요인이 많은데, 그 대표적인 예가 정부의 금리규제였음.

## 7.2 | 금리자유화 시행

- 금리자유화는 정부의 인위적인 금리규제에 따른 폐해를 없애고 금리의 시장기능을 높이기 위해 취해진 조치였음.

- 이 같은 배경 아래 우리나라는 1980년대 초 금융자율화의 일환으로 금리규제를 완화하기 시작

- 1991년부터 '단계별 금리자유화 추진계획'이 '수신금리보다는 여신금리 먼저, 단기

금리보다는 장기금리 먼저'라는 원칙에 따라 시행되어 현재는 모든 금리가 완전히 자유화되었음.

## 7.3 금리자유화에 따른 제반 예측 효과

- 긍정적 측면
  - 정부의 자의적인 시장개입에 따른 자금배분상의 왜곡을 시정하고 정경유착, 관치 금융의 폐해를 근절하는 계기가 될 수 있음.
  - 중소기업이나 일반국민이 금융기관에 접근하는 것도 보다 용이해짐.
  - 금융기관 간의 경쟁을 촉진함으로써 낙후된 금융산업의 발전을 자극하고 개방화·국제화 시대에 국제경쟁력을 높이는 데 일정하게 기여할 것임.
  - 금리자유화는 정부주도 경제로부터 민간주도 경제로의 전환이라는 의미와 함께 금융기관 간의 경쟁촉진, 금융산업의 발전을 유도한다는 의미를 동시에 갖고 있음.

- 비용 측면
  - 자금에 대한 수요가 언제나 많은 상황에서 금리자유화는 금리상승을 불러올 가능성이 높을 것이라고 우려
  - 금융기관 간 경쟁은 높은 예금금리를 지불하는 수신경쟁으로 이어져 대출금리의 상승을 부추길 수 있으며, 또한 경쟁격화는 금융기관의 수익성을 악화시킬 수 있음. ⇒ 금리자유화로 인해 예대마진(예금금리와 대출금리 사이의 이윤) 폭이 줄어들 수밖에 없기 때문
  - 금융질서 전체가 불안정하게 될 위험이 있는바, 금리자유화로 인해 금융기관의 자산운영이 고수익·고위험을 추구하게 되어 그만큼 개별금융기관이 파산할 가능성이 높아지기 때문 ⇒ 금융산업의 특성상 어느 한 금융기관의 파산은 금융질서 전체에 엄청난 파장을 미칠 수 있음.

## 7.4 자유화를 정부규제의 완전 철폐로 이해하는 것은 잘못

- 분명 과거와 같이 정부의 직접적인 개입은 없어져야 하겠지만, 자유화에 따른 불안정성에 대비하기 위해 건전한 금융감독체계를 수립하는 것이 반드시 필요

- 파급효과를 최소화하기 위한 방안의 하나로 예고시스템의 도입이 필요하다는 논의도 있음.
  - 이것이 바로 금리자유화 시대에 정부가 해야 할 역할임.

# 8 금융산업(은행) 구조조정

## 8.1 사 례

- 1998년 6월 29일 동화·대동·동남·충청·경기 등 5개 은행이 금융감독위원회의 명령으로 문을 닫은 데 이어 상업은행과 한일은행 사이에(한빛은행 → 다시 평화은행과 광주은행, 그리고 경남은행을 합병하여 우리은행으로), 국민은행과 옛 대동은행, 그리고 장기신용은행 사이에(국민은행 → 다시 주택은행과 옛 동남은행이 합쳐져 국민은행으로), 하나은행과 옛 충청은행, 그리고 보람은행 사이에(하나은행 → 서울은행을 합병하여 다시 하나은행으로), 조흥은행과 충북은행·강원은행 사이에(조흥은행 → 구신한은행과 합병하면서 통합 신한은행으로), 그리고 외환은행의 해외매각 추진(미국계 구조조정 전문펀드인 론스타〈Lone Srar〉의 외환은행정부 지분 인수) 등

## 8.2 추진 이유

### ① 국제경쟁력 제고 및 금융의 선진화

- 금융기관의 국제경쟁력 제고 및 금융의 선진화(사실은 서구화)를 이룬다는 논리로 금융시장을 개방하고 금융구조조정을 추진해 왔음.
- 문제는 정부가 추진한 금융산업 구조조정이 자립적이고 균형적인 경제의 발전을 목표로 하기보다는 미국 등의 금융자본과 소수 재벌·관료들의 요구와 이해를 중심으로 진행되었다는 점도 있음을 유념해서 볼 필요가 있음. ⇒ 일례로 은행의 퇴출은 BIS 자기자본비율[184] 8%를 기준으로 이뤄졌는데 BIS비율 8%는 은행 건전성의

184) BIS 자기자본비율 : 《BIS가 규정한 자기자본비율(BIS capital ratio)》임. BIS란 국제결제은행(Bank for International Settlement)을 뜻하는데, 각국 중앙은행들 사이의 조정을 맡는 국제협력기관으로 '중앙은행들의 중앙은행'으로 불림. BIS 자기자본비율은 위험도에 따라 환산한 총자산의 8% 이상을 부채가 아닌 자기자본으로 보유하도록 하고 있음(기준이 너무 셈). BIS는 국제결제은행을 뜻하는 약어이므로 BIS 자기자본비율은 국제결제은행이 정한 금융기관의 안정성을 나타내는 하나의 지표라고 말할 수 있음. 기본적으로 이 비율은 기업의 재무구조 안정성을 나타내는 지표로 흔히

절대적 기준이 될 수 없음에도 불구하고 IMF와 미국은 이를 무리하게 그것도 단시일 안에 지키도록 국내 금융기관에 요구하였음.

- 이는 한국에 빌려준 돈을 짧은 기간 안에 되돌려 받기 위한 것인 동시에 한국 내에서 미국 금융자본의 지배(시장점유, 경영권 인수 등)를 용이하게 하기 위한 것임.

## ② BIS비율의 변천[185)]

### ▣ 바젤위원회와 바젤 규제의 시작

- 바젤 규제는 널리 알려져 있으나, 막상 바젤은행감독위원회(바젤위원회)의 역사, 바젤 1 · 2 · 3의 내용 등은 쉽게 와 닿지 않는 경우가 많음. ⇒ 바젤위원회와 바젤 규제가 무엇이기에 은행 등 금융권에서 그 동향에 대해 촉각을 세우고 있는 것일까.

- 바젤위원회의 시작은 1970년대 초로 거슬러 올라감. ⇒ 당시 브레턴우즈 체제 붕괴로 인한 자본흐름의 자유화, 본격적인 정보통신기술의 발전 등 국제금융환경이

---

활용되고 있는 자기자본비율을 금융기관의 영업 특성을 고려해서 약간 수정한 것임. 자기자본비율은 총자산에서 자기자본이 차지하는 비중, 즉 (자기자본/총자산)×100을 말함. 예컨대 기업이 공장을 더 짓고 사무실을 늘리게 되면 총자산이 늘어나게 되는데 총자산이 늘어나서 기업이 성장하더라도 내 돈으로 자산을 늘리느냐, 남의 돈 즉 부채에 의존해서 늘리느냐에 따라 재무구조 안정성은 다르게 될 것임. 자기자본은 글자 그대로 내 돈에 해당하는 개념인데 영업을 해서 남긴 이익금을 비롯해서 주식발행을 통해 조달한 돈이 여기에 해당됨. 이자를 물면서 갚을 걱정을 해야 되는 부채, 즉 타인자본보다 이러한 자기자본을 많이 사용할수록 재무구조 안정성은 높아지게 됨. 금융기관의 경우에는 일반 제조업과 다른 금융기관의 특성에 맞는 계산방법을 사용해야만 안정성을 제대로 반영할 수 있게 됨. 가령 은행의 자산은 제조업과 달리 고정자산이나 재고자산보다 각종 대출금을 비롯해서 주식이나 채권과 같은 유가증권으로 구성되어 있어 상환불능위험이 수반되기 때문에 분모인 총자산을 구할 때 단순 합산하지 않고 자산별 위험가중치를 곱해서 합산하게 됨. 예를 들어 현금의 경우에는 위험이 전혀 없으므로 0%, 공공기관 발행채권은 10%, 주거용 주택에 대한 저당권이 설정된 채권에는 50%, 기타 민간부문에 대한 대출금과 주식에는 100%의 위험가중치를 부여하게 됨. 따라서 일반 신용대출과 주식운용을 많이 하게 되면 높은 위험가중치로 말미암아 분모 값이 커지게 되고 자기자본비율은 내려가게 됨. 이러한 이유 때문에 8%라는 자기자본비율 기준에 미달하는 은행들은 신용대출을 기피하게 되어 한국은행이 통화공급을 늘려도 가령 중소기업에는 그 혜택이 돌아가지 않는 것임. 정리하면 다음과 같음. BIS비율 = (자기자본 / 위험가중자산) × 100 ≥ 8.0%, 여기서 자기자본은 납입자본금, 이익잉여금 등의 기본자본 외에 재평가적립금, 후순위채권 발행대금 등의 보완자본까지 합해서 산출됨. 위험가중자산에는 현금, 예금담보대출, 중앙정부와 한국은행 관련 채권(이상 가중치 0%), 국내 공공기관, 지자체 관련 채권(가중치 10%), 국내 및 OECD국가은행(종금사 포함) 관련 채권(가중치 20%), 주거용 주택이 전액 담보된 채권(가중치 50%), 민간부문(개인, 법인)에 대한 채권(가중치 100%) 등이 포함됨.

185) 박정필(2014.01.23) 참조. 이에 관한 추가 설명은 부록 [17-6] 참조.

변하면서 각국 은행을 비롯한 금융시장 참가자들은 이익이 되는 기회를 찾아 매우 활발히 활동했음.

- 이로 인해 금융시장의 국제적 연계성이 크게 늘어났음. ⇒ 이에 따라 자국 소재금융기관의 건전성 규제에 초점을 기울인 기존의 감독체계로는 국제적으로 영업하는 은행(국제영업영위은행)을 규제하는 데 한계가 있다는 인식이 확산됐음.
  - 특히 1974년 독일 헤르슈타트 은행의 도산이 이 은행과 거래하던 은행들 및 국제 외환 시장에 심각한 영향을 미치면서 국제영업영위은행들에 대한 감독기준을 마련하기 위한 국제 공조가 필요하다는 주장이 힘을 얻었음.
- 그 결과 1974년 말 주요10개국(G10) 중앙은행 총재회의의 결의로 스위스 바젤에 사무국을 둔 바젤위원회가 설립됐음.
- 설립 초기 바젤위원회는 국제영업영위은행에 대한 감독 공백 최소화 및 적정 감독 수준 유지를 목표로 최소한의 금융감독 절차 및 원칙을 수립하는 데 중점을 두었음.

### ▣ 바젤1 등장

- 바젤위원회의 첫 번째 성과는 1975년 발표된 '은행 국외점포 감독에 관한 일반 원칙'으로서 국외점포 형태 및 감독 고려사항별로 진출국과 본국의 감독당국 간 책임을 구분하는 원칙을 제시했음. ⇒ 이후 경제 및 금융환경이 변하면서 바젤위원회의 활동범위는 점차 넓어졌음.
- 특히 1980년대 초 외채 과다국들의 채무상환 능력에 대한 우려가 확산되면서 나라별로 다른 규제 수준이 글로벌 공정 경쟁 여건을 저해한다는 주장이 퍼졌음. ⇒ 이에 따라 1980년대 중반 이후 바젤위원회 작업의 초점은 국제적으로 통용될 수 있는 자본적정성 규제 원칙을 마련하는 데로 옮겨졌음.
- 1988년 7월 발표된 '자기자본 측정 및 자기자본에 대한 국제적 통일기준'(바젤1)은 일반인들도 한 번쯤 들어봤을 위험가중자산 대비 8%의 자본비율을 국제영업영위은행들이 준수해야 할 최소 자본건전성 수준으로 제시했음.
- 시간이 지나면서 바젤1은 바젤위원회 회원국의 범위를 넘어 글로벌 차원에서 국제은행감독기준이 되었음. ⇒ 그러나 지나치게 단순하게 설계된 바젤1이 도리어 은행들의 효율적 위험관리기법의 발전을 저해하고 규제회피 행위를 유도하고 있다는 비판이 제기됐음.

## ▣ 바젤2 발표

- 이에 따라 전 세계 공통으로 준수되는 은행 리스크 관리의 최적 관행 수립을 목표로 바젤1 개정 작업이 진행됐으며, 약 6년이라는 장기간의 작업을 거쳐 2004년 6월 '신(新)바젤자기자본협약'(바젤2)이 발표됐음.

- 바젤2는 다양한 위험요인을 반영하고 차등적인 위험가중치를 적용하는 한편, 개별 은행에 위험측정방식을 선택할 수 있는 재량권을 부여하는 등 자본비율 산정방식의 개선을 도모하였음.

- 또한 최저자기자본비율(필라1) 규제 외에 각국 정책당국의 감독기능(필라2) 및 시장규율(필라3) 강화라는 세 가지 축으로 구성된 종합적인 은행감독체계를 구축했다는 점도 바젤2의 큰 특징 중 하나임.

## ▣ 바젤3 등장

- 그러나 글로벌 금융위기를 거치면서 바젤2로도 위기를 예방하지 못했다는 반성에서 출발하여 바젤위원회는 기존규제에 대한 전반적인 재검토 작업에 착수했음.

- 또한 위기극복을 위해서는 선진국과 신흥시장국을 아우르는 정책 공조가 필요하다는 인식이 확대됨에 따라 바젤위원회는 G10 위주의 폐쇄적 운영에서 벗어나 외연을 확대했음.

- 2009년 3월 우리나라를 비롯한 7개국에 이어 6월에는 주요 20개국(G20) 전체 및 홍콩과 싱가포르에도 문호가 개방되면서 현재 27개 회원국 체제가 이루어졌음.

- 위기극복 및 재발방지를 위해서는 바젤 규제 정비가 시급하다고 판단한 바젤위원회는 2010년 11월 G20 서울정상회의의 승인을 거쳐 12월 16일 '은행부문의 복원력 강화를 위한 글로벌 규제 체계' 및 '유동성 리스크 측정, 기준 및 모니터링을 위한 글로벌 규제 체계' 등 두 개의 문서로 구성된 바젤3을 발표했음.
  - 바젤3에서는 손실흡수력이 가장 높은 보통주 자본의 비율을 일정수준(4.5%) 이상 유지하도록 요구하는 한편, 부채와 자본의 중간 성격을 지니는 신종자본증권이나 후순위채의 자기자본 인정 요건을 강화함으로써 자본의 질을 향상시켰음.
  - 아울러 위기로 인해 자본이 빠르게 소진되는 경우에 대비하여 은행들에 최저자본비율에 더하여 2.5%의 추가자본(자본보전완충자본)을 적립하도록 하는 한편, 국가별로 당국이 경제성장 추세에 비해 은행의 신용공급이 지나치게 증가하고 있다

고 판단하는 경우 2.5% 한도 내에서 추가자본(경기대응완충자본)을 적립할 수 있도록 했음.

- 또 위험가중치를 고려하지 않고 총익스포저(손실 가능성이 있는 금액) 대비 3% 이상의 자본을 유지하도록 하는 레버리지 비율 규제를 신설했음.
- 덧붙여 글로벌 금융위기가 은행들의 유동성 리스크 관리 실패에서 비롯됐다는 인식에서 유동성 규제 체계가 도입됐음.
- 이 외에도 바젤위원회는 대형 금융기관의 부실이 금융시스템 전체에 미치는 파급효과가 매우 크다는 점에 주목해, 이른바 '글로벌 시스템적으로 중요한 은행'에 대해서는 추가 자본규제를 부과하는 방안을 마련했음.

### ▣ 향후 전망

- 완전한 규제란 있을 수 없으며, 바젤 규제 역시 금융환경의 변화에 따라 지속적으로 변해 왔음.

- 이번 글로벌 금융위기를 교훈으로 하여 바젤3이 설계됐지만, 거래기법과 금융상품이 날로 복잡·다양해지고 금융기관들이 규제를 피해 수익을 올리려는 유인이 존재하는 한, 예상치 못한 분야에서 허점이 발견되고 그에 대응해 앞으로 바젤4, 바젤5가 출현할지도 모를 일임.

- 금융위기가 발생하면 막대한 경제적·사회적 비용이 초래된다는 점을 감안할 때 적절한 규제 정비는 불가피함. ⇒ 다만 지나친 규제는 금융산업의 발전 및 효율성을 저해할 수 있으므로 합리적인 균형점을 찾아나가려는 노력을 지속해야 함.

## 8.3 합병에 의한 은행의 대형화

- 합병에 의한 은행의 대형화가 구조조정의 중요 내용을 이루지만 이것이 국제경쟁력을 가져다주는 것은 아님.
  - 왜냐하면 국내은행의 자산규모는 세계적인 초대형 은행의 20% 수준에 불과해 애초부터 대형화하는 데는 명백한 한계가 있을 수밖에 없기 때문임.

- 국내 은행들은 BIS 기준을 지키고 경쟁에서 살아남기 위해 외국자본 도입에 매달린 결과 국내 주요 시중은행들의 외국인 지분이 급격히 높아졌으며 순수 토착(국내) 은행을 찾아볼 수 없게 되었음.

## 8.4 | 은행 구조조정에 대한 비판적 시각

- 노동자와 민중 위주가 아니라 외국 금융자본과 소수 국내 대자본을 위주로 진행
  - 은행 노동자 11만4천 명 가운데 무려 3만9천 명에 달하는 노동자들이 직장에서 쫓겨났음.
  - 3명당 1명이 해고당한 셈이며 임시직 · 계약직도 늘어났음.
- 금융산업 구조조정을 위해 정부는 64조 원의 공적자금을 조달하였는데, 이 돈은 모두 국민부담
- 은행 구조조정이 진행되면서 은행들의 영업방식이 점차 서구식으로 바뀌는 등 변화가 없는 것은 아님.
  - 은행은 예대마진에 의존하는 전통적인 방식에서 벗어나 유가증권 투자 등 이른바 돈 되는 사업을 적극적으로 찾아 나서고 있음.
  - 은행의 증권화 또는 은행의 종합금융화가 진행된 결과 일반은행은 적자에서 탈피하여 흑자를 기록
  - 과연 이런 변화를 긍정적으로만 평가할 수 있는가. ⇒ 은행들의 수익구조가 유가증권 투자에 의존하게 되면 매우 불안정해지게 마련, 은행의 수익구조가 개선된다 해도 이익의 대부분은 외국 금융자본과 국내 소수 대자본의 수중으로 돌아가게 되며 금융산업 내의 부익부빈익빈 현상이 심화, 또 은행이 주식 · 채권 투자 등 단기 수익성 위주로 나아가게 됨으로써 중 · 장기적 사업전망을 고려해 자금을 배분하는 은행의 기능이 축소 · 약화될 것임.

## 8.5 | 은행산업 구조조정의 성공을 위한 경제주체(정부, 은행경영진, 노조)들의 실천 과제

- 정부의 역할은 아무리 강조해도 지나침이 없음.
  - 우선 건전한 금융시스템 확보를 위한 감독자로서 금융구조조정을 신속하고 주도적으로 이끌어 가야 할 것임.
  - 관치금융을 방지하고 은행의 자율경영을 보장해 줄 수 있는 제도적 장치를 마련해야 할 것임.
  - 특히 정치권이 은행의 인사와 대출에 대해 부당한 압력을 행사하는 것을 막을 수 있는 장치가 필수적임.

• 정부는 또한 기업부실의 치유 없이는 금융구조조정은 완성될 수 없다는 사실을 주지하고 기업구조조정이 제대로 이루어질 수 있는 구조적·제도적 여건 조성에도 노력을 기울여야 할 것임.

- 노조 또한 대승적 견지에서 금융구조조정에 협력해야 할 것이며 은행경영진도 기득권의 유지를 위해서 구조조정을 거부해서는 안 될 것임.
  • 고용안정이 보장되던 곳에서 고용이 가장 불안한 곳으로 변한 직장에서 일하게 된 은행원들의 개인적 고통을 충분히 이해할 수 있지만 인터넷뱅킹과 유니버설 뱅킹이라는 금융시장의 근본적이고 급격한 변화 속에서 고용보장은 한시적일 수밖에 없다는 점을 인식해야 함.
  • 노조와 경영진은 은행원들의 전직을 쉽게 해줄 수 있는, 즉 은행원들의 '고용 가능성'을 높일 수 있는 직업훈련의 강화에 노력을 경주해야 하는데, 이것이 바로 궁극적으로 은행원들의 고용안정을 도와주는 길이 되는 셈임.
  • 그리고 은행경영진은 은행경영의 투명성 제고와 선진화된 경영방식의 도입에 노력해야 하는데, 이런 노력을 통해 주주와 고객의 이익을 최우선으로 추구할 때에만 경쟁력이 제고될 수 있는 것임.

## 8.6 | 금융 정상화 방안

- 금융의 정상화·건전화를 이루려면 금융 부실화를 낳는 근본 원인인 정경유착을 뿌리 뽑아야 함.

- 또한 금융이 국민경제의 자립적·균형적 발전에 기여할 수 있도록 외국 금융자본에 의한 국내 금융산업의 장악을 막고 국내 금융의 자립적 구조를 확보해야 함.

- 또한 금융산업의 생산성을 높이기 위해서는 노동자들에게 고용과 최소한의 생계를 보장해 주어야 함.

## 8.7 | 도전받는 금융산업[186)]

- 최근 은행들을 긴장으로 몰아넣고 있는 것은 금융업을 둘러싸고 있는 네 가지의 테마(환경) 때문임.

186) 서울경제(2014.08.11) 참조.

- 당장 '은행 없는 은행'으로 표현되는 모바일뱅킹으로의 급속한 전환, 이 흐름에 맞춰 급격하게 공습해 오고 있는 정보기술(IT) 업체의 금융업 진출, 여기에 우리은행 민영화 등 종래 금융업 안에서 이뤄지는 인수합병(M&A)을 포함한 하드웨어 변화, 마지막으로 최고경영자(CEO)들의 교체 등이 바로 그것임.
- 한 시중은행장은 "은행업을 둘러싸고 변하지 않는 것을 찾기가 더 어려울 정도다. 3년 안에 은행권의 서열에 적지 않은 변화가 일어날 것"이라며 "상황에 따라서는 생존 자체에 위협을 느끼는 곳이 나올 수 있다"고 내다봤음.

### ① IT 공습과 '은행 없는 은행'

- 산업의 지형도가 근본적으로 바뀌기 시작했다면 가장 먼저 변화의 속성부터 찾아야 하는데, 현재 벌어지고 있는 변화의 실체는 무엇일까. ⇒ 전문가들은 '은행 없는 은행'이라고 지적함.
  - IT 발달에서 시작된 금융산업의 빅뱅은 위기이자 기회로 다가옴.

- 은행산업은 이미 새로운 적을 맞이했음. ⇒ 뱅크월렛 카카오가 산업 생태계를 어떻게 변화시킬지 아직은 알 수 없지만 분명한 사실은 산업 지형도에 심각한 균열을 일으켰다는 점임.
  - 금융 선진국에서는 이미 유통업체(테스코뱅크), 제조업체(소니뱅크), 편의점(세븐뱅크), 보험사(스칸디아뱅크) 등이 은행업에 뛰어들었음.
  - 금융 선진국인 영국에서는 2015년 초 아톰뱅크라는 디지털온리뱅크(Digital-only Bank)가 출범하는데, 이 은행은 자금중개라는 금융 본연의 역할만 갖을 뿐 은행 비즈니스에 필요한 전산은 외부로 위탁하는 등 운영 원리가 지금까지의 은행들과 근본적으로 다름. ⇒ ㉠ 이 은행은 현재 국내 은행들의 고질병인 비용 절감, 오버뱅킹 등을 플랫폼만으로 극복했음. ㉡ 글로벌 컨설팅사인 어센추어가 영국에서 실시한 조사 결과를 보면 디지털온리뱅크만 주거래은행으로 사용할 의사가 있느냐는 질문에 25%가 '그렇다'고 답했음.

- 급진전하는 모바일뱅킹의 틈을 비집고 IT 업체들은 금융을 새로운 부가가치 영역으로 삼고 있음. ⇒ ㉠ 가장 큰 걸림돌로 여겨지는 공인인증서 문제만 해결되면 '인터넷뱅크' 등이 조기에 출현하고 산업자본에 대해 금융 소유를 금지하는 '규제의 성역'도 허물어질 것으로 전문가들은 바라보고 있음. ㉡ 전상욱 우리금융경영연구소 전략연구실장은 "새로운 시장 진입자들이 늘어나면서 은행업의 경계를 모호하게 만들고 있는데 은행업이 지닌 금융중개기능의 고유성을 더욱 약화시킬 것"이라

며 "기존 은행업을 벗어난 금융중개기능은 발전하고 있다는 점을 고려할 때 은행이 어떻게 새로운 역할을 정립할 것인지 고민이 필요하다"고 말했음.

## ② 하드웨어(민영화 · 통합)와 소프트웨어(지배구조)의 변화

- 은행산업의 격변은 먼 미래의 일이 아님. ⇒ 은행 수장들의 교체와 맞물리면서 변화의 속도는 더욱 가팔라질 것으로 전망됨.
  - 2014년 상반기 현재 6대 시중은행 중에서 향후 2년간 임기가 보장된 곳은 기업은행이 유일한데, 은행 수장들의 대거 교체는 은행권의 또 다른 변화를 몰고 올 것으로 예상됨.
- 그중에서도 새 주인을 기다리고 있는 우리은행은 변화의 시발점임.[187)]

187) 예금보험공사가 최대주주로 공적자금이 투입된 우리금융은 늘 매물로 나와 있었지만 시장의 외면을 받아 왔음. 3번의 매각 시도가 있었지만 번번이 무산됐기 때문인데, 2014년 여름엔 뭔가 다른 조짐을 보이고 있음. 시장의 주목을 받는 이유는 역시 실적임. 우리금융지주의 연결기준 2분기 영업이익은 2576억 원으로 전년(2013년) 동기 대비 126.3%나 증가했음. 지배주주 순이익 역시 8704억 원으로 큰 폭으로 뛰어올랐음. 더불어 지난 정권에서 '통매각'을 추진하다 고배를 마신 민영화 작업도 이번 박근혜 정권 들어 자회사를 쪼개 파는 방식으로 바뀌면서 시장에선 '이번엔 진짜'라는 신뢰를 주고 있음. 2013년 정부가 발표한 우리금융 민영화 3단계 중 1단계 경남 · 광주은행 매각은 각각 BS금융과 JB금융이 두 은행의 우선협상대상자로 선정, 인수 작업이 한창임. 2단계 우리투자증권 등 6개 증권 계열 자회사 매각 역시 차질 없이 진행됐음. 이런 분위기가 우리금융에 대한 시장의 관심을 불러일으켰다는 평가임. 구용욱 KDB대우증권 애널리스트는 "1만4000원대에 만약 우리금융이 매각된다면 공적자금 회수와 더불어 차익을 올릴 수 있을 정도 수준"이라고 말했음. 우리금융 민영화 3대 원칙은 '공적자금 회수의 극대화, 조기 민영화, 국내 금융산업 발전'임. 그러려면 제값을 받고 팔 수 있어야 하는 게 무엇보다 중요함. 이순우 회장은 이미 우리투자증권, 우리F&I 등의 몸값을 높여 KB, NH 등 유수의 금융회사들이 군침을 흘리게 만든 이력이 있음. 경남은행, 광주은행 등 지역 알짜 은행들의 몸값 올리기를 위한 지원도 아끼지 않았음. '합심해서 잘 팔릴 수 있도록 노력하자'는 이 회장 논리에 우리금융 직원들도 화답했음. 기업금융 강화는 물론 해외 진출에도 적극 나서는 등 패배주의라고는 찾아볼 수 없는 분위기임. 우리은행의 경우 적자 지점은 줄이고 있지만 2013년 산업단지, 성장잠재력이 높은 거점 지역은 오히려 금융센터를 77개까지 늘리는 공격적인 영업으로 개인고객 2000만 명 돌파라는 성과도 올렸음. 가시적인 성과는 2분기 순이익 증가는 물론 해외 진출 실적에서도 드러남. 한국 금융산업이 2류라고 하는 주요 이유는 해외 진출에 소극적인 이유도 있음. 우리금융은 그런 비판에서 상대적으로 자유로운 편임. 2014년 7월 현재 17개국 64개 네트워크를 구축한 우리금융은 2014년 초 인도네시아 소다라은행(Saudra Bank)을 인수했음. 인도네시아우리은행(BWI)과 소다라은행 합병까지 이뤄질 2014년 말이면 해외 네트워크는 181개까지 늘어날 것으로 보임. 이 회장은 "캄보디아 마이크로파이낸스사 '말리스' 인수에, 중국 등 추가 네트워크를 확대하면 현재 5% 수준인 해외 자산, 수익 비중은 중장기적으론 15% 수준까지 늘어날 수 있을 것"이라 자신했음. 이 회장이 단순히 카리스마를 발휘하기만 했다면 임직원들이 이처럼 똘똘 뭉쳐 실적을 올리지는 못했을 것임. 그는 말단 행원 시절부터 사람 이름을 기억하고 다시 챙기기에 발군이었음. 말단 직원 한 사람 한 사람의 대소사까지도 다 챙기던 그는 2013년 회장 취임 후엔 비정규직 청원경찰을 정규직으로 전환하는 깜짝 인사로 또 한 번 주위를 놀라게 했음. 물론 이 회장의 공치사만 있는 건 아님. 기업금융이 강한 우리금융은 그만큼 기업들이 힘들어질 경우 타격을 입을 수밖에 없음. 2013년 주요 대기업

- 교보생명이 우리은행을 갖게 되면 '어슈어뱅크'[188]라는 새로운 형태의 은행이 탄생함.
- 새마을금고는 우리은행 인수를 통해 한국형 도이치방크를 꿈꾸고 있음.

- 하나은행과 외환은행 간 조기통합 가능성도 태풍의 핵임.[189]

---

을 비롯해 조선·건설업종에 대한 자율협약, 건전성 분류기준 변경으로 인해 2012년 대비 1.2%포인트 이상 상승한 2.8%대(지난해 기준) 부실채권비율은 풀어야 할 숙제임. 우리금융지주 관계자는 "2013년 발생한 자율협약 업체에 대해 이미 건전성을 반영함에 따라 거액의 잠재 부실요인은 대부분 해소된 것으로 예상된다. 하지만 부실채권비율을 낮추기 위해 부실자산의 신속한 매각과 기업구조조정을 통한 자산 클린화로 시장 신뢰를 회복할 계획"이라고 밝혔음. 임기도 이 회장 리더십의 발목을 잡을 수 있는 요인임. 이 회장 임기는 2014년 12월까지임. 2014년 연말 은행 민영화가 마무리되면 금융지주의 마지막을 지키는 수장이 되겠지만 문제는 역시나 민영화가 가능할까? 하는 것임. 금융위원회 공적자금관리위원회는 경영권을 포함한 지분 30% 매각과, 나머지 지분 27%가량을 쪼개어 투자자에게 파는 '투트랙 매각'으로 진행할 것이라 밝혔음. 경영권을 인수하려하면 3조 원 정도의 투자금이 필요하고, 0.5% 지분 투자만 해도 수백억 원의 자금을 들여야 함. 과연 이런 천문학적인 자금을 용기 있게 쓰겠다고 나서는 곳이 있겠느냐는 의문이 제기됨. 다행히 교보생명이 공개적으로 우리은행 인수를 천명하고 나섰지만 금융당국은 '유효경쟁(복수의 인수의향자가 나타나야 하는 조건)'을 충족시키지 못할 경우 매각 절차를 진행시킬 수 없다는 입장임. 시장에서는 '일부 사모펀드, 일본·중국 금융회사들이 관심을 보인다, 새마을금고 등 신성장동력을 찾아야 하는 제2금융권에서 노린다' 등의 설이 분분하지만 뚜껑은 열어 봐야 알 수 있음. 자칫 우리은행 매각이 지연되는데 이 회장의 임기가 12월로 끝날 경우 생길 공백에 대해 우려의 시선이 있음. 업계 관계자는 "10월이면 차기회장후보 선출시스템이 가동된다. 그러다 보면 민영화 성사 전후 업무 공백이 심화될 수 있다. 민영화가 일정에 맞춰 성사된다 해도 조직 안정 등 여러 측면에서 한시적으로 이 회장의 역할이 필요할 수 있어 조심스레 임기 연장설이 도는 것도 사실"이라고 말했음. 주가가 마냥 고공행진을 하는 것도 꼭 좋은 조짐은 아님. 최정욱 대신증권 애널리스트는 "민영화 논의시점 주가가 너무 높게 형성되면 가격부담을 느껴 시장 참여자들이 외면할 수도 있다. 주가보다 가격이 낮더라도 이번에는 팔고 말겠다는 정부의 의지가 민영화에 가장 큰 영향력을 발휘할 것"이라고 말했음. 이와 관련하여 매경이코노미 제1770호(2014.08.13~08.19일자) 참조.

188) 보험(assurance)과 은행(bank)의 합성어로서 은행을 자회사로 두거나 은행 상품을 판매하는 보험회사를 말함. 어슈어 뱅킹(assure banking)이라고도 함.

189) 김한조 외환은행장과 김종준 하나은행장이 2014년 8월 19일 '하나·외환은행 통합을 위한 선언문'을 발표함으로써 두 은행 조기통합이 속도를 내기로 했음. ⇒ 두 은행은 이사회를 열어 통합계약서에 서명한 뒤 통합추진위원회 출범, 주주총회 개최 등 법적 절차를 밟을 예정이지만, 외환은행 노조는 2017년까지 독립경영을 보장한다는 약속을 지키라며 강력히 반발하고 있음. 김한조 행장은 외환은행 후배들로부터 '배신자'란 비난까지 받으면서 두 은행 조기 통합의 총대를 멘 가장 큰 이유로 "몇 년 뒤 미래를 보장할 수 없는 심각한 위기상황"을 꼽았음. ⇒ ㉠ 외환은행의 순이익은 2011년 1조6525억 원이던 것이 2012년 6671억 원, 2013년 4441억 원으로 급감했음. ㉡ 김 행장은 "경영환경은 갈수록 어려워지는데 수익은 빠른 속도로 떨어지고 있어 이런 추세로 가다가는 3년 뒤쯤에는 수익이 제로(0)가 될 수도 있다는 시뮬레이션 결과가 나왔다"고 위기감을 나타냈음. ㉢ 김 행장은 독립경영 합의서의 효력이 남아 있는 지금이 통합 협상에서 유리한 조건을 이끌어낼 수 있는 최적의 시기라는 이유도 들었음. ⇒ 김 행장은 "합의서가 2년 반 뒤에는 무용지물이 되는데, 그전에 바기닝 파워(협상력)가 있을 때 협상을 해야 우리 직원들이 하나라도 더 얻어낼 수 있지 않겠느냐"고 말했음. 김 행장은 "외환은행 직원들이 자존심이 세고 한 번도 통합을 경험해 보지 않아 두려움이 있지만, 우리 직원들이 경쟁력이 있고 하나금융도 여러 차례 통합 경험으로 포용적인 문화를 가지고 있어 일단 통합하면 굉장한 시너지가 날 것"이라고 말했음. ⇒

- 프라이빗뱅킹(PB)과 외환 사업에 각자 강점을 지닌 두 은행이 합병할 경우 규모의 경제효과를 제쳐 놓더라도 새로운 형태의 영업전략을 기대해 볼 수 있음.

### ③ 생존법은 차별화

- 금융감독원에 따르면 국내 시중은행들의 총 자산 대비 단기운용비중은 지난 2007년 4.0%에서 2011년 5.4%로 늘어나더니 2013년 말에는 7.3%까지 확대됐음.
  - 은행업 자체가 레드오션화된 데다 가계부채, 기업자금수요 감소 등으로 영업자산 확대가 어려워지자 자금운용의 단기화가 급속하게 이뤄지고 있는 것임.
  - 반면 안전자산인 원화대출 비중은 꾸준히 늘어 2007년 60.3%에서 2013년 말 63.2%까지 확대됐음. ⇒ 앉아서 돈 버는 사업에만 치중했다는 것임.
- 국내에만 치중된 수익구조도 문제인데, 2013년 말 현재 국내 은행 수익에서 해외비중은 10.3%로 뱅크오브아메리카(13.7%), 미쓰비시(53.3%), HSBC(99.8%)에 비해 턱없이 낮음.
- 변현수 산업은행 조사분석부 파트장은 "대출 중심의 유사한 사업구조로는 수익창출 한계에 직면할 수밖에 없다"며 "차별화된 비즈니스 모델을 구축해야 쏠림현상에 따른 시스템 리스크를 축소할 수 있다"고 분석했음.

## 9 은행합병

- 2001년부터 추진된 2차 금융구조조정의 중요 내용이 바로 은행합병을 통한 은행의 대형화였음.

---

㉠ 하나은행과 외환은행이 통합하면 원화 대출과 국내 점포 수 면에서 2위로 올라서는 등 대부분 분야에서 최상위권으로 도약하게 됨. ㉡ 하나은행은 소매금융과 프라이빗뱅킹, 외환은행은 외환거래부문 등 각자 뚜렷한 강점을 가지고 있다는 점도 통합에 유리하게 작용할 전망임. ㉢ 김 행장은 "두 은행의 점포가 중복되는 곳이 매우 적어 인위적인 인력구조조정은 절대 없을 것"이라고 말했음. 그동안 '한 지붕 두 가족' 체제로 있던 두 은행이 공식적인 통합작업에 나서면서 김 행장의 '큰형님 리더십'도 본격적인 시험대에 오르게 됐지만, 외환노조는 성명을 내고 "이날의 공동선언으로 지금까지의 대화나 협의 요구는 새빨간 거짓말이었음이 최종 확인됐다"며 본격적인 투쟁에 나서겠다고 했음. 이와 관련하여 조선경제(2014.08.20) 참조.

## 9.1 | 은행합병의 역사

- 1980년대 이래 미국을 중심으로 한 세계적인 M&A(기업인수·합병) 열풍이 불면서 금융기관 간 합병도 활발하게 진행되었음.
  - 미국의 은행합병은 은행의 주(州) 간 영업금지 규제가 1980년대 중반부터 완화되면서 시작
  - M&A의 동기가 비용절감이나 효율성 제고를 노린 것이었다면 당시의 은행합병을 위한 M&A는 매출확대를 염두에 두고 있었음.
  - 일정규모에 이를 때까지는 비용절감이 합병의 가장 중요한 동기이지만 그 이상의 초대형 합병은 매출확대(더 많은 고객을 상대로 영업 가능, 즉 지역의 확대를 의미)를 노리고 벌어짐.
  - 즉 더 많은 고객에게 더 많은 서비스를 제공하기 위해 합병이 벌어지고 있음. ⇒ ㉠ 일례로 미국이 국내전쟁을 끝내고 나면 아시아 시장으로 진출 시도, ㉡ 초대형 합병 태풍에 대비[190)]

- 세계적으로 금융기관 간 합병이 활발하게 진행되고 있는 이유
  - 격렬해지고 있는 국제경쟁 아래서 합병을 통한 대형화는 생존을 위한 필수조건으로 간주
  - 서로 다른 업무에 강점을 갖고 있는 금융기관 간의 합병은 업무의 보완성을 높일 수 있음.
  - 천문학적 액수의 전산투자 비용을 절감할 수 있는 유력한 방안이기도 함.
  - 유럽연합(EU)이 창설[191)]되면서 유럽 금융시장이 완전히 통합된 것이 금융기관 간 합병을 국제적으로 확산시킨 계기가 되었음.

- 우리나라에서 금융기관의 합병은 소형 금융기관이 파산 위기에 처했을 때 이뤄지는 구제합병을 제외하면 그 예를 찾기 어려웠음.
  - 은행합병을 추진할 때마다 은행 노동자들은 합병이 은행산업 발전의 올바른 방향이 되지 못하고 노동자를 희생시킬 뿐이라며 합병 반대를 요구해 왔던 게 사실

---

190) 이와 관련하여 매일경제(1998.04.15) 참조.
191) 1999년 1월 1일, 유럽 단일화폐인 유로(euro)출범

## 9.2 | 은행합병의 의미

- 은행합병을 통한 은행 간의 경쟁격화는 결국 투명하고 선진화된 경영방식으로 무장하고 고객을 중시하는 은행만이 높은 수익성을 올리고, 그렇지 못한 은행은 생존에 어려움을 겪게 되는 은행 간 차별화로 귀결될 수밖에 없는 것임.

- 은행 간 합병 열기는 크게 두 가지 의미를 지니고 있는데, 크게 거시경제적 측면과 미시경제적 측면으로 나누어 볼 수 있음.
  - 우선 거시경제적 측면에서 볼 때 은행 간 합병은 경제의 불안요인 혹은 불확실성이 많이 제거됨으로써 경제 전반에 긍정적인 효과를 가져 올 것으로 평가됨.
  - 미시경제적 측면에서 살펴본다면, 은행 간 합병시도는 규모의 경제, 범위의 경제 등으로 인해 우리 은행산업에서도 3~4개 대형 은행을 제외하고는 생존하기 어렵다는 예측을 은행 스스로 하고 있다는 점을 보여주는 것으로 이는 시장에 의한 금융구조조정이 이루어지고 있다는 점에서 고무적인 사실로 인식될 수 있음.[192)]

- 은행 간 합병은 산업 차원에서 볼 때 은행산업의 고질적 문제였던 오버뱅킹 문제, 즉 은행 수가 너무 많다는 문제를 완화시켜 줌으로써 은행산업의 구조조정을 촉진시킴과 동시에 개별은행 차원에서도 중복부문의 통합에 따르는 비용절감, 개별사업부문 간의 시너지 창출 등을 통하여 합병은행의 경쟁력을 높일 수 있는 방법이기도 함.

## 9.3 | 은행합병을 보는 시각

- 은행합병이 곧 은행의 효율성과 경쟁력을 보장해 주는 것은 아님.
  - 많은 연구들은 과거 미국 등 선진자본주의 나라들에서 진행된 금융기관의 합병이 합병 당사자들에게 비용상의 효율성이나 수입 또는 이윤상의 효율성을 개선시킨다는 주장에 의문을 제기하고 있음. ⇒ ㉠ 가령 베인 앤드 컴퍼니(Bain and Company) 보고서는 1990년대 이후 은행합병 중 약 75%가 실패했다고 밝히고 있음. ㉡ 또 일본 대장성 재정연구소의 1999년 보고서도 일본 도시은행들의 합병 결과 생산성이나 수익성 면에서 개선된 것보다 오히려 더욱 악화되거나 전과 동

192) 물론 은행 간 합병이 과연 은행 간 자율적인 협상의 결과로 실현됐는지에 대해서 논란의 여지가 없는 것은 아님.

일한 경우가 더 많았다고 밝히고 있음.

- 그럼에도 불구하고 합병의 열기가 식지 않는 것은 인수합병을 통해 주가상승을 노리는 주식투자자들이나 경영자들의 이익을 위해서임.

- 은행 부실의 근본적인 문제인 관치금융이 척결되지 않는 가운데 은행의 구조조정과 은행합병이 추진되고 있다는 점
  - 은행산업이 제 역할을 하려면 무엇보다도 정경유착과 관치금융을 뿌리 뽑아야 하는데도 아직도 정권의 압력에 의한 불법대출과 각종 금융사기가 비일비재로 일어나고 있고 부실여신 규모도 줄어들고 있지 않음.
  - 주택은행과 국민은행의 합병도 은행 자율에 따른 것이라고 말하지만, 정부의 적극적인 개입이 없이는 이뤄질 수 없다는 점에서 관치금융의 대표적인 사례라 하겠음.
  - 관치금융과 정경유착을 근절하기 위해서는 정부로부터 독립적인 금융감독기관이 철저하게 감독권을 행사해야 하며 재벌의 은행산업 지배를 막아야 함.

- 은행산업 자체의 수익성만을 잣대로 한 은행 대형화 논리는 전체 국민경제의 관점을 상실한 일면적인 사고임.
  - 금융산업은 역사적으로 실물경제의 발전을 지원하기 위해 생겨났으나 얼마 전까지 우리나라 금융을 보면 필요한 자금이 기업으로 흘러 들어가지 않았음.
  - 한편으로는 부실채권의 누적 때문에 다른 한편으론 국제결제은행의 자기자본비율 규제나 미래상환능력 규제 때문에 은행들은 기업금융을 기피하고, 그 대신 국공채 투자를 위주로 자금을 운용하고 있었음.
  - 금융의 중개기능이 마비된 조건에서 은행 간의 짝짓기가 경제에 어떤 도움이 될 수 있을지 깊이 생각해 봐야 함.

## 9.4 | 은행합병에 대한 평가[193)]

### ① 문제제기

- 감독당국 고위직 출신 은퇴자 C씨는 최근 한국금융신문과의 통화에서 "그나마 외환위기를 추스르고 카드대란에서 글로벌 복합위기 등 숱한 고비에도 큰 어려움 없이 지나올 수 있었던 것은 은행권이나마 합병을 통해 은행 숫자를 크게 줄인 덕분

193) 한국금융신문(2014.08.11) 참조.

이라고 생각한다"고 말했음. ⇒ 실제 통합은행 출범 후 10여 년째 근무 중이라는 한 대형 은행 D팀장은 "사업모델이 유사하다는 비판적 시각이 컸던 게 사실이지만 보란 듯이 은행산업 '리딩 컴퍼니'라고 자타가 공인하는 성과를 낼 수 있었던 원동력은 무엇보다 M&A였다고 믿고 있다"고 자신했음.

- 일단 은행권만큼 대대적 구조조정이 진행된 분야가 대한민국 안에는 없다는 지적은 온당해 보임. ⇒ 30개를 웃돌던 은행 숫자는 17개로 줄었고 추가로 줄어들 곳이 또 있음.
  - 1997년 말 11만3994명에 이르던 은행 임직원 숫자는 2013년 말 8만8712명으로 줄어드는 사이 은행 총자산은 606조5529억 원에서 1276조8764억 원으로 불어났음.
  - 1인당 총자산 역시 약 53억 원에서 146억 원으로 불어났음.

- IT기술 발전보다 위기가 닥치면 점포와 인력을 줄이는 단순한 구조조정에 치우쳤기 때문이라는 것이 일반적 평가임. ⇒ 같은 시장을 놓고 다투는 경쟁자가 줄어드는 대형화가 진척된 것이 위기 극복에 도움이 됐다는 시각 그 자체로는 틀린 말이 아님.

- 하지만 대형화 덕분에 경쟁력의 환골탈태 내지는 근본적 괄목상대가 이뤄진 사례가 잘 보이지 않는다는 것은 또 다른 심층 분석의 필요성을 제기하기에 충분함.

### ② 진정한 대형 합병 사례

- 외환위기 초반 5개 은행 퇴출에 따른 인수 사례를 뺀 진정한 대형 M&A는 1999년 1월 4일 상업은행과 한일은행 통합이 신호탄이었음. ⇒ 한빛은행으로 새 출발해서 평화은행을 흡수한 뒤 우리금융지주 출범과 함께 우리은행으로 이름을 바꿨음.

- 2001년 11월엔 옛 국민은행과 옛 주택은행이 통합한 국민은행이 출범했고 2002년 11월엔 하나은행이 서울은행을, 2006년 4월엔 옛 신한은행이 조흥은행과 통합한 채 새출발하는 과정을 거쳤음.

- 외환위기 전 모든 지표에서 1등 은행은 농협이었다고 임종룡 농협금융 회장이 지적한 것처럼 이들 대형 합병이 현재의 경쟁 판도를 형성한 것은 분명한 사실임.

### ③ 평가

- 하지만 좀 더 냉정히 돌아보면 우리 대형 은행들의 성장은 '우물 안 개구리' 신세를 벗지 못하고 있음.

- 합병에도 불구하고 글로벌 랭킹에서는 여전히 100대 은행 숫자가 크게 늘어나지 않았고 객관적 순위 또한 등락을 반복하는 수준에 그쳤음.

- 한국금융신문이 합병 직전과 합병 후 주요 지표에서 전체 은행권에서 차지하는 비중 또는 시장점유율을 보면 '1+1'이 그냥 2 아니면 2보다 조금 올라가는 정도에서 대부분 그치고 있음.

- 오직 국민은행만이 2005~2007년 황금기를 구가했을 뿐임.
  - 국민은행은 통합 출범 4년 뒤 즉, 2005년 시중은행 경쟁구도가 국민, 우리, 하나, 신한 등의 4강 구도로 정립됐을 때 총자산 197조840억 원으로 4조7685억 원의 충당금적립 전(前) 이익[194]을 내는 전성기 개막을 알렸음.
  - 2001년 말 은행권에서 차지하는 총자산 점유율 22.78%가 22.92%로 소폭 올랐을 뿐이지만 충전이익[195] 비중은 31.28%로 막강한 경쟁력을 뽐냈음.

- 신한은행 역시 조흥은행과 통합 출범한 뒤 2005년 대비 2013년 지표를 보면 총자산 점유율은 비슷한 수준이지만 예수금 점유율은 약 17%에서 19.30%로 충전이익은 17.62%에서 20.66%로 성장했음.

- 상황이 조금 다른 곳이 바로 우리은행과 하나은행임.
  - 우리은행은 부실을 털어내느라 총자산과 예수금 기준 점유율이 낮아졌던 2000년과 2001년에 비해 2005년 이후 과거 명성에 걸맞은 총자산 19%대 안팎으로 외형 성장엔 성공했지만 충전이익 면에선 들쑥날쑥 하는 모습을 보이며 통합 효과를 봤다고 하기엔 무리가 따름.
  - M&A가 크나큰 성과를 가져온다는 믿음을 가장 희석시킨 곳은 하나은행임. ⇒ ㉠ 하나은행은 외환위기 직후 충청은행과 보람은행을 흡수한 데 이어 2002년엔 서울은행을 인수합병 했음. ㉡ 1997년 당시 하나·충청·보람 은행 총자산과 예수금을 합한 시장점유율은 7%대 후반이었고, 2001년엔 9%대 초반으로 성장했음(충전이익 기준으로도 7% 갓 넘던 것을 7%대 후반으로 늘렸음). ㉢ 이때까지만 해도 합병효과가 쏠쏠했던 셈인데, 서울은행과의 통합 효과는 나타나지 않았음. → 통합 직전해인 2002년 말 하나+서울총자산과 예수금 점유율은 13% 안팎이었고, 2008년과 2013년 말 역시 비슷함(충전이익 비중 역시 비슷함). ㉣ 이를 놓고 합

---

194) 충당금적립 전 이익 : 산식은 '영업이익+(대손상각비+지급보증충당금전입액－대손충당금환입액－지급보증충당금환입액)'임.

195) 은행이 거둔 총영업이익에서 판매·관리비 등을 뺀 것으로 충당금을 쌓기 전 영업실적을 말함.

병 없이 성장해 온 한 대형 은행 간부 E씨는 "서울은행 강점을 제대로 살리지 못한 통합이었다면 금융시장 안에서 위상이 크게 나아지지 않았던 이유가 설명될 수도 있다"고 지적했음.

- 앞으로 대한민국 안에서뿐만 아니라 국내은행들의 M&A는 갈 길이 요원함. ⇒ 성공합병 경쟁력을 키우고 비효율과 저효율은 제거하는 통합 모델을 확보해야 하는 과제는 국내 은행권에겐 아직도 숙제로 남아 있는 셈임.

## 9.5 은행합병의 성공 조건

- 은행 간 합병이 성공하려면 자본 충실도와 자산건전성 제고 등 재무 측면에서의 고려나 비용절감을 위한 인력관리 등의 문제뿐만 아니라, 합병은행 간에 기술적으로 효율성 향상 효과가 있는지의 여부가 무엇보다도 중요한 고려사항이 되어야 함.
  - 다시 말해 은행산업의 생산함수가 해당 은행 간의 합병에 유리할 수 있는 구조를 가지고 있는지를 판단해 보지 않고서는 합병의 성공을 보장할 수 없음.
- 은행산업의 생산함수에 대한 연구는 은행합병과 관련해서 대체로 다음과 같은 세 가지의 중요한 정보를 제공하는바, 첫째 은행산업 혹은 은행의 주요 업무들이 규모의 경제성을 갖는지의 여부, 둘째 은행업무들 간에 범위의 경제성 존재 여부, 셋째 개별업무 서로 간 겸업에 따른 비용절감 효과의 존재 여부임.
  - 여기에서 규모의 경제란 규모가 커짐에 따라 효율성이 높아지는 현상을, 범위의 경제란 업무범위를 넓힘에 따라 효율성이 높아지는 현상을 의미하며, 겸업에 따른 비용절감 효과는 특정한 두 업무의 겸업에 따른 효율제고 효과를 의미
- 따라서 은행산업에 규모의 경제가 존재한다면 합병은 효과적인 효율제고 수단이 될 수 있을 것이며, 여기에 다양한 업무들 간에 범위의 경제가 존재하고, 특히 각 은행 주력업무 간의 겸업에 따른 비용절감 효과까지 있다면 합병은 더 없이 좋은 효과를 가져다 줄 수 있을 것임.
- 물론 이러한 기준이 절대적일 수는 없는데, 그 이유는 합병의 성공 여부라고 하는 것이 이러한 생산 기술적 조건 외에도 수많은 요인에 의해 결정될 수밖에 없기 때문임.
  - 합병을 통해 아무리 대형화된다고 해도 과거와 같은 관치금융 관행에서 탈피하지 못하여 새로운 자본을 끌어들이지 못한다면 합병은 더 큰 부실을 초래할 수도 있을 것임.

## 9.6 종합적 견해

- 우리나라의 경제규모를 감안하지 않은 채, 또 무엇보다도 금융부실의 근본원인인 정경유착과 관치금융을 그대로 둔 채, 은행의 수익성이라는 기준만 절대화하면서 은행의 대형화를 추진하는 것은 문제 해결보다는 새로운 문제를 발생(합병이 더 큰 부실 초래)시키게 될 뿐임.

- 따라서 정경유착과 관치금융을 뿌리 뽑고 은행의 자율성을 높이며 근로자들의 생존권을 최대한 보장하는 방향에서 금융개혁이 이루어져야 할 것임.

- 변화된 금융환경
  - 개정된 금융지주회사법이 2009년 7월 22일 국회를 통과했는데, 그것의 주요 내용은 산업자본의 은행지주회사 주식보유한도를 4%에서 9%로 높이고 은행을 자회사로 갖지 아니하는 금융지주회사에 대해 일반 제조업체의 지배를 허용케 한 것임.
  - 금산분리 완화에 대한 반대 논리는 은행의 사금고화이고, 찬성 논리는 희소자원의 적정 배분을 통한 금융산업의 경쟁력 제고이지만, 양측의 주장이 첨예하게 대립되어 보는 각도에 따라 판단이 다를 수 있음.
  - 그러나 국내 주요 은행들의 외국인 지분이 50～70%에 달하고 대기업집단이 이미 금융 계열사를 소유하고 있어 현실을 방치하기보다는 규제의 틀 속으로 끌어들이기 위해 금융지주회사법 개정은 불가피한 것으로 당시 이명박 정부와 여당은 판단

- 미국의 사례
  - 미국에서 은행의 성장은 인수·합병을 통해 이루어졌음.
  - 미국은 인수·합병이 활발했던 1980년부터 1999년까지 상업은행 숫자는 40% 감소했지만 지점 수는 오히려 40% 증가하였고, 고용 또한 10% 늘었음.
  - 미국 사례를 보면 은행의 대형화는 은행의 안정성 및 효율성을 증진시켰음.
  - 이와 더불어 은행의 대형화가 초래할 수 있는 부작용, 즉 중소기업에 대한 대출 축소 또는 은행 간의 담합 등과 같은 폐해가 이론상 존재할 수 있지만, 미국에서 그런 폐단은 없었음.

- 금산분리 완화를 계기로 살펴본 은행 빅뱅의 전제조건
  - 첫째, 은행지주회사법이 개정되었지만 유럽연합 및 일본 등 선진 각국에서 행하

고 있는 은행 소유 규제에 비해 아직도 너무 엄격하여 소기의 목적을 달성할 수 있을지 의문임. ⇒ 산업자본의 주식보유한도를 4%에서 9%로 상향조정했지만, 소유 제한을 유럽연합 수준까지 완화할 필요가 있음.[196)]

- 둘째, 금산분리 완화로 메가 뱅크 탄생을 바란다면 은행 간 인수·합병이 원활하게 전개되어야 함. ⇒ 은행 간 인수·합병은 어디까지나 당사자 간의 자유로운 의사에 의해 결정되어야 하지만, 실효성 제고 차원에서 은행 간 중개 역할을 담당할 기관이 필요함.[197)]
- 셋째, 지주회사 설립 및 운영 촉진을 위한 세제 개선 방안 강구[198)]

- 경제민주화 조치의 일환으로 금산분리 강화로 다시 환원
  - 지난 1995년에 산업자본이 은행 지분을 4% 이상 소유하지 못하도록 은행법을 바꾼 것이 금산분리법의 시초라고 할 수 있는데, 그러던 것이 2007년 이명박 정부 들어서면서 9%로 완화됐다가, 지난 2013년 7월에 다시 4%로 환원되었음. ⇒ 국회에서 금융계열사의 의결권 제한 등 금산분리 규제강화와 관련한 입법안을 통과시켰음.
  - 경제민주화 법안의 하나로 분류되는 금융지주회사법 개정안을 의결했는바, 금산분리(금융과 산업자본 분리)를 위해 산업자본의 은행 주식보유 한도를 9%에서 4%로 축소시켰음. ⇒ 박근혜 정부의 공약사항으로 기업들의 은행 사(私)금고화를 막기 위한 취지임.
  - 그로 인해 안 그래도 세계 최고 수준의 규제였던 우리나라 금산분리 규제는 더욱 더 심각한 상황이 되었음. ⇒ 금산분리가 우리나라 금융산업 발전에 부작용으로 작용할 가능성이 더 커지게 된 것이라고 우려하는 시각이 있음.

---

196) 유럽연합은 직접적 또는 간접적으로 은행 주식을 10%, 20%, 33%, 50% 초과 보유할 수 있지만 각각의 경우 감독당국의 적격성 심사를 통한 승인이 필요함. 우리도 소유 제한을 9%까지 올렸지만 은행의 주인 찾아 주기가 금산분리 완화의 목적이라면 소유 제한을 차등화하고 이에 상응하는 차별된 감독 수준 및 공시제도를 채택할 필요가 있음.

197) 감독당국이 이런 역할을 할 수도 있지만, 이는 감독당국의 자의적인 의사가 개입될 소지가 있음. 따라서 은행권, 언론, 경제부처 및 연구기관 등 은행 관련 단체 사이에서 합병 논의가 활발하게 일어나 다양한 합병 시나리오를 제시하고 이의 장·단점 등이 토론을 통해 수렴되는 등 합병 분위기를 조성할 필요가 있음.

198) 현행 법인세제는 법률적으로 독립된 법인만을 과세 대상으로 하고 있어 지주회사와 같이 경제적으로 결합되어 있지만 법률적으로는 분리되어 있는 모자회사를 하나의 과세 대상으로 하지 않고 있음. 법률적으로 분리되어 있지만 실질적으로는 동일체인 지주회사에 대해 각 법인의 소득과 결손금을 합산하여 법인세를 납부하는 연결납세제도를 도입할 필요가 있음. 또 지주회사의 시너지 효과를 제고하기 위해서는 전산 및 총무 등 후선 업무 통합이 필수적이기 때문에 금융지주회사 계열사 사이에 이루어지는 용역거래에 대해 부가가치세를 면제하여야 함.

- 동양그룹 사태[199]를 계기로 금산분리 강화 논의 급부상[200]
  - 동양 사태처럼 금융기관이 재벌 총수의 개인금고 역할을 하도록 놔두면 안 된다는 것임. ⇒ 동양그룹 사태는 위기에 몰린 산업자본이 금융계열사를 갖고 있을 때 어떤 도덕적 해이가 일어날 수 있는지 극명하게 보여주는 사례이기 때문에 이번 동양 사태를 계기로 그동안 묻혀 있던 금산분리 논의가 다시금 급부상하고 있음.
  - 특히 학계와 시민단체를 중심으로 박근혜 대통령의 공약인 '대주주 적격성 심사'를 강화하는 것이 급선무라는 지적이 나오고 있음.
  - 현재 상황은 은행만 지분이 제한되고 제2금융권은 사실상 소유에 아무런 제한이 없어, 엄격히 말하면 '은산분리'만 이뤄진 상태임. ⇒ ㉠ 동양그룹이 동양증권이나 동양생명을 소유한 것처럼, 상당수 대기업들은 증권사나 보험사 같은 제2금융권 회사를 소유하고 있음. ㉡ 공정거래위원회에 따르면 전체 62개 재벌그룹의 절반이 넘는 32개 그룹이 164개의 금융계열사를 거느리고 있음.
  - 지금 상황에서는 동양 사태가 다른 재벌그룹에서 일어나지 않는다고 장담할 수 없기 때문에 정치권에서도 금산분리를 강화해야 한다는 목소리가 높아지고 있음.
  - 대주주 적격성 심사 관련 법안은 이미 국회에 올라와 있지만, 적격성 기준을 어디까지 볼 것인지 등을 놓고 이견이 있는데다, 재계의 강력한 반발로 진행이 지지부진함.
  - 그러나 이번 동양 사태를 계기로 대주주 적격성 심사 강화를 비롯해, 감사와 사외이사의 견제기능을 강화하는 상법개정안, 금융계열사 의결권 제한 등 재계의 역풍을 맞았던 각종 경제민주화 공약들이 다시금 빛을 보게 될지 주목되고 있음.

- 금융산업 경쟁력 제고의 길[201]
  - 지금 우리 금융업 주변의 여건과 수요는 거대한 패러다임의 변화를 맞이하고 있음. ⇒ ㉠ 경제는 고도 성장기를 지나서 저성장, 저금리로 대변되는 성숙단계로 접어들고 있고, 인구구조가 고령화되고 있음. ㉡ 경제발전의 동인도 기존에 자본

199) 투자 부적격인 동양그룹 계열사의 회사채를 정상적인 방법(기관판매)으로는 팔 길이 없으니까 금융계열사인 동양증권을 동원해 사정을 잘 모르는 개인 고객들에게 팔았음. 이렇게 동양증권이 개인에게서 조달한 금액이 무려 1조3천억 원이 넘고, 피해 고객은 4만 명을 훌쩍 넘어섰음. 평소 거래하던 동양증권 직원이 '절대 망하지 않는다'며 8%나 되는 고수익을 보장해 준다는 말에 믿고 샀다가 지금은 채권이 휴지조각이 되었음. 회사채를 팔았던 동양증권 직원이 책임감을 이기지 못하고 스스로 목숨을 끊었는가 하면, 피해고객들의 원성과 항의도 빗발쳤음.

200) 장규석(2013.10) 참조.

201) 신제윤(2013.11) 참조.

과 노동량의 요소투입 중심에서 지식과 아이디어 등의 기반으로 변화되고 있음. ㉢ 또한 금융위기를 거치면서 금융시장의 철학과 구조도 금융소비자 중심으로 빠르게 재편되고 있음.

- 이러한 3가지의 큰 상황 속에서 우리 금융업이 과거와 같은 영업방식에 안주한다면 더 이상 수익을 창출할 수도 발전할 수도 없음. ⇒ 결국 금융업 스스로가 성장 중심의 사고에서 벗어나 질적 내실화와 인식의 대전환을 통해서 기존의 시장과 영업행태에서 완전히 탈피해야만 함.
- 신제윤 금융위원장은 금융업의 가치 제고를 위한 3대 미션을 제안하였음. ⇒ 경쟁촉진(competition),[202] 실물과의 융합(convergence),[203] 소비자보호(consumer-protection)[204]가 그것임.
- 최근 금융권에서 각종 사고가 이어진 것은 상호 견제와 균형의 기능이 약화되면서 나타난 필연적인 현상임. ⇒ 권혁세 전 금융감독원장은 "금융권의 경쟁력을 높이자는 주장이 나온 지는 오래됐지만 결국 실행이 이뤄지지 않고 있다"며 "창조적인 생태계를 만들기 위해 금융산업의 규제를 네거티브 방식으로 전환하고 경쟁력이 없는 금융회사는 인수·합병을 통해 구조조정이 되도록 과감한 개혁을 해야 한다"고 언급하였음.[205]

---

202) 첫 번째 미션으로 금융업의 경쟁을 촉진해서 혁신의 밑거름을 만들겠음. ⇒ ㉠ 우선 경쟁을 저해하는 규제를 없애고, 소비자의 금융상품선택권을 넓힘으로써 금융업의 경쟁과 혁신에 새바람을 불어넣겠음. ㉡ 변화와 혁신을 수용하는 금융회사들에게는 새로운 사업기회가 찾아오는 반면, 과거에 안주하면 시장에 도태될 수밖에 없을 것임. ㉢ 다음으로 기존시장에서의 출혈경쟁에서 탈피하여 100세 시대와 아시아 신흥시장에서 새로운 경쟁의 장을 펼칠 수 있도록 하겠음. ㉣ 고령화는 우리 사회의 큰 위험요인이지만, 혁신을 주도하는 금융회사들에게는 사적연금, 노후보장특화상품, 생애주기자산관리 등과 같은 새로운 기회를 제공할 것임. ㉤ 해외진출은 당장 나가는 것 자체가 목표가 아닌 긴 안목에서 수익을 낼 수 있는, 우리가 강점을 가진 틈새분야에 역량을 집중할 것임. ㉥ 세계 8위의 무역 강국, 문화한류, 축적된 금융자산, 금융 인프라제도 등에 우리의 비교우위를 최대한 살려나가겠음.

203) 두 번째 미션으로 실물경제가 필요로 하는 제대로 된 기업금융 서비스 환경을 만들어 나가겠음. ⇒ ㉠ 무엇보다 기술과 아이디어에 기반한 금융공급이 활성화될 수 있도록 기술평가시스템을 속도감 있게 구축해 나가겠음. ㉡ 기술신용 평가기관 설립(2015년 출범 목표)과 관련하여 많은 우려가 있지만 1990년대 조성한 신용평가 인프라가 그때는 요원하기만 했던 개인 신용대출 시장을 열었던 사례를 볼 때 희망을 가지고 착실히 준비한다면 의미 있는 성과가 있을 것으로 기대함. ㉢ 아울러 다소의 위험이 있더라도 미래를 보고 투자할 수 있는 진취적인 모험투자 자본시장을 육성해 나갈 것임. ㉣ 사모펀드의 규율체계를 전면적으로 개편하고, 기업의 생장부담을 완화하고, 창업자에 대한 연대보증을 폐지하는 등을 추진해서 자본시장의 역동성을 되살리겠음.

204) 세 번째 미션으로 국민의 재산을 지키고, 서민을 지원하는 든든한 버팀목 역할을 할 것임. ㉠ 소비자보호는 아무리 강조해도 지나치지 않음. ㉡ 동양문제 재발방지대책, 서민금융지원제도 개선방안들을 통해 소비자보호중심의 금융감독을 정착시키고, 서민의 자활 기반마련에 중점을 두고 추진하겠음. ㉢ 우리 금융시장의 안정성은 이미 높은 평가를 받고 있지만, 이에 만족하지 않고 금융회사의 정리체계, 신용평가제도 등의 시장안정 인프라도 더욱 정교히 갖춰 나가겠음.

## 참고자료


(1) 김상조(2001), 《손바닥 경제》, 사계절.
(2) 김대식 외(2012), 《현대 경제학원론》, 박영사.
(3) 좌승희(1998), “은행합병 만병통치약 아니다”, 《매일경제》, 1998. 08. 06.
(4) 조명현(2002), “은행합병 제대로 하려면”, 《매일경제》, 2002. 08. 27.
(5) 김승욱 외(2008), 《알짬 시장경제》, 박영사.
(6) 2008. 05. 22., 《전자신문》
(7) 이상빈(2009), “은행 빅뱅의 전제조건”, 《매일경제》, 2009. 07. 29.
(8) 김영도(2013), “자본시장법 개정안 통과의 의의”, 《주간 금융브리프》, 한국금융연구원, 2013. 05. 04. ~05. 10.
(9) 조근호(2014), “이건희 연봉은? 자본시장법 개정안 발의”, 《노컷뉴스》, 2014. 04. 03.
(10) 장수환(2013), “선진금융의 첫걸음! 자본시장법 개정안에 대해서 살펴보자!”, 《금융생활백서》, 경제돋보기(대학생기자단), 2013. 06. 21.
(11) 한국은행(2013), 《물가보고서》, 2013. 07.
(12) 전성인(2014), “불확실성 시대, 중앙은행 총재의 역할과 과제”, 국회토론회, 2014. 02. 20.
(13) 이숙현(2011), “한은법 개정 또 좌절, 국회 아직도 반성 못했나”, 《이데일리》, 2011. 07. 01.
(14) 김문관(2013), “반쪽짜리 한은 금융사 조사권, 법 개정 필요”, 《아시아투데이》, 2013. 10. 15.
(15) 경실련(2013), “금융 감독체계 개편 똑바로 하라”, 경실련 토론방, 2013. 07. 04.
(16) 박정필(2014), “바젤위원회와 바젤 규제의 역사”, 한국은행 경제교육(경제심화학습), 2014. 01. 23.
(17) 2014. 04. 23., 《세계파이낸스》
(18) 강임호(2014), “[왜냐면] 금융 소비자 보호체계, 단계적 접근이 바람직”, 《한겨레》, 2014. 04. 24.
(19) 이연선(2014), “이주열이 군불 지핀 한은법 개정”, 《서울경제》, 2014. 04. 06.
(20) 권혁세(2014), “금융산업규제 네거티브 방식으로”, 《매일경제》, 2014. 04. 25.
(21) 장규석(2013), “동양사태 재발 막으려면 ‘이것’부터 해야”, 《노컷뉴스》, 2013. 10. 14.
(22) 신제윤(2013), “금융업 경쟁력 강화 방안”, e-브리핑, 금융위원회, 2013. 11. 27.
(23) 2014. 04. 28., 《매일경제》
(24) 2014. 05. 02., 《연합뉴스》
(25) 2014. 08. 11., 《서울경제》
(26) 2014. 08. 11., 《매경이코노미》 제1770호.
(27) 2014. 08. 11., 《한국금융신문》
(28) 2014. 08. 20., 《조선경제》


205) 권혁세(2014.04) 참조.

## 부록 [6-1] 금리의 이해

### 1. 금리란[206]

- 은행에 예금을 하거나 은행으로부터 돈을 빌렸을 때 돈을 빌린 사람은 일정기간 빌려 쓴 돈에 대한 대가를 지급하는데 이를 이자라 함.
  - 이자의 원금에 대한 비율을 금리 또는 이자율이라고 함.
  - 한마디로 금리란 돈의 가격인 셈
  - 예를 들어 은행에 10만 원을 예금하고 1년 뒤에 11만 원을 받는다고 한다면, 돈을 예금한 대가로 받는 1만 원이 이자이며 이 경우 예금 금리는 이자 1만 원의 원금 10만 원에 대한 비율, 즉 10%임.
- 금리는 현재시점에서 돈을 쓰지 않고 미래를 위해 저축한 것에 대한 대가라고도 볼 수 있음.
  - 즉 10만 원을 예금하지 않고 누릴 수 있는 영화관람, 외식, 옷 구입 등 현재의 소비가 줄 수 있었던 만족을 포기한 보상이라고 할 수 있음.

### 2. 금리의 결정

- 물건의 가격이 사고자 하는 양(수요)과 팔고자 하는 양(공급)에 의해 결정되듯이 돈의 가격인 금리도 기본적으로 돈을 빌리고자 하는 수요와 빌려주고자 하는 공급에 의해 결정
- 돈을 사용하려고 하는 사람이 많으면 금리가 올라가고 반대로 빌려주고자 하는 사람이 많으면 금리는 내려감.
  - 과거 시중에서 금리가 가파르게 올라간 이유도 은행으로부터 돈을 빌리고자 하는 수요는 많은 데 비해 은행이 대출해 줄 수 있는 돈이 부족하기 때문이었음.[207]
- 금리가 모든 사람에게 똑같이 적용되는 것은 아님.

---

206) 이자는 금리보다 넓은 개념으로 쓰임. ⇒ ㉠ 이자란 쌀이나 돈 등 교환의 대상이 되는 물품의 형태를 불문하고 빌린 대가를 지칭하는 것이며, 금리는 이 중 금융자금을 일정기간 동안 사용한 대가를 통상 지칭하기 때문임. ㉡ 일반시장에서 물건을 사고팔 때 가격이 형성되듯이 자금을 꾸어주고 빌리면서도 시장이 형성되는데 여기서 결정되는 자금의 가격을 금리라고 함. 이와 관련하여 김경학(2013) 참조.

207) 이는 주식가격이 많이 오르고 각종 펀드가 높은 수익률을 기록하면서 사람들이 여윳돈을 은행보다 증권사나 자산운용사에 많이 맡기면서 발생한 현상이었음.

- 돈을 빌리는 기간(만기), 빌리는 사람의 신용도, 어떤 금융기관에서 빌리는가, 담보가 있는가 등의 여러 가지 조건에 따라 금리에서 차이가 발생[208)]

- 한편 이자율 결정이론은 다양하지만 크게 실물적·화폐적 측면에서 접근한 것으로 나눌 수 있음.
  - 고전학파 경제학자들은 실물적 측면에서 자금의 수요(투자)와 공급(저축)이 균형을 이루는 수준에서 이자율이 결정된다는 저축·투자설을 주장했음.
  - 반면 케인즈(John Maynard Keynes)는 이자율을 화폐적 측면에서 접근하여 현금보다 유동성이 떨어지는 채권 등의 금융자산으로 자신의 재산을 보유할 경우 수반되는 유동성 제약에 대한 보상으로 이해했고, 이 유동성 제약을 받아들일 수 있는 정도에 따라서 이자율이 결정된다고 보았음.

## 3. 금리와 경제의 관계

- 우선 금리는 현재의 경제 상태를 나타내는 경기와 큰 관련이 있음.
  - 금리가 높아지면 사람들이 저축을 늘리면서 소비가 줄게 되고 기업들은 돈을 빌리는 데 더 많은 이자를 지급해야 하기 때문에 투자가 줄고 이익도 줄어들기 때문에 경기가 위축될 수 있음.
  - 반대로 금리가 낮아지면 저축의 매력이 떨어지면서 소비가 늘어나게 되고 기업의 투자활동이나 수익성도 좋아지게 되므로 경기가 좋아질 수도 있음.
- 금리는 물가와도 깊은 관련이 있음.
  - 금리가 올라 소비 대신 저축을 늘리면 전체적으로 물건을 사려는 수요가 줄어들게 되므로 물가는 떨어지게 됨.
  - 반대로 금리가 내리면 소비하려는 수요가 늘게 되어 물가가 오르게 됨.
  - 그래서 중앙은행인 한국은행은 경기가 과열되고 물가가 상승할 때는 금리를 올려 소비와 투자를 진정시키고, 경기가 침체되면 금리를 낮추어 경제가 안정적으로 성장할 수 있도록 뒷받침하고 있음.
- 이와 같이 금리는 소비, 투자, 경기, 물가 등 우리의 실생활에 굉장히 큰 영향을 주고 있음.

---

208) 금리는 대체로 만기가 길수록 높아지는데, 기간이 길수록 돈을 되돌려 받을 수 있을지가 더 불확실해지고 돈을 빌려준 사람입장에서는 필요할 때 마음대로 쓸 수 없기 때문임. ⇒ 그래서 은행에서도 수시로 돈을 넣거나 뺄 수 있는 보통예금보다 오랜 기간 저축하는 정기예금에 더 많은 이자를 지급함. 돈을 갚을 수 있는 능력, 즉 신용도에 따라서도 금리가 다르게 적용되는데, 예를 들어 빚이 많아 신용이 안 좋은 사람보다는 신용이 좋은 사람이 낮은 금리로 돈을 빌릴 수 있음.

## 4. 금리의 기능

- 금리는 자금배분기능, 즉 자금을 필요한 부분에 적절히 배분해 주는 역할을 수행함.
  - 금리가 내려가면 자금을 투자해 같은 금리 수준 이상으로 수익을 낼 수 있는 부문이 늘어나 투자가 활성화되고 나라 전체적으로 자금의 효율성을 높이게 됨.
- 또한 경기조절 기능도 있음.
  - 금리의 변동은 가계의 저축, 기업의 투자, 물가수준, 국가 간의 자금흐름, 경기변동 등 국민경제 전반에 광범위한 영향을 주게 됨. ⇒ 금리의 변동이 실물경제의 과열된 경기를 진정시키거나 침체된 경기를 부양하는 경기조절 기능을 가지는 것임.
  - 일반적으로 금리가 상승하면 저축이 증가하고 소비와 투자가 감소하여 경기를 진정시키며, 금리가 하락하면 저축이 줄고 소비와 투자가 증가하여 경기가 활성화됨.

## 5. 금리의 종류

- 현실경제에서 금리는 종류도 많고 수준의 차이도 많이 남.[209)]
- 같은 돈이라도 빌리는 사람과 기간에 따라 금리는 천차만별
  - 장사를 잘해 이익을 많이 내는 기업은 떼일 위험이 큰 기업보다 싼 금리로 돈을 빌릴 수 있음.
  - 신용등급이 같아도 짧은 기간 빌리는 것보다 오래 빌릴 때 금리가 더 높음. ⇒ 갑자기 물가가 오르거나 기업이 쓰러지면 돈을 빌려준 금융기관이 손해를 볼 수 있기 때문
- 금리는 분류기준에 따라 다양하게 구분할 수 있음. ⇒ ㉠ 첫째, 원금에 대한 이자만 계산하는 단리와 원금에서 발생한 이자에 대한 이자도 함께 계산하는 복리[210)]로 나눌 수 있음. ㉡ 둘째, 일상적으로 결정되는 금리인 명목금리와 명목금리에서 물가상승률을 차감한 실질금리로 분류함. ㉢ 셋째, 대출 또는 채권 등의 증서 상에 표시되는 표면금리와 세금·수수료 등을 감안하여 실제로 부과되는 실효금리로 나눌 수 있음. ㉣ 넷째, 기간에 따라 1년을 기준으로 장·단기금리로 구분이 가능함. ㉤ 또한 채권시장 등 금융시장에서 다수거래당사자의 수요·공급에 따라 결정되는 시장금리와 금융기관과 고객 간의 계약에 의해 결정되는 대고객금리가 있으며 은행들이 최우량고객에게 적용하

209) 우선 금융기관 상호 간에 단기간 돈을 빌릴 때 적용되는 콜금리(call rate), 은행에 예금을 할 때 적용되는 예금금리, 또 돈을 대출받을 때 적용되는 대출금리, 금융기관을 통하지 않고 당사자들끼리 약속해서 정하는 이자율인 사채금리 등이 있음.

210) 예를 들어 100만 원을 연 10%의 금리로 은행에 2년간 저축할 경우 단리일 경우는 원리금 합계액은 120만 원이지만 복리일 경우는 첫해 이자 10만 원에도 이자가 1만 원 붙어 총 121만 원이 됨. 같은 수준의 금리라면 복리방식이 이자를 많이 받게 됨.

는 우대금리로 프라임레이트(prime rate)가 있음.[211]

- 이와 같이 금리는 당사자, 기간, 계산방식 등 많은 요인들에 따라 다양하고 복잡하지만 금리의 움직임은 개인의 경제생활은 물론 국민경제 전체에도 큰 영향을 미치기 때문에 금리의 움직임을 주의 깊게 살펴보는 것이 합리적인 경제인이 되는 첫 단계라 할 수 있음.

## 6. 한국은행과 금리정책

- 우리나라는 1980년대 말까지 대부분 금융기관의 금리가 한국은행의 규제를 받아왔으나 1990년대 초부터 단계적으로 자유화 조치가 추진되었음.
  - 자본축적이 충분하지 않은 나라의 경우 경제를 빠른 속도로 성장시키기 위해서는 제한된 자본이 우선적인 지원이 필요한 부문에 보다 낮은 금리로 흘러들어 갈 수 있도록 인위적으로 금리를 통제하는 정책이 필요할 수 있음.
- 그러나 경제규모의 확대 및 국제화 진전으로 시장금리와 규제금리의 차가 줄어들면서 시장의 자율성을 확대하는 금리자유화 요구가 커지게 되었음.
- 한편 금리의 고유한 순기능인 경기조절 및 자원배분 기능에 많은 비효율이 드러나게 됨에 따라 1991년부터 2004년까지 4단계에 걸쳐 금리자유화가 추진되었음.
  - 특히 자금배분 및 경기조절 수단에 영향을 크게 미치는 여신금리가 수신금리보다 먼저 자유화되었고, 기간 및 규모 면에서는 장기, 고액에서 단기, 소액의 순으로 자유화를 추진하였음.
  - 금리자유화 조치로 금리의 변동성이 커지면서 자산보유 및 금융거래 형태뿐만 아니라 개인 소비활동에도 좀 더 큰 영향을 주게 되었고 경제성장·대외거래·소득배분 등 국민 경제 전반에 걸쳐 큰 영향을 끼치는 가격변수로 자리 잡게 되었음.
- 이에 따라 금융기관 등을 비롯한 많은 경제주체들은 금리변동에 영향을 주는 중앙은행의 금리정책, 경제환경의 변화 등에 상당히 민감하게 반응하게 되었음.
- 1990년대 중반 이후 금리자유화가 완료돼 금리의 실물경제에 미치는 기능이 제고되면서 한국은행은 매월 금융통화위원회의 결정으로 정책금리의 목표수준을 정하여 발표하고 있음.

---

211) 은행들은 대고객금리 결정 시 기준지표에 가산금리를 더하는 형식으로 결정함. 먼저 기준지표는 금융기관 간 거래가 이루어지는 시장에서 결정되는 CD금리 등 시장대표금리를 기본으로 하여 자금조달과 관련한 위험요소(리스크 프리미엄)와 각종 출연료 등 비용부담분에 대한 것을 가산하고 은행의 경영목표인 정책요소까지 고려하여 결정됨. 가산금리는 각종 유지비·인건비 등 업무원가와 예상치 못한 손실률(신용원가) 등을 고려하고 은행의 목표이익 및 고객과의 협상(영업네고) 내용 등을 감안해 최종적인 금리가 결정됨. 이와 관련하여 김경학(2013) 참조.

- 한국은행의 기준금리가 내려가면 시중은행은 내려간 이자로 자금을 빌릴 수 있고 기업은 은행으로부터 낮은 이자로 대출을 받기 때문에 시중의 전반적인 금리가 내려감.

- 또한 한국은행이 가지고 있는 채권을 시장에 팔아 돈을 흡수하면 시중에 돈의 양이 줄어들어 금리가 올라가고 채권의 가격이 떨어지게 되는데, 이것이 공개시장조작정책임.
  - 이와 같이 한국은행은 통화정책을 통해 우선적으로 단기금리에 영향을 줌. ⇒ 이는 금융자산의 경제주체 간 거래를 통해 장기금리를 변화시키고 나아가 물가안정과 경제성장에도 기여하게 됨.

- 금리정책이 통화정책의 중심이 되면서 한국은행은 3년마다 일정한 소비자물가상승률(2013~2015년 : 2.5~3.5%)을 목표로 정해 금리의 조정을 통하여 물가안정에 주력하고 있음.

## 관련 사항

### ▣ 수익률

- 일정한 돈의 투자로 어느 정도의 이익을 올릴 수 있는가를 나타내는 것을 수익률이라 함.
  - 즉 100만 원으로 정기적금을 들거나, 주식을 사거나, 채권을 샀을 때 1년이 지나 110만 원이 되었다면 수익률이 10%가 되는 것임.
  - 금리도 예금이라는 금융상품에 투자했을 때 얻는 수익률이라고 보면 되며, 주식에 투자했을 경우 주가수익률, 채권에 투자했을 경우 채권수익률, 펀드에 투자하면 펀드수익률이라고 함.

- 실제 여러 금융상품들을 보면 수익률이 서로 다른데 그것은 해당 상품마다 위험이 다르기 때문임.
  - 투자한 돈의 손해 가능성이 크다면 그만큼 더 큰 보상을 해줘야 함.
  - 따라서 위험이 높은 주식이나 펀드가 채권이나 은행예금에 비해 일반적으로 수익률이 높음.

### ▣ 시장금리[212]

- 통상적으로 3년 만기 국고채 금리가 시장금리로 통하는데, '시장금리'란 다수의 거래당사자가 참가하는 시장에서 자금의 수급에 의해 결정되는 금리를 말함.

---

212) 차성훈(2012) 참조.

- 시장금리는 만기가 1년 이하인 단기금융시장(자금시장) 금리와 1년 이상인 장기금융시장(자본시장) 금리로 구분됨.
  - 단기금융시장의 대표적인 금리가 콜금리, 양도성예금증서(CD)금리, 기업어음(CP)금리이며 장기금융시장의 대표적인 상품이 3년 만기 국고채와 회사채임.[213]
- 시장금리 이외에 금융기관 창구에서 금융기관과 고객 간의 상호계약에 의해 형성되는 '대고객금리'도 있음. ⇒ 대표적인 예가 여수신금리임.
- 3년 만기 국고채 금리를 시장금리의 대표주자라고 부르지만, 대부분의 사람들은 콜금리 움직임에 더 집중함. ⇒ 금융기관들 사이에 초단기 거래가 이뤄지는 콜시장이 자금의 수급사정을 가장 잘 반영하고 있고, 한국은행이 공개시장조작정책을 콜시장에서 수행하기 때문임.[214]
  - 여러 가지 채권 가운데 가장 많이 거래되는 회사채의 금리를 시중의 대표금리(실세금리)[215]로 여겼음.

---

213) 큰 회사들은 나중에 얼마의 돈을 갚겠다는 표시를 한 증서(채권)를 금융기관에 팔아 돈을 조달함. 이때 금융기관이 채권을 구입한 값과 채권에 표시된 금액(액면가)의 차이가 채권금리임. 채권을 발행하는 곳은 많은데, 우선 국가에서 발행하는 채권을 국고채라 부르고 기업들은 보통 3년 만기인 회사채를 발행함. 또 급히 돈이 필요하면 3개월짜리 기업어음(CP)을 발행함. 금융기관에 예금을 맡겼다는 증서를 다른 사람에게 파는 것도 있는데 이를 양도성예금증서(CD)라고 하는데, CD의 만기도 보통 3개월임. 곽해선(2009) 참조.

214) 이것을 이해하기 위해 1997년 외환위기 당시로 돌아가 보자. 1997년 하반기에 외국인 자금 이탈이 급속히 진행되어, 결국 1997년 말 원·달러 환율은 2,000원에 육박했으며 외환보유액이 바닥을 보였음. 자금 유출을 중단시키고, 해외로 나간 자금을 다시 국내로 불러들이기 위해 한국은행과 IMF는 고금리 정책을 선택했음. 한국은행은 당시 이자제한법상의 상한인 25%까지 콜금리를 끌어올리고자 했으며, 이후 이자상환이 40%로 상향조정되자 콜금리를 35% 수준까지 인상시키려고 했었음. 한국은행이 초단기 자금시장인 콜시장에서 채권을 매각(공개시장 매각)하기 위해 거래되고 있던 콜금리보다 높은 금리를 제시하면 높은 금리에 채권 매매가 성사됨. 콜시장의 금리가 상대적으로 높아지면 금융기관들이 이자의 차익거래(arbitrage)를 위해 CD시장과 CP시장에서 운영하던 단기 자금을 콜시장으로 이동시킬 것임. 이는 CD시장과 CP시장의 자금공급 감소를 의미하고, 수요에 비해 공급이 부족한 두 시장의 금리가 콜금리와 동반하여 상승함. 금융기관의 차익거래는 여기서 끝나지 않고 만기가 3년인 국공채와 회사채 등으로 점차 퍼져나가 장·단기 시장금리의 전반적인 상승으로 이어짐. 결국 기업과 소비자가 은행에서 돈을 빌리고 저축하는 여수신금리까지 상승할 것임. 이런 과정을 거쳐 1994~1997년 11월까지 10~15% 사이에서 움직이던 콜금리가 외환위기 직후인 1998년 초에는 25%를 넘어섰고 다른 시장금리도 동반상승했음. 이에 따라 부족하던 외화가 국내로 유입됐고 높았던 환율도 안정됐음. 그러나 높은 금리는 소비와 투자의 위축을 가져왔고 1998년 실질 국내총생산(GDP) 성장률이 −5.7%를 기록할 정도의 대대적인 경기침체로 이어졌음. 한국은행은 1998년 5월에 IMF와 협의하여 통화정책을 긴축기조에서 완화기조로 선회했음. 통화를 풀어 시장금리를 전반적으로 낮추고, 부진한 소비와 투자를 다시 살리려는 조치였음. 1998년 5월부터 7월까지 콜금리는 18.63% → 16.32% → 12.73%로 낮아졌으며, 8월에는 9.52%로 드디어 한 자릿수에 진입했음. 1999년 2월에 콜금리가 5%대로 진입한 이후 지금까지 6%대를 기록한 적이 없었음. 지금의 저금리는 이미 13년 전에 시작된 것이었음. 차성훈(2012) 참조.

215) 실세금리(實勢金利)란 시장 안에서 돈의 실질적 가치를 가장 잘 반영하는 금리를 말함. 우리나라에서는 3년 만기 회사채 유통수익률이 주로 활용됨. 금리와 채권 값은 반비례하는데, 예컨대

• 그러나 외환위기를 겪은 1998년 이후 국가가 발행하므로 떼일 염려가 거의 없는 국고채 금리가 대표적인 금리가 됨.

• 그러다가 콜금리가 가장 중요한 금리로 떠올랐음. ⇒ ㉠ 콜금리는 금융기관끼리 급히 돈이 필요할 때 하루 동안 빌려주는 금리를 말함. ㉡ 중앙은행이 콜금리를 올렸다 내렸다 하면서 다른 금리들까지 쥐락펴락하기 때문임.

## ▣ 콜금리

### 1. 의미

- 한마디로 금융기관 간 단기 자금거래 시 적용하는 금리

- 금융기관들이 영업활동을 하다 보면 자금이 남거나 모자라는 경우가 생기는데, 금융기관 간에 발생한 이러한 과부족자금을 거래하는 시장을 콜시장이라 함.

- 콜시장에서 빌리는 돈을 콜머니(call money), 빌려주는 돈을 콜론(call loan)이라 하는데, 이때 적용되는 금리를 콜금리(call rate)라 함.

- 콜금리는 시중의 자금사정을 잘 나타내는 지표로서 한국은행의 통화정책 수행 시 기준금리로 이용[216]되었음.[217]

### 2. 콜금리 조절이 경제에 미치는 영향

- 한국은행이 콜금리 목표를 조정하면 금리, 주식이나 부동산 등의 자산가치, 환율, 기대

---

회사채수익률이 연 15%에서 20%로 올라갔으면 채권을 팔면서 보다 많은 이자를 줘야 한다는 뜻이므로 채권의 가치는 그만큼 떨어진 것임. 시중에 돈이 부족하거나 채권물량이 너무 많으면 금리는 올라가고 반대면 떨어짐. 실세금리지표로는 가장 보편적이면서도 안전한 채권(Risk-free)만이 활용됨. 따라서 미국의 재무부채권처럼 대부분 선진국에선 국채금리가 기준이 되지만 우리나라는 국채발행규모가 적고 유통시장이 취약해 회사채유통수익률을 대표적 실세금리로 삼고 있음.

216) 한국은행은 2008년 3월 7일부터 정책금리를 이전 '콜금리 목표'에서 '한국은행 기준금리'로 변경하였음.

217) 다시 말해 콜금리는 시중은행 간의 초단기(하루단위) 자금을 서로 꾸어주고 꿔주는 돈의 이자를 말함. 시중은행 사이의 대차(돈을 빌린다는 의미의 貸借)거래를 통해 자금을 꾸어온 후 끌어온 돈의 이자를 준비해서 하루 뒤에 원금과 함께 갚음. 다시 말해 콜자금의 이자가 바로 콜금리가 되는 것임. 전화통화가 아니고 실제로는 증권거래처럼 전산망을 통해 콜자금이 유통됨. 콜시장에는 시중은행뿐만 아니라 한국은행도 콜자금 시장에 개입함. 비교적 큰 단위의 돈이 은행 간에 거래가 되니 이 콜금리를 한국은행이 직접 조절함으로써 금융정책의 기준점으로 두기로 한 것임. 시중에 돈이 너무 많으면 콜금리를 높여서 돈을 조금 덜 유통되게 하고(분명 수천억이 순간순간 거래되는 이 콜자금 시장에서 이자비용 문제 때문에 돈을 꾸는 것을 포기하는 곳이 생김), 반대로 돈이 너무 없어 돈가뭄이 오면 콜금리를 낮춤으로써 은행 간 자금거래를 활발하게 하여 적정수준으로 돈이 돌게 함. 더욱이 시중은행과 달리 한국은행은 돈을 찍어내는 발권은행이기 때문에 돈을 찍어 내는 위치로서 콜시장에서의 무제한 개입이 가능함. 2008년 3월 이전까지 한국은행은 콜금리를 위주로 은행의 금리를 조절하여 대한민국 정책금리의 기준점을 제시했음. 이 정책금리가 은행의 적정마진을 더하여 회사나 일반인들에게 대출이 되는 것임.

등의 다양한 경로를 통하여 국민경제에 영향을 미치게 됨.

- 콜금리 인하 시
  • 한국은행이 공개시장조작 정책 등을 실시하여 콜금리를 종전보다 낮게 조절하면 장단기 시장금리나 은행 여수신금리도 하락
  • 이에 따라 가계의 소비가 늘고 기업도 투자를 위한 자금조달 비용이 낮아져 투자가 늘어나게 됨(금리경로).
  • 또한 금리가 인하되면 채권보다는 주식에 대한 투자가 더 매력적이게 되고 아파트 등 부동산에 대한 수요도 증가
  • 이에 따라 주식과 부동산의 자산가치가 상승(부의 효과 : wealth effect)하여 개인들은 소비를 늘릴 수 있는 여력이 커지게 됨.
  • 기업도 주가가 오르면 기업의 가치가 올라가게 되고 주식시장을 통한 자금조달도 원활하게 되어 투자가 활발(자산가치 경로).
  • 한편 콜금리 조정으로 국내금리가 하락하면 원화로 표시된 금융자산의 수익률이 떨어지게 되어 우리나라 돈의 가치가 하락(원화환율 상승)
  • 환율이 상승하면 수출은 늘고 수입은 감소하여 경상수지가 개선되는 효과가 있으나 수입가격이 오르게 되어 국내물가는 오르게 됨(환율경로).
  • 한편 통화정책이 완화(또는 긴축)될 것으로 예상되면 개인이나 기업들도 경기나 물가 전망을 이에 맞게 변화시킴으로써 소비, 투자 또는 물가에 영향을 미치기도 함(기대경로).

## ▣ 정책금리(콜금리에서 한국은행의 기준금리로 변경)

- 한 나라의 중앙은행은 통화신용정책을 통하여 물가를 안정시키고 나아가 경제성장과 국제수지 균형, 완전고용 및 금융안정을 이룩하고자 함.
- 대부분의 선진국들이 과거에는 통화량을 얼마로 할 것이냐 하는 것이 정책의 중심이었지만 최근에는 금리를 얼마로 할 것인가 하는 금리 중심으로 정책 기조가 변경되었음.
- 이와 같이 중앙은행이 통화신용정책의 수행을 위해 목표로 정하는 금리를 정책금리라고 함.
- 중앙은행은 정책금리의 조정을 통하여 각종 경제변수들에 영향을 줌으로써 물가안정 등과 같은 여러 가지 정책 목표를 달성할 수 있게 되는 것임.
  • 중앙은행이 정책금리를 조정하면 금융시장에서 장단기 시장금리가 변동하고 이에 따라 금융기관의 여수신 금리, 주식 및 부동산 등의 가격이 움직이게 되고, 이는 가계의 소비나 기업의 생산·투자활동에 영향을 미치게 됨.

• 또한 정책금리조정에 따라 외국과의 금리차이가 발생하게 되고 이는 자본유출입에 영향을 미쳐 환율을 변동시키게 됨.

- 우리나라도 1999년부터 통화신용정책의 기조를 금리중심으로 변경하고 콜금리를 정책금리로 하여 매월 초 한국은행 금융통화위원회에서 콜금리의 운용목표를 결정하였음. ⇒ 콜금리 목표제는 그동안 우리나라 경제가 안정적으로 운용되는 데 크게 기여해 왔으나 콜금리가 목표치에서 크게 벗어나지 않도록 조절됨에 따라 변동성이 줄어들게 되고 콜금리가 시장금리로서의 기능을 제대로 수행하지 못하는 등의 문제점도 발생되었음.[218]

- 이에 따라 한국은행은 2008년 3월부터 콜금리 대신 '한국은행 기준금리'로 변경하여 운용[219]

  • 여기서 '한국은행 기준금리'는 한국은행이 금융기관과 환매조건부채권(RP) 매매, 대기성 여수신 등의 거래에서 적용되는 금리를 말하며, 기준금리의 결정이나 공표방식 등은 현행 콜금리의 경우와 동일하게 유지될 예정

---

218) 한국은행의 콜금리 컨트롤 효과가 미흡했던 이유 ⇒ ㉠ 우선 콜시장은 일반인들이 접근할 수 없는 정말로 초단기 자금들이 오고가는 시중은행들이 서로 간에 고객이 되는 폐쇄시장이기 때문에 은행 간 조달자금의 금리가 일반 생활경제의 금리와는 현실적인 거리가 있다는 반론이 제기, ㉡ 두 번째로 무엇보다 한 나라의 금리기준을 하루가 다르게 변동하는 곳에 둔다는 면에서 국가 통화정책의 안정성을 기대할 수 없다는 점, ㉢ 셋째, 더욱 문제가 된 것은 은행 간의 일시적인 자금부족을 효율성 있게 충당하면서 균형을 맞추고자 하는 콜자금 시장의 본질이 한국은행의 직접적인 관리로 인해 시중은행 사이가 아닌 중앙은행으로부터도 콜자금을 여유 있게 받아쓰는 상황이 벌어진 것임. 다시 말해 ▲은행살림의 균형을 맞추기 위해 비용을 감수하고 계산기 두드리면서 콜자금 조달에 신중했던 은행들이 마치 돈줄을 만난 듯 한국은행에게 직접 콜자금을 조달하기 시작한 것임. ▲이는 은행의 공격적인 대출업무를 가능하게 하여 대출이 급격하게 늘어나는 기대하지 않던 일들이 벌어진 것임. ▲특히 국내토종은행과 달리 대한민국 내 자금이 상대적으로 빈약한 외국계은행이 한국은행으로부터 콜자금을 상당부분 들여와 자신의 이자를 덧붙여 되파는 일도 벌어지게 되어 결국 외국계은행은 자기 돈은 별로 들이지 않고 수익만 남겨 챙기거나 은행 매각을 준비하는 이른바 '먹고 튀기'의 오명도 얻었음. ▲이에 질세라 국내은행도 한국은행으로부터 동일한 방법으로 자금을 조달해와 부동산 대출, 기업 대출 등에 경쟁적으로 나서기 시작하면서 콜시장은 은행의 재정균형을 위한 시장이 아닌 투기성 대출을 위한 자금시장으로 분위기가 변하게 되었음. ▲더 나아가 일본이고 미국이고 할 것 없이 외국자본을 무더기로 들여와 대출알선을 했음. ▲2008년 후반기 한국의 금융 불안과 고환율의 근본적인 원인 중에 하나가 바로 시중은행의 과도한 외국자본조달이었음.

219) 결국 한국은행은 콜금리로 나라의 금융정책을 시장에 효과적으로 반영할 수 없다는 판단을 하게 됨. 한 나라의 중앙은행으로써 금융시장을 제대로 컨트롤하지 못한다는 쓴소리를 듣게 되었음. 그리하여 2008년 3월 한국은행은 한국의 정책금리를 콜금리에서 한국은행의 기준금리로 바꾸게 됨. 일반 국내은행이 한국은행으로부터 빌려가는 실질자금에 관련한 기준금리를 통화정책에 반영하기로 한 것임. 구체적으로 한국은행의 기준금리는 일반금융시장과의 적절한 연계를 위해서 RP 채권(환매조건부채권)의 금리를 반영하기로 하였음.

## ▣ 신용경색

- 경기침체도 문제지만, 단기적으로 더 큰 문제는 금융이 원활하지 않게 될 때 금리가 단기 폭등하곤 한다는 점임.
  - 금융이 원활치 않을 때는 자금을 구하는 이는 많은데 구할 길은 적기 때문에 신용경색(credit crunch)이 나타날 수 있음.
  - 신용(信用)이란 간단히 말하면 돈을 빌려준다는 얘기인데, 신용을 얻을 길, 곧 돈을 빌릴 길이 막히고 굳는 게 경색(梗塞)임.
  - 바로 '자금줄이 막혔다'고 표현하는 상황임.
- 신용경색은 반드시 경기가 나쁠 때만 생기는 현상은 아님.
  - 경기와 상관없이 금융에 문제가 생기면 언제든 나타날 수 있고, 일단 나타나면 금리가 단기 폭등함.

## ▣ 한국은행의 최근 기준금리 추이[220)]

- 2012년 7월 한은 금통위는 2011년 6월 이후 13개월 만에 기준금리를 0.25%p 전격 인하했음(3.25% → 3.00%). ⇒ 유로존 재정위기에 따른 경기침체 장기화에 선제적으로 대응하기 위한 것으로 풀이됨.
- 2012년 10월 한은 금통위는 기준금리를 3.00%에서 2.75%로 0.25%p 다시 하향조정하였음.
  - 당시 세계경제를 보면, 미국은 완만하나마 경기회복세가 이어졌으나 유로지역에서는 경제활동의 부진이 심화되었음.
  - 신흥시장국도 선진국 경기부진의 영향 등으로 성장세가 계속 둔화되었음.
  - 앞으로 세계경제는 회복세가 매우 완만할 것으로 예상되며 유로지역 재정위기의 실물 경제 파급 및 미국의 급격한 재정긴축 현실화 가능성 등으로 성장의 하방위험이 큰 것으로 판단됨.
  - 국내경제를 보면, 수출과 내수가 동반 부진함에 따라 성장세가 미약
- 그 후 2013년 5월 기준금리를 0.25%p 인하 ⇒ 7개월 만에 인하한 것으로 기준금리는 2.5%가 되었음.
- 그로부터 15개월 후인 지난 2014년 8월 14일, 한국은행 금융통화위원회는 정책금리인 한국은행 기준금리를 2.5%에서 2.25%로 0.25%p 인하했음. ⇒ 2013년 5월 기준금리를 0.25%p 인하한 이후, 15개월 만에 이루어진 기준금리조정이자, 지난 2014년 4월 1일 취

---

220) 조영무(2014) 참조.

임한 이주열 한국은행 총재의 첫 번째 정책금리조정임.[221)]

- 신임 한은 총재가 금리인하로 정책금리조정을 시작한 것은 처음 과거 한국은행의 정책금리조정 패턴과 비교해 볼 때, 이번 기준금리 인하는 이례적이라고 할 수 있음. ⇒ 2000년대 들어 한국은행의 통화정책이 목표 정책금리 수준을 발표하고 이에 맞추어 시중에 공급하는 통화량을 조절하는 방식으로 변경된 이후, 새로 취임한 한국은행 총재가 금리인상이 아닌 금리인하로 자신의 첫 번째 정책금리조정을 시작한 것은 이번이 처음이기 때문임.
  - 21대 총재인 전철환 총재(재임 기간 : 1998.3.6～2002.3.31)의 경우 1999년 5월 최초의 정책금리 수준이 4.75%로 발표된 이후 처음 이루어진 2000년 2월 정책금리조정에서 금리를 0.25%p 인상했음.
  - 22대 총재인 박승 총재(재임 기간 : 2002.4.1～2006.3.31), 23대 총재인 이성태 총재(재임 기간 : 2006.4.1～2010.3.31), 그리고 24대 총재인 김중수 총재(재임 기간 : 2010.4.1～2014.3.31)까지 모두 취임 1～3개월 후에 이루어진 첫 번째 기준금리조정은 0.25%p 금리인상이었음.
- 2000년 이후 한국은행 총재 재임기간별 정책금리조정 추이를 살펴보면 공통적인 패턴이 발견됨. ⇒ 취임 직후에는 정책금리를 인상하며 긴축적인 통화정책을 펴다가, 이후 정책금리를 낮추며 완화적인 통화정책으로 전환하고, 재임 기간 막바지에 이르러서는 다시 신중한 통화정책으로 돌아가는 패턴임.
- 흥미로운 점은 폴 볼커, 앨런 그린스펀, 벤 버냉키 등 과거 미 연준 의장들의 경우에도 이와 유사한 패턴이 나타난다는 점임. ⇒ 취임 초기에는 전임 의장의 정책 기조를 이어받아 긴축적인 통화정책 기조를 유지하다가, 점차 완화적인 통화정책 기조로 전환하여 이를 장기간 유지하고, 퇴임을 앞두고서는 다시 긴축기조로 선회하는 방식임. ⇒ 이는 취임 초기 급격한 통화정책 변화로 인한 혼란을 최소화하고, 자신이 전개했던 통화완화 기조를 자신의 재임 시기에 거두어들이는 모양새를 취하려 하기 때문으로 해석됨.
- 이러한 과거 우리나라와 미국의 중앙은행 총재들의 통화정책 패턴과 달리, 이주열 한국은행 총재가 자신의 첫 번째 정책금리조정을 금리인하로 시작한 것은 그만큼 현재 우리 경제가 처한 상황이 예전과 사뭇 다르기 때문으로 보임.[222)]

---

221) 상당기간 동안(15개월가량) 기준금리가 동결된 배경은 중국과 우크라이나발 불안감 등 대외 불안요인과 국내 저인플레이션에 대한 우려에도 불구하고, 국내 경기 회복세가 완만하게 지속되고 있고 향후 회복세가 강화될 것이라는 전망 때문이었음.

222) 최경환 기재부 장관의 취임 이후 적극적 경기부양 조치의 일환으로 금리인하의 필요성을 강조하면서 한은 총재의 협조를 요청한 것도 기준금리 인하 결정에 주요 요인으로 작용하였음.

- 전철환 총재의 경우 최초 정책금리조정일 직전 월의 소비자물가상승률은 1.9%였지만, 직전 분기의 경제성장률은 IMF 외환위기 직후의 강한 경기 회복세에 힘입어 13%에 달했음.
- 박승, 이성태, 김중수 등 후임 총재들의 경우 최초 정책금리조정일 직전 분기의 경제성장률은 6~7%대에 달했고, 직전 월의 소비자물가상승률 역시 2% 중반 수준이었음.
- 반면, 지난 2014년 8월 14일의 기준금리 인하에 앞서 발표된 2014년 1분기 경제성장률은 3.9%, 7월 소비자물가상승률은 1.6%에 불과했음. ⇒ 이는 이주열 현 한국은행 총재가 과거 한국은행 총재들과 달리 저성장-저물가라는 달라진 통화정책환경에 대응해야 하는 어려운 과제에 직면해 있음을 보여줌.

## 참고자료

(1) 윤태길(2008), "돈의 가격, 금리는 어떻게 결정되나", 한국은행 경제교육(경제기초원리), 2008. 04. 08.

(2) 안형순(2007), "콜금리와 국가경제", 한국은행 경제교육(경제기초원리), 2007. 06. 28.

(3) 김광민(2008), "정책금리", 한국은행 경제교육(시사경제), 한국은행 충북본부, 2008. 02. 18.

(4) 김경학(2013), "이자율의 이해", 《"click" 경제교육》, KDI경제정보센터, 2013. 02.

(5) 차성훈(2012), "시장금리 알아보기", 《"click" 경제교육》, KDI경제정보센터, 2012. 11.

(6) 곽해선(2009), "금융을 움직이는 엔진, 금리", 《"click" 경제교육》, KDI경제정보센터, 2009. 01.

(7) 조영무(2014), "이번 한은 기준금리 인하에도 대출금리 추가 하락 폭 크지 않을 듯", LG경제연구원, 2014. 08. 25.

# 부록 [6-2] 물가상승이 예상되면 이자율이 상승하는 이유

## 1. 돈의 가치 하락으로 인한 손실을 보존하기 위해 이자율을 올려 받아

### 1.1 사례

- 학생이 친구에게 돈을 빌려주었다면 물가가 상승할 경우, 자신이 나중(예를 들어 1년 후)에 돌려받게 되는 돈이 현재 빌려준 돈하고 똑같은 가치를 갖지 않을 것임.
- 그렇기 때문에 사람들이 돈을 빌려줄 때 물가상승이 예상되면 빌려줄 사람은 손실을 보존하기 위해 빌려줄 때 이자를 더 받으려고 할 것임.
  - 물가가 상승한다는 것은 돈의 가치가 그만큼 떨어지기 때문

### 1.2 물가상승률과 이자율의 관계

- 경제학에서는 명목이자율은 실질이자율에 물가상승률을 더한 것으로 정의, 다시 말하면 실질이자율은 명목이자율에서 물가상승률을 뺀 것임.
- 명목이자율 10%로 돈을 빌려주고 내년에 돌려받을 때 물가가 변동하지 않았다면 10%의 이자율은 온전한 이자 수익이 될 것이나 물가가 올랐다면 자신의 이자 수익이 10%일 리가 없음.
  - 최소한 10%(실질)의 이자를 확보하기 위해서는 물가상승률만큼 이자율을 올려 받아야 함.

## 2. 경기가 활성화되면 돈 빌리려는 사람들이 많아져 이자율은 올라

### 2.1 경기가 활성화되면 이자율이 상승하는 이유는 결론적으로 말해 돈을 빌리기가 점점 어려워지기 때문

- 어떤 기업이 경기가 좋아져 자사 제품에 대한 수요가 늘면 다음의 순서로 대응할 것임.
  - 우선 공장 근로자들을 최대한 활용하려 할 것이므로 잔업을 늘려 근로자들로 하여금 초과근무를 하게 할 것임.
  - 이것으로도 시장 수요를 충족시키지 못한다면 사람을 추가로 고용할 것임.
  - 이것으로도 부족하다면 투자를 통해 시설을 확충하려 할 것임.
- 사람을 더 고용하고 시설을 늘린다는 것은 경기사정이 좋을 때임.

- 사람들도 경기 활성화에 맞춰 소비를 늘릴 여력이 생김.
  • 잔업으로 초과수당도 받고, 기업의 실적 향상으로 보너스도 두둑할 것임.
- 저축보다는 소비가 많아지고, 여러 기업들의 투자 활성화로 기업이 필요로 하는 자금은 부족해질 것임.

### 2.2 돈을 빌리는 것이 어렵게 되고, 돈 빌리는 비용을 더 내고라도 빌리고자 하는 경우도 생길 것임.

- 이것은 결국 시간의 문제
- 모든 경제주체들이 경제상황을 좋다고 판단할 경우 더 많이 소비하고 투자하는 것이 계속되기란 어려울 것임. ⇒ 이른바 자원의 희소성이 작동하게 되기 때문

**참고자료**

(1) 김진영(2007), "물가상승이 예상되면 이자율이 상승하는 이유?", 《"click" 경제교육》, KDI경제정보센터, 2007. 01.

## 부록 [6-3] 금리인상 시 물가의 움직임

### 1. 금리인상 효과

- 금리가 인상되면 투자수요가 감소하고 이에 따라 총수요가 감소하고 물가가 하락할 수 있음.

### 2. 기준금리(정책금리)의 경우

- 우리나라의 기준금리, 미국의 연방기금금리, 영국의 기준금리 등은 경제 수준을 감안하여 의도적으로 변동시키는 정책 금리[223]임.
- 최종목표인 물가와 국제수지, 경기를 안정시키기 위해 중앙은행이 화폐시장에 일정한 충격을 주는 수단임.
  - 즉 물가가 상승할 수 있는 요인이 발생할 경우(통화량이 적정 수준보다 많을 경우)에 중앙은행이 정책 금리를 인상하여 총수요를 감소시켜 물가를 안정시키려 하는 것임.
  - 요컨대 물가가 상승할 우려가 있어 금리를 인상하는 것이기 때문에 금리가 인상되어 물가가 하락하는 것은 아님(만약 금리를 너무 많이 인상하면 물가가 하락할 수 있는데, 일본의 1980년대 부동산가격의 폭락이 그 예가 될 수 있음).
- 영국의 기준금리 인상도 가계소비 증가세와 주택가격 상승, 주택담보대출의 과도한 증가로 인한 과잉 유동성을 흡수해 총수요를 안정시킬 목적으로 시행된 것임.
  - 그렇기 때문에 물가가 하락한다고 볼 수 없으며, 오히려 중앙은행의 제1차적 목표인 물가안정을 위한 금리인상으로 이해할 수 있음.
- 서브프라임 모기지 사태도 돈이 안 풀려서 문제가 발생한 것이 아니라 오히려 돈이 너무 풀린 것이 발단이 되었는바, 유동성 조절을 위해 미국 연방준비제도이사회(FRB)는 금리를 인상하였음.
  - 금리가 인상되자 이자 부담이 늘어 한계 상황에 이른 대출자들은 채권자인 금융기관에 집을 넘겨야 했으며 금융기관은 결국 불량채권을 회수한 셈임.
  - 금융기관도 필요 없는 주택을 다수 소유하고 있는 상황이고, 한계 상황에 이른 대출자들도 집을 매각하려 하기 때문에 공급량이 늘어 집값이 떨어진 것임.

**참고자료**

(1) 허균(2007), "금리가 오르면 물가는 어떻게 되나요?", 《"click" 경제교육》, KDI경제정보센터, 2007. 10.

223) 우리나라의 경우 기준금리가 2008년 3월부터 콜금리에서 환매조건부채권(RP)으로 변경되었음.

## 부록 [6-4] 금리 · 주가 · 물가의 상호관계

### 1. 금리와 주가의 관계

#### 1.1 왜 금리가 오르면 주가는 내리고, 금리가 내리면 주가는 오르는 것일까

- 기업의 가치로 평가되는 주가는 장차 기업이 벌어들일 수 있다고 예상되는 수익흐름의 현재가치로 정의됨.
  - 즉 수익과 현재가치가 주가를 결정하는 양대 축임.
  - 이 정의에 따르면 미래의 수익흐름이 양호한 기업일수록 주가가 높을 것임.
  - 경쟁력이 높은 기업, 비용구조가 단순한 기업, 부채규모가 적은 기업이 여기에 해당
- 금리 수준은 미래의 이익을 현재가치로 환산할 때 적용됨으로써 주가에 영향을 미침.
  - 금리는 현재와 미래가치를 연결하는 가교의 구실을 하기 때문
  - 즉 미래가치를 현재로 환원하는 할인율의 역할을 함.
  - 금리가 높다는 것은 할인율이 높다는 것을 의미하기 때문에 그만큼 미래가치는 낮아질 수밖에 없고, 주가에 미치는 영향은 부정적임.
  - 반면 금리가 낮을 경우 할인율이 낮아 미래 수익규모가 일정할 경우 현재가치를 높게 해 주가를 끌어올리게 됨.
- 자금의 흐름도 금리가 낮을 경우 수익률이 낮은 채권시장이나 은행에서 주식시장으로 이동하여 주가를 자극하게 됨.[224]

#### 1.2 현실적으로 금리는 자금시장의 수요와 공급의 상호작용에 의해 결정

- 자금 공급의 원천은 저축인데 현재보다 미래를 중시할 경우 저축은 늘어나게 되어 현재를 포기하는 대가인 금리는 낮아지게 됨.
- 현재를 미래보다 선호할수록 저축이 줄고 소비가 늘어 자금공급이 줄어들어 금리는 높아지게 되어 있음.

---

224) 만약 금리가 높다고 해보자. 은행에 예금했을 때가 주식에 투자했을 때보다 기대되는 수익률이 낮다고 해도, 은행 예금은 원금 손실의 가능성이 있는 주식보다 안전하니까 은행에 돈을 맡기려고 함. 그러면 주가는 하락함. 그리고 사람들이 예금보다 주식에 투자를 하기 위해서는 보통 금리투자 기대수익률과 주식투자 기대수익률의 차이가 5~7% 나야 함. 반면 금리가 하락하면, 은행에 예금해 봤자 많은 이익을 얻을 수 없으므로, 사람들은 주식에 많이 투자하게 되고, 따라서 주가가 상승함. 즉 금리가 높을 땐 주가가 하락하고, 금리가 낮을 땐 주가가 상승하므로 둘은 반비례 관계임. 블로그 엑시또(2014.04.10) 참조.

- 현재와 미래를 연결하는 금리의 매개기능을 이해할 때 금리가 높을수록 미래가치는 하락하게 되고, 낮을수록 미래가치는 상승하게 됨을 알 수 있음.
  - 경제학에서는 현재와 미래에 대한 금리의 매개적 기능을 할인율이라 부름.

## 2. 물가와 금리의 관계[225)]

### 2.1 자금의 수요와 공급 이외에 금리를 결정하는 또 다른 요소는 물가상승률

- 미래의 물가상승에 대한 기대가 높을수록 현재 소비에 대한 수요가 증가하게 되는데, 이를 반영하여 현재라는 시간선호에 대한 대가도 상승하여 금리는 올라가게 되어 있음.

### 2.2 물가와 금리에 대한 관계는 미국경제학자 피셔에 의해 정리

- 명목금리는 실질금리에 물가상승률을 합한 수준이라는 피셔방정식(Fisher equation)이 바로 이것 ⇒ 통화공급을 늘려 금리를 낮추고자 함에도 물가가 올라갈 경우 금리는 오히려 상승할 수도 있음을 보여줌.

### 2.3 사례

- 우리나라의 경우 외환위기 직전인 1997년 말 종합주가지수는 376.3, 금리는 회사채 기준으로 두 자릿수인 14.9%를 기록했었으며, 1999년 말에는 금리가 한 자릿수인 8.8%로 하락한 반면, 주가는 1028을 나타내어 주가와 금리와의 역관계를 확인시켜 주었음.
- 그러나 2001년 6월 말 종합주가는 595, 금리는 7.4%로 동반 하락하여 주가와 금리는 반드시 이론대로 움직이지 않는다는 것도 보여주었음. ⇒ 그 이유는 한국기업에 대한 신뢰 추락과 미래의 수익전망이 크게 하락하여 금리인하 효과를 덮어 버렸기 때문임.
  - 한국의 상장기업 중 30% 이상이 영업이익으로 이자지불도 감당하지 못한다는 사실이 이 같은 현상을 부분적으로 설명

## 3. 물가와 주가의 관계

- 물가는 기업이나 개인에게 물질적 · 심리적 영향을 상당하게 주므로 그 연쇄효과로 주식시장도 영향을 다분히 받는 편임.

---

225) 금리와 물가의 관계를 생각하기 전에 금리와 물가의 정의가 무엇인지 간단하게 생각해 보자. 물가는 물건의 가격, 금리는 돈의 가격임. 만약 물가가 오른다고 해보자. 사람들은 돈을 어떻게 굴려야 더 이윤을 남길 수 있을 것인가 생각하게 됨. 그러면 물건의 가치가 올랐으므로 사람들은 은행에 돈을 예금해 놓지 않고 오히려 대출까지 해서 물건을 사놓으려고 함. 그래서 은행은 고객들이 돈을 빼내는 것을 막기 위해 금리를 높임. 금리가 높다는 것은 은행에 저금했을 때 내 통장의 이자가 많이 불어난다는 얘기니까. 그렇다면 금리와 물가는 양의 상관관계임. 블로그 엑시또(2014.04.10) 참조.

- 완만한 인플레이션일 경우
  - 수요가 상승하여 발생하는 완만하고 지속적인 물가상승은 실물경기의 상승을 수반하며 기업수지의 개선과 기업의 자산가치를 증대시킴으로써 전반적으로 주가의 상승을 가져옴.
- 급격한 인플레이션일 경우
  - 금융저축을 위축시키고 투자자로 하여금 부동산 등의 실물자산을 선호케 하여 주가를 하락시키는 요인으로 작용함.
- 스태그플레이션일 경우
  - 공급이 위축되어 물가가 상승하는 경우에는 기업수지에 악영향을 주어 주가의 하락을 초래함. ⇒ 그리고 또한 물가상승으로 인하여 소비자의 실질 소득수준이 감소하여 구매력이 위축됨으로써 주가 하락을 초래함.
- 디플레이션일 경우
  - 물가가 하락하거나 물가상승률이 둔화되는 시기에는 저물가와 저금리현상이 동반되기 때문에 민간은 실물자산보다는 예금과 주식 등의 금융자산을 선호하게 되어 주가의 폭 등을 초래하는 경우가 대부분임.

## 4. 시사점

- 주식시장 참여자가 증가하면서 주가가 경제에 미치는 영향이 확대되고 있음.
- 경기가 침체에 빠지면 정부는 금리인하를 통해 경기를 부양시키려고 하는데 그 파급경로가 변하고 있음.
  - 전통적으로 금리인하의 목적은 기업의 금융 부담을 완화시켜 투자를 촉진하는 데 있었으나 최근 금리 정책의 새로운 조류는 주가를 통해 소비자의 소득을 증진시키는 자산 효과로 이동하고 있음.
  - 전제는 금리와 주가가 서로 반대 방향으로 움직이는 데 있으나 기업의 수익기반이 취약할 때 금리인하가 물가만을 올려 장기적으로 주가를 떨어뜨리는 역효과 가능성도 유의해야 함.
- 결과적으로 앞서 언급된 모든 관계는 경제상황과 국제유가의 변동성, 중국의 금리정책 등에 따라서 실제적으로 변할 수 있음.
  - 예를 들어 경제상황이 호황일 때는 앞으로도 경제가 좋아질 것이라는 예측하에, 금리가 인상된다 하더라도 대거 이득을 취할 수 있는 주식시장에 투자가 몰릴 수도 있음.
  - 반면 불황일 때에는 금리가 하락하여도 금융위기가 계속될 것이라는 등의 불안감에 의해 주가가 상승하지는 않음.

- 경제는 이론이나 정책당국자의 의지대로 움직이지 않는 경우가 많음.

### 참고자료


(1) 홍순영(2001), "금리 · 주가 · 물가의 상호관계", 《매일경제》, 2001. 07. 14.
(2) 2001. 02. 21., 《중앙일보》
(3) 블로그 엑시또(blog.naver.com/dyrjxm456/140210308855), "금리 · 물가 · 환율 · 주가의 관계", 2014. 04. 10.
(4) 카페 시장체크연구소(cafe.daum.net/www.BIKE.com/jlTO/2), "물가와 주가, 금리와 주가", 2013. 10. 30.

## 부록 [6-5] 금산분리

### 1. 의미

- 금산분리란 산업자본과 금융자본을 분리하는 제도로서 우리나라에서는 '은행법'과 '금융산업 구조조정에 관한 법률' 등에 의해 산업자본의 은행소유와 재벌기업집단금융회사의 일반회사 지배를 엄격히 제한하여 왔음.
  - 산업자본의 은행 소유를 제한하는 규제로서 대기업이 자기 자본이 아닌 고객 예금으로 사업하는 것을 막을 목적으로 1982년 도입
- 2007년 론스타의 외환은행 매각 추진 시 국부유출 논란과 함께 제기되었던 금산분리 문제는 이명박 정부의 완화방침 천명으로 인해 다시 현안으로 부상
  - 외환위기 이후 대다수 국내 은행 소유권이 외국 자본에 넘어가자 국내 자본에 대한 '역차별'이라는 논란이 제기

### 2. 논의의 쟁점

#### 2.1 찬성 입장

- 금산분리를 찬성하는 측에서는 대기업이 은행을 소유할 경우 은행의 기업규율 기능이 사라지는 데다 재벌의 사금고화[226]로 무리한 대출이 성행하여 금융회사의 건전성도 악화[227]될 것이라고 주장
- 또한 금융자본을 소유하지 않은 기업과의 불공정 경쟁 가능성에도 우려를 나타내고 있음.[228]

---

226) 수조원의 부실경영으로 수많은 예금주들에 피해를 준 저축은행 사태가 그 예임. 과거 부산저축은행으로부터 시작하여 솔로몬저축은행, 미래저축은행 등 다수의 저축은행들이 금융감독원으로부터 영업정지를 당했음. 저축은행 사태는 재벌들이 은행을 소유하면서 불법대출을 남발한 것에 그 원인이 있음. 특히 대부분의 저축은행들은 친인척들을 내세워 계열사를 만들고, 부실한 계열사를 위해 고객의 돈을 마구잡이로 빼돌린 것으로 드러났음. 저축은행 사태처럼 부실은행들이 발생하면 정부에서는 국민세금을 공적자금으로 남발하게 됨. 즉 부실은행의 탄생은 무고한 서민들의 목줄을 죄고, 아까운 국민세금을 강탈해 가는 결과를 낳는 것임.

227) 산업자본이 금융자본을 소유하게 되면 지나친 투자수익률을 추구하게 된다는 것임. 그리고 투자가 실패했을 때 발생되는 피해는 고스란히 예금주들에게 돌아가며, 금융회사의 이익이 지배회사로 이전되거나 지배기업의 사업 실패가 금융회사로 이전되어 안정성이 나빠질 수 있다는 것임.

228) 금융회사를 소유한 기업과 그렇지 않은 기업과의 경쟁에서 공정하지 않은 경쟁이 발생할 수 있다는 것임. 금융자본에 바탕을 둔 기업이 이익을 창출하는 데 자금조달의 이점을 가지고 있지

• 실제로 미국은 대공황 당시 산업과 금융의 동반부실을 경험한 후 금산분리를 법제화 하였음.

### 2.2 완화 입장[229)]

- 금산분리 완화를 주장하는 측에서는 금산분리가 국내자본을 역차별하여 국내은행의 경영권이 외국자본에 귀속되는 결과가 초래된다고 주장[230)]
- 또한 일반기업들도 외국 금융자본으로부터의 적대적 M&A 위협에 노출되어 있는 만큼 금융기관의 계열사에 대한 의결권 제한 조치도 해제하여 이를 방지할 필요가 있음을 역설
- 아울러 산업자본의 유입으로 금융산업의 효율성이 보다 제고될 수 있다고 지적[231)]

---

만, 다른 기업들은 상대적으로 불리한 위치에 있게 됨. 결국 그런 기업은 경쟁에서 위축되어 도태되지만, 금융회사를 소유한 기업은 독점적 영업을 하여 불공정한 경쟁이 일어날 수도 있다는 입장임.

229) 우선 기업 사금고화에 대한 가능성이 낮다는 점을 들고 있음. 기업의 금융자본 사금고화를 방지하기 위한 장치가 있다는 것임. 먼저 금융자본을 소유한 지배회사의 대주주는 의결권을 행사하는 데 자격심사를 거치게 됨. 이것은 금융회사의 대주주가 횡령·배임 등의 범죄로 유죄판결을 받은 경우 대주주 자격을 박탈하고 보유 지분을 매각하도록 하는 제도임. 자격심사 외에도 임원 선임 제한, 최대주주 적격성 심사 등도 포함됨. 또한 은행법 및 보험업법상 대주주(특수관계인 포함) 거래제한 규제를 두고 있고, 무분별한 대출과 출자한도가 자기자본 범위 내로 정해져 있기 때문에 은행의 사금고화는 절대 불가함. 또한 국내 대기업들의 자금조달방식은 간접금융방식이 아닌, 직접금융방식임. 주식이나 채권 등의 발행으로 자금을 조달하기 때문에 은행을 기업의 사금고화 할 이유가 없음. 이외에 금융산업의 리스크 염려 가능성이 낮다는 점을 들고 있음. 금산융합에 따라 지배회사의 리스크가 금융회사에 전이될 가능성이 낮다는 주장임. 그것은 은행법으로 하나의 기업에 대한 대출을 일정비율로 제한하고 있으며, 출자한도를 정해 놓고 있기 때문임. 만일의 사태에 대비하기 위한 금융당국의 감독 장치도 마련되어 있다는 것임. 이와 관련하여 자유광장(2013) 참조.

230) 금산분리 강화 시 외국자본의 금융 잠식으로 인한 국부유출 가능성이 있음. 외국자본인 신한금융지주, 하나금융지주, kb금융지주, 외한은행 등의 외국인 지분율 현황을 보면 지분율이 60% 이상으로 외국계 시장점유율이 늘어나고 있는 추세임. 즉 국내 금융회사들이 수익을 올리면 외국인 주주의 배만 불리고 있는 상황인 것임. 높은 배당금이 빠져나가면 국부의 유출이 발생하게 됨. 또한 증가하고 있는 외국자본의 금융 잠식은 외국인들의 영향력 증가로 인해 국내기업이 역차별을 받을 수 있으며, 제2차 론스타 사태가 일어날 가능성도 있음. 아울러 현행 금융계열사의 의결권 제한 강화 시, 국내의 대기업은 외국자본에 의하여 적대적 M&A에 노출이 될 수 있음. 그렇게 된다면 적대적 M&A로부터 방어할 대책은 전무하게 되고, 기업은 경영권을 지키기 위한 자금 소모로 투자위축을 가져오게 됨. 그리고 기업의 투자위축은 생산력의 감소를, 생산력의 감소는 고용의 감소를 가져오게 되어 결국 소비의 감소로 이어지게 됨. 기업의 투자위축이 종래에는 국민경제에 악영향을 끼치게 되는 것은 당연한 논리인 것임.

231) 금융회사의 경쟁력 강화 및 산업과 금융자본의 결합으로 인한 시너지 효과 발생 가능성이 있음. 산업자본이 금융회사를 지배하여 규모가 커지게 될 시에는 실물·금융상품의 판매에 의하여 시너지 효과를 얻을 수 있음. 이는 우리나라 금융산업 발전에 기여하는 것이고, 외국자본으로부터 우리 기업을 지킬 수 있는 방법으로서 제2의 외환은행과 같은 “론스타 먹튀 사건”을 사전에 차단할 수 있음.

### 2.3 외국의 경우

- 외국의 경우 각국 사정에 따라 입장이 다양한데 미국, 호주 등과 같이 금산분리를 엄격히 시행하는 나라가 있는가 하면, 유럽 국가들처럼 관련 규정이 명문화되어 있지 않은 나라들도 많음.
  - 다만 금산분리가 법제화되어 있지 않은 나라에서도 일반기업이 은행의 대주주가 되는 경우는 흔치 않음.

## 관련 사항

### ▣ 지주회사

- 지주(持株)회사는 다른 회사의 주식을 소유해 사업활동을 지배하는 것을 목적으로 삼는 회사를 말함.
- 제조업을 주력으로 하는 '일반지주회사'와 은행 · 보험사 등을 거느리는 '금융지주회사' 등으로 나뉨.

### ▣ 사모주식(투자)펀드

- 헤지펀드와 유사한 투기성 자금으로 사모주식펀드(PEF : Private Equity Fund)가 있음.
- 사모주식펀드는 소수로부터 자금을 사모방식으로 모집하고 각종 규제에서도 벗어나 있다는 점에서 헤지펀드와 유사
- 그러나 헤지펀드가 주식, 통화, 파생상품 등 고수익을 내기 위해 투자대상을 가리지 않는 반면, 사모주식펀드는 기업을 인수하여 구조조정을 통해 주식가치를 높인 후 매각하여 차익을 얻는 것을 주목적으로 함.
  - 사모주식펀드 역시 기업구조조정시장의 성격상 고위험 · 고수익을 추구할 수밖에 없고, 특히 기업인수 자금을 상당부분 차입에 의존하기 때문에 헤지펀드와 마찬가지로 투기성이 강한 자본이라 할 수 있음.
  - 사모주식펀드는 기업구조조정 활성화, 선진 경영기법 전수 등의 순기능도 있으나 투자기간이 3~5년 정도로 비교적 단기간이기 때문에 투자자금의 조기회수를 위한 무리한 구조조정 등의 부작용을 일으키기도 함.
- 우리나라에서 활동하고 있는 사모주식펀드의 예로는 SK사태를 일으킨 소버린(Sovereign Asset Management), KT&G와 경영권 분쟁을 일으키고 있는 아이칸(Carl Icahn) 등을 비

롯하여 칼라일(Carlyle), 론스타(Lone Star), 뉴브릿지캐피탈(Newbridge Capital) 등이 있음.

### 참고자료

(1) 한국은행(2008), "금산분리 논의의 쟁점", 한국은행 경제교육(시사경제), 한국은행 광주전남본부, 2008. 01. 14.
(2) 2008. 12. 19., 《조선일보》
(3) 2009. 07. 24., 《파이낸셜 뉴스》
(4) 자유광장(2013), "금산분리, 진정한 국익을 위한 선택은?", 2013. 08. 21.

## 부록 [6-6] BIS비율

### 1. 도입 배경

- 1970년대 이후 세계적인 금융규제 완화 및 국제화 진전에 따른 경쟁심화로 은행들이 고위험 · 고수익 위주의 자산운용전략을 추구함에 따라 금융기관 경영상의 리스크가 크게 증대
- 이에 따라 1988년 7월 국제결제은행(BIS) 산하의 은행감독위원회에서는 "은행 자기자본비율 규제에 관한 국제적 통일기준"을 제정하여 회원국 상업은행으로 하여금 1992년 말부터 위험가중자산 대비 자기자본비율(BIS비율)을 8% 이상 유지하도록 의무화하였으며 우리나라에서도 1992년 동 제도를 도입

### 2. BIS비율이란[232)]

- 국제결제은행(BIS) 기준 자기자본비율은 은행의 건전성과 안정성을 확보하기 위한 국제기준임.
- BIS는 각국 중앙은행 간의 협조를 증진하고 국제금융 안정을 위한 자금을 제공하기 위해 1930년 설립된 국제기구로 1988년 바젤[233)] 합의를 통해 자기자본비율규제를 정했음.
- 이 기준에 따르면 은행은 위험자산에 대해 최소 8% 이상 자기자본을 유지해야 함.
  • 즉 국제결제은행이 요구하는 은행 BIS 자기자본비율은 자기자본을 위험가중자산으로 나눈 수치인데 권고 수준은 8%
- BIS는 통상 8%를 최소한의 비율로 요구하는데 이 수치가 높을수록 건전성이 좋다는 의미
  • 8% 이하로 떨어지면 현행 법령에서는 적기시정 조치가 가해짐.
  • 1997년 외환위기 당시 BIS비율이 2～4% 범위인 은행은 강제 합병, 2% 미만인 은행은 자산을 다른 은행에 넘기는 식으로 구조조정 조치가 내려진 바 있음.
- 금융감독당국은 2009년도 경기침체에 대비해 국내 은행들이 BIS비율을 11～12%로 유지하도록 권고한 바 있음.

---

232) BIS 산하 바젤위원회에서 정한 협약이라고 해서 바젤1이라고도 함.

233) 바젤은 약 20만 명의 인구를 가진 스위스 제2의 도시이면서 유명한 제약사의 본점 소재지임. 시계 및 예술품 박람회의 개최지로도 알려져 있음. 그러나 많은 사람들은 '바젤'을 들을 때 도시 이름보다는 은행의 자본건전성 규제인 '바젤 자기자본비율'을 먼저 떠올릴 것임.

## 3. 신BIS협약(혹은 바젤2)이란

- 'BIS비율'이라는 용어는 외환위기 이전에는 일반인들에게 거의 알려지지 않았으나 외환위기 당시 부실은행들의 퇴출기준으로 사용되면서 일반인에게도 잘 알려지게 되었음.
- 그러나 기존의 BIS기준 자기자본제도는 은행이 실제로 부담하는 리스크에 상응하는 필요자기자본을 정확하게 선정하는 데 문제(예 : 신용등급 AAA채권이나 CCC채권에 대해 동일한 위험가중치〈100%〉 적용)가 있는 데다 자산유동화증권 발행 등 자본규제 회피거래가 증가하는 부작용이 발생
- 이에 따라 은행감독위원회에서는 기존 BIS비율 산정방식에 비해 위험에 대한 분류를 세분하고 보다 적정한 리스크 관리가 가능한 방법을 포함하고 있는 '신BIS협약'을 마련하여 1999년 6월 발표
  - 즉 기존 BIS비율 산정 시에는 신용 및 시장리스크만을 감안하여 위험가중자산을 산정하고 있으나 신협약 안에서는 운영리스크를 새로 추가하였으며, 신용리스크의 측정에 있어서도 위험가중치를 차주의 신용도에 따라 차등 적용하도록 하였음.
  - 또한 정교한 내부 신용평가모형 등을 갖춘 은행에 대해서는 리스크 측정 및 규제자본 산정에 있어 각 은행별로 재량을 허용한 점이 특징
- 몇 년간의 준비기간을 거쳐 2007~2008년 중 EU, 홍콩, 싱가포르 등 금융선진국에서는 신BIS협약을 시행하였으며 우리나라도 2008년부터 도입 ⇒ 그래서 이후 은행들이 한창 고민 중인 BIS비율은 대부분 바젤2를 기준으로 한 BIS비율이었음.

## 4. 신BIS비율 도입에 대한 우려

- 신BIS비율이 위험관리를 보다 정교하게 할 수 있다는 장점에도 불구하고 일부에서는 신BIS비율 도입의 부작용을 우려하는 목소리가 있었음.
- 우선 은행들이 위험을 중시하는 신BIS비율제도 도입으로 말미암아 더욱 보수적이고 안정적인 경영행동을 보임에 따라 신용도가 낮은 중소기업에 대한 대출이 크게 축소될 수 있으며 아울러 안전성이 높은 주택담보대출을 더욱 늘릴 가능성이 있음. ⇒ 금융당국에서는 중소기업에 대한 대출이 위축되지 않도록 하기 위해 관련 규정을 정비하는 등 부작용 발생이 최소화될 수 있도록 보완책 마련에 노력

## 5. 경제현실과 BIS비율 집착 사이의 상충관계

### 5.1 바젤 기준의 실패

- 세계를 강타한 금융위기 앞에서 바젤 기준은 허수아비 노릇을 했음.
- 바젤 기준을 도입한 선진국 금융회사들은 무기력하게 무너졌고, 살아남은 회사들은 공

포에 휩싸여 돈을 움켜쥔 채 대출을 하지 않았음.

- 자금이 메마른 실물경제는 나날이 깊은 침체의 골로 향했음.
- 바젤 기준의 실패는 시장구조의 변천을 따르지 못한 데 원인이 있음.
- BIS 자기자본 규정의 취지는 예금자 보호, 즉 자산부실 위험에 걸맞게 자기자본을 비축해 부실이 있어도 소매 예금자를 보호한다는 뜻임.

### 5.2 BIS비율 집착의 오류

- 바젤 기준 은행자본은 예금자 보호를 위한 완충벽이기 때문에 후순위채나 우선주도 자기자본으로 간주되지만 바젤식 자기자본은 진정한 자기자본(주인의 밑천)이라고 볼 수 없음.
  - 후순위채는 말 그대로 후순위의 권리를 행사하는 부채
  - 우선주도 명칭은 주식이지만 경영권을 행사하는 주인의 지분이 아님.
  - 결국 후순위채나 우선주는 부채의 성격을 띤 지분이고 주인의 밑천은 아님.
- 미국을 비롯한 선진국들의 금융구제정책이 별 효력이 없는 것도 자기자본의 개념을 잘못 이해하는 데 있음.
  - 미국의 금융구제안은 최초 모기지 자산을 매입한다는 취지에서 출발했지만 이행되는 단계에서 공적자금으로 은행의 우선주 매입으로 바뀌었음.
  - 돈을 받은 은행들은 대출을 안 하고 정부보조금을 받는 즉시 돈을 중앙은행인 연방준비제도이사회(FRB)에 입금하였음.
  - FRB가 보유하는 은행지급준비금은 이 때문에 급속도로 증가했음.
- 은행의 행위를 바꾸자면 경영권을 갖는 주인의 이익을 생각해야 함.
  - 우선주 매입을 통한 은행 증자는 예금자 보호 완충벽을 두껍게 쌓았지만, 은행 주인의 밑천을 늘리지는 못했음.
  - 오히려 은행 주인의 레버리지(부채)를 증가시키는 셈인데, 후순위채도 마찬가지임.
  - 예금자보호 효과는 있지만 경영권을 가진 은행 주인의 밑천은 그대로여서 부채가 늘어난 은행이 되었음.
  - 밑천이 모자라는 은행은 대출을 안 하고 은행 주가가 제로(0)로 치닫는데 후순위채나 우선주는 완충 작용을 할 수 없었음.
  - 신중한 경영자라면 대출을 꺼리는 게 당연
- BIS비율에만 집착하면 대출 축소는 불가피
  - 비율이란 분자가 있고 분모가 있는데, BIS비율을 맞추기 위해서는 분모를 늘리는 수가 있지만 분자를 줄이는 수도 있음.
  - 즉 BIS 비율을 맞추기 위해서 대출을 줄이는 행위를 부추길 수 있음.

• 글로벌 금융위기 이후 한국의 메마른 자금 사정의 한 원인은 여기서 찾을 수 있었음.

- 은행대출을 늘리려면 은행 주인의 밑천을 늘리는 수밖에 없는데, 밑천이란 보통주를 가리킴.
  • 기존주주를 우선으로 하는 유상증자가 최선의 방법이고, 차선책으로는 공적자금으로 보통주를 매입하는 것임.
  • 차선책이 두려워서라도 기존의 주주들이 증자를 고려할 수 있음.

## 6. 과거 은행자본 확충의 필요성

- 2008년 12월 6일 시점에서 한국은행이 시중에 돈을 풀었지만 기업들은 돈이 없다며 아우성
  • 대통령까지 나서서 기업들에 대출을 늘리라는데 은행들도 '제 코가 석 자'인지라 선뜻 돈을 내주지 못하였음.
- 2008년 연말이면 은행 건전성을 나타내는 국제결제은행(BIS) 자기자본비율을 끌어 올려야 하는데 한계에 몰린 기업들에 대출하다 보면 BIS비율이 떨어질 수밖에 없었음.
- 정부가 은행자본 확충을 해주겠다고 나선 것도 그 때문인데, 은행 자기자본이 늘어나면 대출 여력이 그만큼 커짐.
  • 은행권 자본 확충 방안으로는 후순위채, 상환우선주 발행 등이 있음.
  • 반면 정부가 선제적으로 공적자금을 투입해 자본 확충은 물론 구조조정 속도를 높이자는 의견도 제기되었음.

## 7. 은행자본을 늘리려면

### 7.1 자산운용의 건전성 확보가 중요

- 은행은 예금으로 조달한 자금으로 기업과 개인에게 대출을 해주고 여기서 나오는 예대마진으로 수익을 내는 금융 중개회사임.
- 금융회사 관점에서 예금은 부채이고 대출은 자산이 되는데, 금융중개 속성상 부채인 예금이 자기자본보다 월등하게 높음.
  • 이는 부채비율이 높아지면 자금을 그만큼 더 많이 유통시킬 수 있기 때문이지만 건전성이 나빠진다는 부작용이 있음.
- 결국 효율성과 건전성 간에 적당한 조화를 찾는 것이 필요함.
- 이를 위해 감독당국과 국제결제은행(BIS)은 자기자본비율 규제를 통해 자산운용에 건전성을 담보하도록 하는 것임.

- 은행 자기자본은 납입자본금, 이익 잉여금 등 기본자본과 재평가적립금, 충당금, 후순위채 등 보완자본으로 구성
  - 보완자본에 포함되는 후순위채는 은행이 파산했을 때 변제받을 수 있는 순위가 뒤처지는 채권임.
- 위험가중자산이란 대출채권, 보증·보유증권 등 각 자산에 내재된 부도위험을 반영한 가중치를 곱하여 산정되는 자산가치임.
  - 예를 들면 부도위험이 높은 회사채는 위험가중치가 100%지만 국채는 그 값이 0%이므로 국채는 그 보유액이 늘더라도 위험가중자산을 증가시키지는 않음.
  - 최근 채권시장에서 회사채 금리가 상승하고 국채 금리가 상대적으로 하락한 데는 금융회사 BIS비율 개선을 위해 국고채만 사들였기 때문임.

### 7.2 BIS비율 제고 방안

- BIS비율을 개선하려면 분자인 자기자본을 늘리거나 분모인 위험가중자산을 줄여야 함.
- 기본자본 확충 방안
  - 기본자본을 늘리는 방법에는 기존주주 동의 아래 이루어지는 보통주 유상증자와 의결권이 없는 우선주 발행이 있음.
  - 특히 우선주 중 발행자에게 배당 보전 의무가 없는 비누적적 우선주는 기본자본으로 분류됨.
  - 이밖에 2003년 도입된 신종자본증권, 매년 확정이자가 지급되나 상환 만기가 없는 주식과 하이브리드형 채권도 기본자본 중 하나
  - 유럽이나 미국에서는 신종자본증권이 기본자본에서 10%를 차지
  - 외환위기 당시에 정부의 공적자금 투입은 이러한 신규 주식을 정부가 매입하는 방식으로 이루어졌음.
- 보완자본 확충 방안
  - 보완자본과 관련해 만기가 5년 이상인 후순위채를 발행하면 100% 보완자본으로 인정
- 위험가중자산 축소 방안
  - 위험 축소와 관련하여 우선 대출규모를 줄이거나 은행에서 나간 대출 중 채무자의 사정으로 회수가 어려운 부실한 대출은 은행이 계속 보유하지 않고 팔아버리거나 기존에 보유 중인 대출자산을 위험이 낮은 자산으로 전환하는 방법 등이 있음.
  - 위험가중자산을 줄이는 데는 기존 대출채권을 기초자산으로 하는 유동화증권을 발행해 매각함으로써 장부상에서 위험자산을 떨구어내는 방법이 있음.

## 8. 은행자본 확충의 장단점

- 은행들이 BIS 자기자본 비율을 높이는 것이 우리 경제에 좋은 영향만 주는 것은 아님.
  - 가뜩이나 돈이 돌지 않아 어려운 상황에서 돈을 풀어줘야 할 은행들이 오히려 시중자금을 블랙홀처럼 빨아들이고, 대출까지 줄이면서 기업과 가계에 피해를 주고 있는 것임.
- 2000년대 후반으로 갈수록 위험해지는 것은 은행의 BIS비율을 떨어뜨리는 요소가 많아졌다는 것임.[234]
  - 즉 부동산가격 하락, 실업 대란, 중소기업 부도, 회사채 신용등급 하락 등 여러 가지 요인들로 인해 은행의 BIS 자기자본 비율은 하락할 가능성이 커졌음.
  - 은행권 자본 확충이 1998년 외환위기 이후 다시 부각된 것은 갖은 방법을 동원해 유동성을 공급하더라도 자금이 최종수요자인 기업으로 흘러들어가지 않기 때문
  - 경기침체로 도산 가능성이 커지는 등 기업의 신용리스크가 증가한 데다 은행 BIS비율이 하락 추세에 있기 때문
- 신용경색기에는 위험가중치가 높은 중소기업 대출은 BIS비율을 더 떨어뜨릴 수 있기 때문에 은행들이 대출에 소극적일 수밖에 없음.
  - 더구나 중소건설사, 조선, 해운업에 대한 향후 구조조정 가능성에 따른 추가 손실도 예상되고 있기 때문

### 8.1 장단점

- 자본 확충 방안으로 논의되는 직접지원과 간접지원 방안은 각각 장단점이 있음.
- 직접지원 방안
  - 공적자금을 투입하는 직접 지원은 선제적이며 효과적인 것이 장점
  - 그러나 대규모 자금이 필요하고 관치금융 부활 소지가 있으며, 은행 부실이 심각하지 않다는 점에서 은행권 등은 반대
  - 한편 금융위기가 심각한 미국은 2008년 10월 공적자금 2500억 달러를 투입해 9개 은행 지분 인수 계획을 발표한 바 있음.
- 간접지원 방안
  - 간접지원 방안인 후순위채 발행 내지 대출채권 유동화 등은 은행 지배구조나 경영권에 영향을 미치지 않고도 BIS비율을 높일 수 있음.
  - 그러나 후순위채도 결국 은행의 빚이며 상환우선주 발행은 규모에 있어 한계가 있고 대출채권 유동화는 은행 부실채권을 정부가 떠안는다는 단점이 있음.

---

234) 금융감독원에 따르면 2008년 9월 말 기준 국내은행의 BIS비율은 10.79%로 2007년 12월 말 12.31%에 비해 1.52%포인트 낮아진 수준

- 결국 대출채권 부실 정도와 정부개입 필요성을 냉철하게 고려해 판단을 내려야 하는 사안임.

### 8.2 논란의 가능성 있어

- 한편 자본 확충과 관련해 한국은행, 채권시장안정펀드, 주택금융공사 등 정부기관을 통한 자금 지원은 은행경영과 관련된 도덕적 해이를 조장한다는 점에서 논란이 될 수 있음.

## 9. 과거 정부의 금융회사 자본 확충 대책

- 한국경제가 심각한 침체 위기에 몰린 가운데 제 구실(자금 중개)을 못하고 있는 은행들을 지원하기 위해 정부가 2008년 12월 18일 초대형 카드를 꺼냈음.

### 9.1 핵심 내용

- 한국은행의 발권력까지 동원되는 20조 원 규모의 펀드를 조성해 은행들에 사실상 정부 돈을 주입(注入), BIS(국제결제은행) 자기자본비율을 끌어올려주는 극약 처방을 내렸음.
- 20조 원은 은행들이 당시 평균 10%선인 BIS 자기자본비율을 정부 목표치(12%)까지 끌어올리는 데 필요한 11조 원의 2배 가까운 규모
- 이는 2008년 9월 중순 금융위기 발생 이후 은행들에 취해진 각종 유동성(流動性 : 자금 흐름) 지원 방안 중 가장 강력 ⇒ 그러나 이 같은 파격적 지원에도 불구하고 은행들이 회복에 실패할 경우 공적자금 투입이 불가피

### 9.2 왜 공적자금이 아닌 펀드인가

- 정부가 펀드 형태로 은행 지원에 나선 이유는 아직은 공적자금을 투입해야 할 정도로 은행 부실 상태가 심각하지 않다는 판단에서임.
- 시중은행들의 BIS비율은 2008년 9월 말 현재 10.63%로 부실은행 기준인 8%를 한참 웃돌고 있음.
- 하지만 2009년 상반기 경기침체와 기업 부실이 급속히 진행될 경우 은행도 부실화될 수 있기 때문에 선제적으로 펀드를 통해 '은행 살리기'에 착수한 것임.

### 9.3 정부의 은행경영 개입 신호탄

- 정부의 대책 발표 이후 은행장들은 "은행자본 확충 방안을 환영하며, 정부의 적극적 지원 방침에 부응해 중소기업과 수출기업 등에 대한 금융 지원에 최선을 다하겠다"고 밝혔음.

- 또 "임원 연봉을 삭감하고 직원 임금을 동결하는 등 경영 합리화를 통해 은행 건전성을 제고하겠다"고 발표했음.
- 그러면서도 은행들은 20조 원 펀드가 은행경영에 대한 정부 간섭을 초래하는 '독배(毒杯)'일 수도 있다는 의구심을 떨치지 못하는 분위기였음.
  - 정부가 자본 주입을 계기로 은행들의 대출을 압박할 가능성이 있다는 것임.
  - 또한 정부가 펀드 지원을 받는 은행들과 MOU(양해각서)를 체결, 은행 내부의 인적 쇄신(刷新)이나 구조조정 등 경영에 본격 개입할 것이란 전망도 나왔음.

## 10. 바젤의 변천과정[235)]

- 바젤1
  - 1970년대에는 금융규제가 굉장히 완화되어 있어서 은행들끼리의 수익성 경쟁이 굉장히 치열하였음.
  - 따라서 은행들은 점점 높은 수익을 추구하기 위해 치열한 경쟁을 하게 되었고, 고위험(high risk), 고수익(high return)을 추구하게 되었음. ⇒ 이를 막기 위해 바젤1이 도입되었음.
- 바젤2
  - 바젤1의 경우는 자기자본비율을 산정하는 데 있어서 획일화된 구조를 취하고 있었음.
  - 위험가중자산도 신용리스크와 시장리스크의 일부분만을 반영하였음. ⇒ 따라서 이러한 점을 더 보완하고자 바젤2가 나왔음.
- 바젤3
  - 2008년 금융위기가 일어나자 자기자본비율의 규제를 대폭 강화하게 된 것이 바젤3의 시초가 되었음.[236)]

---

235) 이와 관련하여 임동민(2012) 참조.

236) BIS 규제의 특징은 경쟁심화로 수익성 악화를 보전하기 위해 고위험·고수익 위주의 자산운용 전략을 추구하거나 자금공여 없이 수익을 창출할 수 있는 부외거래를 대폭 확대하고 있는 은행들의 건전성을 높이겠다는 것임. 따라서 BIS 규제는 과거의 단순 자기자본비율(총자산 대비 자기자본비율) 규제방식에서 위험가중자산대비 자기자본비율 규제방식으로 전환시켰음. BIS 자기자본비율의 산식은 '(자기자본÷위험가중자산)×100'이며 자기자본의 범위는 '기본자본(납입자본금, 자본준비금, 이익잉여금)+보완자본(재평가적립금, 유가증권평가이익의 45%, 대손충당금)−공제 항목(영업권, 연결조정차)'임. 위험가중자산은 대차대조표 자산과 부외자산을 상대방의 거래신용도에 따라 위험가중치를 부여해 산출함. 도입 시기와 내용에 따라 바젤1, 바젤2, 바젤3으로 불림. 1988년에 '위험자산 대비 자기자본의 비율을 8% 이상'으로 정한 바젤1이 만들어졌음. 2004년엔 '차주의 신용등급에 따라 신용위험을 차등화'한 바젤2가 나왔음. 이때 비율은 바젤1과 마찬가지로 8% 이상이었음. 2008년 리먼브러더스 파산사태가 터지자 2년가량 논의과정을 거쳐 '보통주자본을 위험자산의 7% 이상'으로 정한 바젤3이 탄생했음. 한경 경제용어사전 참조.

## 11. 바젤3[237)]

- '금융기관이 다양한 리스크에 대응하기 위해 충분히 자본을 보유하고 있는가?'를 판단하기 위한 지표인 BIS비율은 아래의 공식을 이용함.

  BIS비율 = [자기자본 / 위험가중자산(신용 · 시장 · 운영 리스크)] × 100

- 은행은 위험가중자산(신용 · 시장 · 운영 리스크 포함)을 줄이거나 자기자본을 늘려 BIS비율을 높이게 됨.
- 그렇다면 BIS비율은 어느 정도 되어야 '이 은행은 건전하다'고 판단하게 될까?
- 국제결제은행(Bank for International Settlement)의 바젤은행감독위원회가 정한 자기자본비율 측정법에 따라 협의된 기준, 바젤이 판단지표가 됨.
- 우리나라는 2011년 초부터 바젤3 도입 준비를 추진하여, 현재 국내은행은 2013년 12월 1일부터 자본규제를 도입하기로 하였음.
- 바젤3의 의의
  - 글로벌 금융위기 이후 '급격한 금융혁신'과 '과도한 위험추구'로부터 비롯되는 시스템적 불안요인에 효과적 대응 필요
  - 은행의 신뢰회복 없이는 글로벌 금융시스템의 안정 확보와 실물경제의 회복 도모가 쉽지 않다고 인식
  - 바젤3은 글로벌 금융규제개혁의 핵심 ⇒ 자본 중심의 규제체계에서 벗어난 새로운 규제 수단 도입
- 바젤3의 주된 내용
  - 규제자본의 질, 일관성 및 투명성 강화 ⇒ ㉠ 자본의 질이 저하된 것이 시장신뢰가 무너진 근본원인이라는 인식이 퍼지면서 보통주 자본이라는 개념을 신설하고 자본비율체계를 개편, ㉡ 보통주자본비율(4.5%), 기본자본비율(6%), 총자본비율(8%)
  - 자본버퍼 즉, 완충자본의 개념 도입 ⇒ ㉠ 위기 기간 동안 은행이 손실을 흡수하거나

237) 이하 내용은 강지영(2013) 참조. 한편 바젤합의란 스위스 바젤에 본부를 둔 국제결제은행(BIS : Bank for international settlements) 아래의 바젤은행감독위원회(BCBS : Basel Committee on Banking Supervision)가 제정한 BIS자기자본비율로 대표되는 자기자본 측정과 기준에 관한 국제적 합의임. 2012년 초 현재 미국, 유럽 중앙은행 등 27개의 회원국이 있고, 우리나라는 한국은행 및 금융위원회, 금융감독원이 2009년 3월에 가입하여 바젤 합의에 참여하고 있음. 그리고 바젤3을 제대로 알기 위해서는 위에서 말하는 BIS 자기자본비율을 꼭 알아야 하는데, 간단히 설명하면 BIS자기자본비율은 국제결제은행의 바젤은행감독위원회가 제정하여 은행의 자본적정성을 판단하는 금융기관의 건전성지표임. 산출 식은 자기자본을 대출 · 외화 자산 등이 포함된 위험가중자산으로 나눈 비율로, 자기자본(자본금 + 이익잉여금 + 자본잉여금 등)을 위험가중자산(전체 대출 + 투자)으로 나누어 계산함. 요약하자면 금융권의 위험(risk)에 대비하여 BCBS에서는 자기자본비율의 측정과 기준을 규제하게 되었고, 그것이 바로 바젤이라는 협약임.

신용공급 기능을 지속하면서도 최저규제비율 수준 이상으로 자본비율을 유지하기에 충분한 자본량을 의미, ㉡ 완충자본은 손실흡수 목적인 '자본보전완충자본(2.5%)'과 신용 팽창기 자본적립 후 경기침체기에 사용하여 경기순응성을 완화하는 '경기대응완충자본(0~2.5%)'으로 구분.

- 시스템적으로 중요한 금융기관에 대한 규제강화 ⇒ ㉠ 국경 간 거래규모, 자산규모, 타 금융회사 등과 상호연계성, 제공서비스의 타 금융회사대체도, 자산구조의 복잡도 등을 기준으로 평가한 시스템적 중요도에 따라 차별적으로 추가자본 부과(1~2.5%), ㉡ 정부는 은행별 충분한 자본 확충 및 철저한 리스크관리를 통하여 자본 적정성 관리에 만전을 기하도록 적극 지도할 계획

## 12. 바젤3 도입 후 국내은행 총자본비율

### 12.1 유동적 상황이지만 일단은 안정적[238)]

- 국내은행들이 바젤3 규제 도입으로 바젤2 당시보다 총자본비율 증가폭이 5배 확대된 것으로 나타났음.
- 2014년 3월 3일 금융감독원이 바젤3 기준 2013년 말 국내은행 자본비율 현황을 집계한 결과, 바젤2 규제를 유지하는 수협을 뺀 국내은행 17곳의 총자본비율은 14.56%로 이 기간 총자본비율을 바젤2로 산정했을 때 14.35%에 비해 0.21%포인트 올라갔음.
- 수협을 포함한 모든 국내은행 18곳의 총자본비율은 14.55%로 전년 14.30%에 비해 0.25%포인트 상승했음.
- 바젤2 계속 적용을 가정한 경우 총자본비율 상승폭은 0.05%포인트(14.30% → 14.35%)에 그쳤을 것이나 바젤3 도입으로 상승폭이 5배 확대된 것임.
- 금감원 관계자는 "2013년 12월부터 적용된 바젤3는 기존 바젤2에서 인정하는 자본인 기본자본과 보완자본 외 보통주자본비율을 신설해 자본인정 요건을 개선했다"며 "이에 따라 바젤3 도입으로 인한 자본 증가폭이 위험가중자산의 증가폭보다 더 크게 나타나 총자본비율이 바젤2 적용 때보다 상승하는 효과가 나타났다"고 설명했음.
- 이 기간 국내은행 18곳의 기본자본비율과 보통주자본비율[239)]은 각각 11.80%, 11.21%를 기록했음.
  - 개별은행별 총자본비율 증감을 보면, 전북은행이 우리캐피탈을 지주회사 자회사로 분사하면서 위험가중자산이 감소해 1.33%포인트로 가장 많이 상승했으며, 이어 국민은

---

238) 이하 내용은 메트로신문(2014.03.03) 참조.

239) 보통주자본비율 : 보완자본과 우선주까지 배제한 보통주 중심의 자본비율로서 가장 보수적인 잣대로 사용됨.

행은 자본증권 발행과 바젤3 적용 효과로 총자본이 늘면서 1.02%포인트 올랐음.

- 그밖에 우리은행이 0.82%포인트를 기록하는 등 13개 은행이 비율 상승을 보였음.
- 반면 광주은행이 1.20%포인트로 최대 하락폭을 기록했고, SC은행(-1.02%포인트), 산업은행(-0.35%포인트) 등 5개 은행의 비율은 떨어졌음.

- 또 2013년 말 기준으로 모든 은행의 총자본비율이 10%를 넘어 경영실태평가 1등급을 충족했음. ⇒ 기본자본비율과 보통주자본비율도 모두 1등급 기준인 7.5% 이상, 5.7% 이상을 넘어서는 등 양호한 자본적정성을 기록했음.
- 금감원은 "그동안 보수적인 자본규제의 영향으로 바젤3 시행 후에도 국내은행의 총자본비율이 안정적인 수준을 유지했다"며 "다만 바젤3의 비적격 자본증권 자본미인정, 수익성 회복 지연, 추가적 부실 발생 등으로 향후 자본비율이 하락할 우려도 상존하므로 바젤3 시행에 따른 자본규제 준수 여부 등 은행별 공시기준 이행의 적정성을 점검할 계획"이라고 전했음.

### 12.2 2014년 하반기 자본 확충 비상[240)]

- 은행권이 2014년도 하반기 자본 확충에 비상을 건 것은 BIS 총자본비율 하락을 막고 건전성을 유지하기 위해서임. ⇒ 특히 자본·건전성 규제를 강화한 바젤3 기준에 맞추기 위해 코코본드(조건부 자본증권)를 적극 활용하게 될 것으로 보임.
  - 2013년 말 기준으로 14.53%이던 국내은행의 BIS 총자본비율은 2014년 1분기 14.07%로 떨어졌음.
  - 특히 은행이 충분한 자본 확충에 나서지 않으면 2014년 말에는 13%대 중반까지 떨어질 수도 있다고 금융당국은 예측
- 은행권의 BIS 총자본비율 하락은 자회사 매각이나 합병 등 개별적 사건뿐 아니라 위험가중자산 증가와 수익성 하락 등도 영향을 미친 것으로 보임.
  - 이 같은 추세에 따라 은행권에서 자본 확충 필요성이 커졌음.
  - 게다가 바젤3에서는 은행이 기존에 발행했던 후순위채는 자본으로 인정받지 못함. ⇒ 이에 따라 은행이 바젤3에서 자본으로 인정받을 수 있는 코코본드를 자본 확충 수단으로 고려하고 있는 것으로 보임.
  - 코코본드는 자본 비율이 일정수준 이하로 떨어지거나 공적자금 투입 등 특정 사건이 발생했을 때 주식으로 변환되거나 상각되는 조건이 붙어 있는 채권을 말함.
- 금융당국은 자본의 질적 수준을 높이기 위해 증자도 유도할 계획임.
  - 2014년 하반기에는 NH농협은행(4000억 원), 전북은행(500억 원)이 증자를 검토하고 있음.

---

240) 매일경제(2014.07.29) 참조.

- 수출입은행은 최근 3800억 원 규모의 증자를 완료
- 하지만 국내 증시 여건상 은행이 코코본드로 인한 자본 확충에 더욱 치중하고 있음.
- 우리은행은 자회사 매각, 우리금융지주와의 합병 등 이슈로 BIS 총자본비율을 적극적으로 관리할 필요가 생겼음. ⇒ 15% 중반인 우리은행의 BIS 총자본비율은 추가 자본 확충이 없으면 합병 후 1%포인트가량 하락할 수 있다는 분석이 나옴에 따라 2014년 하반기에 최대 1조 원의 신종자본증권 발행한도를 금융당국에 신청한 것으로 알려졌음.
- 기업은행은 2000억 원 규모의 신종자본증권과 5000억 원 규모의 조건부 후순위채 발행 한도를 제출한 것으로 전해졌음.
- 이 밖에 하나 · 외환 · 농협은행 등도 조건부 후순위채 발행으로 자본 확충에 나설 계획임.
- 산업은행은 잇따른 대기업 부실로 인해서 2014년 총자본비율이 12%대까지 떨어질 것으로 염려하고 있음. ⇒ 다만 정책금융공사와의 합병 이슈로 인해서 자본 확충 계획은 추후에 마련할 방침임.

- 금융감독원은 시중은행과 수출입 · 산업은행 등 특수 은행은 14%, 지방은행은 13% 이상으로 BIS 총자본비율을 유지토록 가이드라인을 세워 놓고 있음. ⇒ 바젤3에 따르면 2016년부터 은행은 8% 이상 총자본비율을 유지하면서 기본자기자본을 높이고 자본 보전 · 경기 대응 완충자본[241] 등으로 보통주자본의 최대 7.5%를 따로 적립해야 함.

- 이런 점 등을 감안하면 은행권의 BIS 총자본비율을 14% 이상으로 유지해야 적정하다는 게 금융당국의 입장임.

- 금융당국 관계자는 "은행권의 자본계획 이행 상황을 지속적으로 점검하고 이를 이행하지 않을 경우 배당규모를 축소하는 등 관리에 나설 계획"이라고 밝혔음. ⇒ 금융당국은 코코펀드가 판매되더라도 전환 · 상각 등 위험을 내재한 상품인 만큼 적극 알려 불완전 판매를 최소화하겠다는 방침임.

### 12.3 국내은행의 BIS비율(2014년 6월말 기준) 실적은 14.12%로 양호[242]

- 2014년 6월말 국내은행의 BIS비율이 자기자본 증가 영향으로 3월말보다 소폭 상승했음. ⇒ 2014년 8월 14일 금융감독원에 따르면 지난 6월말 국내은행의 국제결제은행(BIS) 기준 총자본비율은 14.12%로 3월말 대비 0.05%p 상승했음.
  - 기본자본비율과 보통주자본비율은 11.65%, 11.27%로 같은 기간 0.05%p, 0.11%p 각각 상승했음.

---

241) 완충자본은 한마디로 은행이 미래의 위기 발생 가능성에 대비해 BIS 기준 자본과 별도로 2.5%의 보통주 자본을 추가로 쌓는 것을 말함.

242) 현대경제신문(2014.08.14) 참조.

- 시중은행 평균은 15.29%로 3월말보다 0.08%p 상승했으며, 지방은행은 3월말과 같은 13.36%를 유지했음.
- 특수은행은 0.06%p 증가한 12.73%를 기록했음.

- 총자본비율이 상승한 것은 위험가중자산의 증가폭(0.50%↑)보다 자기자본 증가폭(0.93%↑)이 더 컸기 때문임.
  - 자기자본은 자본증권 상환으로 1조6천억 원 감소했지만 2조4천억 원의 당기순이익 시 현과 바젤3 적격 조건부 자본증권 발행(1조) 등으로 증가했음.
  - 위험가중자산은 원화대출금 증가 등으로 인해 신용위험가중자산을 중심으로 늘었음.

- 금감원은 2분기 수익성이 다소 개선되면서 자본비율이 전분기 대비 상승함에 따라 총자본비율은 양호한 수준을 유지했다고 설명했는데, 특히 모든 은행 총자본비율이 경영실태평가 1등급 기준(10% 이상)을 충족했음. ⇒ 다만 우리금융지주 민영화에 따른 지방은행의 분할·매각 및 인수, 우리은행의 지주사 합병 등 은행권구조개편과 경기민감 업종 여신의 추가부실 우려 등으로 2014년 하반기에는 자본비율이 하락할 것으로 예상됨.[243]

- 금감원 관계자는 "장기성과에 연동하는 성과보수 체계개선 노력 등을 통해 장기·안정적 이익 중심의 자본 확충을 지속적으로 유도할 방침"이라며 "자본비율이 낮은 은행의 경우 증자 및 조건부자본증권 발행 등을 통해 장기적인 자본관리를 지도할 계획"이라고 말했음.

## 관련 사항

### ▣ 기본 자기자본비율

- 은행의 자기자본은 기본자본(Tier1)과 보완자본(Tier2)으로 구분
- 기본 자기자본비율은 은행의 기본자본을 위험자산으로 나눈 백분율로 감독 당국은 경기침체가 악화되는 2009년 상반기에 대비하여 은행들이 9% 이상을 유지하도록 유도한 바 있음.
  - 즉 BIS 자기자본비율에서 후순위채권처럼 나중에 갚아야 하는 빚에 해당되는 '보완자본(tier2)'은 빼고, 주주의 출자금처럼 상환의무가 없는 '기본자본(tier1)'만을 기준으로 위험자산 대비 자기자본비율을 산정한 지표를 말함.

- 기본자본은 자본금, 내부유보금 등 실질순자산으로 영구적인 성격을 지닌 반면, 보완자본은 후순위채권, 하이브리드채권 등 부채성격을 갖고 있음.

243) 머니투데이(2014.01.13) 참조.

- 은행이 증자를 할 경우 기본자본이 늘어나고 후순위채를 발행하면 보완자본이 커짐.

## ▣ 우선주, 상환우선주

- 기업이 발행하는 주식은 의결권이 있는 보통주와 의결권이 없지만 배당을 더 받는 우선주로 구분
- 상환우선주는 5년 이후에 주식발행 기업이 주주에게 약정금액으로 상환할 의무를 지니는 우선주의 일종
- 은행이 발행한 상환우선주 중 상환기간이 30년 이상인 것은 기본자본, 30년 미만은 보완자본으로 인정받음.

## ▣ 신종자본증권(하이브리드채권)

- 은행이 자본금 확충 또는 자본 조달을 위해 발행하는 신종증권으로 채권처럼 매년 확정이자를 받을 수 있고 주식처럼 만기가 없으면서도 매매가 가능해 주식과 채권의 중간적 성격을 띠고 있음.
- 만기 30년 이상인 하이브리드채권은 은행 BIS비율 산정 시 기본자본으로 인정받음.

## ▣ 후순위채

- 기업이 파산할 경우 채권자들에게 진 빚을 모두 갚은 후에야 지급을 요구할 수 있는 채권을 말함.
- 채권행사 순서가 가장 늦다는 의미에서 후순위채라고 부름.
- 채권확보가 불확실하기 때문에 이자가 시중금리보다 높음.
- 은행이 후순위채를 발행하면 BIS비율 산정 시 보완자본으로 인정받음.

## ▣ 레버리지 비율

- 레버리지 비율(leverage ratios)은 기업이 어느 정도 타인자본에 의존하고 있는가를 측정하기 위한 비율이며 일명 부채성비율이라고도 함. ⇒ 일반적으로 레버리지는 기업의 부채의존도를 의미함.
- 레버리지 비율은 유동성 비율과 함께 단기 채권자의 재무위험을 측정하는 데 이용됨. ⇒ 즉 레버리지 비율은 타인자본의 의존도와 이자의 지급능력을 판단하는 비율임.
  - 경기불황에 따른 수익감소 시 재무 레버리지(financial leverage), 곧 타인자본 의존에 따

른 고정비 부담으로 인해 기업의 지급능력이 악화되고 지급불능의 위험이 높아지게 됨.

- 따라서 레버리지 비율은 기업의 재무구조를 나타내는 비율이고 수익의 변동에 대해 채권보유자가 부담하는 위험이 어느 정도 보호되는가를 평가하는 것으로 재무위험을 평가하는 가장 중요한 요소가 됨. ⇒ 레버리지 비율은 크게 부채비율, 자기자본비율 그리고 이자보상비율로 나뉨.

- 한편 은행이 자산규모 대비 자기자본을 일정수준 이상 보유토록 의무화하는 레버리지 비율 규제의 산출 기준서가 확정됐음. ⇒ 금융감독원은 최수현 금감원장이 지난 2014년 1월 12일 스위스 바젤에서 열린 '바젤은행감독위원회 금융감독기관장 · 중앙은행 총재회의(GHOS)'에 참석해 레버리지비율과 유동성비율 규제 도입 등에 대해 논의 후 레버리지비율 산출 기준서가 확정됐음.
  - 총익스포저(자산규모) 대비 기본자본의 비율인 레버리지비율을 계산할 때 상계처리방식, 난외항목 신용환산율, 현금변동증거금 등이 논의됐으며, 앞으로 모니터링을 거쳐 2018년부터 최저자본규제(필라1 규제)로 운영할 계획임.

### 참고자료


(1) 김병조(2007), "신BIS협약", 한국은행 경제교육(시사경제), 한국은행 대구경북본부, 2007. 01. 08.
(2) 한재준(2008), "은행 자본 확충 왜 필요한가", 《매일경제》, 2008. 12. 06.
(3) 2008. 11. 25., 《매일경제》
(4) 2008. 12. 18., 《매일경제》
(5) 신현송(2008), "BIS비율 집착이 돈 가뭄 부른다", 《매일경제》, 2008. 12. 19.
(6) 2008. 12. 15., 《조선일보》
(7) 2008. 12. 19., 《조선일보》
(8) 강지영(2013), "금융회사별 건전성 지표-BIS 비율, 바젤3", http://blog.naver.com/blogfsc/50180334969 (금융위원회 블로그), 2013. 09. 30.
(9) 임동민(2012), "바젤3란 무엇일까?", http://blog.naver.com/blogfsc/50180334969 (금융위원회 블로그), 2012. 12. 16.
(10) 2014. 01. 13., 《머니투데이》
(11) 2014. 03. 03., "국내은행, 바젤3 도입 후 총자본비율 증가폭 5배 확대", 《메트로신문》
(12) 2014. 07. 29., 《매일경제》
(13) 2014. 08. 14., 《현대경제신문》

CHAPTER 07

# 정부와 재정

국회가 2013년 회계연도 결산안을 심사하고 있는 가운데 새정치민주연합은 2013년 정부의 살림살이 운용에 대해 "최악"이라고 평가했다. 또 2014년도 예산을 짤 때 재정건전성 확보를 우선순위에 놓고 심사하겠다는 계획이다. 국회 예산결산특별위원회 야당 간사인 이춘석 새정치연합 의원은 2014년 7월 29일 국회 예산정책처가 발간한 '예산춘추'에서 2013년 살림살이 운용과 관련해 "세입과 세계잉여금[244]은 부족했고 세출불용액은 사상최대를 기록한 '비정상적인 재정운용'이었다"고 평가했다. 2013년 결산안을 보면 세수는 예산대비 8조9000억 원(국세수입 8조5000억 원)이 부족했고, 세계잉여금도 8000억 원 적자를 기록했다. 반면 세출 불용액은 18조1000억 원으로 사상 최대였다. 이 의원은 결산안 심사 방침과 관련해 "이명박 정부의 부자감세 기조를 계승한 박근혜 정부의 세입기반 악화 실태와 비과세 감면 정비, 지하경제 양성화를 통한 세수확대의 비현실성, 그리고 연례적인 낙관적 성장 전망 및 이에 따른 과다한 세수추계 문제를 따지겠다"고 강조했다. 정부 재정운영의 부작용과 원인, 대책 규명에 초점을 맞추겠다고도 했다. 그는 결산 심사를 대충한다는 비판에 대해선 결산 심사를 강화하고 그 결과를 국정감사와 내년도 예산안 편성에 적극 연계하겠다고 밝혔다. 이 의원은 "국회의 삭감·증액 의견을 무시한 정부의 예산 집행과 불법·부당 집행, 예산낭비 등엔 시정을 요구하고 관계자 문책과 감사원 감사청구를 실시하겠다"며 "결산심사 결과를 국정감사와 내년도 예산심사에 적극적으로 연계해 결산 심사의 효율성을 극대화하겠다"고 설명했다. 그러면서 2014년 역시 대규모 세수결손이 예상되는 만큼 재정건전성 회복에도 방점을 두겠다고 했다. 이 의원은 "정부도 2014년 세수결손 규모가 10조 원에 이를 것으로 전망하고 있는 실정으로 2012년 2조8000억 원, 2013년 8조5000억 원, 올해 10조 원 전망 등 '3년 연속 세입결손'이라는 초유의 사태가 불가피하다"며 "재정건전성 회복을 위한 근본적인 대책 마련은 더 이상 미룰 수 없는 과제"라고 주장했다.

–이민우 기자–

출처 : 이민우(2014), "野 작년 정부 재정운용 최악…재정건전성 우선 예산심사", 《조선비즈》, 2014. 07. 29.

244) 세계잉여금 : 정부가 재정을 운용하다 보면 세입이 예산을 초과하거나 지출이 당초의 세출예산에 미달, 쓰지 않은 돈(세출불용액)이 남는 경우가 많음. 이렇게 해서 발생하는 초과세입과 세출불용액의 합계가 세계잉여금임. 따라서 세계잉여금은 정부가 1년 동안 거둬들여 쓰고 남은 돈이라고도 할 수 있음. 한마디로 회계연도에 수납된 세입액에서 지출된 세출액을 차감한 잔액을 말함. 예산회계법에서는 매 회계연도 세입세출의 결산상 생긴 잉여금이라고도 함. 우리나라의 경우 세계잉여금은 예산에 계상하지 않고도 쓸 수 있다는 특징이 있음. 즉 국회의 동의 없이 사용 가능함. 그러나 정부의 채무변제에 우선 충당해야 한다고 규정되어 있음. 「예산회계법」 제47조는 세계잉여금의 처리에 대해서 다음과 같이 규정하고 있다. ㉠ 매 회계연도 세입세출의 결산상 생긴 잉여금은 세출예산 이월(제38조)의 규정에 따른 세출예산이월액의 재원으로서 다음 연도의 세입에 이입하여야 함. ㉡ 세계잉여금 중 다른 법률에 의한 것과 국채 또는 차입금의 원리금 상환 규정에 따라 이월액을 공제한 잔액은 국무회의의 심의를 거쳐 대통령의 승인을 얻어 그 세계잉여금이 생긴 다음 연도까지 당해 회계의 세출예산에 구애됨이 없이 다음의 용도에 사용할 수 있음. 즉 국채 또는 차입금의 원리금 상환, 국가배상법에 따라 확정된 국가배상금임. ㉢ 세계잉여금 중 제1항 및 제2항의 규정에 정한 금액을 공제한 잔액은 다음 연도의 세입에 이입하여야 함. 〈네이버〉-지식백과-한경 경제용어사전·시사경제용어사전 참조.

# 1 정부의 역할에 대한 시각

## 1.1 두 가지 상반된 견해

- 경제정책의 목표[245]를 달성하기 위해 정부가 어떠한 역할을 해야 하는가에 대해 두 가지 상반된 견해가 존재

- 개입주의
  - 정부의 적극적인 개입이 필요하다는 주장
  - 경제를 자유방임 상태로 둘 경우, 특히 자본주의의 경우 빈익빈 부익부 현상, 경기변동, 그리고 지나친 기업집중 등의 문제가 나타나므로 경제목표가 달성되기 어렵다고 보기 때문

- 자유주의
  - 정부의 간섭이 오히려 경제의 자율적인 안정구조를 해치기 때문에 정부의 역할은 최소한의 수준으로 국한되어야 한다는 견해

## 1.2 방향성

- 1980년대 이후 세계경제는 영미를 선두로 정부의 시장개입을 가능한 한 제한하고, 민간부문의 경쟁을 통한 효율성 제고를 도모하는 방향으로 나아가고 있음.
  - 그러나 이러한 현상이 반드시 미국과 같은 자유방임적 시장주의가 최선의 선택임을 의미하는 것은 아님.
  - 독일[246]의 경우에서와 같이 자유방임적 시장주의보다는 확립된 경제 질서의 틀 안에서 자유롭게 시장이 기능하도록 하는 국가도 있음.[247]

---

245) 경제정책의 실질적인 목표는 크게 세 가지가 있음. 첫째, 경제를 성장시켜 실업률을 낮추는 것이고, 둘째는 물가를 안정시키고 국제수지의 균형을 달성해서 대외적으로 경제의 안정을 이룩하는 것이고, 셋째는 경쟁 질서를 확립하고 사회적 안전망을 갖추어 경쟁에서 낙오된 자들을 보호하는 것임.

246) 독일은 사회주의 경제체제가 아니라 사회적 경제체계임.

247) 독일 경제시스템의 특징은 첫째, 경쟁을 통해 경제의 효율성을 높이기 위해서는 정부의 시장

- 우리나라의 경우 과거 개발연대에 정부의 시장개입은 경제발전에 기여한 부분도 많으나 금융·소득분배의 불균형, 취약한 산업기반, 정경유착 등 많은 부작용을 가져왔기 때문에 정부의 시장개입을 줄이고, 민간부문의 효율성을 증대시키는 방향으로 나아가야 할 것임.

# 2 재정의 기능

## 2.1 재정이란

- 국가의 예산인 세입(歲入)과 세출(歲出)의 운용을 말함.
  - 세입은 정부가 거둬들이는 세금수입을 말함.
  - 세출은 정부가 지출하는 돈을 뜻함.

- 재정(public finance)은 기업의 재정과는 의미가 다름.
  - 기업활동과 관련하여 사용되는 재정이라는 표현은 기업이 자금을 조달하여 운용하는 것을 말함.
  - 국가의 재정은 기본적으로는 기업의 재정과 큰 차이가 없지만, 공공부문에서의 자금운용이므로 공공재정이라고 함.

## 2.2 재정의 기능

- 첫 번째 기능은 국가의 치안유지와 국방
  - 정부는 국가의 치안유지와 국방에 재정을 사용하는데, 이를 통해 국민의 안녕과 질서를 확립하는 것이 최소한의 국가기능임.

- 두 번째 기능은 경제 하부구조의 확충
  - 경제 하부구조란 도로, 철도, 전력 등 경제활동에 기본적으로 필요한 기반 시설을 말함.

---

간섭이 필요하다고 보는 질서자유주의에 있음. 둘째, 독일의 경제체제를 '사회적 시장경제'로 부른다는 데 있음. 여기서 '사회적'이 의미하는 것은 안정적인 시스템을 유지하기 위해서는 효율성 못지않게 형평성도 중요하다고 보기 때문임.

• 경제하부구조가 발달되어 있지 못하면, 경제활동이 제대로 수행되기 곤란

- 세 번째 기능은 소득재분배 기능
  • 소득재분배는 일단 분배된 소득을 조세와 보조금 등의 정책수단을 통하여 다시 조정하는 것을 말하는데, 재정의 적극적인 기능을 통해서 보다 바람직한 소득재분배를 도모할 수 있는 것임.
  • 이러한 목적으로 사용되는 제도 중의 하나가 조세를 누진세율로 걷는 것임.

- 네 번째 기능은 경기조절의 수단으로 사용
  • 경기가 침체되면 재정지출을 늘리고, 세금을 감면해 주는 확장적 재정정책(expansionary fiscal policy)을 통해 유효수요를 확대함.
  • 경기가 지나치게 과열되면, 긴축적 재정정책(restrictive fiscal policy)을 통해 재정지출을 축소하고, 세금을 인상함으로써 유효수요를 축소시킴.

- 다섯 번째 기능은 신사업분야의 개발
  • 변화하는 대내외 경제 및 사회적 환경에 능동적으로 준비하기 위해서 정부는 재정정책을 통해 국가 사회의 미래 수요를 예측하고, 이에 필요한 새로운 사업 분야를 개발하는 데 앞장서기도 함.

- 마지막 기능은 가장 적극적인 기능이라고 할 수 있는 산업지원의 기능
  • 우리나라의 경우 과거 경제개발계획기간 동안 국가전략산업부문에 대한 정부의 세금 감면과 보조금 지급 등으로 이들 산업이 빠르게 성장할 수 있도록 하였음.
  • 오늘날 이러한 방식의 산업지원이 용이한 것은 아니지만, 세계 각국은 보이지 않는 형태로 현재에도 국가전략산업에 대한 각종 재정적 지원을 하고 있음.

## 2.3 | 요 약

- 치안과 국방이라는 공공재를 제공하고 하부구조를 건설하는 것이 국가의 가장 소극적인 역할이고, 가장 적극적인 역할은 특정 계층의 소득을 지원하는 소득정책과 특정 산업을 지원하는 산업정책임.
- 과거에는 적극적 재정정책이 중요했으나, 최근에는 정부실패가 중요하게 부각되면서 적극적 정책을 줄여야 한다는 목소리가 높음.
  • 특히 WTO에서는 각국의 산업정책을 금하고 있으며, 각국 정부는 국제기구가 허락하는 범위 내에서 국가의 경쟁력을 높이기 위해 가장 효율적인 시장운영의 방안 마련에 고심하고 있음.

## 3 재정에 대한 시각

### 3.1 | 재정관의 변화 추이

- 19세기 입헌군주시대에는 전쟁수행 등 불가피한 경우를 제외하고는 군주의 지출을 억제하는 것이 의회의 관심이었기에 균형재정을 이상적으로 여겼음.

- 20세기에 들어와 이러한 재정의 이념은 변화되었는데, 부의 축적과 전쟁의 감소는 각국의 독립적인 재정을 가능하게 하였고, 이를 토대로 하여 적극적인 재정의 이념이 등장하게 되었음.
  - 특히 1930년대 세계경제 대공황을 겪으면서 재정의 적극적인 기능이 더욱 강조되었고, 이러한 재정의 이념은 각국에서 널리 받아들여졌음.
  - 케인즈는 총수요의 부족으로 대량실업이 발생했다고 보고, 정부지출을 증가시켜, 즉 적자재정을 통해 유효수요를 창출해 실업을 해소해야 한다고 주장 ⇒ 재정의 경기조절기 능을 중시하는 이른바 기능적 재정(functional finance)관을 가지고 있었음.

- 그러나 한번 방만해진 정부지출을 축소시키기란 쉬운 일이 아니기 때문에 오늘날 대부분의 나라들은 방만한 정부지출의 증가로 재정적자가 누적되었고 이는 자유시장기능의 위축과 인플레이션의 심화라는 부작용을 낳았음.
  - 또한 재정적자의 재원을 충당하기 위해 국채를 발행할 경우 다음 세대에게 세금을 부담시키는 것을 의미하기 때문에 정치적 부담이 될 수 있음.

### 3.2 | 최근 추이

- 최근에는 경기부양을 위한 공공투자 지출증가와 저소득층 및 고령자에 대한 사회복지 지출증가로 적자재정을 경험한 대부분의 선진국들이 균형재정을 선호하는 경향을 보이고 있음.[248]

248) 국가부도 및 재정위기에 직면한 국가가 나타나고 있음. 남유럽 재정위기 국가가 대표적 사례이며, 미국의 경우 재정절벽(세금인상과 정부지출 삭감 정책이 동시에 실시되면서 경기가 급격히

# 4 재정의 기구 : 예산

## 4.1 예산이란

- 국가 정책 수행을 위해 필요한 지출과 이를 위한 재원을 금액으로 나타낸 것으로 '숫자로 표시된 정부의 정책'이라고 할 수 있음.
  - 중앙정부든 지방정부든 모든 정부는 재정을 꾸려 나가기 위해 매년 예산을 편성함.

## 4.2 본예산과 추가경정예산

- 본예산이란 회계연도(우리나라의 경우 1월 1일부터 12월 31일까지의 1년 단위로 구성) 전에 편성된 예산을 말함.

- 추가경정예산이란 회계연도 중이라도 국내외 경제상황의 변화 또는 천재지변과 같은 돌발사태가 발생할 경우 다시 수정할 수 있는 예산을 말함.

## 4.3 결 산

- 예산을 집행한 결과를 말하는데, 결산은 예산범위 내에서 이루어지지만 반드시 일치한다는 보장은 없음.
  - 왜냐하면 경기에 따른 조세수입의 변동, 사업의 진척속도 및 인플레이션에 의한 비용 상승 등 여러 가지 이유로 예산에 준하여 집행되기가 어렵기 때문임.

---

위축되는 현상을 빗대어 표현한 말로서 절벽처럼 경기가 급격히 하강하는데 대한 우려를 담고 있음. 버냉키 전 FRB 의장이 처음 사용) 내지 연방정부 폐쇄(의회에서 예산안이 통과되지 못해 발생하는 국방과 치안 등을 제외한 행정 서비스의 중단 현상을 말하며, 일명 셧다운(shutdown)이라함, 동 문제는 오바마케어(민간 보험 중심의 기존 미국 의료보험 체계를 뜯어고치려는 시도로, 정부와 기업이 비용 부담을 거들어 무보험자의 의료보험 가입을 의무화하고 이를 이행하지 않으면 개인이나 고용주에게 벌금을 부과하게 됨) 전면시행의 유예문제 및 국가부채 상한 증액 협상과 관련돼 있음) 논란도 이와 무관치 않음.

## 4.4 | 재정의 항목 : 세입과 세출,[249] 그리고 보전재원

- 세입이란 정부의 모든 수입을 말하는데 우리나라 중앙정부의 세입예산은 크게 조세(국세)수입과 세외수입 및 자본수입으로 분류됨.[250]
  - 조세수입은 과세대상이 무엇이냐에 따라 크게 소득세 및 이익세, 재산세, 재화 및 서비스세, 관세 등으로 구성되어 있음.[251]
  - 세외수입은 국세 이외의 수입을 말하는데 정부출자수입, 벌금 등의 경상세외수입[252]과 공기업 주식매각 수입 및 전년도 이월금 등으로 이루어짐.
  - 조세수입과 세외수입을 합해 경상수입이라고 함.[253]
  - 자본수입은 정부가 소유한 토지나 건물 등 자본재를 판매해서 발생하는 수입을 말함.

- 세출이란 정부가 행하는 모든 지출로서 흔히 재정지출이라고 부르는데, 경제적 분류(경상지출, 자본지출, 순융자 혹은 순대출)와 기능적 분류로 구분해 작성됨.
  - 경상지출은 일상적인 정부활동에 대한 지출로서 공무원 봉급지급을 포함한 정부소비지출, 정부가 차입한 채무에 대한 이자지급 및 이전지출[254] 등으로 구성됨.[255]
  - 자본지출은 정부가 토지, 건물, 자본재 등을 취득하는 데 드는 지출을 말함.

---

249) 정부가 발표한 '2013회계연도 세입·세출 마감 결과'를 보면, 총세입은 292조9000억 원, 총세출은 286조4000억 원으로 집계되었음. 아쉽게도 2013년에는 예산보다 11조 원이 덜 걷힌 반면, 세출은 그 집행이 미리 책정됐던 예산현액에 미치지 못했음. 이와 관련하여 기획재정부 공식블로그(2014) 참조.

250) 조세수입이 최근 수년간 세입의 80% 가까이 차지하고 있어 세입의 대종은 조세수입임을 알 수 있음. 이와 관련하여 김대식 외(2012) 참조.

251) 소득세 및 이익세는 개인의 소득이나 법인의 이윤에 부과되는 세금임. 재산세는 토지세, 상속세나 증여세와 같이 재산의 보유·이전에 대하여 부과하는 세금임. 재화 및 서비스세는 부가가치세, 특별소비세와 같이 재화와 서비스의 매매·소비에 대하여 부과하는 세금임. 관세는 수입품에 부과되는 세금임. 한편 우리나라 조세수입에서 가장 큰 비중을 차지하고 있는 조세는 재화 및 서비스세이고 그다음으로는 소득세 및 이익세, 관세, 재산세의 순임. 이와 관련하여 김대식 외(2012) 참조.

252) 주로 수수료·입장료·벌과금 등의 수입을 말함.

253) 세입은 각종 조세수입과 세외수입으로 구성된 경상수입이 대부분을 점하고 있음. 한편 일반회계는 조세수입이 대부분을 차지하나 특별회계는 목적세 수입을 제외하고는 세외수입이 많은 부분을 차지함.

254) 이전지출(transfer payments)이란 재화나 용역에 대한 구입의 형태가 아닌 가계나 기업에 보조금 형태로 지급하는 것을 말하며 의료보험, 실업보험, 사회보조금 등이 이에 해당됨.

255) 중앙정부재정에서 경상지출이 세출의 3/4을 상회하고 있음. 이와 관련하여 김대식 외(2012) 참조.

• 순융자는 정부가 각종 기관에 빌려준 융자금에서 회수금을 뺀 것을 말함.
• 한편 세출을 기능적 성격(즉 어떠한 용도로 지출되었는가)에 따라 분류하면, 일반행정비 · 국방비 · 교육비 · 사회개발비 · 경제개발비 등의 항목으로 나누어짐.

- 세입과 세출의 차이를 메워 주는 것이 보전재원 항목임. ⇒ 재정적자가 발생할 경우 보전재원 항목은 정부가 모자라는 돈을 어디서 마련하여 충당하는가를 보여줌.
  • 모자라는 돈을 메우는 방법으로는 크게 중앙은행에서 빌리는 방법, 국공채를 발행하는 방법, 외국에서 돈을 빌려오는 방법의 세 가지가 있음.

# 5 통합재정수지

## 5.1 통합재정수지의 등장

- 세계 각국은 IMF의 〈정부재정통계편람〉에 따라 통합재정수지를 산출하고 있는데, 이는 각국의 재정 통계를 표준화하기 위한 것임.
- 우리나라도 1979년 이후 이와 같은 방식에 따라 통합재정수지를 산출하고 있음.
- 통합재정은 공공목적을 달성하기 위해 강제적으로 재원을 조달하여 공공재를 생산하는 비금융재정활동을 포괄함.

## 5.2 우리나라의 통합재정수지

- 우리나라의 통합재정수지는 일반정부와 비금융공기업으로 구성되며, 일반정부는 다시 중앙정부와 지방정부로 구성됨.[256]

---

256) 통합재정수지 : 중앙정부가 집행하는 모든 수입과 지출을 합한 재정의 규모를 통합재정이라고 하며 그 수입과 지출의 차이를 통합재정수지라고 함. 일반 · 특별회계뿐 아니라 공공기금 등 각종 기금의 수입과 지출이 모두 포함됨. 또 철도, 조달, 양곡, 통신 등 4개 공기업의 지출도 포함됨. 통합재정의 포괄범위는 비금융공공부문임. 비금융공공부문은 일반정부와 비금융공기업으로 구성되며 중앙은행 등 공공금융기관은 제외됨. 세계 각국은 국제통화기금(IMF)의 통계방식(순계합산)에 따라 통합재정수지를 집계해 보고하는데 적자규모가 국민총생산(GNP)의 2%를 넘으면 재정지출이 과도하다고 지적하여 재정긴축을 권고하기도 함. 다시 말해 통합재정수지란 당해 연도의 순수한 재정

- 2013년 현재 중앙정부 예산은 1개의 일반회계와 18개의 특별회계로 구성
- 일반회계는 일반행정 · 국방 · 교육 · 공공사업 등 일반적인 중앙정부 활동에 관련된 지출과 이를 충당하기 위한 재원으로서 조세 · 세외수입 등의 수입을 나타내는 회계임.
  - 소득세, 법인세, 부가가치세, 관세 등 조세수입의 대부분과 정부보유주식 매각분,

---

수입에서 순수한 재정지출을 차감한 수치로서 재정활동의 건전성 파악을 위해 활용함(통합재정수지=세입〈경상수입+자본수입〉－세출 및 순융자). 통합재정수지는 일반회계 16개와 특별회계 및 27개의 정부관리기금으로 구성된 정부예산을 전부 통틀어 수지를 따져보는 것임. 국제통화기금 매뉴얼에 따라 작성돼 국제적으로 공통 비교가 가능함. 한편 관리대상수지는 재정건전성 여부를 명확히 판단하기 위해 통합재정수지에서 사회보장성기금 흑자(국민연금기금, 사학연금기금, 고용보험기금, 산재보험기금 등 4개의 사회보장성기금 흑자)와 공적자금상환소요를 제외한 수지를 의미함(관리대상수지=통합재정수지－사회보장성기금 흑자+ 공적자금상환소요). 사회보장성기금과 공적자금상환소요는 해당 연도의 재정활동에 따른 결과로 보기 어렵다는 판단에 따라 정부는 통합재정수지에서 이를 뺀 관리대상(혹은 재정)수지를 그 해 재정운용의 판단기준으로 삼고 있음. 정부가 발표하는 재정지수는 주로 관리대상수지로서 정부의 순(純)재정 상황(실질적인 재정 상태)을 보여주는 지표(우리나라에만 특별히 존재하는 지표)라 할 수 있음. 기획재정부의 2014년 6월 재정동향을 보면 2014년 1～4월 관리재정수지는 16조4000억 원의 적자를 기록했음. 재정적자 누적은 국가채무로 이어져 미래 세대의 세 부담을 가중시킴. 재정수지가 악화되고 있는 첫 번째 요인으로는 2013년 국세수입의 14.3%인 30조 원에 달하는 비과세 · 감면 조치가 꼽힘. 경제성장 둔화로 인한 재정수입 증가세 약화와 저출산과 고령화, 소득 양극화 등으로 복지 관련 재정지출 증가도 재정수지 적자를 키우고 있음. 이와 관련하여 경향신문(2014.7.8) 참조. 또한 2014년 4월 통합재정수지는 13조6000억 원의 흑자를 기록했음. 41조8000억 원의 수입에 지출은 28조1000억 원에 그쳤음. 기재부는 "1분기 부가가치세 납부 등으로 국세수입이 증가하고 3월 대비 총지출이 감소한 것이 흑자의 주요인"이라고 설명했음. 하지만 1～4월 누적 통합재정수지는 여전히 3조9000억 원의 적자에 머물렀음. 누적수입은 국세 74조6000억 원, 기금 42조1000억 원 등 125조9000억 원, 누적지출은 129조7000억 원이었음. 집행실적은 2014년 주요 관리대상사업 299조4000억 원 중 5월 말까지 135조4000억 원을 지출해 연간계획 대비 45.2%를 기록했음. 내역별로는 중앙부처 예산 96조3000억 원, 기금 19조3000억 원 등 총 115조6000억 원이 집행돼 집행률 46.3%를 보였고, 공공기관은 19조9000억 원(39.7%)을 집행한 것으로 집계됐음. 이와 관련하여 뉴시스(2014.06.19) 참조.

**〈4월 통합재정수지〉** (단위 : 조 원, %, %p)

| 구 분 | 2013년 | | | | 2014년(잠정) | | | | 전년동기대비 | |
|---|---|---|---|---|---|---|---|---|---|---|
| | 추경(A) | 1~4월 (누계, B) | 진도율 (C=B/A) | 결산 | 예산(D) | 4월 (당월) | 1~4월 (누계, E) | 진도율 (F=E/D) | 증감 (E-B) | 진도율 (F-C) |
| 1.총수입 | 360.8 | 124.9 | 34.6 | 351.9 | 369.3 | 41.8 | 125.9 | 34.1 | 1.0 | △0.5 |
| 2.총지출 | 349.0 | 135.1 | 38.7 | 337.7 | 355.8 | 28.1 | 129.7 | 36.5 | △5.4 | △2.3 |
| 3.통합재정수지(1-2) | 11.8 | △10.2 | - | 14.2 | 13.5 | 13.6 | △3.9 | - | 6.4 | - |
| 4.사회보장성기금수지 | 35.2 | 12.0 | - | 35.3 | 39.0 | 5.3 | 12.5 | - | 0.5 | - |
| 5.관리재정수지(3-4) | △23.4 | △22.2 | - | △21.1 | △25.5 | 8.3 | △16.4 | - | 5.8 | - |

출처 : 기획재정부

각종 수수료 등 세외수입을 세입으로 하여 정부의 일반행정비, 방위비, 사회개발비, 경제개발비, 지방재정교부금, 채무상환 및 기타부문에 지출됨.

- 또한 특정한 사업의 수행을 위해 운영되는 특별회계의 자체 재원이 부족할 경우 이를 지원하기도 함.
- 통상 예산이라고 하면 일반회계를 지칭

- 특별회계는 나라가 특정한 목적의 사업을 운영할 때, 특정한 자금을 보유하여 운영할 때, 기타 특정한 세입을 특정한 세출에 충당함으로써 일반회계와 달리하여 나타낼 필요가 있을 때 특별히 설치되는 회계임.
  - 특별회계는 크게 기업특별회계와 기타특별회계로 나누어짐.
  - 기업특별회계는 정부의 소유 또는 관리하에 대규모로 민간에 재화와 서비스를 공급하는 기업의 기능을 가진 양곡관리 · 조달 · 철도사업 · 통신사업 · 책임운영기관(기업형)의 5개 특별회계를 말함.
  - 기타특별회계는 5개 기업특별회계 이외의 특별한 정부기능의 수행을 목적으로 하는 특별회계임.
  - 특별회계 중 기타특별회계는 중앙정부에 포함되고 기업특별회계는 비금융공기업에 포함됨.
  - 특별회계는 각 개별법에 의해 설치, 운영되고 있음.[257]

- 중앙정부의 예산과는 별도로 각 중앙관서의 장이 관리 및 운영하는 기금이 있음.
  - 특정한 분야의 사업에 대해 지속적이고 안정적인 자금지원이 필요하거나 사업추진에 있어 탄력적인 집행이 필요한 경우에 예산과 별도로 설치하여 운용하는 것임.
  - 기금은 예산 외로 운영되기 때문에 기금 운용계획의 변경은 예산과는 달리 추가경정예산의 대상이 아님.

- 한편 조세수입 중에서 주세, 전화세, 토지초과이득세, 교육세 등 일부 세원은 일반회계에 편입되지 않고 곧바로 지방자치단체 지원 재원으로 사용되었는데, 이를 지방양여금이라고 함. ⇒ 그런데 2005년 1월 1일 이후 지방양여금제도가 폐지되었음.[258]

---

257) 2013년 현재 우리나라는 18개의 특별회계가 설치 · 운영 중에 있으며 그 규모는 49.2조 원임.

258) 지방양여금이란 국가에서 국세로 징수한 일부 세목의 수입금을 지방자치단체에 양여하여 지방자치단체의 도로, 농어촌지역 개발, 수질오염 방지, 청소년 육성, 지역개발사업 등 5개 특정 사업에 충당할 수 있도록 한 지방재정지원제도의 하나를 말함. 동 제도는 지방교부세와 함께 지방자치단체 상호 간의 세원분포의 불균형으로 인한 재정력 격차를 시정하기 위해 마련되었음. 사업별 사용규모는 자치단체가 결정하고, 중앙정부는 지자체별 사업 대상과 물량을 기준으로 양여금을 배분하였음. 그런데 2005년 이후 지방양여금제도가 폐지되었음.

• 지방정부는 예산편성 및 결산작성의 시차, 그리고 회계과목 간의 차이 때문에 통합재정에 포함시키지 못하였으나 2005년 결산기준부터 지방정부의 예산도 통합재정수지에 포함시키고 있음.

# 6 균형재정

## 6.1 균형재정이란

- 세입이 세출보다 큰 경우를 흑자재정(budget surplus), 세입이 세출보다 적은 경우를 적자재정(budget deficit), 세입과 세출이 같은 경우를 균형재정(balanced budget)이라고 함.

- 균형재정과 정책함정
  • 정부가 균형재정을 고수하려고 노력하는데, 경제가 불황으로 빠지게 되면 어떻게 되겠는가?
  • 불황기에는 조세수입의 감소로 예산이 저절로 적자가 됨. ⇒ 당국이 예산을 균형으로 유지하려고 하면 정부지출을 줄이든지, 세율을 높이든지 두 가지 정책 중 한 가지를 수행해야 함.
  • 이러한 긴축재정정책은 총수요를 억제시켜 경기를 더욱 침체로 몰고 감.
  • 경기가 더욱 침체되면 조세수입이 감소되어 재정적자는 해소되지 않고 경기는 더더욱 침체되는 결과를 가져오기 쉬움. ⇒ 이처럼 경제가 불황에 있을 때 균형재정을 추구함으로써 경기가 더욱 침체에 빠지게 되는 현실을 정책함정(policy trap)이라고 함.

## 6.2 적자재정의 경우

- 정부는 적자를 메워 주는 돈을 어디에선가 충당(보전)해야 하는데, 충당방법은 중앙은행과 예금은행에서 돈을 빌리거나, 또는 국공채를 발행하거나, 아니면 외국에서 돈을 차입해야 함.

- 적자재정은 정부의 예산제약[259]을 초과해 지출한 것을 말하는데, 이는 총수요의 증가를 의미하며 인플레이션을 유발시킴과 함께 실물경제에도 상당한 영향을 미치게 됨.
  - 첫째, 적자재정은 정부차입을 의미하는데 국공채발행 등 민간부문으로부터의 차입증가는 국내자금시장을 경색시켜 이자율이 상승하게 됨으로써 민간부문의 투자활동을 위축시켜 총산출량 수준을 하락시키는바,[260] 장기적으로는 민간부문의 투자위축으로 자본 축적량을 감소시켜 경제성장을 저해함.
  - 둘째, 적자재정은 정부부채이므로 이자를 부담해야 하기 때문에 이자부담만큼 세금을 더 거두어야 하므로 국민의 부담이 더 늘어남.
  - 셋째, 적자재정은 국제수지에 나쁜 영향을 줌.[261]

## 6.3 바람직한 재정의 방향

- 정부가 경기부양을 목적으로 적자재정을 편성하는 경우도 있으나 일반적으로 적자재정은 바람직하지 못한 반면에 흑자재정은 적자재정보다는 바람직하다고 할 수 있겠지만 예산의 잉여분을 금융기관에 상환하거나 대출하는 경우 통화량의 증가를 가져와 물가상승의 원인이 될 수 있으므로 경제상황에 따라 다르기는 하지만 정부는 균형재정을 재정의 목표로 삼는 경우가 많음.[262]

- 또한 정부는 항상 재정건전성을 강화 내지 확보하는 것이 중요함. ⇒ 이에 따라 잠재적으로 재정을 위협하는 요인에 대한 관리를 강화해 나갈 필요가 있는데, 일례로 공공부문 부채에 대한 관리를 더욱 강화할 필요가 있음.

---

259) 정부의 예산 제약식은 다음과 같이 표현됨.

정부지출－조세＝통화공급 증가 + 국공채발행 증가 + 해외차입 증가

260) 이를 구축효과(crowding-out effect)라고 함. 다시 말해 재정적자 혹은 확장재정정책이 이자율을 상승시켜 민간소비와 투자활동을 위축시키는 효과를 말함(민간소비 위축도 포함).

261) 우리나라의 재정적자로 이자율이 상승하여 유가증권 수익률이 증가하였다고 하자. 이는 외국투자자들에게 우리나라의 유가증권에 대한 매력을 느끼게 해 외국투자가들은 유가증권을 사들이기 위해 원화 화폐수요를 증가시킴. 이는 우리나라의 화폐가격을 상승시켜(환율하락) 수출이 감소하고 수입이 증가하여 국제수지를 적자로 가게 하는 요인이 됨.

262) 앞서 언급한 바와 같이 균형재정이 항상 좋은 것도 아니고, 재정적자가 항상 나쁜 것도 아님. 경제가 불황에 빠져 있을 때는 재정지출을 증가시키고 조세를 감소시키는 확장재정정책이 효과적인 방법일 수 있음. 한편 불황일 때 균형재정을 밀고 나가는 것은 경기를 더욱 불황에 빠뜨리기 쉬움. 그러나 재정지출을 지나치게 늘려 재정적자의 규모가 누적적으로 확대되면 '빚 얻어 빚 갚기식'의 재정운용으로 재정이 경직화되고 결국 재정파탄에 이르는 위험이 따름. 이와 관련하여 김대식 외(2012) 참조.

- 재정건전성을 강화하려면 우선 국가경제를 활성화시키는 것이 가장 중요 ⇒ 일단 경기가 활성화돼야 성장이 활력을 얻고 세수 또한 많이 들어오게 되는데, 이를 '선순환구조'라고 함.
- 두 번째는 지출 측면에서 재정지출 증가율을 수입 증가율보다 낮게 유지하는 것임. ⇒ 이렇게 되면 수입이 더 많이 들어오니 재정건전성을 확보할 수 있음.

# 7 기능별 예산

## 7.1 의 미

- 기능별 예산이란 예산이 어떠한 용도로 사용되는가를 말함.
  - 예산의 크기도 중요하지만, 전체 예산이 어떠한 기능으로 사용되는가는 더욱 중요

- 국가재정이 국가경제의 비용을 감소시키고 생산성을 증가시키기 위해서는 경직성 예산의 비중이 줄어들어야 하며, 반대로 사업성 예산의 비중은 늘어나야 함.
  - 2010년 중앙정부의 기능별 예산을 살펴보면, 사회개발비(28%), 경제개발비(19%), 교육비(15%), 국방비(11%), 일반행정비(5%) 순으로 되어 있음.[263]
  - 국가경제의 성장을 위해서는 일반 공공행정이나 국방비와 같은 경직성 예산의 비중을 줄이고,[264] 산업에 대한 지원인 사업성 예산의 비중이 늘어나야 함.

---

263) 한편 2000년 이후 중앙정부 일반회계의 기능별 세출구조는 다음과 같음.

| 항목 | 2000년 | 2005년 | 2011년 |
|---|---|---|---|
| 일반공공행정 | 5.3% | 4.5% | 5.0% |
| 주택건설 및 지역사회개발 | 5.4% | 7.4% | 4.4% |
| 국방 | 11.4% | 10.9% | 10.5% |
| 교육 | 15.3% | 14.9% | 14.2% |
| 사회보장 및 복지 | 15.2% | 17.8% | 20.9% |
| 경제개발비 | 24.6% | 17.0% | 16.9% |
| 기타 | 22.9% | 27.4% | 28.1% |

자료 : 기획재정부, 통합재정통계

264) 남유럽 국가들의 경우 재정위기로 인해 긴축의 일환으로 공무원 수의 감축 및 연금 지급액 축소 등을 실시하기도 하였음.

• 비록 사업성 예산이라고 하더라도 정부산하기관의 예산이 포함되어 있기 때문에 사업성 예산의 수치만 가지고 예산이 합리적으로 편성되어 있는지를 판단하기는 곤란 ⇒ 공공부문의 개혁 필요성 제기

### 7.2 | 중요성

- 예산이 어떠한 용도로 사용되는가를 의미하는 기능별 분포는 재정의 효율적 운용을 결정하는 매우 중요한 지표임.

## 8 바람직한 재정의 운용

- 우리나라 재정이 안고 있는 과제는 크게 네 가지인데, 첫째 경직성 예산의 축소, 둘째 행정개혁을 통한 효율적인 정부의 구현, 셋째 공공부문의 민간부문 이양, 넷째 국제화시대에 맞는 재정의 기능 창출 등을 지향해야 함.
- 그러나 무엇보다 중요한 것은 우리에게 맞는 재정의 역할을 재정립해야 할 필요가 있다는 것임.
  • 우리 사회가 서구식 사회보장제도를 도입하기 위해 재정의 많은 부분을 할애하는 것이 무조건 바람직한가는 깊이 생각해 보아야 할 문제인데, 사회보장제도가 가장 발달되어 있는 유럽 선진국들에서 노후를 외롭게 보내는 노인들이 많다는 것은 우리에게 시사해 주는 바가 큼.[265)]
  • 우리의 대가족제도와 같은 가족을 기반으로 한 사회보장제도는 외국에서도 높게 평가하고 있으므로 우리에게 적합한 재정정책을 확립하는 것이 중요한 과제임.

265) 2012년 11월 7일 KBS1-TV에서 방영된 독일의 사례를 소개해 보고자 함. 70세의 아들이 90세의 치매 노모와 함께 살고 있는 모습이 방영되었음. 아들 본인도 노모처럼 지금 살고 있는 집에서 평생 지내기를 소망한다고 말했음. 치매 노모를 모시기 위해 살던 집을 일부 수리했는데, 비용의 상당부분을 공공부문에서 지원해 주었다고 함. 이처럼 서구의 경우에도 노후를 가족과 함께 보내는 것을 희망하고 있음을 확인할 수 있었음. 한편 사회보장제가 잘 시행되고 있는 독일의 경우 실버시설 혹은 요양병원에서 노후를 보낼 경우, 개인의 비용 부담은 적다고 함.

## 참고자료

(1) 김승욱 외(2008), 《알짬 시장경제》, 박영사.
(2) 2014. 07. 08., 《경향신문》
(3) 2014. 06. 19., 《뉴시스》
(4) 기획재정부 공식블로그(blog.naver.com/mosfnet/150187686364), "세입 · 세출 따라잡기!", 기획재정부 경제e야기, 2014. 03. 28.
(5) 김대식 외(2012), 《현대 경제학원론》, 박영사.

# 부록 [7-1] 국가채무

## 1. 정의

- 쉽게 말해 정부가 재정적자를 메우기 위해 국내외에서 빌려 생긴 빚을 말함.

## 2. 핵심 내용

- 국가채무를 산정할 때 주로 IMF나 OECD 등 국제기구의 기준에 따르는데 IMF 등 국제기구에서 정의하는 국가채무란 중앙정부와 지방정부 등 일반정부가 직접적인 상환의무를 지는 확정채무를 말하는 것으로 보증채무나 사회보장기금의 준비금, 중앙은행 채무 및 공기업의 채무 등은 국가채무에서 제외

### 2.1 중앙정부 채무

- 국가채무 중 중앙정부 채무를 좀 더 구체적으로 보면 '정부차입금'과 '국채발행액' 및 '국고 채무부담행위'로 나눌 수 있음.
  - 먼저 정부차입금은 정부가 한국은행 등 국내 금융기관과 민간기금으로부터 빌리는 국내차입금, 그리고 국제기구나 외국정부 등으로부터 도입하는 재정차관을 말하는 해외차입금으로 나뉨.
  - 국채발행액은 정부가 국고채나 외평채 등 국채를 발행하면 나중에 이를 모두 갚아야 하므로 정부의 빚으로 간주
  - 마지막으로 국고 채무부담행위는 한마디로 정부가 공공사업을 현금이 아닌 외상으로 진행하면서 진 빚을 말함.

### 2.2 보증채무

- 예보채 등 구조조정 채권과 보증차관 등 정부가 지급보증을 한 보증채무는 IMF 등 국제기구 기준에 의한 국가채무에는 포함되지 않고 있음. ⇒ ㉠ 이는 보증채무를 채무의 발생 가능성 및 발생규모가 확정되지 않은 우발채무로 보기 때문임. ㉡ 그러나 만약 문제가 생기면 보증분에 대하여 정부가 물어줘야 하기 때문에 국가채무가 늘어나는 요인이 될 수 있음.

## 3. 국가채무 현황

### 3.1 과거 추이

- 2005년 말 기준 우리나라의 국가채무는 248조 원으로 외환위기 당시인 1997년(60.3조 원)에 비해 무려 4배 이상 증가
  • 이처럼 국가채무가 급증한 것은 1998년 이후 외환위기를 극복하는 과정에서 정부가 경기회복과 금융안정을 위해 정부지출을 늘린 데 주로 기인
- 우리나라의 국가채무는 경제가 적정성장을 통해 충분히 감당할 수 있는 수준이긴 하지만 급속히 늘어나는 빠른 증가속도에 대해 우려가 됨.
- 또한 2006년 이후 인구 노령화의 진전에 따라 사회복지예산이 크게 증가할 것으로 예상되는데, 이를 조세 대신 국채로 해결하면 국가채무는 불과 몇 년 안에 급격하게 늘어날 것임.

### 3.2 최근 추이

- 국회 예산정책처가 공표하는 국가채무시계가 2014년 7월 17일 현재 500조 원을 넘어섰음. ⇒ 2014년 들어 17조4000억 원(3.6%) 늘어난 셈이며, 증가세도 가파름.
  • 외환위기가 일어난 1997년 60조 원 규모이던 국가채무는 2014년 말이 되면 515조 원으로 8.5배나 불어날 것으로 전망
  • 국내총생산(GDP) 대비 비중도 11.9%에서 36.5%로 3배 이상 증가 전망
  • 국민 1인당 국가채무 또한 사상 처음으로 1,000만 원을 넘어설 것으로 전망
- 박근혜 정부는 2013년에 수립한 국가재정 운용계획에서 2012년 443조 원이었던 국가채무가 임기 중 167조 원가량 증가할 것으로 예상했으나 이마저도 장밋빛 전망에 그칠 가능성이 커지고 있음.
  • 내수침체 등의 영향으로 2014년도 세수가 10조 원가량 부족할 것으로 우려되는 데다 최경환 경제팀이 경기·심리가 살아날 때까지 거시정책을 과감하게 확장적으로 운영하겠다고 밝혔기 때문임.
- 돈 쓸 데는 많아지는데 실탄은 부족하니 결국 국채를 발행해 빚을 늘릴 수밖에 없음. ⇒ 2017년까지 관리재정수지 적자를 균형 수준인 국내총생산(GDP)의 0.4%(7조4000억 원)까지 낮추겠다는 계획도 무산될 가능성이 큼.
- 더 큰 문제는 나랏빚을 키우는 악순환이 되풀이되고 있다는 점임.
  • 이명박 정부에 이어 박근혜 정부도 균형재정 달성시기를 다음 정권으로 떠넘기는 모양새인데, 경기를 살려보겠다는 취지는 이해하나 무책임하지 않을 수 없음.

- 경기침체변수를 감안하더라도 몇 개월 만에 성장률 전망치 등을 낮추고 균형재정시점을 늦추는 일이 반복된다면 정부가 앞장서 혼선을 부추기는 꼴이 됨. ⇒ 정부의 경제운용·재정관리 능력을 신뢰하기 곤란
- 이런 상황에서 대내외 충격이라도 발생하면 재정건전성은 급속히 악화될 수 있음. ⇒ 우리나라가 외환위기나 글로벌 금융위기를 빠르게 극복할 수 있었던 데는 건전한 재정의 뒷받침이 컸는데, 지금 같은 추세가 계속되면 빚 폭탄만 남기게 됨.

### 3.3 대책

- 정부 세출의 구조조정과 세입 기반 확충을 통해 재정건전성을 높여 후손에게 너무 많은 빚을 물려주지 않도록 노력해야 할 것임.

#### 참고자료

(1) 임태옥(2007), "국가채무", 한국은행 경제교육 청소년 경제나라(시사경제), 한국은행 전북본부, 2007. 05. 22.
(2) 김영진(2007), "우리나라의 국가채무는 얼마나 될까?", 한국은행 경제교육 청소년 경제나라(시사경제), 한국은행 경남본부, 2007. 07. 09.
(3) 2014. 07. 17., 《서울경제》

## 부록 [7-2] 조세 혹은 세금 이야기

### 1. 세금의 의미

- 국가 재정에 필요한 재원을 마련하기 위한 목적으로 개별적인 보상 없이 국민으로부터 강제로 징수하는 것이 특징
- 국가와 국민 간의 합의와 협력에 의해 강제로 거두어들이는 것이기는 해도 국방, 치안, 경제적 안정, 사회보장제도 등을 통해 간접적이고 일반적인 보상을 하기 때문에 결과적으로 국민 모두에게 세금의 혜택은 돌아감.
- 그러나 일방적으로 세금을 징수 당하는 개개인의 입장에서 보면 상황은 달라짐.
  - 개인의 입장에서는 지금 당장 현실적인 세금 혜택을 본 것이 없기 때문에 세금은 그저 강제로 내는 돈으로 여겨지기 마련
  - 따라서 가능하다면 세금을 적게 내고 싶고, 줄이고 싶은 것이 모든 사람들의 솔직한 심정일 것임.

### 2. 조세의 역할

- 정부 재정 수입의 중요 수단
- 계층 간 소득재분배 기능
  - 소득이 적은 계층에 대해서는 낮은 세율을 적용하거나 세금을 감면해 부담을 덜어주고, 소득이 많은 계층에 대해서는 더 많은 세금을 부과
- 경제안정화 수단
  - 기업의 투자나 소비 지출을 촉진하거나 억제하는 등 경제안정을 도모하기 위한 수단으로도 활용됨.
- 개인이나 기업의 행동을 일정한 방향으로 유도하기 위한 수단으로 조세를 활용하기도 함.
  - 일례로 교통세를 부과하면 사람들은 차량 운행을 줄이는 방향으로 반응함.

### 3. 조세부담의 적정 수준

- 국민들의 조세부담을 어느 수준으로 할 것인지는 끊임없이 논쟁거리가 되어 왔는바, 이러한 논쟁은 '큰 정부'와 '작은 정부' 가운데 어느 것이 더 바람직한가 하는 문제와도 밀접한 관련이 있음.

- 큰 정부, 다시 말해 정부가 다양한 일을 해줄 것을 바라는 사람들은 조세부담의 증가를 감수해야 할 것임.
- 반면 어떤 사람들은 우리 경제의 수준에서 현재의 세금도 너무 무거운 부담이라고 주장하면서 세금을 더 줄여야 한다고 주장
- 사회복지, 교육 등 정부의 역할이 더 강화되어야 할 부문이 아직 많기 때문에 조세부담이 어느 정도 높아지는 것은 불가피한 측면이 있음.

## 4. 세금의 종류

### 4.1 징수 주체에 따른 구분 : 국세와 지방세

- 국세는 중앙정부인 국세청 소속의 세무서에 내는 세금
  - 내국세, 관세, 교육세 등이 이에 해당
  - 특히 내국세에는 소득세와 법인세 등의 직접세와 부가가치세, 특별소비세, 주세 등의 간접세가 포함됨.
- 지방세는 지방자치단체에 내는 세금
  - 주민세, 취득세, 재산세, 자동차세, 등록세 등이 있음.

### 4.2 세율의 결정방법에 따른 구분 : 정액세, 비례세, 누진세, 그리고 역진세

- 정액세는 과세표준의 크기에 상관없이 일정한 세금을 부담하는 형태로 주민세 및 방범비가 이에 해당됨.
- 비례세는 모든 납세자에게 일정한 비율을 정해 받는 세금
  - 평균세율이 과세표준의 증가에 따라 일정
  - 소비세, 사회보장세 등이 이에 해당됨.
- 누진세는 소득이 증가할수록 높은 세율을 적용(평균세율이 증가)
  - 소득재분배와 자동안정화장치의 역할을 함.
  - 소득세와 재산세 등은 누진적 과세체제를 갖는 대표적 세금임.
- 역진세는 소득이 증가할수록 평균세율이 낮아지는 세율구조를 말함.
  - 세 부담이 소득수준이 높을수록 감소
  - 과세표준이 증가할수록(소득수준이 높을수록) 평균세율은 낮아지게 됨.
  - 그러나 세율이 낮아져 세 부담이 줄어든다고 하더라도 과세부담의 절대적인 크기(세액)는 증가함.
  - 이와 관련해 역진세에서 저소득층이 더 많은 세금을 낸다는 것은 다소 잘못 인식된 것인데, 저소득층이 다른 소득계층보다 더 높은 소득비율을 세금으로 납부하나 절대

세액에서는 결코 고소득층보다 더 금액이 크지는 않음.

• 역진세는 현실적으로 세금의 형태로는 존재하지 않지만 세금과 비슷한 성격을 가지는 정부 발행 복권의 경우를 들 수 있음. ⇒ 복권을 통한 재원 마련은 매우 역진적 조세가 됨.

• 또한 부가가치세는 역진적 과세체계를 갖는 대표적 세금임.[266)]

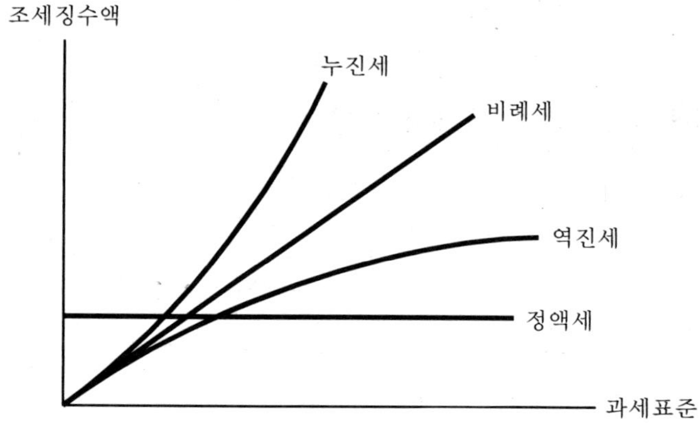


**[그림 부7-1] 세율기준에 따른 세금형태**

### 4.3 납부 주체에 따른 구분 : 직접세와 간접세

- 직접세는 개인 소득세, 법인세, 재산세, 상속세, 증여세 등 재산의 증가에 따라 일정액을 내는 세금
  - 납세자와 담세자가 일치
  - 공평 세제 혹은 공평 과세
  - 형평성에서 보면 직접세를 많이 적용하여 빈부의 격차를 줄이는 것이 좋으나 직접세는 조세 저항이 커서 걷기 어려운 단점이 있음.
- 간접세는 물건이나 서비스에 부과되는 것으로 부가가치세, 특별소비세, 주세, 수입관세, 전화세 등이 있으며 조세의 부담이 다른 사람에게 옮겨갈 수 있는 세금을 말함.
  - 법률상의 납세 의무자(납세자)와 실제 조세 부담자(담세자)가 다름.

266) 참고로 부가가치세나 물품세의 경우 세율 구조가 역진적일 수 있음. 소비지출이 소득에서 차지하는 비중은 소득이 상승함에 따라 감소하기 때문에 일정률의 세율을 모든 소비재화와 용역에 적용시키면 역진성이 나타남. 이런 이유 때문에 가난한 사람들로서는 직접세인 재산세 부담은 느끼지 못할 것임. 반면에 물건을 사서 소비할 때 부담하는 부가가치세는 부자건 가난하건 관계없이 동일한 세율을 적용받기 때문에 가난한 사람들이 느끼는 세 부담은 부자에 비해 더 클 것임. 유성임(2007) 참조.

• 예를 들어 술값에 포함되어 있는 주세는 술 만드는 회사가 납세 의무자이지만 실제 돈을 내는 사람은 술을 마시는 사람이라 볼 수 있음. ⇒ 부담은 소비자가 하는데, 납부는 생산자(기업)가 하는, 즉 납세자로부터 담세자에게 세 부담이 이동
• 일반적으로 정부는 조세 저항이 적고 징수가 손쉬운 간접세를 선호하는 경향이 있음.[267)]
• 빈부격차를 심화시키고 가격의 전가를 통해 물가를 자극 ⇒ 불공평 과세

### 4.4 징수 목적에 따른 구분 : 일반조세와 목적세

- 목적세는 특정 목적을 달성하기 위해 그 징수와 사용을 제한하는 것으로 일례로 국세 가운데 목적세로는 교육세, 교통세(최근의 교통에너지환경세), 농어촌특별세 등을, 지방세 가운데 목적세로는 도시계획세, 공동시설세, 지역개발세 등을 들 수 있음.

## 5. 바람직한 조세제도가 갖추어야 할 요건

### 5.1 가능한 한 효율성을 해치지 않아야

- 정부가 의도하건 하지 않건 조세의 부과는 개인과 기업의 행동에 어떤 영향을 주는 유인으로 작용하기 마련인바, 순수하게 재정 수입을 늘릴 목적으로 부과한 세금도 개인과 기업의 행동을 변화시킴.
- 문제는 조세 부과로 인한 경제주체의 행동변화가 경제 전반의 효율성을 떨어뜨릴 수 있다는 점임.
  • 일례로 어떤 고가 품목에 특별소비세를 부과하면 사람들은 세금부담을 줄이기 위해 그 품목을 덜 사게 될 것이며, 또한 소득세 부담을 완화하기 위해 사람들이 더 적게 일한다거나 저축을 줄이는 행동을 보일 수도 있음.
  • 이와 같이 세금의 부과는 소비자의 의사결정을 왜곡시키고, 그 결과 소비자들이 자유롭게 자신의 소비에 대해 의사결정을 할 때에 비해 효율성이 떨어질 수 있음.
- 따라서 경제적 효율성의 상실을 최소화할 수 있도록 개인과 기업의 행동을 덜 왜곡시키는 조세제도를 찾아야 할 것임.

### 5.2 공평성의 확보가 중요

- 편익의 원칙
  • 납세자가 정부로부터 받는 서비스에 대한 대가로 세금을 납부해야 한다는 것인데, 다

267) 우리나라의 세금 체계 역시 간접세 중심으로 되어 있는바, "소득재분배 능력이 없는 간접세의 증가는 세제 형평성을 낮춘다는 측면에서 우려할 만하다"고 지적하기도 함.

시 말해 정부가 제공하는 서비스로부터 얻는 혜택에 비례하여 세금을 걷는 것이 바람직하다고 주장하는 입장

- 능력의 원칙
  - 편익 원칙에 의할 경우 가난한 사람이 소득에 비해 상대적으로 많은 세금을 내고 부유한 사람은 오히려 적은 세금을 낼 수 있다고 주장하면서, 납세자 자신이 받는 혜택과는 상관없이 각자의 경제적 능력에 맞게 세금을 내도록 하는 것이 보다 공평하다고 주장하는 입장
- 오늘날 대부분의 나라에서는 능력 원칙을 공평한 조세부담의 원칙으로 받아들이고 있음.

## 6. 세금부담을 줄이려는 행위 : 절세와 탈세

### 6.1 절세

- 이는 세법이 허용하는 범위 내에서 세금부담을 줄이려는 행위를 말함.

### 6.2 탈세

- 이는 사기 등 기타 부정한 방법으로 세금을 줄이려는 행위를 말함.
- 탈세 행위는 그 자체로서 범죄일 뿐만 아니라 이로 인한 세수 부족은 결국 다른 사람이 부담해야 하기 때문에 성실한 납세자에게 피해를 줌.
  - 외부불경제에 해당
- 근로소득밖에 없는 사람들의 경우는 소득의 크기를 알아내기가 비교적 쉬우나 자영업자의 소득이나 금융자산, 부동산 등으로부터의 소득의 경우에는 소득의 크기를 알아내기가 쉽지 않음.
  - 신용카드 거래가 과거에 비해 많이 증가했다고 하지만 아직도 현금 거래의 비중이 높은 데다 영수증을 주고받는 관행이 정착되지 않은 상황에서 교묘한 탈세 행위를 적발하기란 쉬운 일이 아님.

## 7. 조세회피와 탈세의 방지 대책

- 조세회피란 법의 미비점을 이용해 세금을 줄이는 행위를 의미하는데, 이는 사회적 비난의 대상이 될 수 있으나 법에 의해 처벌받지는 않음.
  - 따라서 조세회피는 어떤 의미에서 합법적인 탈세라고도 할 수 있음.
  - 조세회피와 탈세의 경계가 모호한 경우가 많은데, 최근 사회적으로 논란이 되고 있는 몇몇 재벌의 불법 경영권 승계를 위한 비자금 조성 등이 그 예임.

- 과세 당국 스스로 세금을 공정하고 투명하게 걷으려는 노력을 기울여야 함.
- 제도 면에서 소득세 이외에 다른 대안을 통하여 보다 공평한 조세제도를 확립할 수 있음.
  - 실제로 우리나라에서도 정부는 신용카드 복권제 실시, 신용카드 가맹점 확대, 입장권 전산발매 시스템 도입, 주류 구매전용 카드제 시행 등을 통해 과세 근거를 자동적으로 포착하기 위해 노력하고 있으며, 또한 금융소득 종합과세 재실시, 실제 거래가액에 의한 양도소득세 과세 등 탈세 근절을 위해 다양한 노력을 기울이고 있음.
- 완전한 세법을 마련한다는 것은 현실적으로 불가능하지만 국가는 공평 과세를 실현하고 재정을 든든히 하기 위하여 조세회피와 탈세 행위를 막는 노력을 더욱 기울여 나가야 할 것임.

## 관련 사항

### ▣ 조세부담률

- 국민소득(GDP)에서 차지하는 조세의 비율로 국민들 중 누가 얼마나 부담하는가를 나타내는 것은 아니며, 단지 국민 경제 전체에서 조세의 비중을 나타낼 뿐임.
- 우리나라의 경우 최근 들어 세금 증가 속도가 빠르게 증가하고 있으나, 조세부담률은 선진국들보다 아직 높은 편은 아님.[268)]

---

268) 기획재정부에 따르면 한국의 조세부담률이 2006년 19.7%, 2007년 21.0%, 2008년 20.7%, 2009년 19.7%, 2010년 19.3%, 2011년 19.8%, 2012년 20.2%였음. 조세부담률은 2000～2002년에는 19.6%→ 19.7%→19.8% 등 20%를 밑돌았지만 참여정부가 들어서면서 조세부담률은 오름세를 보였음. 이에 반해 MB정부는 감세정책과 예산절감을 병행해 2012년까지 조세부담률을 하향조정하려고 했음. 이에 따라 세금은 2009년 179조 6000억 원, 2010년 188조 원, 2011년 199조 7000억 원, 2012년 212조 4000억 원 등이 걷힐 전망임. 기획재정부 관계자는 "우리나라의 조세부담률은 2008년 기준 OECD 평균(25.6%)보다는 낮지만 미국(20.6%), 일본(17.3%)보다는 높다"면서 "세 부담을 줄여줘 '저부담→고투자→고성장'의 경제구조를 만들 것"이라고 말했음. 이와 관련하여 동아일보(2013. 9.11) 참조. 한편 2014년 3월 30일 황성현 인천대 경제학과 교수가 한국재정학회 춘계학술대회에서 발표한 '정권별 조세·재정정책 기조의 평가와 시사점' 논문을 보면, 이명박 정부와 박근혜 정부에서 조세부담률은 0.9%포인트 하락한 것으로 나타났음. 황 교수는 논문에서 김영삼(1993～1997), 김대중(1998～2002), 노무현(2003～2007), 이명박(2008～2012) 등 4개 정부의 조세·재정 실적치와 박근혜 정부의 국가재정운용계획(2013～2017)을 비교했음. 조세부담률은 김영삼 정부(0.5%포인트 증가) 이후 김대중 정부(1.4%포인트 증가), 노무현 정부(2.2%포인트 증가)에서 계속 올라 21.0%에 이르렀음. 그러나 이명박 정부(0.8%포인트 감소) 들어 감소로 반전했고, 박근혜 정부(0.1%포인트 감소)에서도 줄어들어 20.1%에 머물 것으로 보임. 소득세의 경우 GDP에서 차지하는 비중이 노무현 정부에서 1.3%포인트 증가했지만 이명박 정부에서는 0.4%포인트 감소했음. 한국의 GDP 대비 소득세 비중은 3.6%로 2010년 기준 경제협력개발기구(OECD) 회원국 평균 8.7%의 절반

- 우리나라의 조세부담률이 가장 높았던 해는 2007년으로 21.0%였음. ⇒ 이것도 당시 OECD 평균보다 5%p 정도 낮은 것이었음.[269]

- 2013년도의 조세부담률은 추경기준으로 19.9%이나 7~8조 원의 국세 세수 결손을 감안하면 19.3% 내외 수준으로 전망됨. ⇒ 만일 국세 세수 부족이 더 심화되거나, 지방세 세수 결손이 발생하면 조세부담률은 더 낮아질 수 있음.

- 박근혜 정부의 '증세 없는' 정책은 결국 조세부담률을 별로 올리지 않겠다는 것을 의미함. ⇒ 박근혜 정부의 비과세·감면 축소,[270] 지하경제 양성화,[271] 금융소득 과세 강화

---

도 안 됨. 경제가 성장하는 만큼 소득세를 걷지 않고 있다는 의미임. 감세정책으로 국가재정은 그만큼 나빠졌음. 노무현 정부에서는 균형재정에 근접했지만 이명박 정부 들어 나빠졌고, 박근혜 정부 임기 중에는 더 악화할 것으로 보임. 황 교수는 "저출산·고령화·양극화로 재정수요가 많아진다는 것을 감안하면 감세 유지 정책은 부적절하다"면서 "2017년까지 조세부담률을 21.5~22.0%까지 올려야 필요재원 확보가 가능할 것"이라고 밝혔음. 이와 관련하여 경향신문(2014.03.30) 참조.

269) 우리의 세입기반은 이명박 정부의 대대적인 감세정책으로 이미 크게 훼손됐는데, 안 그래도 낮은 조세부담률은 2007년 21%에서 2012년 20.2%, 2013년 19%대 수준으로 떨어져 있음. 한편 기획재정부에 따르면 OECD 국가들의 평균 조세부담률은 2006년 26.5%, 2007년 26.3%, 2008년 25.6%, 2009년 24.5%, 2010년 24.6%였음. 수치에서 알 수 있듯이 2012년 한국의 조세부담률은 20.2% 수준인데, 이는 2011년보다 0.4%포인트 늘어났지만 경제협력개발기구(OECD) 회원국의 평균 조세부담률(24.6%·2010년)은 물론이고 국내 조세부담률이 정점을 찍었던 2007년(21.0%)보다도 낮음. 이와 관련하여 동아일보(2013.09.11) 참조.

270) 2015년 세법개정안을 준비하고 있는 정부는 각종 비과세·감면 제도를 정비하는 방식으로 세수 부족규모를 최소화할 계획임. 2014년 일몰이 도래하는 비과세·감면 제도는 모두 53개로 7조 8000억 원 규모임. 정부는 당초 국정과제 이행을 위해 3조 원 규모로 비과세·감면 축소를 추진할 예정이었지만 '세수 펑크'에 대한 우려가 커지면서 정비규모를 확대할 것으로 알려졌음. 고용창출(임시) 투자세액공제(감면액 1조8460억 원)는 고용을 유지할 경우 사업용 자산 투자금액의 1~4%를 기본 공제해 주고 고용 증가에 비례해 최대 3%까지 추가공제하는 제도임. 정부는 고용과 무관한 기본공제율은 인하하고 고용 증가에 비례하는 추가공제율을 인상하는 방향으로 제도를 재설계하는 방향을 검토하고 있음. 신용카드 등 사용금액에 대한 소득공제(1조3760억 원으로) 혜택을 축소하는 방안도 검토 대상임. 신용카드 소득공제율을 현행 15%에서 10%로 축소하는 방안이 논의되고 있는 것으로 알려졌음. 사업자에 대한 신용카드 매출 세액공제(1조5000억 원)도 축소될 것으로 보임. 거래 투명화를 위해 신용카드로 결제 받은 금액의 1.3~2.6%를 연 500만 원 한도 내에서 세액 공제해 주는 제도임. 매출액 규모별로 공제율을 차등화하거나 공제 한도를 줄이는 방안 등이 제시되고 있음. 또 가장 감면규모가 큰 연구·개발(R&D) 비용 세액공제(2조9000억 원)는 대기업에 대한 혜택을 줄이기 위해 공제율을 하향조정하는 방안이 검토되고 있음. 각종 금융상품에 대한 비과세·감면 제도도 대폭 축소될 것으로 보임. 농협, 수협 등 조합 출자금 배당소득과 예탁금 이자소득에 대한 비과세 혜택은 가입 대상에서 준조합원을 배제하거나 가입 한도를 단계적으로 축소하는 방안이 논의되고 있음. 이자·배당 소득에 저율 분리과세를 하는 상품인 세금우대종합저축의 경우 대상을 취약계층으로 한정하는 방향으로 개편될 것으로 보임. 비과세 대상인 생계형 저축 역시 도입의 본래 취지에 맞게 고소득층을 지원 대상에서 제외하는 방안이 제시되고 있음. 이와 관련하여 뉴시스(2014.07.08) 참조.

271) 지하경제 양성화에 반대할 사람은 없으나, 이를 통해 확보할 수 있는 재원규모에는 한계가 있음. 세무조사를 강화하게 되면 관련 경제활동이 위축되기도 하고, 더 음성화되기도 하기 때문에 이러한 요인들을 감안해야 함.

를 반영한 조세부담률은 2017년이 되어도 20.1%에 머물고 있음.

- 이는 2007년 이후 소득이 증가하고 고령화가 빠르게 진행된 10년 이후에도 조세부담률을 10년 전보다 1%p 정도 더 낮게 유지하겠다는 것임.

- 이러한 조세부담률 수치들은 이명박 정부의 감세정책과 박근혜 정부의 '증세 없는, 즉 감세기조 유지' 정책의 결과를 명확하게 보여주고 있는 것임.

### 참고자료

(1) 경제교육연구회(2008), 《생활인을 위한 경제학 이야기》, 시그마프레스, 2008. 02.
(2) 유성임(2007), "역진세란 정확히 어떤 것인가?", 《"click" 경제교육》, KDI경제정보센터, 2007. 08.
(3) 2007. 09. 29., 《조선일보》
(4) 김승욱 외(2008), 《알짬 시장경제》, 박영사.
(5) blog.daum.net/lsak21/6094299(김택천 블로그), "조세정책기조의 전환과 세제개편 방안", 2013. 11. 08.
(6) 2014. 07. 08., 《뉴시스》
(7) 2013. 09. 11., 《동아일보》
(8) 2014. 03. 30., 《경향신문》

## 부록 [7-3] 한국의 재정

### 1. 국가재정 비상[272]

- 정부가 2014년 이후 써야 할 돈이 눈덩이처럼 불어나고 있음. ⇒ 특히 경기부양을 위해 추경 편성 등 재정 투입 규모는 더욱 늘려야 할 형편이지만, 경기가 위축되면서 세금으로 걷히는 돈은 크게 줄어들고 있어 국가 재정 관리에 비상이 걸렸음.
- 2014년 세수 부족은 10조 원이 넘을 것으로 예상됨. ⇒ 2013년에 편성한 예산 중 세수 부족 등으로 집행하지 못한 불용액은 18조1000억 원에 달함.
- 이에 따라 정부가 국민에게 거둬들이는 세금을 늘리기에 앞서 세출구조조정을 통해 예산 낭비로 새는 돈을 줄여야 한다는 지적이 제기됨.
- 예산 낭비 사례
  - 2018년 개최될 예정인 평창 동계올림픽과 관련하여 유치 신청 당시 요구했던 금액보다 6조 원 이상 많은 12조8485억 원이 들어갈 것으로 추산됐음. ⇒ 국고에서 지원하는 금액도 당초 4조5439억 원으로 신청했으나 실제로는 7조3533억 원이 들어갈 것으로 예상 됐음.
  - 복지 예산도 갈수록 불어나고 있음. ⇒ ㉠ 정부부처 가운데 가장 많은 예산을 집행하는 보건복지부가 2014년보다 12% 늘어난 52조 원을 기획재정부에 요청해 복지 예산이 사상 처음으로 50조 원을 돌파했음. ㉡ 복지부는 2013년도에 42조 원의 예산을 배정받았으나 이를 다 쓰지도 못하고 2400억 원가량을 불용액으로 남겼음. ㉢ 이에 따라 엄정한 예산 편성과 함께 지출구조조정이 시급하다는 지적이 일고 있음.
  - 농업보조사업과 면세유 공급부문 ⇒ 농민들에게 지급되는 농업보조사업과 이들이 사용하는 유류량에 비례해 지급하는 면세유의 경우, 과다 신청과 부정 수급 등으로 많게는 수조 원의 예산 낭비가 있는 것으로 파악되고 있음.
  - 사회간접자본(SOC)도 적지 않은 예산 낭비로 꼽힘. ⇒ 공항이나 철도 등 SOC는 겉으로는 지역 발전을 표방하고 있음에도 실제로는 지역구 국회의원의 민원인 경우가 대다수이며, 지역주민과 국회의원들의 민원용으로 SOC 예산이 움직이는 건 예산 낭비의대표적 사례라고 할 수 있음.
  - 어린이집도 시간제로 맡기는 유아를 정규 등록된 유아로 등록해 예산을 받아가고 있

272) 이와 관련하여 매일경제(2014.07.15) 참조.

으며, 농어민 지원 예산도 실제로 농어민에게 지원되기보다는 농협이나 지역단위조합, 농업 관련 공사로 흡수되고 있음.

## 2. 지자체 행사(평창올림픽 개최)에 따른 재정부담 가중273)

- 2018년 개최될 평창올림픽에 국가예산이 2014년 9월 열리는 인천아시아경기대회에 비해 12배나 더 들어갈 것으로 전망되면서 가뜩이나 세수 부족에 허덕이는 국가 재정에 큰 타격을 줄 수 있다는 지적이 나오고 있음. ⇒ 게다가 평창올림픽 예산에는 국가가 지원해야 할 부담비율을 최소 75%로 못 박는 사상 초유의 입법장치가 갖춰져 있어 재정당국의 예산권이 사실상 무력화된 상태임.
- 정부에 따르면 2018 평창동계올림픽의 총사업비는 12조8485억 원 수준으로 예상됨. ⇒ 이 중 국고로 지원해야 하는 비용은 57% 수준으로 7조3533억 원 규모임.
  - 강원도는 평창올림픽 유치 승인 신청 시 6조6140억 원의 총사업비를 요구했지만 유치 이후 두 배가량 총사업비를 부풀렸음.
  - 2014년 9월 열리는 인천아시아경기대회에는 총 1조9748억 원의 사업비가 들어갔는데 이 중 국고지원액은 5936억 원으로 30%에 그쳤음.
- 국제경기대회 유치는 나라 경제에 '양날의 칼'임.
  - 부족한 사회간접자본을 정비하고 민간소비를 늘리고, 경기에 대한 자신감을 키워 준다는 점에서 매력이 있음.
  - 다만 '한여름밤의 꿈'을 위해 자칫 과도한 예산을 쏟아 부을 경우, 추억은 짧고 빚은 영원한 비극적 상황에 직면할 수 있음. ⇒ 특히 저성장 국면에 접어든 상황에서 불필요한 중복투자가 일어나면 예산이 비효율적으로 집행돼 경기에 찬물을 끼얹을 우려도 있음.
- 재정당국은 평창올림픽의 효율적인 예산 집행을 위해 해당 지자체 및 관련 부처들과 끊임없이 물밑 협상을 진행 중임.
  - 특히 인구가 1만 명이 되지 않는 강원도 평창읍에 동계올림픽 개·폐회식용 경기장을 신설해야 하는지 고심하고 있음.
- 일각에선 전체 사업비의 90% 가까이를 차지하는 철도·도로 등 SOC 투자를 과감히 줄여야 한다는 의견도 나옴.
  - 강원도의 부족한 SOC를 감안하더라도 예산 한 푼이 아쉬운 상황에서 엄밀한 수요조사 없이 도로와 철도를 촘촘히 까는 게 맞느냐는 논리임.
  - 한 국책연구원 관계자는 "최근에는 아무것도 없는 곳에 도로를 신설하기보다 철저한

273) 이와 관련하여 매일경제(2014.07.15) 참조.

수요조사를 통해 이미 수요가 확실한 곳에 재투자하는 것이 글로벌 재정지출 트렌드" 라고 조언했음.

- 한편 평창올림픽 특별법에선 국고지원 비율을 사실상 75%로 못 박는 규정을 두고 있어 '나쁜 선례'가 될 수 있다는 지적이 나옴.[274)]
  - 국가보조금 비율을 정해 놓고 있는 일반 법규를 무시하고 개별 국제경기대회의 국비 보조비율을 따로 정하면서 재정당국의 예산심사권이 사실상 유명무실해진 셈임.

### 3. 국가재정 축내는 '묻지마 입법' 여전[275)]

- 재정건전성[276)]이 흔들리면서 정부가 2015년도 예산안 편성 시 처음으로 '페이고(pay go) 원칙'[277)]을 도입했으나, 이를 뒷받침하는 '법안 비용추계제도'는 사실상 유명무실한 것으로 드러났음.
  - 법안비용추계는 정부나 국회의원, 국회 위원회가 법안을 발의·제안·제출할 때 그 법안의 시행에 따른 재정 지출 증가액을 예측하는 것임. ⇒ 재정이 지출되는 정책을 입법할 때 재원조달 방안을 의무적으로 제출하는 '페이고 원칙'은 비용을 추계하지 않고서는 불가능함.
- 2014년 7월 13일 기획재정부와 국회예산정책처에 따르면 비용추계제도가 도입된 2005년부터 2013년까지 17~19대 국회에 발의·제출·제안된 재정지출 증가 초래 법안은

274) 이 법 35조에는 "국가는 대회 관련 시설 중 경기장의 신축 및 개축·보수에 소요되는 사업비에 대하여는 '보조금 관리에 관한 법률' 제9조에도 불구하고 사업비의 75퍼센트 이상 지원할 수 있다"고 규정하고 있음.

275) 이와 관련하여 세계일보(2014.07.14) 참조.

276) 앞서 언급한 바와 같이 우리나라는 국가의 재정이 얼마나 튼튼한지를 판단하는 지표로 관리대상수지라는 것을 사용하고 있음. 관리대상수지는 재정건전성 여부를 명확히 판단하기 위해 통합재정수지에서 사회보장성기금 흑자와 공적자금상환소요를 제외한 수지를 의미함(즉 관리대상수지=통합재정수지−사회보장성기금 흑자+공적자금상환소요). 여기서 통합재정수지란 당해 연도의 순수한 재정수입에서 순수한 재정지출을 차감한 수치로서 재정활동의 건전성 파악을 위해 활용함(즉 통합재정수지=세입〈경상수입+자본수입〉−세출 및 순융자).

277) 정부재정 건전화 방안의 하나로서 페이고(pay-go)는 'Pay as you go(번만큼 쓴다)'를 줄인 말로 의무지출을 위한 정책을 추진하기 위해 새로운 입법을 하고자 할 때 이에 상응하는 세입 증가나 법정지출 감소 등 재원조달 방안이 동시에 입법화되도록 의무화하는 것을 말함. 이는 새로운 정부 재정지출 항목이 추가됨으로써 재정수지에 미칠 수 있는 영향을 상쇄시키기 위해서임. 결국 페이고 원칙은 정부가 경기부양 등의 목표를 위해 지출계획을 짤 때 재원확보 방안까지 마련하도록 한 원칙을 말함. 페이고 정책은 경기부양 효과가 적은 일반 경직성 부문은 과감하게 삭감(pay)하는 대신, 큰 쪽으로 몰아준다(go)는 게 기본 메커니즘임. 구미 선진국에서 인기 영합성 포퓰리즘 정책을 원천적으로 차단하고 재정균형을 달성하기 위해 이를 활용하고 있음. 한편 우리나라는 재정건전성 강화를 위해 페이고 원칙을 도입해 2010년 5월 17일부터 시행하고 있음. 미국의 경우 1990년 재정건전성 회복을 위해 페이고 원칙을 도입했다가 2002년 폐지했으나, 재정건전성 문제가 다시 불거지자 2010년 2월 관련법을 부활시킨 바 있음.

7055건이었는데, 이 중 비용추계서가 첨부된 법안은 2191건(31.1%)에 불과했음. ⇒ 나머지는 소요 비용이 적은 법안(1613건 · 22.9%)이거나 추계 대상이 국가안전보장 · 군사기밀에 관한 사항(144건 · 2.0%), 기술적으로 비용 산정이 어려운 경우(3107건 · 44.0%)라서 비용추계서 대신 미첨부 사유서가 제출됐음.

- 비용 추계가 '곤란'으로 첨부된 미첨부 사유서는 법안의 비용 정보가 전혀 제공되지 않아 국가재정 건전성을 해칠 우려가 크지만, 미첨부 사유서를 제출하는 사례는 증가 추세임.
  - 미첨부 사유서가 제출된 법안의 비율은 2005년 3.4%에서 2013년 54.4%로 절반을 넘어서 비용추계제도를 유명무실하게 만들었음.
- 게다가 국회의 각 위원회가 제안한 재정부담 유발 법안이나 대안의 대부분은 비용추계서뿐만 아니라 미첨부 사유서조차도 첨부되지 않았음.
  - 비용추계서가 첨부된 것은 2005~2009년 5년 동안 고작 26건이었으며, 이후 4년간은 첨부 실적이 없음.
- 국회는 2014년 2월 의원 입법 시 비용추계서를 의무화하는 국회법 개정안을 통과시켰지만, '긴급한 사유가 있는 경우 위원회 의결로 생략할 수 있다'는 단서 조항을 달았음. ⇒ 재정건전성을 담보할 법안 비용추계제도가 실효를 거두려면 미첨부 사유서를 남발하지 않도록 해야 한다는 지적이 나오는 배경임.
- 콜자금 대통령은 2014년 5월 국가재정전략회의를 주재하며 "재정건전성은 국민경제를 지키는 최후의 보루"라면서 구체적 재원대책을 마련한 이후에 예산을 요구하는 '페이고 원칙'을 강조한 바 있음.
- 임준기 국회예산정책처 예산분석관은 "법안의 내용이나 소요 비용을 검토하지 않은 채 쉽게 미첨부 사유서를 제출하면 비용에 관한 합리적인 비교와 판단이 어렵게 돼 국가재정에 해를 끼친다"고 말했음.

### 4. 적정 예산 수요의 판단이 중요[278)]

- 세금 징수가 차질을 빚으면서 세수 부족이 현실화되고, 이에 따라 정부 각 부처가 예산을 불용 처리하는 반복 현상이 되풀이되고 있음.
- 적정 예산의 투입이 지연돼 경기 대응에 브레이크가 걸리고 다시 세수 부족으로 연결되는 상황이 반복된다는 지적도 나옴.
- 2014년 7월 14일 기획재정부에 따르면 2013년 정부의 불용예산은 18조1357억 원으로

278) 이와 관련하여 매일경제(2014.07.15) 참조.

일반회계에서 10조5428억 원, 특별회계에서 7조5930억 원이 발생했음.

- 불용예산이란 말 그대로 '쓰지 않은 예산'을 일컫는데, 예산 수요를 집계하고도 사업을 미집행하거나 세수가 부족해 투입하지 않은 돈이란 얘기임.

- 문제는 18조 원에 달하는 2013년 불용예산이 전년도의 3배 수준이란 점인데 2013년 불용예산은 규모만으로도 역대 최대를 기록했음. ⇒ 2012년 정부의 불용예산은 5조7221억 원이었음.
  - 기재부 관계자는 "2013년 불용액이 전년 대비 크게 증가한 이유는 세수 부족에 따른 결과"라고 설명했음.
  - 상황이 이렇다 보니 세수 부족에 따라 정부가 의도적으로 예산을 불용한다는 의혹까지 나옴.

- 최재성 새정치민주연합 의원이 공개한 국회예산정책처의 '2013회계연도 불용사업분석'에 따르면 정부는 경기대응예산과 복지예산, 안전예산의 불용 정도가 높은 것으로 나타났음.
  - 개별사업을 보면 교통시설특별회계 중 불용 처리된 1조2000억 원은 2013년 추경을 위해 증액한 4000억 원의 3배에 달했고, 보육복지예산 가운데 아이 돌봄 지원 사업은 85억 원이 불용됐는데 추경에서 증액한 42억 원의 2배임.
  - 예산정책처는 세수 부족에 따라 정부가 예산이나 비용 절감을 위해 집행하지 않고 불용한 것으로 분석했음.
  - 추경을 하고도 쓰지 못할 만큼 예산 수요를 잘못 산정했다는 의미임.

- 결과적으로 적정 예산의 수요 판단이 관건임.
  - 이상빈 한양대 교수는 "정부는 세금이 걷히지 않아 관련 사업들을 진행하지 못한다고 하지만, 결국 필요한 건 적정 예산의 수요를 판단해 내는 것"이라며 "이 같은 추세라면 2014년도 세수 부족이 현실화돼 불용예산이 늘어날 수밖에 없는 한계가 있다"고 말했음.

### 5. 재정운영의 정책적 대응 방향[279)]

- 대외경제정책연구원 김규판 연구위원은 2014년 5월 21일 제출한 '일본 재정의 지속 가능성과 재정규율에 관한 연구' 보고서에서 일본 재정이 악화된 구조적 문제점을 재정규율 관점에서 연구한 결과를 토대로 우리나라 재정운영의 정책적 대응 방향을 제시하였음.

- 보고서는 일본 재정이 어려움을 겪게 된 원인으로 ㉠ 증세 없이 세출 삭감과 국채발행을 통해 복지 강화를 이루려고 한 점, ㉡ 각종 경기대책을 명분으로 추가경정예산을

279) 이와 관련하여 아시아경제(2014.05.21) 참조.

과도하게 편성한 점 등을 꼽았음. ⓒ 이밖에 '정고관저(政高官低)'로 대표되는 정치권과 관료집단의 관계로 인해 공공투자 분야 예산 편성이 효율성보다는 '나눠먹기식'으로 이뤄진 것과 재정규율이 엄격하지 않았던 점 등도 원인으로 지목됐음.

- 보고서는 또 일본 정부가 사회보장제도의 지속 가능성을 제고하기 위해 소비세율인상과 지출삭감 노력을 경주하고 있으나, 고도 경제성장과 인구증가를 전제로 한 사회보장제도의 근본적 개혁에는 이르지 못하고 있다고 지적했음.
- 보고서는 그러면서 "일본 재정이 2000년대에 들어서부터 이미 지속 가능하지 않다는 결론이 도출되고 있다는 점으로 미뤄 우리 정부는 인구 고령화와 저성장 시대를 감안한 재정운용 기조를 수립해야 한다"고 말했음. ⇒ 이어 "우리 정부 재정의 지속 가능성을 유지하기 위해 부가가치세, 소득세 등 일련의 세제개편을 염두에 두되, 세제개편에 관한 국민적 합의를 도출하는 데 주력할 필요가 있다"며 "재정규율을 강화하기 위해서는 중기재정계획의 실효성 제고와 재정당국인 기획재정부로의 권한 집중과 재정준칙의 법제화가 필요하다"고 말했음.

## 6. 조세정책 및 세제개편[280]

### 6.1 박근혜 정부의 국가재정운용계획

- 박근혜 정부는 5년간 135조 원[281]의 공약재원을 마련하는 재원조달의 기본 방향으로 소위 '증세 없는 복지 확대'라는 정책기조를 국정운용의 중요 방침으로 설정
  - 2013년 5월 발표한 '공약가계부'에 의하면 세입 확충을 통해 50.7조 원, 세출 절감을 통해 84.1조 원을 마련하는 것으로 되어 있음.
  - 세입 확충 방안은 비과세감면 축소 18조 원, 지하경제 양성화 27.2조 원, 금융소득과세 강화 2.9조 원, 세외수입 확대 2.7조 원 등임.
  - 정부의 '증세[282] 없는 복지 확대' 방안이란 '세율 인상이나 세목 신설' 없이 재원을 조달하겠다는 것임.

---

280) 이와 관련하여 blog.daum.net/lsak21/6094299 → 김택천 블로그(2013.11.08) 참조.

281) 정확한 금액은 134조8000억 원임. 이 중 48조 원은 조세(국세) 수입을 통해 조달돼야 함. 정부는 연차별 재원대책을 계획하면서 경기가 완만한 상승세를 이어간다는 가정에 따라 2013년 2조 9000억 원, 2014년 7조6000억 원, 2015년 11조1000억 원, 2016년 12조9000억 원, 2017년 13조6000억 원 등 매년 세수 확충 규모가 늘어나도록 했음. 이와 관련하여 뉴시스(2014.07.08) 참조.

282) '증세'라는 용어부터 제대로 써야 함. 이 용어를 잘못 사용하면서 많은 혼란이 빚어졌는데, 2013 세제개편과정에서 정부의 소위 '말장난'에 대한 비판이 제기되었음. '증세'라는 용어는 국어사전에서 '세금의 액수를 늘리거나 세율을 높임'이라고 정의됨. 문제는 정부가 이 용어의 두 가지 의미 중 두 번째 것만을 마치 이 용어의 정확한 뜻인 것처럼 잘못 사용함에 따라 논란이 빚어졌음.

- 정부는 일단 이런 방식으로 재원을 조달하고, 만일 이 방안으로 재원이 부족할 경우 국민의 동의를 얻어 증세를 하겠다는 입장임.

### 6.2 비판적 견해[283)]

① 총론적 시각

- 정부의 이러한 방안이 일견 합리적인 것으로 보이지만, 이는 매우 부적절하고 문제가 많은 것이라고 판단됨.
  - 세율 인상과 같은 세제개편은 개혁 동력이 살아있는 정권 초에나 가능한 것이며, 시간이 지날수록 세율 인상은 어려워질 것임.
  - 일반적으로 얘기해서, 하고자 하는 정책의 소요 재원규모와 재원조달 방안이 실현할 수 있는 재원규모를 미리 예측하지 못하고 일단 해본 후에 부족한지 여부를 아는 정부를 유능한 정부라고 얘기할 수 없음. ⇒ 이런 일은 할 수 있으면 하는 것이고, 할 수 없으면 미리 다른 대책을 내놓는 것이 정상적인 것임.
  - 2013년 세제개편안에 대한 중산층의 반발은 정부 스스로 초래한 것임. ⇒ ㉠ 135조원의 공약을 내세우고 출범한 정권 초기의 세제개편안은 우리의 재정 현실을 냉철하게 분석하고, 필요한 재원 부담을 국민에게 솔직히 알려서 이해를 구하는 차원에서 이루어졌어야 함. ㉡ 이명박 정부의 감세정책으로 소득세, 법인세, 종부세 등의 세율이 낮아진 현실에서 이 문제는 그대로 두고 중산층 근로소득자의 세 부담 증가만을 추진하니, 그것이 얼마였던 간에 반발이 커진 것임.
- 우리 같은 소규모 개방경제에서 외부적 충격에 대응하고 고령화·통일에 대비하기 위해서 재정을 건전하게 운용하는 것이 무엇보다 중요함.
- 이명박 정부 이후 재정건전성이 크게 악화되었음. ⇒ 2013년과 2014년의 재정적자가 심화된 주요 요인의 하나는 박근혜 정부가 '증세 없는' 정책기조로 이명박 정부의 감세기조를 유지하고 있기 때문임.
  - 관리재정수지의 GDP대비 비율의 정권별 평균을 보면 참여정부 −0.3%, 이명박 정부 −1.8%(2009년 제외 시 −1.2%), 박근혜 정부 −1.2%임(박근혜 정부의 경우 2013~2017년 국가재정운용계획상의 전망치를 포함함).
  - 관리재정수지는 2008년 이후 10년간 전 기간에 걸쳐 적자이고, 그 평균치가 −1.5%임.
  - 2013년과 2014년도 예산상 GDP의 1.8%에 달하는 재정적자는 금융위기가 있었던 2009년을 제외하면 2000년대 이래 최고 수준의 적자를 의미함.
- 박근혜 정부가 발표한 2013~2017년 국가재정운용계획의 중요한 특징은 조세부담률을

283) 이하 내용은 주로 김택천 블로그에 소개된 황성현 교수의 견해임을 밝혀둠.

거의 올리지 않으면서 재정건전성을 회복시키기 위해 총지출 증가를 억제한다는 점임.

• 이런 면에서 2014년도 예산안은 초긴축 예산안이고, 중기적으로 재정규모 증가를 억제하고 있음. ⇒ 그 결과 2013년 총지출/GDP 비중은 추경 편성 등의 요인으로 26.3%로 높아지지만, 2014년부터는 계속 감소해서 2017년에는 23.4%까지 낮아지게 되는데, 이는 2004년보다도 낮은 수준임.

- 2014년도 예산안과 국가재정운용계획을 총량적으로 정리하면, '증세 없는' 정책기조를 고수한 결과 세입이 크게 부족하고, 그 상황에서 현재 상당히 악화된 재정건전성(GDP 1.8%의 적자)을 2017년까지 최소한의 수준(0.4% 적자)으로 회복시킨다는 제약조건을 설정한 결과, 총지출은 연평균 3.5% 증가로 억제했고, 그 결과 복지예산의 증가에는 뚜렷한 한계가 있으며, 그 밖의 교육 및 국방예산의 경우에도 증가가 억제되고 있는 것임. ⇒ 이러한 재정운용을 한 마디로 평가하면, 이명박 정부 이래 정부 스스로 세입을 낮추는 감세정책을 시행하고 그 기조를 박근혜 정부가 이어가면서, 재정건전성은 악화되고 정부재정이 해야 할 일은 제대로 못해서, 저출산 · 고령화 · 양극화 문제를 개선하지 못하고, 침체되고 늙어가는 경제를 살릴 방법도 없는, 그리고 대선공약도 제대로 이행할 길이 없는 형국이라고 할 수 있음.

- 따라서 해결방법은 간단하여 적절한 수준의 증세를 하면 많은 문제의 실마리가 풀릴 것임. ⇒ '증세 없는' 정책기조를 더 이상 고집하지 않는 것이 해결책임.

② 조세정책기조의 전환과 세제개편 방안

- 당면한 문제 해결을 위한 재원확보의 첫걸음은 지금까지의 감세정책 기조를 증세정책 기조로 전환하는 것에서부터 시작되어야 함.

- 우리는 경제규모면에서 비약적 성장을 했지만, 복지지출 수준은 선진국의 절반 수준이고, 빈곤율 등 각종 사회지표는 OECD 국가 중 꼴찌 수준이며, 국민의 복지에 대한 요구가 분출되는 상황에서, 저출산 · 고령화 · 양극화의 당면과제를 극복하고 경제를 살리기 위해서는 그 동안 제대로 수행되지 못했던 재정의 역할을 강화해 나가야 함.

- 현재의 경기부진을 극복하고 우리가 더 성장하기 위한 방안
  • 중단기적으로 복지 · 교육 분야 등의 정부지출을 늘려서 총수요와 내수를 확대
  • 중장기적으로는 그러한 투자를 통해 출산율과 여성 경제활동 참가율을 높이고, 인재를 키우고, 고령화 속도를 늦추며, 의료 · 보육 · 요양 등의 사회서비스를 확대하고 생산성을 높여나가야 함.
  • 심화된 소득 불평등을 완화하고, 계층 간 이동성이 높은 역동적 사회로 나아갈 때 성장도 가능함. ⇒ 최소한의 사회안전망이 갖춰져야 창의적이고 진취적인 선택이 가능해짐.

• 경기부진을 이유로 복지공약 등의 이행을 축소조정하자는 의견에는 동의할 수 없고, 이는 성장을 위해서도 바람직하지 못한 것임.

- 이제 '증세 없는 복지 확대'라는 '비현실적'이고 '실현 불가능한' 정책기조에서 탈피하여 부유층을 중심으로 점진적인 증세정책을 수행해야 함.

- 최근 증세와 관련하여 흔히 제기되는 주장이, "경제가 매우 어려운 상황에서 증세를 하면 민간부문이 더 어려워지므로 불황 시 증세는 적절치 않다"는 것임. ⇒ 그러나 이는 균형재정승수가 1이라는 사실을 이해하지 못한 주장으로 보임.
  • 균형재정승수=1이 의미하는 바는 다른 조건이 일정할 때 단기에 있어서 조세수입과 재정지출을 각각 1단위씩 늘리면 총수요가 늘어나서 궁극적으로 소득도 1단위 증가한다는 것임.
  • 즉 세입과 세출을 동시에 늘리는 정책은 경기 확장적임. ⇒ 특히 경제가 완전고용 상태에서 벗어나 있을 때 이러한 정책은 유효함.
  • 현재와 같이 민간소비가 부진하고 기업이 투자처를 찾지 못해서 자금을 많이 보유한 상황에서는 정부가 세금을 더 걷어서 이를 '지출'하는 정책이 경기 확장적 효과를 가짐.
  • 이는 적자재정보다는 못하지만 경기확장 효과가 있음. ⇒ 여기서 세수 증대를 병행해야 하는 것은 건전재정의 대원칙을 지키고자 하기 때문임.
  • 현재의 계획대로 정부가 재정지출 증가를 억제하고 '작은 정부'를 추구할 경우 경기는 더욱 나빠질 것임.

- 건전재정을 유지하면서 재정의 역할을 강화하기 위해서는 조세부담률을 제고해야 함. ⇒ 2017년까지 조세부담률을 21.5~22% 수준까지 제고할 경우, 경제에 미치는 부담을 최소화하면서 복지 확충이나 안보태세 강화 등을 위한 상당한 정도의 재원확보가 가능함.

- 조세부담률 제고를 위해 우선 요구되는 과제는 '소득세와 법인세의 기능을 정상화'하는 것임. ⇒ 그 기본 방향은 ㉠ 소득세의 최고구간(38%)을 1.5억 원 이하로 낮추고, ㉡ 소득세를 내지 않는 비율(40%)을 축소하며, ㉢ 법인세 최고세율을 2008년 이전 수준인 25%로 제고하는 것임.
  • 기능이 크게 미약한 소득세 기능의 강화와 세수효과가 큰 법인세 세율의 이전 수준으로의 환원 없이 현재의 세입기반을 정상화시키기 어려움. ⇒ ㉠ 소득세 최고세율(38%)의 인상 방안은 추후에 검토하는 것으로 하고, 우선 최고세율 구간을 세수효과를 감안하여 1.3억 원 수준으로 조정하는 방안을 추진, ㉡ 소득세 감면제도의 개선을 통해 소득세를 전혀 내지 않는 비율을 점차 축소해 나가야 함. ㉢ 법인세 과표 구간

의 단계를 늘리는 것은 바람직하지 않은 것으로 보임. → 과세표준 200억 원 이상에 대해 25%의 세율을 부과하는 방안을 우선적으로 추진할 필요가 있음. ㉣ 그밖에 상장주식 양도차익 과세는 중장기적으로 검토하고, 장내 파생금융상품에 대한 증권거래세 부과는 즉각적으로 도입해야 함. ㉤ 현재 법인세 인상에 대한 논란이 많은데, 법인세율 인상이 기업 행태에 미치는 부정적 영향만을 고려해서 법인세율 인상에 반대하고 있을 정도로 재정상황이 한가하지 않은 것으로 판단됨. → '법인세율 인상 불가'를 고수하려면, 재정 건전성을 포기하거나, 공약 이행을 포기해야 함.

- 정부가 추진하고 있는 비과세 · 감면 축소와 지하경제 양성화, 그리고 금융소득 과세 강화가 실효성 있게 추진되어야 함.
- 소득세 · 법인세 등의 정상화 이후 담배, 술 등에 대한 소비과세 강화를 추진해야 할 것임.
  - 환경 관련 세제의 강화를 검토해야 함.
- 이러한 방안들을 종합적으로 실효성 있게 추진할 때 조세부담률 제고가 이루어질 수 있고, 그래야만 직면한 많은 문제들을 해결해 나갈 수 있을 것임.

### 6.3 마무리[284)]

- 각종 경제연구기관들이 2014년도 한국의 경제성장률을 하향조정하는 등 2014년 하반기 이후의 경기 전망이 불투명해졌음.
- 세수 부족에 대한 우려는 실제 세수 진도율[285)]을 통해 현실화되고 있음.
- 또 경기 부진을 해소하기 위해 정부가 확장적인 재정정책으로 전환해야 한다는 요구도 잇따르고 있음.
  - 정부가 추가경정예산을 편성해 재정 지출을 늘릴 경우 비과세 · 감면을 축소하는 것만으로는 재원조달에 한계가 있음.
  - 이 때문에 일각에서는 정부가 세목 신설이나 세율 인상 등 '증세 카드'를 들고 나올 수 있다는 예상이 나옴.
- 2기 내각의 경제 분야를 책임질 최경환 경제부총리 겸 기획재정부 장관 후보자는 일단 증세론에 대해 부정적 입장을 표시했음.

---

284) 이하 내용은 주로 뉴시스(2014.7.8) & 뉴시스(2014.07.16) 참조.

285) 세수 부족액은 흔히 진도율로 따짐. 세수 진도율이란 세수 목표 대비 실적 비율(징수율)을 말함. 2013년 세수 불용액은 18조 원, 보통 5조 원 안팎인데 유독 높게 나타났음. 이는 세수가 생각보다 덜 들어오니까 정부가 의도적으로 불용을 선택한 것임. 당초 7~8조 원 불용 예상했으나 세수가 예상보다 크게 줄어든 결과임. 2014년의 경우 세수 부족액은 10조 원 정도 발생 전망.

- 최 후보자는 국회 기획재정위에 보낸 서면답변서에서 "국세수입 확보는 우선적으로 경제 활성화를 통해 추진하는 것이 바람직하다고 본다"며 "이와 함께 비과세·감면 정비, 지하경제 양성화 등을 통한 세입 기반 확충노력을 병행할 필요가 있다고 본다"고 밝혔음.
- 그는 "세목 신설, 세율 인상 등 직접적인 증세는 투자·소비에 미치는 영향, 재원마련 필요성, 그간의 정책 기조 등을 종합적으로 고려해 신중히 접근해야 할 필요가 있다"고 덧붙였음.
- 기재부 관계자는 "국민적 대타협 없이는 증세를 하지 않는다는 정부의 기존입장에는 변화가 없다"며 "2014년 세법개정안도 비과세·감면 정비 위주로 재원을 조달하는 방향으로 갈 것"이라고 밝혔음.

- 그런데 정부 역시 경기부진에 대한 우려를 인식하여 최경환 부총리가 마침내 2014년 7월 16일 취임 첫 기자간담회를 통해 "추경은 안하겠지만 재정확대정책을 펼치겠다"고 말했음. ⇒ 이는 현재 2015년 예산안이 편성 중인데다, 지금 추경을 편성하더라도 절차상 바로 사용이 힘들다는 현실적인 제약을 고려했기 때문임.

- 이에 따라 대안으로 떠오르는 게 기금이나 정책금융의 활용임. ⇒ 기금은 국회의 동의를 받지 않고 추경과 같은 용도로 사용할 수 있음.
  - 2013년도에 정부는 19조3000억 원의 슈퍼추경을 편성했으며, 이 가운데 국회의 동의를 받은 추경은 17조3000억 원, 기금이 2조 원이었음.
  - MB정부 시절 마지막 해에도 정부는 경제의 불씨를 살린다는 명목으로 기금을 증액했음.

- 김철주 기재부 경제정책국장은 기자 브리핑을 통해 "추경 대신 정책보완수단을 마련중"이라며 "기금 등을 활용하는 방안도 그중의 하나"라고 말했음. ⇒ 그는 "일부에서 거론하듯 그 규모가 30조 원이 될지 넘을지는 모른다. 효과를 극대화하는 방안을 찾겠다"고 덧붙였음.

- 일단 증세 대신 재정확대정책을 택한 정부의 방안[286]이 과연 어떤 경제적 효과를 낼 수 있을지, 기대 반 우려 반의 시각이 공존하고 있음.[287]

---

286) 어찌됐든 재정확대정책으로 인해 2015년도 예산심사에서 증세가 가장 뜨거운 화두가 될 것으로 전망됨. 이와 관련하여 평화방송(2014.07.16) 참조.

287) 최경환 경제부총리는 2014년 7월 17일 "하반기에 추가경정예산을 편성하지 않고도 그 이상으로 재정을 확대하겠다"고 말했음. 2015년까지 재정지출을 20조~30조 원 더 늘릴 계획이라고 함. 기업 유보자금(기업은 경영활동의 결과로 발생된 이익을 다수의 주주에게 배당하여 처분하여야 하나 상법에서는 자본충실의 원칙에 입각하여 그 일부를 반드시 사내에 유보하도록 되어 있음. 이와 같이 기업의 이익처분 중 자본의 누적으로서 사내에 잔존하고 있는 것을 사내유보 혹은 유보자금이라 함. 이 사내유보는 상법이 적립을 강제하느냐, 안 하느냐의 구분에 따라 강제의 사내

### 참고자료

(1) 2014. 07. 15., 《매일경제》
(2) 2014. 07. 14., 《세계일보》
(3) 2014. 05. 21., 《아시아경제》
(4) blog.daum.net/lsak21/6094299(김택천 블로그), "조세정책기조의 전환과 세제개편 방안", 2013. 11. 08.
(5) 2014. 07. 08., 《뉴시스》
(6) 2014. 07. 16., 《뉴시스》
(7) 2014. 07. 16., "내일신문 박준규 기자, 평화방송 라디오 〈열린세상 오늘 서종빈입니다〉 인터뷰", 《평화방송》
(8) 2014. 07. 18., 《매일경제》

---

유보와 임의의 사내유보가 있는데 전자에는 이익준비금과 자본준비금이 있고 후자의 경우에는 별도적립금을 비롯한 여러 가지 적립금이 있음. 강제의 사내유보는 자본전입 및 결손보전 이외에는 사용이 불가능하나 임의적 사내유보의 사용에는 제약이 없음)을 배당과 투자로 끌어내고(임금과 배당 늘리는 기업에 세제 인센티브 제공), 부동산 관련 금융 규제(DTI · LTV)를 완화하는 방안 등을 담은 '하반기 경제정책 방향'도 곧 내놓을 예정임. 최 부총리는 "할 수 있는 정책을 총동원해 경제에 온기를 느끼게 만들겠다"고 강조했는데, 7월 17일 코스피가 연중 최고치를 돌파하는 것을 보면 시장도 긍정적 반응을 보여 다행임. 현재 한국경제는 수출은 좋지만 내수 소비가 위축된 고질병을 앓고 있음. 그래서 내수를 살리려 재정적자를 감수하면서도 지출을 늘리겠다는 게 최 부총리 구상임. 냉정히 보면 우리 경제는 고령화, 가계부채 등 구조적 문제로 내수가 부진한 만큼 이런 구조를 깨는 중장기적 정책이 더 긴요함. 재정확대는 누구나 할 수 있는 쉬운 선택이지만 자칫 1990년대 일본이 2000조 원 이상 퍼붓고도 경제를 살려내지 못한 우를 답습할 수 있음. 재정지출을 늘려 경제성장률이 높아지고 세금이 더 걷히는 선순환 구조가 되면 성공임. 재정지출을 늘리더라도 박근혜 정부 임기 내에 쓸 돈을 미리 당겨 집행하는 정도는 괜찮지만, 중복성 SOC 건설이나 복지사업에 쓴다면 모래사장에 붓는 물처럼 흔적 없이 사라질 수 있음. 2008년 금융위기 발발 시 미국 · EU · 중국 등이 초기에는 재정과 통화정책을 병행했지만 남유럽 위기 이후 재정정책을 여전히 쓰는 나라는 일본 외에 없음. 2기 경제팀은 금리정책과 함께 부동산과 서비스 산업 규제혁파를 통한 투자 활성화가 재정확대보다 우선순위라는 충고에 귀를 기울여야 함. 한국경제가 위기에 처할 때마다 조기에 회복되고 대외적으로 신용을 인정받은 것은 상대적으로 양호했던 재정건전성 덕분이었음. 중앙정부의 국가부채는 2013년 기준 GDP 대비 38%에 머물러 OECD 평균에 비해 양호했지만, 지방정부, 공기업 등을 합치면 45% 수준에 이름. 더구나 총부채비율 증가 속도는 2000년 이후 복지재정 확대로 세계에서 유례를 찾을 수 없을 만큼 빨라 빨간불이 이미 켜져 있는 상태임. 재정건전성 확보는 어떤 상황에서도 지켜내야 할 국가경제 최후의 보루여야 함. 이와 관련하여 매일경제(2014.07.18) 참조.

## 부록 [7-4] 재정절벽과 셧다운

### 1. 재정절벽[288)]

- 재정절벽(fiscal cliff, 또는 재정벼랑)이란 재정지출이 갑작스럽게 줄거나 중단되어 경제에 충격을 주는 현상을 뜻하는 말임.
- 글로벌 금융위기 이후 미국 정부는 재정지출 확대를 통한 경기부양으로 경기침체를 탈피하고 미국의 경제성장을 견인하였음.[289)]
- 그러나 미국 의회가 재정적자 감축 방안을 합의하지 않는 한, 2011년 미국 정부가 채무한도를 상향조정하면서 합의한 내용에 따라 2013년에는 경기부양을 위해 시행되었던 각종 감세조치가 종료됨은 물론이고, 국방비를 비롯한 대규모 정부지출도 자동적으로 삭감될 예정임.[290)] ⇒ 즉 재정지출이 대규모로 감소하면서 소비 등 경제활동이 크게 위축될 것으로 전망되는데 이것이 바로 재정절벽임.
- 이에 대해 국제통화기금(IMF)은 2012년 8월 초, 미국에 재정절벽이 발생하면 미국이 경기침체를 겪게 됨은 물론, 무역 상대국의 국내총생산(GDP) 역시 감소할 것이라고 우려를 표한 바 있으며 골드만삭스 역시 최근 보고서를 통해 재정절벽 가능성 때문에 기업들이 고용·투자 등 주요 의사결정을 유보하고 있다고 지적했음.[291)]

### 2. 셧다운[292)]

- 미국 역사상 18번째 셧다운(shutdown) 사태가 발생했음. ⇒ 셧다운 사태가 발생하기 직전인 2013년 9월 30일 자정까지도 미 상·하원은 2014 회계연도 잠정 예산안에 대한

---

288) 임효상(2012.09) 참조.

289) 재정지출의 확대는 부시정부로부터 이어져왔음. 부시는 집권 후 국방비의 확대와 정부지원의 확대, 그리고 감세정책을 고수해 왔고 그 결과 국가부채는 큰 폭으로 확대되었음.

290) 첫째, 조지 부시 대통령 당시에 시작된 각종 세금감면조치의 종료, 둘째, 국방예산을 포함한 예산 자동 삭감, 이 두 가지가 2013년 1월 1일에 동시에 이뤄지면서 미국경제에 큰 충격을 줄 수 있다는 것임. 문제는 백악관과 의회가 현행법을 바꾸거나 재정적자를 줄일 다른 방법을 찾아내지 못할 경우 2009년에 겨우 끝난 미국의 경기침체는 다시 시작될 것으로 예측

291) 재정절벽 해결에 대한 합의는 오래전부터 계속되어 왔음. 하지만 재정지출 축소를 추구하는 공화당과 확대를 추구하는 오바마가 속한 민주당 사이의 입장 차이가 그 시기를 늦추고 합의를 어렵게 하고 있었음. 다행히 미국 현지시간으로 2012년 12월 31일에 2012년을 2~3시간 앞두고 백악관과 공화당이 재정절벽 협상 타결에 성공하고 부시 정부가 시행해 온 세금감면 정책이 지속됨에 따라 경제적 재앙이라 여겨진 '재정절벽'을 막을 수 있었음.

292) 박수정(2013.11) 참조.

입장 차이만 확인하며 결국 예산 처리시한을 넘겼음.

- 예산안 합의 실패에 따라 공무원들의 급여와 정부기관 운영에 필요한 예산이 배정되지 않았고, 재정지출이 불가능한 상태로 접어들자 2013년 10월 1일 0시를 기해, 정부의 업무 또는 기능이 부분적으로 정지되어 정부가 폐쇄된 상태인 '셧다운'에 돌입했음.
- 이로 인해 국가 안보나 국민의 생명 및 재산 보호에 직결되는 필수부문을 제외한 업무가 중단되어, 비핵심 업무를 맡은 공무원들이 강제 무급휴가, 즉 일시 해고(furlough) 대상이 됐음.
  - 한 순간에 실업자로 전락해 버린 100만 명의 공무원들이 셧다운 기간 중 급여를 받지 못하는 데 반해, 오바마(Barack Obama) 대통령과 미 상·하원 의원들은 급여를 받음.
  - 대통령 급여는 의회에서 예산법을 통과시키지 못하더라도 별도 법률에 의해 매년 자동으로 지출되는 '의무지출' 대상이고, 의원의 경우 보수 변경을 헌법으로 금지하고 있음.
  - 일시 해고된 공무원들은 추후에 급여를 받을 수도 있음. ⇒ 셧다운이 끝나고 정부 운영이 정상화되면서 의회 의결을 통해 일시 해고기간에 소급하여 급여를 지급한 전례가 있었기 때문임.
- 10월부터 시작되는 미국의 회계연도(10월 1일부터 다음 해 9월 30일)와는 달리 우리나라의 회계연도는 1월 1일부터 12월 31일까지임. ⇒ 만약 우리나라 국회에서 12월 31일까지 새 회계연도 예산안을 처리하지 못했다 할지라도 미국과 같은 불상사가 일어날 가능성은 희박함.
  - 예산집행을 하지 못한 채 법정 처리시한인 12월 31일을 넘겨 이듬해로 넘어가면 '준예산시스템'을 통해 전년도 예산에 준하는 예산을 집행할 수 있음.

### 참고자료


(1) 임효상(2012), "영업이익·재정절벽", 《"click" 경제교육》, KDI경제정보센터, 2012. 09.

(2) 박수정(2013), "셧다운", 《"click" 경제교육》, KDI경제정보센터, 2013. 11.

CHAPTER 08

# 총수요관리정책과 재정

박근혜 정부의 2기 내각이 새로 출범했다. 박근혜 정부는 MB 정부에서 실패한 7%대 고성장을 포기한 대신, 70%대의 고용률을 중요한 경제목표로 선정했지만, 그 1차 내각은 그 목표의 초기 단계도 진입하지 못한 채 물러났다. 새롭게 경제 운영의 사령탑을 맡은 부총리는 추경을 편성하여 재정지출 확대, 및 LTV, DTI와 같은 거시건전성에 중점을 두려고 한다. 그러나 현재 한국경제의 제반문제들은 15개월째 '글로벌 경제상황을 무시하고' 금리동결로 일관하는 답답한 통화정책을 재고하지 않는 한, 재정정책만으로는 해결될 수 없다. MB 정부에서와 같은 고집불통 통화정책과 재정정책의 협력 실패를 되풀이하지 않으려면, 경제부총리는 불황의 원인에 대한 공감대를 확산시키고, 그 원인에 대해 각 경제주체의 책임성을 부각시켜야 한다. 만일 그 정확한 진단, 그 책임 소재의 규명, 한국적 경제구조의 특성을 무시한 채, 정부가 모든 책임을 떠안고 경기를 살리겠다고 한다면 2기 박근혜 정부의 경제정책도 역시 성공하기 어려울 것이다. 우선 선진국의 경기부양 경제정책 실험을 보자. 세계경제의 견인차 역할을 하는 미국, EU, 일본 등 선진국 정부는 정부 부채 비율을 무시할 정도로 재정지출을 증대시키고 있다. 각 국의 중앙은행은 통화정책의 기준금리는 0%대 수준을 유지하면서도 통화량을 증가시키는 양적완화라는 비전통적인 정책을 실행하고 있다. 그들은 심각한 저성장 돌파구를 마련하기 위해, 정책협력의 실험을 하고 있는 셈이다. 선진국은 복지 수요로 인한 재정적자로 국채 발행 스톡이 많고, 기축통화국가이면서 한국보다 상대적으로 높은 내수 의존경제다. 반면 한국은 기축통화국도 아니고, 기준금리는 선진국의 5배 수준이며, 국채 스톡도 많지 않고, 한국의 경제성장 핵심은 내수가 아닌 수출이다. 한국 불황의 원인은 총수요의 부족이므로, 수출 증대만이 이를 증대시키는 길이다. 한국의 수출을 주도하는 것은 대기업들이다. 하지만 야당 의원이나 소위 진보학자들은 그 현실을 무시하고, 한국경제 구조의 개혁을 주장하고 있다. 이들은 글로벌 시장에서 무역을 하려면, 그로 인해 발생되는 시장 개척, 금융비용, 인적 활용 비용 등의 부담을 중소기업 규모로는 감당할 수 없다는 상황을 무시하고 있다. (중략) 한국경제에서 대기업과 중소기업의 격차가 커진 가장 중요한 원인은 곧 수출능력의 차이로 설명된다. 대기업은 글로벌화 되어 있는 반면, 한국경제에서 사업체 수의 99%, 고용의 88%를 책임지고 있는 중소기업이 전체 수출에서 차지하는 비중은 15~20%에 불과하다. 그중 글로벌 시장에서 사업을 하기 어려운 10인 미만의 자영업자가 중소기업 전체의 약 89%이다. (중략) 한국경제의 저성장 탈출은 내수가 아니라 무조건 수출이다. 대기업, 중견기업, 중기업, 소기업 등이 더 적극적으로 글로벌 시장에서 사업을 하도록 해야 한다. 이를 위한 중요한 인센티브가 적정 환율의 안정화와 예측 가능한 중장기 환율변화이다. 선진국 제로 %대 기준금리에서도 2.25% 기준금리를 고집하는 한, 환율안정과 가계부채 문제는 해결되지 않는다. 한국경제의 성장률이 낮은 이유에 대한 진단 없이 대통령 공약 실현에 대한 인기영합주의에만 관심을 가진다면, 박근혜 정부는 국민경제에 치유할 수 없는 부담을 남길 것이다.

– 이종욱 서울여대 교수 –

출처 : 이종욱(2014), "[시론] 정확한 문제 진단 없는 경제 회복 대책", 《디지털타임스》, 2014. 07. 27.

정부가 물가를 안정시키거나 생산활동을 촉진시키고자 하는 목적으로 세출(정부지출 등)과 세입(조세 등)을 변화시키는 정책을 재정을 통한 총수요관리정책이라고 함.

# 1 재정을 통한 총수요관리

## 1.1 자동안정화장치

- 의미
  - 재정을 통한 총수요관리정책의 한 가지 특징은 재정의 특징상 경기변동에 대하여 자동적으로 대응하는 기능을 가지고 있다는 점임.
  - 자동안정화장치(built-in stabilizer)란 정부가 의도적으로 개입하지 않아도 자동적으로 경기를 안정화시켜 주는 재정의 기능을 말함. ⇒ 즉 경기가 과열되어 총수요가 너무 많을 때 이를 완화시켜 주고 반대로 총수요가 부족할 때 이를 자동적으로 보충해 주는 장치를 말함.[293)]

- 대표적인 자동안정화장치로 누진소득세와 실업보험을 들 수 있음.
  - 누진소득세의 경우 경기가 좋아져 총소득이 증가하면 누진소득세구조에서는 높은 소득 세율을 적용받기 때문에 세금을 많이 내게 되고 따라서 소비수요가 감소하게 되는바, 이는 총수요의 확대를 억제시키고 경기과열을 완화시키는 작용을 하며, 반대로 경기불황으로 총소득이 감소하면 낮은 소득세율을 적용받게 되므로 이는 소비수요가 덜 줄어들어 총수요 위축을 억제시키고 경기침체를 완화시키는 작용을 함.
  - 실업보험이란 평상시 기업과 근로자 및 국가로부터 일정액의 보험료를 적립하였다가 근로자가 실업을 당하게 되면 재취업 때까지 정해진 실업수당을 지급하는 사회보장제도의 하나이기 때문에 불황 시 민간의 소비수요가 급격히 감소되는 것을 막을 수 있어 경제안정화에 도움이 됨.

---

293) 우선 경기침체기에는 임금과 이윤이 감소하여 소득세 및 법인세 등 조세수입이 감소함. 또한 불황기에 고용이 감소하고 실업률이 상승하면서 실업보험 지급 등 제도화된 이전지출 프로그램에 대한 정부지출이 늘어날 것임. 호황기에는 반대로 조세수입이 늘고 실업자들에 대한 정부지출은 줄어들 것임. 이와 같이 경기침체기에는 재정적자가 자동적으로 증가하고 호황기에는 재정적자가 자동적으로 감소하는 것을 자동안정화장치라고 함. 이와 관련하여 조순 외(2013, pp.692~693) 참조.

- 부정적 측면
  - 경제가 불황을 극복하여 회복국면에 들어설 때 소득세율도 함께 올라 경기회복을 더디게 할 수 있음.
  - 경제 내 자기조정기능 및 시차 등의 문제 때문에 자동안정장치만을 가지고는 경제의 완벽한 안정성을 보장할 수 없음.

- 이처럼 자동안정장치는 경기호황과 경기침체의 강도를 완충시키는 긍정적인 측면이 있지만 부정적 측면도 내포하고 있기 때문에 경제안정화를 기하기 위해 정부의 의도적 개입이 필요하다고 주장하는 견해들도 있음.
  - 자동안정화의 정도는 국민소득을 변화시키는 데 조세징수와 정부지출이 얼마나 강하게 작용하는가에 달려 있음.[294]
  - 한계세율이 커질수록(즉 소득이 늘어남에 따라 세율이 높아질수록) 자동안정화장치는 더욱 강력하게 나타남.
  - 실업보험과 사회복지제도가 잘 갖추어져 있을 때 경기가 침체하면 실업보험 및 사회복지지출이 자동적으로 증가하여 처분가능소득의 급격한 감소를 방지하고 경기침체를 완화함.

## 1.2 재량적 재정정책

- 의미
  - 경제안정화를 위해 정부가 의도적으로 개입하는 정책을 재량적 재정정책(discretionary fiscal policy)이라고 함.
  - 총수요의 부족으로 균형국민소득이 완전고용국민소득보다 낮아 경기침체와 실업이 우려될 때 정부는 조세감면이나 정부지출 증가에 의한 확장적인 재정정책으로 총수요를 확대시켜 경기침체와 실업을 해소할 수 있음.
  - 한편 총수요가 완전고용국민소득을 상회하여 인플레이션이 우려될 때 정부는 조세증수나 정부지출 감소에 의한 긴축적인 재정정책으로 인플레이션을 방지할 수 있음.

- 그러나 재량적 재정정책은 모든 경제문제를 한꺼번에 해결해 주지는 못함.
  - 즉 총수요조절에 의한 재량적 재정정책은 실업과 인플레이션을 한꺼번에 잡을 수 없음.

---

294) 김대식 외(2012) 참조.

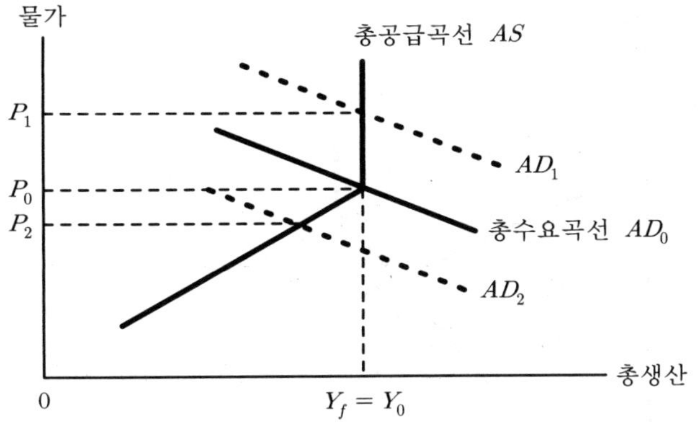


[그림 8-1] 재량적 재정정책[295]

# 2 총수요관리정책의 한계

## 2.1 총수요-총공급 모형을 통한 설명

- 총수요관리정책으로 물가안정과 경제성장을 동시에 달성할 수 없다는 사실은 필립스곡선에서 이미 지적한 바 있는데, 이것을 총수요-총공급 모형으로 다시 설명해 볼 수 있음.

- 총수요관리정책이 지닌 딜레마
  - 확장적 재정정책이나 금융정책을 사용하면 총수요곡선이 우측이동하게 되는데, 이 경우 균형국민소득이 증가하므로 실업은 감소하지만 물가수준이 증가하므로 물가상승은 피할 수 없음.
  - 반대로 물가상승을 잡기 위해 긴축적인 총수요관리정책을 사용하면 물가상승은 억제하지만 경기침체(실업증가)는 더욱 심화됨.

295) 경기 상태에 따라 조세나 정부지출을 재량적으로 사용하여 실업이나 인플레이션을 줄이고자 하는 정책을 재량적 재정정책이라고 함.

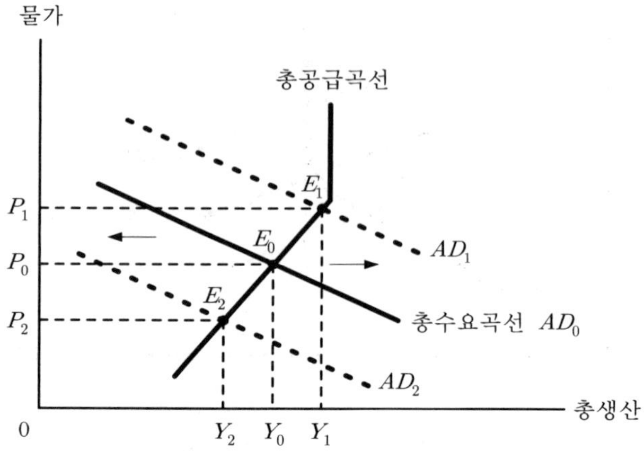


**[그림 8-2] 총수요관리정책의 한계**[296]

## 2.2 총수요관리정책의 한계를 극복하기 위한 정부의 정책 : 소득정책

- 정부는 실업과 인플레이션 방지에 직접적으로 개입하는 정책도 사용하는데, 이러한 방법의 한 예로서 소득정책(incomes policy)을 들 수 있음.
  - 소득정책은 실업의 감소 없이 인플레이션을 억제하기 위해 정부가 임금과 가격을 직접적으로 규제하는 정책을 말함.[297]

- 소득정책의 실례
  - 임금 · 가격을 억제하기 위해 정부가 업계 · 노조에게 강력한 요청을 하는 조보닝(jawboning)
  - 임금 · 물가상승률의 상한선을 정하는 임금물가가이드라인(wage-price guideposts)

296) 총수요관리정책은 실업과 인플레이션을 동시에 치유할 수 없음. 즉 한 변수를 치유하기 위해 다른 변수는 희생되어야 함. 예컨대 확장적인 재정정책이나 금융정책으로 균형점이 $E_0$에서 $E_1$으로 이동하는 경우 경기상승으로 실업률은 낮출 수 있으나 물가상승이 유발됨.

297) 정부가 가격결정과정에 직접적으로 개입해 인플레이션에 대응하는 방식을 물가관리정책 혹은 소득정책이라고 부름. 사실 지난 몇 십 년 동안 우리나라 정부는 이와 같은 정책을 즐겨 사용해 왔음. 일반적으로 소득정책은 장기적으로 물가안정에 큰 효과를 내지 못하는 것으로 알려져 있음. 또한 단기적으로 기대할 수 있는 효과도 상대가격의 왜곡 같은 부작용을 수반하기 때문에 경제학자들은 대체로 이 정책에 대해 부정적인 시각을 갖고 있음. 그러나 전통적인 재정정책이나 통화정책에 의해 만족스러운 결과를 얻지 못할 때, 정부로서는 단기적이나마 물가안정을 위해 이 정책에 의존하지 않을 수 없음. 굳이 이 정책을 사용해야 할 경우에는 이것이 초래할 사회적 비용을 명확히 인식하고 정책을 수행해 나가야 함. 여기서 사회적 비용의 예를 들자면 택시요금을 동결하면 합승 행위가 성행하고, 예식장 사용료를 규제하면 드레스 대여나 미용실 이용 등의 끼워팔기가 나타나는 등의 반응이 일어남. 이와 관련하여 이준구 외(2010, pp.703~704) 참조.

- 임금 · 물가의 인상을 통제하는 임금물가통제(wage-price controls)
- 임금 · 물가의 인상을 동결하는 임금물가동결(wage-price freezes)
- 임금 · 물가의 인상 억제에 협조하는 기업과 근로자들에게 세금혜택을 주는 세금혜택소득정책(tax-based incomes policy)

### 2.3 종합적 견해

- 이러한 총수요관리정책들은 단기적으로 가능하지만 장기적으로는 가격기능을 왜곡시켜 자원배분의 비효율화를 초래하기 때문에 장기적으로는 생산 기반의 확충을 통한 경제의 생산역량을 강화하는 방법만이 실업과 인플레이션의 문제를 해결할 수 있음.

## 3 경제정책의 운용

### 3.1 경제정책의 목표와 수단

- 정부가 경제정책의 현실적인 목표를 달성하기 위하여 사용하는 수단은 나라마다 다르지만, 일반적으로 재정적 수단, 금융 및 통화적 수단, 환율수단, 권유와 직접명령, 그리고 제도의 변경 등이 있음.
- 일반적으로 정책수단의 수보다 해결해야 할 목표의 수가 더 많을 때 정부가 경제정책을 사용하는 데 있어서 원하는 모든 목표들을 달성하기란 불가능함.

### 3.2 틴버겐의 법칙

- 틴버겐(J. Tinbergen)은 정부가 경제정책을 사용하는 데 있어서 바람직한 결과를 얻기 위해서는 정책수단이 정책목표의 개수만큼 있어야 한다고 말하는데, 이를 틴버겐의 법칙이라고 함.

### 3.3 | 정책결합

- 정부는 상황에 따라서 여러 가지 정책수단들을 동시에 사용해야 할 때가 있는데, 이를 정책결합(policy mix)이라고 부름.
  - 예를 들어 물가와 이자율이 높아 투자가 위축되어 있다고 할 때 이를 해결하기 위해 정부지출을 감소시킴으로써(재정정책) 총수요를 위축시켜 물가를 잡는 한편, 통화량을 증가시켜(통화정책) 이자율 하락을 유도해 투자증대를 꾀할 수 있음.
  - 그러나 통화량 증가가 단기적으로는 이자율을 낮추지만 장기적으로는 물가를 올려 이 정책의 효과가 반감될 수 있음.

## 4 정책운용방식

- 경제정책의 운용방식에 관한 두 가지 논쟁을 살펴보고자 하는데, 첫째는 경기변동에 정부가 적극적으로 대처할 것인가 아니면 소극적으로 대처할 것인가에 관한 문제이고, 둘째는 정부가 재량적인 경제정책을 수행해야 할 것인지 아니면 준칙(rule)에 의한 경제정책을 해야 할 것인지에 관한 문제임.

### 4.1 | 개입의 정도 : 적극적인 경제정책과 소극적인 경제정책

- 적극적인 경제정책 옹호 입장
  - 주로 케인즈학파의 학자들로서 예상치 못한 충격으로 경제가 항상 불안정하다고 보고 재정정책이나 통화·금융정책을 통해 경기의 미세조정(fine-tuning)이 가능하다고 주장
- 소극적인 경제정책 옹호 입장
  - 주로 통화주의자들로서 경제란 근본적으로 자기치유적(self-correcting) 기능을 가지고 있는 것으로 보고 이를 무시한 적극적인 안정화 정책은 오히려 비효율적인 경기변동을 야기시킬 수 있다고 경고 ⇒ 이들이 적극적인 경제정책에 회의적인 반응을 보이는 이유는 정책시차(policy lag) 때문임.[298]

298) 흔히 경제정책이 수립·집행되는 시점과 그 정책효과가 나타나는 시점까지는 상당한 시차가

- 정책의 시차뿐만 아니라 경기예측의 어려움도 적극적인 안정화 정책이 경제의 불안정성을 야기시키는 요인이 된다고 주장

- 정책의 시차와 관련하여 재정정책은 정책의 수립·집행에 긴 시간이 소요되나 실시 후 효과는 빨리 나타나므로 내부시차는 길며 외부시차는 짧은 것이 일반적이지만, 통화정책은 정책의 수립·집행이 비교적 간단한 반면에 실물부문에 효과를 미치는 데 상당한 시간이 소요되므로 내부시차는 짧고 외부시차는 긴 편임.[299)]

## 4.2 개입방법 : 재량적인 경제정책과 준칙에 의한 경제정책

- 재량적(discretionary) 경제정책은 적극적인 경제정책과 일맥상통한 것으로 정부가 경기를 파악하여 경기안정을 위해 정책을 재량적으로 운용하는 것을 말함.

- 준칙(rule)에 의한 경제정책은 정책결정자가 경제상황과는 무관하게 미리 공포한 준칙에 따라 정책을 실시하는 것을 말함.

- 통화주의자들(monetarists)이 주장하는 통화정책의 준칙
  - 이들은 통화정책이 단기적으로 재정정책보다 강력한 효과를 지니고 있으나 (외부)시차의 문제를 극복할 수 없기 때문에 경제를 안정화하는 데 적합하지 않으며, 방만한 통화공급은 장기적으로 물가상승만 초래한다고 보았음.
  - 따라서 재량적인 통화정책보다는 장기적 경제성장률에 대응하는 일정비율로 통화공급을 매년 증가시키는 것이 바람직하다고 주장 ⇒ 이를 흔히 프리드만(Milton Friedman)의 k% 준칙이라 함.

- 준칙에 의한 경제정책이 재량적인 경제정책보다 바람직한 이유는 '정책결정자에 대한 불신'과 '시간의 비일치성' 때문임.
  - 정책결정자에 대한 불신은 국민들이 정책결정자의 정책 방향이 일관적으로 유지되리라고 믿지 못함을 의미 ⇒ 정치적 경기변동[300)]을 제거하기 위해 준칙에 의해

---

존재함. 정책시차는 내부시차와 외부시차로 구분할 수 있음. 내부시차(inside lag)는 정책당국이 외부적 충격으로 발생한 경기변동으로 인지하는 데 걸리는 시간인 인식시차와 이에 따른 정책의 수립과 국회의 동의에 걸리는 시간인 실행시차로 나누어 볼 수 있으며, 외부시차(outside lag)는 실시된 정책이 현실적으로 효과를 나타내는 데 소요되는 시간을 말함.

299) 가령 중앙은행이 시중의 자금경색을 완화하기 위해 통화량을 풀어 이자율을 하락시키면 이자율 하락이 실물부문에 영향을 미치는 데 상당한 시간이 걸리게 되는데, 이것이 바로 통화정책의 외부시차가 길다는 의미임.

300) 가령 집권당이 정권을 잡기 위해 선거 전에는 팽창정책을 사용하여 선거시기와 경기호황을 겹

균형예산과 같은 법을 제정함으로써 정치적 요인을 줄일 수 있음.

- 시간의 비일치성(time inconsistency)이란 정책결정자가 민간의 기대형성에 영향을 미치려고 정책을 미리 공포하는 경우 이에 근거하여 민간의 기대가 형성되고 행동으로 옮겨지게 되는데, 막상 행동으로 옮겨진 후에는 다른 정책을 수행하려는 현상을 말함.[301] ⇒ 시간의 비일치성으로 정부가 신뢰를 잃게 되면 민간은 정부가 공표한 대로 기대형성을 하지 않기 때문에 장기적으로 정부가 의도한 방향으로 정책을 유도하기 어렵게 됨.

- 일반적으로 경제가 안정적인 상태에서는 자기조정능력을 가지므로 소극적인 경제정책이 바람직하지만, 경제가 극도로 불안정할 때는 정부의 보다 적극적인 개입이 필요하다고 볼 수 있는데, 결국 재정정책을 포함하여 모든 경제정책의 시행은 신뢰성을 확보할 수 있는 원칙과 기준 위에서 이루어지는 것이 중요

**참고자료**

(1) 김승욱 외(2008), 《알짬 시장경제》, 박영사.
(2) 김대식 외(2012), 《현대 경제학원론》, 박영사.
(3) 조순 외(2013), 《경제학원론》, 율곡출판사.
(4) 이준구 외(2010), 《경제학원론》, 법문사.

---

치도록 유인하나, 선거 후에는 인플레이션을 잡기 위해 긴축정책을 채택하는 경우가 허다한데, 이렇게 발생되는 경기변동을 정치적 경기변동(political business cycle)이라고 함.

301) 가령 현재 인플레이션율은 8%이고 실업률은 5%라고 가정하자. 정부는 현재 인플레이션율이 높다고 생각되어 내년에는 현재수준보다 통화증가율을 낮추어 4%대의 인플레이션을 유지시키겠다고 공포하였음. 이렇게 되면 민간들은 내년 인플레이션을 4%로 예상하여 경제활동을 벌이게 됨. 그리하여 경제정책을 수행할 시점에서 이 경제는 4%의 인플레이션과 5%의 실업률 수준으로 됨. 그러나 새로운 경제상황에서 정부는 약간의 인플레이션을 감수하면 실업률을 3%로 줄일 수 있는 유혹을 느껴 결국 약속을 깨고 통화증가율을 앞서 공포한 통화증가율보다 높게 책정하게 됨. 이것이 바로 흔히 일어나는 시간의 비일치성에 대한 예임.

CHAPTER 09

# 경제안정정책

1. 경제안정정책의 성격
2. 재정정책
3. 통화정책
4. 통화정책과 관련된 몇 가지 문제
5. 재정정책과 통화정책 사이의 상대적 적정성 논란
6. 미세조정의 시도에 대한 견해차

한국개발연구원(KDI)의 설문조사 결과 국민들이 중요하게 생각하고 있는 경제정책은 민생안정(39.8%), 일자리 창출(34.2%)인 것으로 조사됐다. 정부가 팽창적 경제정책을 운용하기로 결정한 가운데 2014년 7월 24일 기획재정부는 KDI와 공동으로 지난달 5~16일 국민 1,000명과 전문가 300여명을 대상으로 실시한 경제정책 방향 설문조사 결과에 대해 밝혔다. 이 설문조사에 따르면, 국민들은 정부의 중점과제로 민생안정(39.8%), 일자리 창출(34.2%), 내수활력 제고(29.3%) 등을 꼽았다. 반면에 전문가들은 내수활력 제고(67.0%), 경제체질 개선(31.7%), 일자리 창출(24.8%) 등을 선택했다. 전문가들은 내수활력 진작을 위해 민간소비 심리 회복과 기업투자 활성화가 필요하다고 응답했고, 우리 경제가 당면한 위험요인으로 대외부문에서는 중국 등 신흥국 저성장 기조, 대내부문에서는 소비 · 투자 등 내수부진을 꼽았다. 서민생활 안정을 위해서는 교육비 및 주거비 부담완화가 중요하다는 응답이 가장 많았다. 반면에 국민들은 서민생활 안정을 위해 공공요금 안정이 가장 중요하다고 답했다. 2013년 대비 2014년 상반기 경제상황에 대해서는 국민들은 '더 나빠졌다'는 평가가 63.2%, 전문가들은 45.8%였다. 기재부 관계자는 "상반기 정부가 추진한 정책 가운데 국민들은 청년 및 여성 고용 대책을, 전문가들은 규제개혁과 경제혁신 3개년 계획을 가장 긍정적으로 평가했다"고 밝혔다.

-손정호 기자-

출처 : 손정호(2014), "[KDI] 국민들 중요 경제정책, '민생안정 39.8%-일자리 창출 34.2%'", 《폴리뉴스》, 2014. 07. 26.

# 1 경제안정정책의 성격

## 1.1 경제안정정책이란

- 경제가 너무 불안정한 상황으로 치닫는다고 판단될 경우, 정부는 여러 가지 정책수단을 동원해 경제를 안정시키려고 노력하는데, 이런 의도에서 실시되는 정책을 경제안정정책이라고 부름.
  - 현대 정부에서 이 정책이 차지하는 비중은 상당히 높은 수준에 있음.
- 경제가 불안정한 양상을 보이는 것은 수요 측면에서 문제가 있어 그런 경우도 있고, 공급 측면에서 문제가 있어 그런 경우도 있음.
  - 총수요가 부족하면 불황과 실업의 문제가 발생하는 한편, 총수요가 너무 크면 인플레이션의 문제가 발생하는 것임. ⇒ 현실에서 발생하는 문제들을 보면, 이렇게 수요 측면에서 그 원인을 찾을 수 있는 경우가 대부분임.
- 경제안정정책은 대체로 총수요를 조절하는 정책의 성격을 갖고 있는데, 심지어 공급 측면에 문제가 발생한 경우에도 총공급을 조절하는 정책을 통해 대응하는 경우는 별로 보기 힘든 것이 일반적
  - 부존자원의 크기나 생산성 등에 의해 결정되는 총공급을 단기적 성격을 가진 정책에 의해 조절하는 것은 매우 어려운 일이기 때문임.
  - 따라서 경제안정정책을 범위를 좁혀 좀 더 구체적이고 현실적으로 표현한다면 총수요 관리정책 혹은 총수요조절정책이라고 말할 수도 있음.

## 1.2 총수요 조절을 위한 정부의 정책수단

- 직접적 방법
  - 정부지출을 늘리거나 줄이는 것이 이에 해당
  - 정부지출은 총수요의 구성요소 중 하나이기 때문에 정부지출을 늘리면 총수요가 바로 늘어나게 됨.
- 간접적 방법

• 조세징수액, 화폐공급량 혹은 이자율 등을 변화시킴으로써 총수요를 적절한 수준으로 관리하게 됨.
• 예를 들어 정부가 조세 징수액을 줄이면 국민의 가처분소득이 늘어나 소비지출이 늘어나고, 이는 즉각 총수요 증가로 이어짐.

### 1.3 | 경제안정정책의 정책수단에 따른 구분 : 재정정책과 통화정책

- 재정정책(fiscal policy)은 정부지출이나 조세 징수액 같은 재정수단을 통해 총수요를 조절하는 정책을 뜻함.
  • 경기침체에서 벗어나기 위해 총수요를 늘릴 필요가 있을 때는 정부지출을 직접 늘리거나 조세 징수액을 줄이는 조치를 취함.
  • 이와 반대로 경제가 너무 과열된 경우에는 정부지출을 줄이거나 조세 징수액을 늘려 총수요를 줄이려고 노력하게 됨.

- 통화정책(monetary policy)은 화폐공급량이나 이자율을 조절함으로써 총수요를 관리하는 정책임.
  • 경제가 불황에 빠져 있을 때 정부는 화폐공급량을 늘려 시중에 풍부한 자금을 공급하는 동시에 이자율이 낮아지도록 만듦.
  • 그렇게 되면 소비자들의 소비지출이 늘어나는 동시에 기업들의 투자지출이 늘어 총수요가 더 커지게 됨.
  • 경우에 따라서는 좀 더 직접적인 방법으로 이자율이 떨어지도록 유도함으로써 소비지출과 투자지출을 촉진시키려 하는 경우도 있음.

## 2 재정정책

- 국채발행을 통해 조달한 자금으로 재정지출을 늘리는 경우를 논의해 보고자 함.

### 2.1 | 정부지출 증가의 효과

- 상품시장에 미치는 영향

- 정부지출이 늘어나게 되면 총수요가 바로 그만큼 커지게 됨.
- 그 결과 물가는 올라가고 국민소득도 커진다는 것을 알 수 있음.[302)]
- 그러나 이것은 정부지출 증가가 경제에 미치는 영향을 부분적으로 설명한 데 불과함.
- 정부지출 증가의 효과를 완전하게 파악하기 위해서는, 이것이 화폐시장에 미치는 영향은 물론, 화폐시장에서 생긴 변화가 다시 기업들의 투자지출에 미치는 영향까지 모두 살펴보아야 함.

- 화폐시장에 미치는 영향
  - 앞서 본 것처럼 정부지출의 증가는 상품시장에서 국민소득의 증가와 물가의 상승을 가져오게 됨.
  - 이와 같은 변화는 화폐시장에서 거래적 동기에 의한 화폐수요가 더 커지게 만드는 원인이 되어 이자율이 올라가게 됨.

- 최종적인 영향
  - 이와 같은 이자율 상승은 기업들의 투자지출 감소를 가져오고, 이는 곧바로 총수요 감소로 이어지게 됨.
  - 투자지출의 감소로 인해 상품시장에서 초기에 발생했던 국민소득과 물가의 상승이 줄어들긴 하지만, 결국 정부지출의 증가가 국민소득의 증가와 물가의 상승이라는 효과를 내게 됨.

- 유의할 사항
  - 정부지출의 증가가 상품시장과 화폐시장에 영향을 미치는 실제의 과정은 이와 약간 다를 수 있음.
  - 실제로는 정부지출 증가에 대해 상품시장과 화폐시장이 순차적이 아니라 동시에 반응을 보여 그 결과로 국민소득과 물가가 각각 변화하게 됨.
  - 이 과정에서 이자율이 올라가는 현상도 동시에 나타나게 됨.
  - 이 모든 변화가 한꺼번에 일어난다는 것이 좀 더 정확한 표현이라고 할 수 있으나 이해를 돕기 위해 두 시장이 순차적으로 반응을 보인다는 식(즉 일단 상품시장에 영향을 주고, 이로 인해 생긴 변화가 화폐시장에 영향을 준 다음, 화폐시장에서 생긴 변화가 다시 상품시장에 영향을 준다는 식)으로 설명한 것임.

---

302) 총수요-총공급 곡선을 통해 손쉽게 보일 수 있음.

### 2.2 요 약

- 논의를 정리해 보면, 국채 발행을 통해 정부지출을 증가시킨 결과 이자율이 올라가고 투자지출이 줄어드는 현상이 나타났음.
  - 다시 말해 투자지출이 줄어들어 정부지출 증가로 인한 총수요 증가의 효과를 부분적으로 상쇄하는 결과가 나타난 것임.
- 말하자면 '정부지출이 투자지출을 구축한 결과'가 빚어진 것인데, 이런 뜻에서 구축효과(crowding-out effect)가 발생했다고 말함.
- 현실에서 구축효과가 어느 정도로 발생하는지에 대해서는 경제학자들 사이에 상당한 이견이 있으나 이론적인 관점에서 볼 때 정부지출의 증가가 투자지출의 감소를 가져올 가능성이 있다는 사실만은 어느 누구도 부정하지 않음.

## 3 통화정책

### 3.1 통화정책의 전달경로

- 만약 정부가 화폐공급량을 늘린다면 우선 화폐시장에서 균형이자율이 떨어지는 결과가 나타나고,[303] 이자율이 떨어지면 기업들이 투자지출을 늘릴 것이고 이는 승수효과[304]를 통해 더 큰 폭의 총수요 증가로 이어지게 됨.
- 그 결과 국민소득이 커지는 동시에 물가도 올라가게 되는 것을 볼 수 있음.
- 결론적으로 화폐공급의 증가는 국민소득의 증가를 가져와 경기를 팽창시키는 효과를 갖는데, 이렇게 화폐공급의 변화가 이자율의 변화를 가져와 상품시장에 영향을 미치는 과정을 통화정책의 전달경로(transmission mechanism)라고 부름.

---

303) 이 역시 화폐수요곡선과 화폐공급곡선을 이용하여 손쉽게 보일 수 있음.

304) 어떤 이유로 인해 소비지출, 투자지출, 혹은 정부지출이 증가하게 되면 국민소득은 그 증가분의 몇 배에 이르는 크기로 증가하게 됨. 이와 같이 지출의 증가가 국민소득을 몇 배나 더 큰 폭으로 증가시키는 결과를 가져오는 것을 가리켜 승수효과(multiplier effect)라고 부름.

- 통화정책의 전달경로를 요약해 보면 〈표 9-1〉과 같음.

〈표 9-1〉 통화정책의 전달경로

| 화폐공급 증가 ⇒ 이자율 하락 ⇒ 투자증가 ⇒ (승수효과) ⇒ 총수요 증가 ⇒ 국민소득 증가<br>〈제1단계〉 〈제2단계〉 〈제3단계〉 |
|---|
| 화폐공급 감소 ⇒ 이자율 상승 ⇒ 투자감소 ⇒ (승수효과) ⇒ 총수요 감소 ⇒ 국민소득 감소 |

- 유의할 사항
  - 지금까지의 논의로부터 정부지출 증가나 화폐공급량 증가가 모두 (단기적으로) 국민소득을 증가시키고 물가를 상승시키는 경기팽창 효과가 있음을 확인할 수 있었음.
  - 그러나 두 정책이 국민소득의 구성에 미치는 효과에는 큰 차이가 있다는 점에 주의해야 함.
  - 화폐공급량이 증가하면 이자율이 떨어져 투자지출이 늘어나게 되는 반면에 정부지출이 증가하면 이자율이 상승해 투자지출이 감소하는 결과가 나타나기 때문에 정부가 두 정책 중 어느 쪽을 선택하느냐에 따라 국민소득에서 투자지출이 차지하는 비중이 달라짐.
  - 일반적으로 기업들은 경기부양책으로 재정정책보다 통화정책을 더욱 선호하는 경향을 보이는데, 이는 돈을 빌려 투자자금을 조달해야 하는 기업의 입장에서 볼 때 이자율이 오르는 결과를 가져오는 재정정책이 별로 달가울 리 없기 때문임.

## 3.2 | 통화정책의 효율성

- 통화정책이 총수요를 변화시키는 데 효과를 발휘하기 위해서는 〈표 9-1〉에서 보는 것처럼 우선 첫 단계에서 이자율이 민감하게 반응해야만 함.
  - 화폐공급량이 변화하는데도 이자율이 별 반응을 보이지 않으면 투자지출에 큰 영향을 줄 수 없기 때문임.

- 어떤 상황에서는 화폐공급량이 크게 늘어나도 이자율이 전혀 떨어지지 않는 현상이 나타날 수 있는데, 이와 같은 현상이 나타날 때 경제가 유동성 함정(liquidity trap)에 빠졌다고 말함.
  - 경제가 유동성 함정에 빠져 있는 경우에는 화폐공급량을 아무리 변화시켜도 이자

율에 어떤 변화도 생기지 않으므로 투자지출, 나아가 총수요에 전혀 영향을 주지 못하는 결과가 빚어지는 것임.

- 전달경로의 제2단계에서는 투자지출이 이자율 변화에 얼마나 민감하게 반응하는지가 통화정책의 효율성을 좌우하게 됨.
  - 투자지출이 이자율에 민감한 반응을 보여야, 즉 이자율이 떨어질 때 투자지출이 큰 폭으로 늘어나야 통화정책이 총수요에 미치는 영향이 클 수 있는 것임.

- 전달경로의 마지막 단계는 투자지출의 변화가 승수효과를 통해 더 큰 폭의 총수요 변화로 이어지는 과정인데, 투자지출이 일정한 폭으로 증가한다고 할 때 투자승수[305]가 클수록 총수요가 한층 더 큰 폭으로 늘어나게 됨.
  - 그러므로 통화정책의 효과가 크게 나타나기 위해서는 투자승수가 커야 한다는 조건도 함께 충족되어야 함.

- 결론적으로 화폐공급량을 늘렸을 때 이자율이 더 큰 폭으로 떨어지고, 이에 따라 투자가 큰 폭으로 늘어나는 한편, 투자승수도 큰 값을 가지면 통화정책은 경제를 안정시키는 데 효과를 발휘할 수 있음.
  - 다시 말해 이 조건들이 모두 충족되어 있어야 화폐공급량을 늘렸을 때 국민소득이 큰 폭으로 늘어나 경기침체 상태에서 벗어날 수 있는 것이지만 현실에서 이 조건들이 동시에 충족된다는 보장이 없고, 바로 이 점에서 통화정책의 효율성에 대해 의문을 제기할 여지가 있음.

## 4 통화정책과 관련된 몇 가지 문제

- 중앙은행 혼자서 화폐공급량을 결정할 수 있는 것은 아니지만, 거의 지배적인 영향을 미칠 수 있는 것만은 사실인데, 중앙은행은 두 가지 기본 경로를 통해 화폐공급량을 조절할 수 있는바, 하나는 본원통화의 공급량을 조절하는 것이고, 다른 하나는 통화승수의 크기를 조절하는 것임.

305) 1원의 투자 증가가 가져오는 국민소득의 증가폭을 말함.

## 4.1 중앙은행의 통화관리방식

- 재할인율정책
  - 중앙은행이 시중은행에 빌려주는 자금에 적용되는 금리인 재할인율(discount rate)을 높이거나 낮춤으로써 통화량을 조절하는 정책을 뜻함.
  - 중앙은행이 시중은행에 자금을 빌려주는 과정에서 본원통화의 공급량이 늘어나게 됨.
  - 중앙은행이 '돈을 풀었다'는 말을 자주 쓰는데, 중앙은행이 정말로 돈을 찍어 시중에 유통시켰다는 뜻으로 그렇게 말하는 것은 아니고, 돈을 푼다는 것이 실제로는 시중은행이 중앙은행에서 빌려 예치해둔 자금, 즉 중앙은행 예치금을 늘려주는 것 같은 장부상의 변화를 의미할 때가 훨씬 더 많음.

- 지급준비율정책
  - 중앙은행이 법정지급준비율을 올리면 통화승수의 값이 작아져 본원통화의 공급량이 그대로 있어도 통화량이 줄어들게 되며, 반대로 법정지급준비율을 내리면 통화승수의 값이 커져 통화량이 늘어나게 됨.
  - 원래 예금자를 보호하려는 취지에서 도입된 지급준비제도를 통화관리의 수단으로 사용하는 것이 바로 지급준비율정책임.
  - 그런데 대부분의 선진국이 유사시에 예금자를 보호해 주는 예금보험제도를 도입하고 있어 지급준비제도의 예금자보호 기능은 그 의미가 크게 퇴색하게 되었음.
  - 또한 금융산업의 발달에 따라 비은행 금융기관을 중심으로 지급준비의 의무가 없는 금융상품이 많이 개발됨에 따라 지급준비제도의 적용을 받는 은행의 수익성이 상대적으로 떨어진다는 형평성의 문제가 대두되었음.
  - 이에 따라 1980년대 이후 주요 선진국에서는 지급준비율을 크게 내리거나 아예 폐지하는 추세에 있어 실제로 통화관리정책으로서의 지급준비율정책의 의미는 크게 줄어든 상황임.

- 공개시장조작
  - 공개시장조작(open market operation)이란 중앙은행이 공개시장에서 국공채나 기타 유가증권을 사고팔아 본원통화의 양을 조절하는 정책을 말하며 금융시장이 발달한 선진국에서는 여러 통화관리 수단 중 이것을 가장 많이 이용하고 있음.
  - 예를 들어 중앙은행이 은행이나 민간으로부터 국채를 사들이면 그 대가로 은행의

중앙은행 예치금을 늘려 주거나 민간에게 현금을 지급해야 하는데, 그 결과 본원통화의 양이 늘어나고 이에 따라 통화량도 늘어나게 됨.

- 반면에 중앙은행이 국채를 팔면 본원통화의 양이 줄어들고 통화량도 줄어들게 됨.
- 공개시장조작은 본원통화의 양을 조절하는 효과뿐 아니라 이자율을 변화시키는 효과도 갖고 있음.
- 중앙은행이 국채를 사들이기 시작하면 국채에 대한 수요가 커져 국채가격이 올라가게 되는데, 액면이 고정된 국채의 가격이 상승한다는 것은 국채의 수익률, 즉 이자율이 떨어진다는 것을 뜻함.
- 마찬가지로 중앙은행이 국채를 팔면 유통시장에서 국채의 공급이 늘어나 국채가격이 떨어지고 이에 따라 이자율이 상승하게 됨.
- 이와 같이 공개시장조작은 통화량을 조절하는 동시에 이자율에 영향을 주는 이중의 효과를 거둘 수 있음.

- 직접규제방식
  - 이상의 세 가지 통화관리방식은 중앙은행이 시중은행의 행동에 직접 제약을 가하지 않는다는 점에서 간접규제방식이라고 부를 수 있는 데 반해, 직접규제(direct control)방식은 은행별로 여신한도를 정하는 등, 은행이 제공하는 대출의 양뿐 아니라 그 용도까지 직접 통제한다는 점에서 대조를 이룸.
  - 통화량을 줄이기 위해 시중은행에 앞으로 일정기간 동안 대출을 자제하라는 지침을 내리는 것이 직접규제의 한 예가 됨.
  - 어떤 산업에는 대출을 많이 해주고 다른 산업에는 대출을 많이 해주지 말라는 식으로 간섭하는 경우도 있음.
  - 이 방식은 '창구지도'라는 말로 더욱 널리 알려져 있는데, 실제로 우리나라에서는 1997년 말의 외환위기 이전까지만 해도 간접규제방식보다 이 방식이 더 많이 사용되었음.

## 4.2 이자율과 통화량 간의 상대적 우선순위 논란

- 통화정책의 전달경로를 보면, 화폐공급량의 변화가 이자율의 변화를 가져오고, 이것이 투자지출에 영향을 줌으로써 정책의 효과가 나오게 되는데, 이와 같은 설명에서 일단 화폐공급량을 변화시키는 주목적이 이자율을 변화시키는 데 있다는 인상

을 받을 수 있으며, 이와 동시에 화폐공급량을 일정한 양만큼 변화시킴으로써 이자율을 정확하게 원하는 수준으로 조정할 수 있다는 인상을 받을 수도 있음.

- 화폐공급량을 변화시킴으로써 이자율을 원하는 방향으로 움직일 수 있으며, 그것이 통화정책의 중요한 부분이라는 데는 이론의 여지가 없으나 현실에서 중앙은행이 화폐공급량을 변화시킬 때 오직 이자율을 어떤 수준으로 조절하는 것만 목적으로 삼는 것은 아님.

- 통화정책의 주목적이 통화량 그 자체를 조절하는 데 있는 경우도 상당히 많은 것을 볼 수 있는데, 통화량의 많고 적음이 경제에 미치는 영향도 크기 때문에 이것을 적절한 수준으로 통제하는 것은 매우 중요한 일임.
  - 경기가 침체되어 있는 상황에서는 통화량 그 자체를 늘리는 것이 중요한 목표가 될 수 있는데, 실제로 중앙은행이 통화정책을 수행할 때는 이자율만이 아니라 통화량의 추이에도 매우 큰 관심을 기울이는 것이 보통임.

- 한편 정부가 이자율을 어떤 수준으로 조정하고 싶을 때, 목표로 삼고 있는 이자율을 직접적으로 발표하는 수단을 쓰는 경우가 있는데, 그 좋은 예가 '기준금리'를 올리거나 내리는 방법인데, 이는 앞에서 설명한 것과는 다른 경로를 통해 이자율에 영향을 미침[306](한국은행은 2008년 3월 7일부터 정책금리를 이전 '콜금리 목표'[307]에서 '한국은행 기준금리'로 변경하였음).
  - 우리가 '이자율'이라고 부르는 것은 개인이나 기업이 자금을 빌릴 때 적용되는 금리를 뜻하는데, 이것은 기준금리와 같은 방향으로 움직이는 것이 보통이므로 중앙은행이 기준금리를 올리거나 내리면 이자율도 같은 방향으로 움직이게 되는 것임.

- 이자율과 통화량을 적절한 수준으로 관리하는 것이 중요하다는 점에 대해서는 경제학자들 사이에 이견이 없으나 이 둘 중 어느 것이 상대적으로 더 중요한지에 대해서는 의견이 엇갈려 있음.

---

306) 한국은행 기준금리라는 것은 '7일물 환매조건부채권(RP) 금리'를 뜻하는 것임. 환매조건부채권은 금융기관이 일정기간 뒤 확정금리를 적용해 되사는(환매) 조건으로 발행하는 채권을 말함(이 경우에는 7일 후 되사게 됨). 따라서 기준금리는 한국은행이 시중은행들에게 7일짜리 RP라는 매개 고리를 통해 돈을 꿔주거나 꿔올 때 적용하는 이자율을 뜻한다고 말할 수 있음.

307) 콜금리란 은행들이 아주 짧은 기간 동안 자금을 빌려주고 받을 때 적용되는 금리를 뜻함. 콜금리 역시 자금의 수요와 공급에 의해 결정되기 때문에 중앙은행이라고 해서 이를 마음대로 올리고 내릴 수 없음. 엄밀하게 말하면 중앙은행이 콜금리 그 자체가 아니라 그것의 목표치를 올리거나 내린다고 표현해야 함. 중앙은행이 목표치를 올리거나 내리면 콜금리가 이에 따라 오르고 내리는 것이 보통임.

• 어떤 경제학자는 이자율의 추이가 경제의 움직임과 더욱 밀접한 관련을 갖기 때문에 이자율을 바람직한 수준으로 유지하는 것이 중요한 과제라고 주장하는 반면에 통화량이 더욱 중요한 변수이며, 따라서 통화량을 적절하게 관리하는 데 더 높은 우선순위를 두어야 한다고 주장하는 사람도 있음.

- 만약 이자율과 통화량을 동시에 바람직한 수준으로 통제하는 것이 가능하다면 별 문제가 없을 것이나 현실에서는 이 둘을 동시에 통제하는 것이 불가능하기 때문에 어떤 것에 높은 우선순위를 부여해야 하는지가 문제가 됨.
  • 다시 말해 중앙은행의 입장에서 볼 때, 어느 쪽에 관심의 초점을 맞추어 통화정책을 운영할 것인지가 중요한 선택문제로 제기되는 것임.

## 5 재정정책과 통화정책 사이의 상대적 적정성 논란

- 통화정책과 재정정책 가운데 어느 쪽을 선택하는 것이 더욱 바람직한지의 문제와 관련하여 일반적으로 케인즈 경제학자(Keynesian)들은 재정정책을 선호하는 반면, 통화주의자(monetarist)라고 불리는 경제학자들은 통화정책이 좀 더 바람직하다고 생각하는 경향이 있는바, 두 학파의 견해차는 통화정책의 전달경로와 정책시차에 대한 견해차로 요약될 수 있음.[308)]

---

308) 이와 관련하여 김대식 외(2012)는 첫째 투자수요와 화폐수요의 이자율탄력도에 대해, 둘째 안정화 정책의 전파경로에 대해 각기 다른 견해를 갖고 있기 때문이라고 설명하고 있음. 우선 투자수요와 화폐수요의 이자율탄력도에 대해 ㉠ 케인즈학파는 투자수요의 이자율탄력도가 작고 화폐수요의 이자율탄력도가 크다고 봄. ㉡ 반면에 통화주의자는 투자수요의 이자율탄력도가 크고 화폐수요의 이자율탄력도는 작다고 봄. 이를 그림으로 나타내면 투자수요나 화폐수요의 이자율탄력도가 작(크)다는 것은 투자수요곡선이나 화폐수요곡선의 기울기가 가파르(완만하)다는 것을 의미함. 한편 케인즈학파에 의하면 확대재정정책은 국민소득(따라서 고용)을 크게 증가시키기 때문에 재정정책이 안정화 정책으로서 강력한 효과를 발휘함. 이는 재정정책, 특히 정부지출이 승수효과를 통하여 직접적으로 국민소득을 증가시키기 때문임. 반면 통화주의자는 재정정책이 국민소득에 두드러진 영향을 미치지 못하고 구축효과를 통하여 민간경제활동을 위축시킬 따름이라고 보는 것임. 고전학파에서는 확대재정정책의 효과를 완전히 상쇄할 만큼 구축효과가 커서 재정정책이 국민소득과 고용량에 전혀 영향을 미치지 못하는데 반하여 통화주의자는 재정정책이 단기에 국민소득과 고용량에 약간의 영향을 미친다는 것을 인정함. 그러나 이 약간의 긍정적인 효과에 비해 민간경제활동을 위축시키는 구축효과라는 부작용이 크다고 보기 때문에 통화주의자는 재정정책을 인위적인 안정화 정책으로 사용하는 것에 반대함. 또한 케인즈학파는 안정화 정책으로서 재정정책의 효과는 강력하나 통화정책의 효과는 미미하다고 봄. 왜냐하면 통화공급의 증가가 국민소득

## 5.1 통화정책의 전달경로에 대한 견해차

- 케인즈 경제학자(혹은 케인즈학파)의 견해
  - 케인즈 경제학자들은 통화정책의 전달경로가 너무나도 길고 불확실해 별로 믿을 만하지 못하다고 생각하기 때문에 경기가 침체되었을 때 화폐공급량을 늘리는 것이 그리 큰 효과를 내지 못할 것이라고 말함.
  - 화폐공급량을 늘려도 이자율이 큰 폭으로 떨어지기 힘들 뿐 아니라, 설사 이자율이 충분히 떨어진다 해도 기업의 투자지출이 쉽게 늘어나지 않는다는 것이 이들의 지적임.[309)]
  - 케인즈 경제학자들은 통화정책에 비해 재정정책의 효과가 한층 더 직접적이고 확실하다고 믿고 있는바, 정부지출의 증가는 곧바로 총수요의 증가로 이어지며 조세감면 역시 가처분소득을 늘려 확실하게 소비지출을 늘리는 효과를 낸다는 것임.
  - 따라서 침체된 경기를 부양시키기 위해서는 그 효과가 불투명한 통화정책보다 직접적으로 총수요에 영향을 줄 수 있는 재정정책을 쓰는 편이 훨씬 더 낫다고 생각

- 통화주의자의 견해
  - 통화주의자들은 화폐공급량의 변화가 이자율의 변화를 통해 투자에 영향을 주는 것으로 보는 케인즈 경제학자들의 견해 그 자체를 수용하지 않는데, 이들은 케인즈 경제학자들이 말하는 통화정책의 전달경로라는 것이 실제로 통화정책이 실물경제에 영향을 미치는 과정을 너무 좁게 한정해서 보는 것이라고 반박함.[310)]

---

의 증가로 나타나기 위해서는 두 단계를 거쳐야 하는데 이 두 단계에서의 효과가 투자수요의 이자율탄력도가 작고 화폐수요의 이자율탄력도가 크다는 견해에 의하여 미약하게 나타나기 때문임. 따라서 재정정책을 단기안정화 정책으로서 적극적으로 사용해야 한다는 것이 케인즈학파의 입장임. 이처럼 케인즈학파는 단기에 정부가 재량정책으로 경제에 적극 개입해야 한다고 주장하는 개입주의자들임. 이에 반해 통화주의자의 경우 확대통화정책은 투자수요의 이자율탄력도는 아주 큰 반면, 화폐수요의 이자율탄력도는 아주 작다는 견해에 의하여 국민소득을 크게 증가시킴. 통화주의자에 의하면 통화공급의 변화가 케인즈학파의 주장과 같이 이자율변동을 통하여 총수요에 영향을 미치는 것은 사실이지만, 그 효과는 대단히 작다고 봄. 오히려 통화공급증가가 명목총수요를 직접적으로 증가시켜 단기에 국민소득과 물가를 동시에 증가시킨다는 것을 중시함. 이처럼 단기적인 경제안정화 정책으로서 재정정책은 별로 효과가 없고 통화정책은 강력한 효과를 발휘한다는 것을 통화주의자는 '화폐만이 중요하다'라고 표현하였음.

309) 케인즈는 투자가 기업가의 동물적 충동에 의해 주로 결정된다고 말했는데, 이것이 사실이라면 이자율이 떨어진다 해서 투자지출이 크게 늘어나리라고 기대하기는 힘들 것임.

310) 사실 통화정책의 전달경로는 케인즈 경제학자들이 주로 논의하고 있는 개념임.

- 화폐공급량의 변화가 이자율 변화를 거치지 않고도 직접적으로 총수요에 영향을 미칠 수 있다는 것이 이들의 주장임.
- 통화주의자의 견해에 따르면, 재정지출을 늘리는 것은 구축효과 때문에 경기를 활성화하는 데 별 효과를 거두지 못한다고 보고 있는데, 설사 정부지출 증가가 약간의 경기팽창 효과를 갖더라도 투자지출을 감소시키는 결과를 가져오기 때문에 바람직하지 않다고 지적 ⇒ 투자가 위축되면 자본축적이 제대로 이루어지지 못해 경제가 순조롭게 성장해 갈 수 없다는 것임.
- 반면에 케인즈 경제학자들의 견해를 적용하더라도 화폐공급량을 늘리면 이자율이 떨어져 투자가 촉진될 수 있기 때문에 통화정책이 상대적으로 더 낫다는 것이 이들의 주장임.[311)]

## 5.2 정책시차에 대한 견해차

- 정책이 수립·집행되어 실제로 효과가 나타날 때까지는 어느 정도 시간이 흘러야 하는 것이 보통인데, 다시 말해 정책의 효과는 다소간의 시차를 두고 나타난다는 말인데, 이와 같은 시차를 가리켜 정책시차(policy lag)라고 부름.

- 정책시차의 존재는 경제안정정책을 수행하는 데 중대한 걸림돌이 되는바, 정책시차가 아주 긴 경우에는 경제의 안정을 위해 실시된 정책이 오히려 경제를 한층 더 불안하게 만드는 역할을 하는 결과까지 가져올 수 있음.[312)]

- 일반적으로 재정정책은 통화정책에 비해 정책의 수립·집행에 걸리는 시간이 더 긴 것으로 알려져 있는 반면에[313)] 통화정책은 국회 동의와 같은 법적 절차를 거칠

311) 그렇다고 해서 통화주의자들이 통화정책을 적극적으로 활용해야 한다고 주장하는 것은 아님. 통화주의자들은 경제안정을 위한 정부의 적극적 개입에 대해 반대하고 있음. 이와 같은 태도는 통화정책의 경우에도 예외가 아니라고 말할 수 있음.

312) 예를 들어 어느 해 3월 갑작스럽게 원유가격이 뛰어올라 경기가 현저히 위축되기 시작했다고 하자. 이에 대한 대책을 둘러싸고 정책담당자들 사이에 격론이 벌어진 끝에 9월이 되어서야 화폐공급량을 일정한 크기로 늘리는 구체적인 정책을 실행에 옮길 수 있었음. 그런데 화폐공급량 증가의 효과는 이로부터 7개월이 지난 그다음 해 4월에 가서야 서서히 나타나기 시작했다고 함. 문제는 정책의 효과가 나타나기 시작한 다음 해 4월의 경제상황이 그전 해 3월과 상당히 달라져 있을 가능성이 크다는 데 있음. 예컨대 이때 예기치 않은 수출 호조로 경제가 서서히 과열의 조짐을 보인다고 하자. 이 상황에서 1년여 전에 실시한 팽창적 통화정책의 효과가 나타나기 시작한다면 이것은 심각한 일이 아닐 수 없음. 그렇지 않아도 경기과열이 문제되는 터에 팽창적 통화정책의 효과까지 가세하면 경제의 상황은 한층 더 불안해질 것이기 때문임.

313) 가령 조세감면을 구체화시키기 위해서는 복잡한 입법과정을 거쳐야 하기 때문에 상당히 긴 시간이 소요되는 것이 보통임.

필요 없이 통화당국의 의지 하나만으로 신속히 수립·집행될 수 있음.

- 통화주의자들은 이 점을 들어 재정정책보다 통화정책이 한층 더 효과적인 경제안정정책이라고 주장
- 반면에 재정정책을 옹호하는 케인즈 경제학자들은 통화정책이 실제로 효과를 발휘할 때까지 걸리는 시간이 길다는 점을 강조[314)]

- 이상의 논의를 〈표 9-2〉에 요약해 놓았음.

〈표 9-2〉 케인즈 경제학자와 통화주의자의 견해 차이

| 비교기준 | 케인즈 경제학자 | 통화주의자 |
|---|---|---|
| 통화정책의 효과 | 효과가 약함 : 이자율을 통해 간접적으로 실물부문에 영향을 줌. 화폐시장에 유동성 함정이 존재하거나 투자가 이자율에 비탄력적이면 경기조절효과가 없음. | 효과가 큼 : 통화량 변동은 이자율의 변화를 통하지 않고 실물시장에 직접적으로 영향을 주므로 실물시장에 미치는 효과가 상당히 큼. |
| 재정정책의 효과 | 효과가 큼 : 실물시장에 직접적으로 영향을 미침. | 효과가 약함 : 정부지출이 증가할 때 이자율 상승으로 인한 구축효과가 발생해 경기조절효과가 상쇄됨. |
| 정책시차 | 통화정책의 외부시차가 김. | 재정정책의 내부시차가 김. |

## 6 미세조정의 시도에 대한 견해차

- 경제안정을 위한 정부 개입이 바람직한지의 여부와 관련하여 케인즈 경제학자들과 이에 반대하는 경제학자들 사이에 견해차가 존재

314) 정부지출의 증가는 곧바로 상품시장의 총수요 증가로 이어질 뿐만 아니라 조세감면도 가처분소득을 증가시켜 짧은 시간 안에 소비지출을 증가시키는 효과를 낸다고 말함. 반면에 통화정책이 이자율 변화를 통해 투자지출을 변화시키는 데는 상당히 오랜 시간이 필요하다는 것이 이들의 주장임. 가계의 소비지출이나 정부지출의 결정과 달리, 투자지출의 결정은 오래 전부터 계획되는 것이 보통이어서 단기적인 이자율 변화에 둔감한 경향이 있기 때문이라고 함.

### 6.1 필립스곡선과 경기의 미세조정

- 케인즈 경제학자들은 경기가 침체되었을 때 정부지출이나 화폐공급을 늘려 총수요를 증가시키고, 경기가 과열되면 그 반대 방향으로 정책을 운영하는 총수요 조절정책을 통해 경제를 원하는 방향으로 이끌어갈 수 있다고 믿었음.
  - 이처럼 통화정책이나 재정정책의 방향과 강도를 조절함으로써 경제를 안정된 상태에 유지시키려는 정책을 경기의 미세조정(fine-tuning)이라고 부름.

- 그런데 정부가 아무런 제약도 받지 않고 미세조정 정책을 수행할 수 있는 것은 아님.
  - 왜냐하면 현실에서 총수요 조절정책을 통해 경기를 미세하게 조정해 나가는 과정에서 실업과 물가 사이의 상충관계(trade-off)라는 제약에 직면하게 되기 때문임.[315)]

- 만약 우리가 실업률과 물가상승률 사이의 상충관계를 정확하게 알고 있다면 이 둘의 적절한 조합을 선택함으로써 경제를 바람직한 방향으로 이끌어갈 수 있을 것임.

- 초기의 케인즈 경제학자들은 필립스곡선이 단순히 실업률과 물가상승률 사이에서 관찰할 수 있는 통계적인 상관관계[316)]를 보여주는 데 그친다고 보지 않았음.
  - 그들은 이 곡선을 통해 실업률과 물가상승률 사이에 어떤 구체적인 관계가 있는지 알아내 이를 정책수립에 활용할 수 있다고 생각했는데, 예컨대 필립스곡선의 모양을 알고 있으면 미세조정 정책을 통해 그 위의 어떤 한 점을 선택할 수 있다고 믿었던 것임.[317)]

- 당시의 케인즈 경제학자들은 필립스곡선에 대한 지식이 경제안정정책을 수립하는 데 매우 유용하게 활용될 수 있다고 보았음.

### 6.2 통화주의자의 비판

- 프리드만(M. Friedman)을 중심으로 한 통화주의자들은 경제를 미세조정할 수 있다

---

315) 예컨대 정책당국이 실업을 줄이기 위해 총수요 팽창정책을 쓸 경우에는 물가가 오르는 것을 감수해야 하며, 물가안정을 위해 총수요를 줄이는 정책을 쓰게 되면 어느 정도의 경기침체를 감수해야 함.

316) 실업률과 물가상승률 사이에 뚜렷한 음의 상관관계가 존재

317) 이것은 바로 그 점이 뜻하는 실업률과 물가상승률을 실현시킬 수 있다는 것을 말함.

는 케인즈 경제학자들의 낙관론을 믿지 않았으며, 정부의 개입이 경제에 오히려 더 나쁜 결과를 가져올 수 있다고 경고했음.
- 경제안정정책은 물가에만 영향을 줄 뿐 실업률을 낮추는 데는 아무런 도움도 되지 않는다는 것이 그들의 믿음이었음.

- 케인즈 경제학자들이 지지하는 미세조정 정책은 적극적인 동시에 재량적인 정책[318]의 성격을 갖고 있는 반면에 통화주의자들은 미세조정 정책이 오히려 경제를 불안정하게 만들 수 있음을 지적하고, 소극적이며 준칙에 의거한 정책[319]을 사용하는 것이 바람직하다고 주장했음.
  - 통화주의자들이 소극적인 경제정책을 옹호하는 이유는 경제를 바라보는 시각이 케인즈 경제학자들과 다르기 때문인데, 통화주의자들은 경제가 상당히 안정적인 성향을 갖고 있으며, 스스로 균형을 회복할 수 있는 능력을 갖고 있는 것으로 보기 때문에 정부의 개입이 불필요하다고 보고 있음.
  - 통화주의자들은 경제안정정책에 따르는 정책시차가 길고 가변적인데 이에 대한 정책당국의 지식은 보잘것없기 때문에 미세조정 정책은 오히려 경제를 한층 더 불안한 상태로 만들 수 있다고 말함.
  - 또한 그들은 경제상황이 매우 심각해 불가피하게 개입을 하게 되는 경우라도 소극적인 대응에 그쳐야 하며, 일반적인 상황에서는 미리 정해 놓은 준칙에 의해 통화정책을 운영해야 한다는 것이 기본 입장이었음.

- 준칙에 의해 경제를 운영해 나간다는 것의 의미
  - 프리드만을 중심으로 한 통화주의자들은 소위 'k% 준칙'(k% rule)이라고 불리는 통화정책을 사용해야 한다고 주장
  - 이는 정부가 화폐공급량을 매년 일정한 비율로, 예컨대 k%씩 증가시켜 나갈 것이라고 미리 밝혀 놓은 후 경제상황에 관계없이 이를 계속 유지해 나가는 정책을 뜻함.
  - 이 정책을 채택하면 미세조정에 따른 부작용을 피할 수 있을 뿐만 아니라 정책의 투명성이 보장되어 민간부문의 경제주체들이 장기계획을 세우는 데 도움이 될 수 있다는 것임.

318) 정부가 총수요를 늘리거나 줄임으로써 경제안정을 위해 적극적으로 개입하는 정책을 적극적 정책(active policy)이라고 하며, 정책당국이 경제상황에 따라 적절한 정책을 선택해 대응하는 방식을 재량적 정책(discretionary policy)이라고 부름.

319) 정부가 경제안정을 위해 소극적으로 대처해 가는 정책을 소극적 정책(passive policy), 사전에 정책운영방식을 정해 놓고 상황이 변화하더라도 그 방식을 고수하는 경우를 준칙(rule)에 의해 정책을 운영한다고 말함.

## 6.3 | 합리적 기대이론의 정책무력성 명제

- 1970년대에 접어들면서 루카스(R. Lucas)를 중심으로 한 일군의 경제학자들이 합리적 기대이론(rational expectation hypothesis)을 제기해 경제학계에 새로운 바람을 일으키기 시작했는데, 이들은 합리적인 사람이라면 미래에 대한 예측을 할 때 사용할 수 있는 모든 정보를 적절한 방법으로 활용할 것이라고 설명하면서 사람들이 이런 방식으로 미래에 대한 기대를 형성할 경우[320] 경제안정정책이 실물경제에 아무 효과도 가져다주지 못한다는 주장을 함으로써 경제학계에 큰 충격을 불러일으켰음.[321] ⇒ 1970년대에 일단의 고전학파 경제학자들이 거시경제모형에 합리적 기대를 도입하여 총수요관리정책이 고전학파모형처럼 무력한 것을 증명하였는데, 이들은 미국의 경제학자 루카스(R. Lucas), 사전트(T. Sargent), 왈라스(N. Wallace), 배로우(R. Barro) 등으로서 새 고전학파(new classical school)라 부름.[322]
- 동 이론(혹은 가설)에 따르면 총수요 팽창정책은 단기에서도 물가만 상승시킬 뿐 실업률을 줄이는 데는 아무런 효과도 내지 못한다는 것인데, 이를 정책무력성(policy ineffectiveness)의 명제라고 부름.
- 모든 사람들이 미래의 일에 대해 합리적으로 기대를 형성하고 있다면 왜 경제안정정책이 아무런 성과도 거두지 못하게 되는 것일까?
  - 예컨대 경기침체로 인해 실업률이 상당히 높아진 상황에서 정부가 화폐공급량을 늘려 경기부양을 시도한다고 할 경우, 다시 말해 약간의 인플레이션을 감수하고서라도 실업률을 줄이려는 정책처방을 쓰기로 한 경우를 생각해 보기로 하자.
  - 이런 상황에서 경제안정정책이 효과를 발휘할 수 있으려면, 정부가 돈을 더 찍어내 물가가 오르는데도 근로자들이 현재의 임금에 만족하고 있어야 하는데, 그렇게 되면 물가가 상승하는 분위기하에서도 명목임금이 예전의 수준에 머물러 있어 실질임금이 떨어지기 때문에 고용이 늘어나고 실업률이 떨어지는 결과가 나타날 수 있는 것임.

---

320) 합리적기대가설의 핵심은 사람들이 사용할 수 있는 모든 정보를 적절한 방식으로 활용해 미래에 대한 기대를 형성하는 것, 즉 합리적 기대(rational expectation)를 한다고 보는 데 있음.

321) 여기에는 사람들이 정책의 변화를 미리 예상할 수 있다는 전제가 붙어 있음에 주의해야 함. 따라서 엄밀하게 말하자면 "사람들에 의해 예상된 경제안정정책이 실물경제에 아무 효과를 가져다주지 못한다"라고 표현해야 함.

322) 경제학사에서 neoclassical school을 신고전학파로 번역하기 때문에 이것과 혼동을 피하기 위하여 new classical school을 새 고전학파로 번역했음. 거시경제학에서 새 고전학파는 1970년대에 합리적 기대를 도입하여 정책무력성 정리를 내세운 고전학파 경제학자들과 1980년대에 실물적 경기변동이론을 내세운 일단의 경제학자들을 포괄하여 사용함. 김대식 외(2012) 참조.

- 그런데 모든 사람들이 합리적으로 기대를 형성한다면 화폐공급량의 증가가 물가 상승을 가져올 것을 정확히 예측하게 되기 때문에 물가가 뛰어오를 것을 예상하는 근로자들은 당연히 임금을 올려달라고 요구하게 되며, 그렇게 되면 실질임금은 떨어지지 않고 기업은 고용을 증가시킬 이유를 전혀 발견하지 못하게 되어, 결국 화폐공급량의 증가가 실업률을 떨어뜨리지 못한 채 물가만 상승시키는 결과를 가져오게 됨.
- 사람들이 합리적으로 기대를 형성하는 상황에서는 경제안정정책이 실업률을 줄이는 데 아무런 효과를 내지 못하는 것임.

- 그렇다면 새 고전학파에서는 안정화 정책이 어느 경우에나 고용량과 국민소득에 전혀 영향을 미칠 수 없다는 것인가? ⇒ ㉠ 그렇지는 않은데, 새 고전학파에 의하면 갈피를 잡을 수 없는 깜짝정책(surprise policy)으로 실제물가와 예상물가 사이에 괴리가 발생할 경우(즉 경제주체들이 예상하지 못한 인플레이션이 일어날 경우) 안정화 정책의 효과가 발생함. ㉡ 실제물가가 예상물가보다 높을 때는 안정화 정책의 효과가 발생함.[323]
  - 이는 정부가 공약한 통화공급 목표를 갑자기 초과하여 통화를 공급하거나 예산을 초과하여 재정을 집행하는 등, 일반국민이 기대했던 이상으로 비체계적인 확대정책을 쓸 경우에 가능함.
  - 그러나 정부가 일반국민한테 공약하여 국민이 기대했던 수준 이상으로 확대정책을 일단 쓰면, 국민이 다음에 정부의 발표를 곧이곧대로 믿지 않고 정부의 의도를 넘겨짚게 되며 정책에 대한 신뢰에 금이 가게 됨.
  - 이에 따라 확대정책의 효과가 극히 일시적이고 경제가 더 불안정해지며 정부의 평판만 나빠질 수 있음.

- 순수하게 이론적 관점에서 본다면 정책무력성의 명제는 거의 흠잡을 데 없는 완벽한 논리를 갖추고 있으나 현실의 경험에 비추어 볼 때 경제안정정책이 그런 정도로 무력하다는 주장은 선뜻 받아들이기 곤란
  - 현실경제의 상황은 합리적 기대이론에서 상정하는 이상적인 상황과 상당한 거리를 갖고 있는 것이 사실임(가정의 비현실성).

- 따라서 현실에서 경제안정정책은 실업률을 낮추는 데 어느 정도 효과를 발휘할 것으로 기대할 수 있음.

---

323) 김대식 외(2012, pp.829~831) 참조.

## 6.4 | 새 케인즈학파의 안정화 정책 필요성 명제[324)]

- 새 고전학파의 이론적 도전에 대응하여 케인즈학파의 입장을 옹호하는 경제학자들을 새 케인즈학파(new Keynesian)라 부름. ⇒ 새 케인즈학파는 경제주체들이 합리적 기대를 가지고 있다 하더라도 물가 · 임금 등의 가격변수들이 단기에 완전 신축적으로 변하지 않는 이유를 여러모로 탐구하여 안정화 정책이 유효하고 필요하다는 명제를 옹호함.
  - 먼저 물가의 비신축성과 관련하여서는 미국의 경제학자 테일러(John B. Taylor)와 피셔(Stanley Fischer)가 제시한 엇갈리는 가격설정(staggered price setting)모형과 맨큐(Gregory N. Mankiw)가 제시한 차림표비용(menu cost)모형이 있음. ⇒ ㉠ 엇갈리는 가격설정모형은 현실경제의 독과점기업들이 가격을 모두 똑같은 날에 조정하지 않는다는 사실에 주목하여 사람들이 합리적 기대를 가지고 있어도 단기에 체계적인 안정화 정책이 유효하고 필요하다는 것을 보임. ㉡ 차림표비용모형은 가격변경에 따르는 비용 때문에 불완전경쟁기업들이 시장수요의 변동에 따라 즉각 가격을 변경시키지 않는다는 것임.
  - 다음으로 임금의 비신축성과 관련해서는 실질임금이 균형실질임금보다 높은 상태에서 경직적이기 때문에 실업이 존재한다는 것을 설명함. ⇒ ㉠ 고전학파의 세계에서는 명목임금과 실질임금이 완전 신축적이기 때문에 노동시장이 항상 청산되고 실업이 없음. ㉡ 이것이 비현실적이라고 본 새 케인즈학파는 실질임금이 경직적인 미시경제학적 이유를 여러 가지로 제시함으로써 현실세계의 실업을 설명하려고 함.[325)]

**참고자료**

(1) 이준구 · 이창용(2012), 《경제학 들어가기》, 법문사.
(2) 김대식 외(2012), 《현대 경제학원론》, 박영사.

---

324) 김대식 외(2012, pp.832~833) 참조.

325) 새 케인즈학파가 개발한 이론 중 대표적인 실질임금 경직성의 이론으로 효율임금이론과 내부자-외부자 이론이 있음. 효율임금이론은 유수기업들이 근로자의 생산성과 회사에 대한 충성심을 고취하고 유능한 근로자들을 유치하기 위해 시장평균임금보다 높은 임금을 지불한다고 보는 이론임. 내부자-외부자 이론은 노동시장이 노조에 의해 주도되어 높은 수준의 임금이 유지될 수 있다고 봄. 노조가입자(내부자)는 임금협상과정에서 노조비가입자(외부자)를 고려하지 않고 자신들의 이익을 위해 높은 임금수준을 고집함. 기업은 노동이동에 따르는 조정비용 때문에 내부자를 외부자로 쉽게 대체하지 못하고 노조의 요구를 수용함. 그 결과 외부자까지 고려한 경우보다 임금수준이 높아짐. ⇒ 현실경제에서 실질임금이 상당히 경직적이고 그리하여 비자발적 실업이 존재하는 현상을 새 케인즈학파는 잘 설명해 주고 있음. 김대식 외(2012, pp.864~865) 참조.

# 찾아보기

## ‖‖ 저자약력 ‖‖

■ **이 종 호**(李鍾昊)

- 고려대학교 문과대 영문학과(학사)
- 고려대학교 대학원 경제학과(석사)
- 고려대학교 대학원 경제학과(박사)
- 고려대학교 경제연구소 전문연구원
- 고려대, 동국대, 숭실대, 홍익대, 인천대, 동덕여대 등 출강
- 15대 국회의원 보좌관
- ㈜경기북부신문사 논설위원
- 의정부포커스신문 집필위원
- 서울신문 명예논설위원
- 경기도 지속가능발전위원
- 경기도 민방위 소양강사(경제담당)
- 의정부시·양주시 지방재정계획 심의위원 및 재정운영위원
- 의정부시 사회단체보조금 심의위원
- 경기북부병무지청 병무행정발전 시민참여위원
- 경기도립 의정부병원 공공보건의료 심의위원
- 도봉구 의정비 심의위원 및 공무국외여행 심사위원
- 현재 경민대학교 공공행정학과 교수

- 주요 저서 및 논문
  - 《관광사업론》(공저, 1998), 《관광경제학》(역서, 2000)
  - 《영문법의 이해》(2002), 《e-세대를 위한 경제교실》(2002)
  - 《시사영어산책》(2006), 《미시경제 이야기》(2009)
  - 《거시경제 이야기》(2009), 《국제경제 및 산업정책 이야기》(2009)
  - 《공무원영어》(공저, 2010), 《한국경제 이야기》(2013)

  - 〈환율과 수출가격〉(1993), 〈VAR체계를 이용한 경상계정 분석〉(1994), 〈호텔종사원 직무특성별 직무만족에 대한 수량화분석〉(1998), 〈호텔종사원 교육훈련에 관한 연구〉(2000), 〈한국산업의 국제경쟁력패턴 분석〉(2001), 〈신자유주의와 노동시장 유연화 논쟁〉(2003), 〈다국적기업의 M&A에 대한 중국의 제도 분석〉(2004), 〈문화자원의 개발을 통한 지역활성화 전략〉(2004), 〈토지거래허가제의 정책효과에 관한 실증연구〉(2007), 〈노인복지서비스의 문제점과 개선방안〉(2009), 〈실리콘 밸리의 청년 지식기술창업 모형과 프로그램 분석〉(2012), 〈한·중·일 국제분업과 그 동인에 관한 연구〉(2013) 등 다수

**알기쉬운 경제학② -거시경제-**

2015년 2월 25일 1판 1쇄 발행

저 자 이 종 호
발행인 남 승 우

발행처 도서출판 상尙 학學 당堂
서울시 동작구 사당로9가길 6(사당동)
TEL : 02) 595-1692～4
FAX : 02) 595-1394
E-mail : namdoo6@unitel.co.kr
신고 : 2-155호 (1968. 11. 29)

**정가 26,000원**

ISBN 978-89-6587-122-4 04320
ISBN 978-89-6587-120-0 (전3권)



〈디자인〉 편집 이선경 / 표지 나아기획